Kostenorientierte Bestimmung von Preisen
für den Zugang zu Telekommunikationsnetzen
marktbeherrschender Unternehmen

Europäische Hochschulschriften
Publications Universitaires Européennes
European University Studies

Reihe V
Volks- und Betriebswirtschaft

Série V Series V
Sciences économiques, gestion d'entreprise
Economics and Management

Bd./Vol. 2602

PETER LANG
Frankfurt am Main · Berlin · Bern · Bruxelles · New York · Oxford · Wien

Peter Winzer

Kostenorientierte Bestimmung von Preisen für den Zugang zu Telekommunikationsnetzen marktbeherrschender Unternehmen

PETER LANG
Europäischer Verlag der Wissenschaften

Die Deutsche Bibliothek - CIP-Einheitsaufnahme

Winzer, Peter:

Kostenorientierte Bestimmung von Preisen für den Zugang zu Telekommunikationsnetzen marktbeherrschender Unternehmen / Peter Winzer. - Frankfurt am Main ; Berlin ; Bern ; Bruxelles ; New York ; Oxford ; Wien : Lang, 2000
(Europäische Hochschulschriften : Reihe 5, Volks- und Betriebswirtschaft ; Bd. 2602)
Zugl.: Duisburg, Univ., Diss., 2000
ISBN 3-631-36216-1

D 464
ISSN 0531-7339
ISBN 3-631-36216-1

Geleitwort

Bedingt durch enorme technische Fortschritte und die Erhöhung der Wettbewerbsintensität infolge einer Aufhebung von Monopolrechten zumeist staatlicher Betreiber von öffentlichen Netzen für Telekommunikation (TK) ist der TK-Sektor spätestens seit Mitte der 90er Jahre auch in Deutschland zu einem dynamischen Schlüsselbereich für die wirtschaftliche Entwicklung geworden. Eine Voraussetzung für die *rasche* Entstehung von innovationsförderndem und preissenkendem Wettbewerb auf TK-Märkten ist, daß neue TK-Netzbetreiber (= Alternative Carrier) Zugang zu TK-Netzen des ehemaligen Monopolinhabers haben, um (1) Kunden die Nutzung bestimmter Sprachtelefondienste offerieren zu können, ohne selbst jeden Kunden an das eigene Verbindungsnetz anzuschließen und (2) Konnektivität zwischen allen Anschlüssen an öffentliche TK-Netze auch dann sicherzustellen, wenn parallel Netz(teil)e von verschiedenen Carriern errichtet wurden. Da der Zugang von Alternativen Carriern zu den Netzen ehemaliger Monopolinhaber für letztere die Gefahr der Verminderung des eigenen Handlungsspielraums durch aggressive Marketingstrategien der neuen Anbieter und damit verbundene Absatz-, Umsatz- und Profitabilitätseinbußen mit sich bringt, sind staatliche Vorgaben erforderlich, die den marktbeherrschenden Netzbetreiber dazu verpflichten, Alternativen Carriern Zugang zu solchen Netzteilen und TK-Diensten zu gewähren, die für neue Anbieter erfolgskritisch sind *und* nicht auch von anderen Zulieferern beschafft oder selbst erstellt werden können. Daher hat auch der deutsche Gesetzgeber entsprechende Regelungen im Telekommunikationsgesetz vom 25.07.1996 (insbesondere in § 35) und in der Netzzugangsverordnung vom 23.10.1996 getroffen.

Ein wesentlicher betriebswirtschaftlicher Streitpunkt bei der Anwendung dieser Regelungen in der Praxis sind die Preise, die der ehemalige Monopolinhaber (= Incumbent) von Alternativen Carriern für Netzzugangsleistungen fordern darf. Alternative Carrier können nämlich entsprechende Leistungen praktisch nicht von anderen Unternehmen zukaufen, so daß der Incumbent aufgrund seiner Angebotsmacht ohne regulative Mechanismen die Preise weitgehend autonom in wettbewerbsverhindernder Weise setzen könnte. Zudem gibt es in einer solchen Angebotssituation auch keine Vergleichspreise von anderen Unternehmen, die auf dem gleichen räumlichen Markt operieren. Schließlich enthalten auch die einschlägigen Gesetze und Verordnungen nur den vagen Hinweis, daß sich Preise für Netzzugangsleistungen „an den Kosten der effizienten Leistungsbereitstellung

[zu] orientieren" haben (§ 2, Abs. 1 Telekommunikations-Entgeltregulierungsverordnung vom 01.10.1996). Für den Incumbent und Alternative Carrier stellt sich somit gleichermaßen das Problem, Preisvorstellungen für Netzzugangsleistungen unter Berücksichtigung ihrer Herstellkosten analytisch ableiten zu müssen, um in bilateralen Vertragsverhandlungen, in der Fachdiskussion mit staatlichen Marktaufsichtsinstanzen und in der allgemeinen öffentlichen Debatte eigene Preisvorstellungen begründen zu können. Dabei ist die Herstellkostenermittlung für Netzzugangsleistungen eine schwierige Aufgabe, weil solche Leistungen im Rahmen einer Verbundproduktion mit anderen TK-Diensten unter Einsatz eines komplexen „produktionstechnischen Apparates" erstellt werden. Eine Durchsicht der wissenschaftlichen Literatur zeigt, daß die Ableitung von Preisen für Netzzugangsleistungen überraschenderweise primär von Juristen thematisiert wird, die bei ihren Überlegungen betriebswirtschaftliche Erkenntnisse vielfach nicht in angemessener Weise berücksichtigen. Die vorliegende Untersuchung von *Peter Winzer* arbeitet deshalb in systematischer Weise die betriebswirtschaftliche Bedeutung von Netzzugangsleistungen für etablierte und junge TK-Netzbetreiber heraus und zeigt auf, wie bekannte betriebswirtschaftliche Kostenrechnungsmethoden und -modelle eingesetzt werden können, um Preise für Netzzugangsleistungen zu bestimmen. Die Studie entstand im Rahmen eines Projektes des von mir geleiteten Lehrstuhls Planung & Organisation, Schwerpunkt Telekommunikationswirtschaft an der Gerhard-Mercator-Universität Duisburg.

Peter Winzer erbringt mit dem vorliegendem Buch eine wichtige Leistung für Wissenschaft und Praxis, in dem er

- das Schrifttum mit direktem Bezug zur Bestimmung von Kosten und Preisen für Besondere Netzzugänge (BNZ) systematisch in einem Ausmaß zusammenführt, das bislang in der deutschsprachigen betriebswirtschaftlichen Literatur noch nicht erreicht wurde.
- schwer zugängliche „graue" Quellen zur BNZ-Kostenbestimmung (Konferenzpräsentationen, Arbeitspapiere, Behördenberichte, Software-Modelle) auswertet.
- allgemeines betriebswirtschaftliches Fachwissen kompetent zur Entwicklung von spezifischen Vorschlägen zur Lösung von etlichen Detailfragen bei der praktischen BNZ-Kosten- und Preisbestimmung nutzt.
- neue Erkenntnisse (1) zur Höhe der Kapitalkosten der Deutschen Telekom, (2) zur Einordnung der in Deutschland 1998/99 festgelegten Preise für Netzzu-

sammenschaltungsleistungen im internationalem Vergleich sowie (3) zur Beurteilung der Kostenorientierung der in Deutschland für den Zeitraum von Februar 1999 bis Ende März 2001 vorgegebenen monatlichen Preise für die entbündelte Teilnehmeranschlußleitung der Deutschen Telekom erarbeitet.

Ich wünsche der Arbeit deshalb, daß sie bei Entscheidungsträgern in Unternehmen sowie Wirtschaftswissenschaftlern und Juristen an Hochschulen, die sich mit dem Management von TK-Netzbetreibern und -Diensteanbietern befassen, in hohem Maß Beachtung findet. Sie hat es verdient.

Duisburg, im Januar 2000 *Univ.-Prof. Dr. Torsten J. Gerpott*

Vorwort

Das Vorwort zu einem Buch, das wie dieses auch gleichzeitig eine Dissertationsschrift darstellt, gleicht – mit gutem Recht – meist einer langen Liste von Danksagungen an all die vielen „guten Geister", ohne die das Gelingen eines solchen Vorhabens kaum möglich ist. Auch ich komme dieser Pflicht mit Freude nach.

Mein größter Dank geht an meinen Doktorvater Herrn Prof. Dr. Torsten J. Gerpott, der mir über die Zeit der Anfertigung dieser Arbeit als ein fachlich und menschlich herausragender Betreuer, als ein von mir hoch geschätzter Vorgesetzter, als ein guter Kollege und als ein lieber Freund zur Seite stand. Ebenso danke ich meinem Zweitgutachter Herrn Prof. Dr. Klaus Barth.

Weiterhin gilt mein besonderer Dank Frau Monika Bunn, die in unendlicher Geduld und Perfektion Teile des handschriftlichen nur schwer lesbaren Manuskriptes sowie viele der Abbildungen in eine druckfähige Vorlage umwandelte.

Außerdem möchte ich all meinen lieben Kollegen und Freunden – insbesondere Herrn Stephan Böhm und Herrn Andreas Walter – danken, die mich durch viele fruchtbare Diskussionen und moralische Aufmunterungen unterstützt haben.

Nicht unerwähnt bleiben sollen auch „meine" studentischen Hilfskräfte, die im Hintergrund mir vor allem bei der Beschaffung der „Berge" von Literatur eine große Hilfe waren. Stellvertretend seien hier Frau Susanne Grant und Frau Tanja Schniedenharn genannt, die diese Aufgabe in der besonders hektischen Endphase mit Bravour erfüllten.

Schließlich waren mir neben anderen vor allem meine Mutter Frau Helga Winzer sowie meine Schwester Frau Ursula Winzer-Smolka bei der Durchsicht des Manuskriptes behilflich. Ihnen ist zu verdanken, daß dieses Buch nur wenige Tippfehler aufweist.

Last but not least danke ich von ganzen Herzen meiner Lebenspartnerin Frau Kerstin Rohwedder, die – neben dem Korrekturlesen dieses Buches – mit mir über die ganze Zeit der Fertigstellung dieser Dissertation alle Höhen und Tiefen durchlebt sowie mir in den entscheidenden Phasen Kraft und Mut zum Weitermachen gegeben hat.

Ich hoffe, daß die vorliegende Studie das Interesse des geneigten Lesers findet und daß dieser hierdurch ein besseres Verständnis für die Probleme bei der Bestimmung von Preisen für den Zugang zu Telekommunikationsnetzen bekommt oder aber auch nur sein Interesse an der Telekommunikation als einem faszinierenden Thema und Beschäftigungsfeld geweckt wird.

Über alle Anregungen, Kommentare und Fragen zu dieser Arbeit von Ihnen liebe Leser freue ich mich schon.

Duisburg, im Januar 2000 *Peter Winzer*

Inhaltsverzeichnis

Abkürzungsverzeichnis

Abb.	Abbildung(en)
AC	Alternative(r) Carrier
APT	Arbitrage Pricing Theory
ARMIS	Automated Reporting Management Information System
As/km^2	Anschlüsse/Quadratkilometer
AT&T	American Telephone & Telegraph Company
BE	Beschaltungseinheit
BNZ	Besonderer Netzzugang
BT	British Telecom
BTCE	Bureau of Transport and Communications Economics [= staatliches australisches (Forschungs)Institut]
BVSt	Bereichsvermittlungstelle(n)
bzw.	beziehungsweise
ca.	circa
CAPM	Capital Asset Pricing Model
CBD	Census Block Data
CFV	Carrier-Festverbindung(en)
CIX	Commerical Internet Exchange
COLT	City of London Telecommunications [= auf Geschäftskunden mit hohem TK-Verkehrsaufkommen fokussierter TK-Netzbetreiber]
D&B	Dun & Bradsreet
D.C.	District of Columbia
d.h.	das heißt
DO	durchschnittliches Ortsnetz
DSL	Digital Subscriber Line
DTAG	Deutsche Telekom AG
EAC	European-American Center (for Policy Analysis)

ECPR	Efficient Component Pricing Rule
EDV	Elektronische Datenverarbeitung
ECU	European Currency Unit
EG	Europäische Gemeinschaft(en)
EU	Europäische Union
Evz	Endverzweiger
EWG	Europäische Wirtschaftsgemeinschaft
FCC	Federal Communications Commission [= US-amerikanische Regulierungsbehörde]
FDC	Fully Distributed Cost(s)
FDV	Verordnung über Fernmeldedienste der Schweiz
FL LR(A)IC	Foreward Looking Long Run (Average) Incremental Cost(s)
FMG	Fernmeldegesetz (der Schweiz)
GB	Großbritannien
GWB	Gesetz gegen Wettbewerbsbeschränkungen
ggf.	gegebenenfalls
GPCP	Global Price Cap Policy
HAI	HAI-Consulting, Inc. [= US-amerikanisches Beratungsunternehmen, Nachfolgeorganisation der Hatfield Associates, Inc.]
HCPM	Hybrid Cost Proxy Model
Hrsg.	Herausgeber
HVt	Hauptverteiler
i.d.R.	in der Regel
i.e.S.	im engeren Sinne
i.S.	im Sinne
i.w.S.	im weiteren Sinne
IC	Interconnection
ISP	Internet Service Provider
Kap.	Kapitel

KAV	Kosten des Anlagevermögenseinsatzes
KVz	Kabelverzweiger
LEC	Local Exchange Carrier
LECOM	Local Exchange Cost Optimization Model
LRIC	Long Run Incremental Cost
LWL	Lichtwellenleiter
Mbit/s	Megabit pro Sekunde
MCI	Microwave Communications Inc.
NBK	Netzbetriebskosten
NZS	Netzzusammenschaltung
NZV	Netzzugangsverordnung
o.g.	oben genannte(r)
OECD	Organisation for Economic Co-Operation and Development
OFTEL	Office of Telecommunications [= britische Regulierungsbehörde]
ON	Ortsnetzmodell
ONP	Open Network Provision
ONPR	Open Network Provision-Richtlinie
PDH	Plesiochrone Digitale Hierarchie
PKR	Prozeßkostenrechnung
PKS	Prozeßkostensatz
POI	Point of Interconnection
RBOC	Regional Bell Operating Company [= US-amerikanischer Regional-Carrier]
RegTP	Regulierungsbehörde für Telekommunikation und Post [= deutsche Regulierungsbehörde]
s.	siehe
SAK	Stand-Alone-Kosten
SDH	Synchrone Digitale Hierarchie
SLC	Subscriber Line Charge

SLU	Subscriber Line Usage
TAE	Telekommunikations-Anschluß-Einheit
TAL	Teilnehmeranschlußleitung
TCA-F	Telecommunications Act Republic of France
TDSV	Telekommunikationsdiensteunternehmen-Datenschutzverordnung
TELRIC	Total Element Long Run Incremental Cost(s)
TEntgV	Telekommunikations-Entgeltregulierungsverordnung
TK	Telekommunikation
TKG	Telekommunikationsgesetz (der Bundesrepublik Deutschland)
TKG-Ö	Telekommunikationsgesetz der Republik Österreich
TKV	Telekommunikationsverbindung
TSLRIC	Total Service Long Run Incremental Cost(s)
TVSt	Teilnehmervermittlungsstelle(n)
u.a.	unter anderem
u.U.	unter Umständen
USA	United States of America
v.	vom
vgl.	vergleiche
VN	Verbindungsnetz
WACC	Weighted Average Cost of Capital
WestLB	Westdeutsche Landesbank
WIK	Wissenschaftliches Institut für Kommunikationsdienste
WVSt	Weitvermittlungsstelle(n)
z.B.	zum Beispiel
z.T.	zum Teil
ZSR	Zusammenschaltungsrichtlinie
ZZK7	Zentraler Zeichen(gabe)kanal nach Protokoll Nummer 7

Abbildungsverzeichnis

1. Einführung

1.1 Problemstellung

1.1.1 Liberalisierung von Telekommunikationsmärkten

Telekommunikationsnetze[1] wurden bis Mitte der 80er Jahre in fast allen Staaten von Unternehmen mit gesetzlich garantierten oder de facto existierenden Monopolstellungen betrieben. Solche Monopolsituationen wurden zunächst im angloamerikanischen Raum – namentlich in Großbritannien und den USA – durch Änderungen der rechtlichen Rahmenbedingungen bzw. durch eine entsprechende neue Auslegung des bisherigen Rechtsrahmens in der Rechtsprechung „aufgebrochen", indem neuen Wettbewerbern der Eintritt in diese Märkte ermöglicht wurde.[2] Dieser Prozeß der Liberalisierung von TK-Märkten begann analog in den 90er Jahren in einer Vielzahl von Industriestaaten und einzelnen Schwellenländern. Auch in Deutschland sowie den meisten Staaten der Europäischen Union (EU)[3] wurden zum 01.01.1998 mit der Liberalisierung der festnetzgestützten öffentlichen Sprachtelefonie die letzten Monopolrechte des *Incumbent*[4], d.h. im deutschen TK-Markt der Deutschen Telekom AG (DTAG), beseitigt.[5]

---

1 Unter dem Begriff *Telekommunikation* (TK) ist „ ... der technische Vorgang des Aussendens, Übermittelns und Empfangens von Nachrichten jeglicher Art in der Form von Zeichen, Sprache, Bildern oder Tönen mittels Telekommunikationsanlagen" zu verstehen; wobei Telekommunikationsanlagen „ ... technische Einrichtungen oder Systeme [sind], die als Nachrichten identifizierbare elektromagnetische oder optische Signale senden, übertragen, vermitteln, empfangen, steuern oder kontrollieren können"; s. § 3, Nr. 16 u. 17, Telekommunikationsgesetz. Zur genaueren Diskussion des Begriffs Telekommunikation s. für andere Gerpott 1998a: 4; Graack 1997: 1-6.

2 Vgl. z.B. Gerpott 1998a: 105-108 u. 129-132 sowie die dort angegebene Literatur.

3 Mit Inkrafttreten des Vertrages von Maastricht am 01.11.1993 wurde die *Europäische Union* (EU) „gegründet". Sie stellt eine Erweiterung der *Europäischen Gemeinschaft(en)* (EG) dar, da in den Zuständigkeitsbereich der EU neben den EG-Zuständigkeiten (wie z.B. Agrarpolitik, Strukturpolitik, Wirtschaftspolitik) außerdem die Bereiche *Außen-/Sicherheitspolitik* und *Innen-/Rechtspolitik* fallen (sollen). Die Mitgliedsstaaten der EU entsprechen denen der EG. Die EG besteht als bedeutendster Teil der EU weiter. Die meisten „europäischen" Organe sind damit gleichzeitig Organe der EU und der EG. Bedingt durch diese Konstellation werden die Bezeichnungen EU und EG in der Literatur häufig synonym verwendet. Im Rahmen dieser Arbeit soll generell der Oberbegriff EU benutzt werden, wenngleich die Notation der offiziellen Dokumente der EU bzw. EG i.d.R. die Bezeichnung EG beinhaltet.

4 Unter dem Begriff *Incumbent* ist der marktbeherrschende ehemalige Monopolanbieter zu verstehen.

5 In Deutschland wurde der rechtliche Rahmen für diese Liberalisierung durch das Telekommunikationsgesetz (TKG) v. 25.07.1996 (veröffentlicht im Bundesgesetzblatt v. 31.07.1996, Teil I, Nr. 39, S. 1120) und den zugehörigen Ausführungsverordnungen geschaffen. S. für eine Übersichtsdarstellung dieser Verordnungen Gerpott 1998a: 73-75.

Diese Liberalisierung nutzte in Deutschland bis Mitte 1999 bereits eine große Zahl von Unternehmen, um in den Markt für öffentliche Sprachtelefonie einzutreten. So hatten Mitte Oktober 1999 bereits 150 Lizenznehmer eine TKG-Lizenz der Klasse 4, die zum Angebot von Sprachtelefondiensten auf der Basis selbst betriebener TK-Netze berechtigt, von der Regulierungsinstitution für den deutschen TK-Markt (= Regulierungsbehörde für Telekommunikation und Post [RegTP]) erhalten.[6]

1.1.2 Betriebswirtschaftliche Bedeutung des Netzzugangs

TK-Netzbetreiber benötigen zum Angebot von TK-Diensten an Endkunden TK-Verbindungen zwischen zwei Endkunden. Der zur Herstellung solcher Verbindungen erforderliche Anschluß einer großen Anzahl von Endkunden an die Netze der neuen TK-Netzbetreiber (synonym: Alternative Carrier [AC]) würde – vor allem bei der Gewinnung von Privatkunden und kleinen bis mittleren Geschäftskunden – sehr hohe Investitionen in TK-Anschlußnetze[7] erfordern. Diese Investitionen stehen mit hoher Wahrscheinlichkeit in keinem betriebswirtschaftlich sinnvollen Verhältnis zu den damit zu erzielenden Umsätzen und würden zudem bei simultanem Infrastrukturaufbau durch eine Vielzahl neuer TK-Netzbetreiber eine volkswirtschaftlich fragwürdige Vervielfachung der bereits vorhandenen Anschlußnetze des Incumbent bedeuten. Darüber hinaus verzögert der große Zeitbedarf für die Planung und den Aufbau eigener Netzstrukturen den Zeitpunkt, zu dem ein AC erstmals in größerem Ausmaß TK-Dienste anbieten kann, deutlich und verringert damit dessen Markterfolgsaussichten. Daher sind die AC in den meisten Fällen auf die Nutzung verschiedener Netzteile des Incumbent angewiesen. Diese Mitbenutzung von TK-Netzen des Incumbent durch andere Carrier wird in der Literatur unter den Begriffen *(besonderer) Netzzugang* oder *Interconnection* diskutiert.[8]

Die verschiedenen Fälle des Netzzugangs lassen sich danach unterscheiden

(a) welche technischen Leistungsvarianten des Netzzugangs betrachtet werden sowie

[6] Regulierungsbehörde für Telekommunikation und Post 1999a: o.S. Für eine Darstellung/Abgrenzung der verschiedenen Lizenzklassen s. § 6, TKG; Scheurle et al. 1997: 7; Hiltl/Großmann 1996: 170-171.

[7] Zum Begriff des TK-Anschlußnetzes s. Kap. 2.1.1.

[8] Für eine ausführliche Systematisierung und Diskussion dieser Begriffe s. Kap. 2.1.2 sowie die dort angegebene Literatur.

(b) zwischen welchen Kategorien von TK-Netzbetreibern (= Carrier) der Netzzugang erfolgt, d.h. welcher Carrier das Netz welches anderen Carriers mittels Netzzugang nutzt bzw. eine solche Nutzung anstrebt.

Bezüglich der erstgenannten Differenzierung von Leistungsvarianten soll - in diesem Einführungskapitel - keine Abgrenzung des Untersuchungsgegenstandes erfolgen, da die Arbeit zunächst prinzipiell die gesamte Breite der Netzzugangsfälle betrachtet und daher erst im Verlauf der Untersuchung[9] Begrenzungen und Präzisierungen vorgenommen werden.

Hinsichtlich der Unterscheidung von Netzzugangsfällen nach unterschiedlichen Kategorien von TK-Netzbetreibern ist nach folgenden Kriterien zu differenzieren:[10]

- *Konkurrenzkriterium,* d.h. ob der Netzzugang zwischen zwei Carriern erfolgt, die im gleichen Markt agieren und damit im Wettbewerb stehen, oder ob diese in räumlich unterschiedlichen Märkten tätig sind.
- *Symmetriekriterium,* d.h. ob der mittels Netzzugang zwischen den beiden Carriern ausgetauschte TK-Verkehr ungefähr symmetrisch verteilt ist oder ob ein Carrier das Netz des anderen deutlich mehr nutzt als umgekehrt.
- *Netztechnikkriterium,* d.h. ob der Netzzugang zwischen (a) zwei Mobilfunknetzen, (b) einem Mobilfunk- und einen Festnetz oder (c) zwischen zwei Festnetzen erfolgt.

Da das Thema der vorliegenden Untersuchung der *Zugang neuer Netzbetreiber zu TK-Netzen dominierender Anbieter* ist, werden nur solche Netzzugangsfälle betrachtet, in denen ein AC, der über ein eigenes Festnetz verfügt bzw. ein solches aufbaut, das TK-Festnetz des Incumbent mittels Netzzugang nutzt oder diese Nutzung anstrebt, wobei diese Nutzung in deutlich größerem Umfang erfolgt

---

9 S. Kap. 2.1.2 und 5.1.

10 S. hierzu ausführlicher Kap. 2.2.3 sowie die dort angegebene Literatur.

oder erfolgen wird als umgekehrt die Nutzung des AC-Netzes durch den Incumbent.[11]

Dem Netzzugang kommt aus folgenden Gründen - aus der *Perspektive von AC* - eine hohe betriebswirtschaftlich-strategische Bedeutung zu:

(1) AC können i.d.R. ohne diesen Zugang zum Netz des Incumbent nicht oder in nur sehr begrenztem Umfang TK-Dienste anbieten. Daher ist der Netzzugang für AC, die auch TK-Dienste an Endkunden vermarkten wollen, normalerweise eine *zwingende Voraussetzung* für die - betriebswirtschaftlich sinnvolle - Aufnahme ihrer Geschäftstätigkeit und stellt damit einen sogenannten *Bottleneckfaktor* dar.[12]

(2) Es besteht eine sehr unterschiedliche Interessenlage hinsichtlich der Erzielung von Netzzugangsvereinbarungen bzw. der Höhe der Netzzugangsentgelte[13] zwischen Incumbent und AC, bei welcher der Incumbent über die weitaus größere Verhandlungsmacht verfügt.[14]

(3) Die bei AC für die Inanspruchnahme von Netzzugangsleistungen vor allem vom Incumbent anfallenden Kosten stellen mit einem Anteil von ca. 40% bis 60% an den Gesamtkosten den weitaus größten „Kostenblock" für diese AC dar.[15]

(4) Die Höhe und Struktur der Entgelte für Netzzugangsleistungen bestimmt entscheidend die preispolitischen Gestaltungsmöglichkeiten von AC und ist damit ein wichtiges Instrument zur wettbewerbsstrategischen Marktpositionierung von AC.

---

[11] Zur Erläuterung/Begründung der vorgenommenen Abgrenzung für das Konkurrenz- und Symmetriekriterium s. Kap. 2.2.3. Zur Beschränkung der Untersuchung auf den Netzzugang zwischen zwei Festnetzen ist anzumerken, daß aufgrund des in vielen Staaten bereits seit einigen Jahren funktionierenden Wettbewerbs bei Mobilfunknetzen beim Zugang zu diesen hier i.d.R. nicht vom Zugang zum Netz eines marktbeherrschenden Anbieters im Sinne eines Bottlenecks auszugehen ist. Die Problematik der *Preisfindung* für den Zugang eines Mobilfunknetzbetreibers zum TK-Netz des marktbeherrschenden Festnetzbetreibers hingegen unterscheidet sich nicht wesentlich von dem Fall zweier Festnetzbetreiber, da das Netz, für dessen Nutzung Preise zu ermitteln sind, das gleiche ist. Daher erscheint eine Ausklammerung dieses Spezialfalls zur Reduzierung der Komplexität der Untersuchung vertretbar.

[12] Vgl. zur detaillierten Diskussion dieser Bottleneckeigenschaft Kap. 2.2.1.1.

[13] In dieser Arbeit werden die Begriffe *Entgelt* und *Preis* synonym verwandt.

[14] Zur Diskussion dieser unterschiedlichen Interessenlage von Incumbent und AC s. Kap. 2.2.3.

[15] S. Abb. 2-7 in Kap. 2.2.1.2; Gerpott 1998a: 80; Steele/Bartlett 1998: 4; Ehrmann/Mellewigt 1997: 258; Gerpott 1997: 2; Gillick 1997: 2.

Auch für den jeweiligen *Incumbent* hat der Zugang von AC zu seinem Netz und die Höhe der hierfür zu entrichtenden Entgelte vor allem aus vier Gründen hohe wettbewerbsstrategische und ökonomische Relevanz:

(1) Die Höhe der Entgelte für den Netzzugang ist ausschlaggebend dafür, in welchem Ausmaß für AC Anreize für Investitionen in eigene Netze bestehen. Sind diese Entgelte nämlich *geringer* als die Kosten, die für einen AC beim Aufbau eigener Netzstrukturen für die entsprechende Leistungseinheit der Netznutzung langfristig anfallen, wird der AC diese Investition kaum tätigen. Liegen die Kosten für den Netzzugang aus Sicht des jeweiligen AC in einem bestimmten Teilbereich jedoch etwa in Höhe der oder etwas *über* den entsprechenden Kosten eigenerstellter TK-Netze, bestehen für den AC Anreize zum Aufbau eigener Netze/Netzteile. Damit kann der Incumbent durch die Höhe und Struktur der Preise für den Netzzugang das Verhalten seiner Wettbewerber beeinflussen.[16]

(2) Der Incumbent muß auf die Nachfrage seiner eigenen Konkurrenten nach „Vorprodukten" für deren Geschäft so mit Investitionen, welche die technische Voraussetzungen für den Netzzugang schaffen, in seinem eigenen Netz, reagieren, daß er einerseits diese Nachfrage mit für ihn minimalen Kosten befriedigt und andererseits auch nicht in Konflikt zu den Wettbewerbsvorstellungen der staatlichen Regulierungsinstanz für den TK-Markt gerät.

(3) Durch das Angebot von Netzzugangsleistungen entsteht für den Incumbent ein neuer Geschäftsbereich mit einem entsprechenden Umsatzpotential, das die durch den Wettbewerb der AC beim Incumbent entstehenden Umsatzausfälle bzw. die nur in geringerem Maße erfolgten Umsatzzuwächse zumindest teilweise kompensieren kann.

(4) Wenn der Incumbent dem jeweiligen AC nicht nur durch den Netzzugang den Aufbau von TK-Verbindungen ermöglicht, sondern für diesen auch gleichzeitig das Inkasso der Endkundenentgelte übernimmt, wie dies im

---

[16] Dies würde nur dann uneingeschränkt gelten, wenn der Incumbent völlig frei in der Preisgestaltung für Netzzugangsleistungen wäre, was jedoch i.d.R. infolge einer sektorspezifischen staatlichen Regulierung nicht der Fall ist. Obwohl die Höhe dieser Preise im Normalfall durch die jeweilige Regulierungsinstanz festgesetzt oder zumindest von dieser beeinflußt wird, kann der Incumbent dennoch die Struktur dieser Entgelte durch seine Vorschläge z.T. nachhaltig beeinflussen. So wurde z.B. bei der erstmaligen Preisfestsetzung für Leistungen der Netzzusammenschaltung, als eine besondere Form des Netzzugangs, die durch die deutsche Regulierungsinstanz im September/Oktober 1997 erfolgte, zwar die Höhe jedoch nicht die Struktur der von der DTAG vorgeschlagenen Entgelte deutlich geändert.

deutschen TK-Markt beim sogenannten „offenen Call-by-call-Verfahren" der Fall ist, verhindert er damit den Aufbau einer direkten Kundenbeziehung zwischen dem AC und den einzelnen Endkunden.[17]

Die Frage, wie Entgelte für Netzzugangsleistungen zu bestimmen sind, ist daher eines der *zentralen betriebswirtschaftlichen* Themen, das sich TK-Netzbetreibern und Regulierungsinstanzen im Zusammenhang mit der Liberalisierung von TK-Märkten stellt. Die Klärung dieser Frage ist deshalb besonders komplex, weil in Literatur und Praxis seit langem bekannte herkömmliche Preisbestimmungsmethoden nicht bzw. nicht ohne entsprechende umfangreiche Analysen einzusetzen sind:

(1) Da zu Beginn der Liberalisierung des jeweiligen TK-Marktes erstmals Netzzugangspreise zu bestimmen sind, liegen keine *Wettbewerbspreise* aus *diesem* Markt vor, die als Anhaltspunkt für eine Preisfindung herangezogen werden können. Vielmehr sind u.U. stattdessen Entgelte aus entsprechend geeigneten Vergleichsmärkten als „Benchmarks" zu nutzen, was weitere Probleme im Hinblick auf die Auswahl dieser Märkte und die Übertragbarkeit der Ergebnisse aufwirft.[18]

(2) Die Ermittlung der Netzzugangspreise auf der Basis von *Kundenpräferenzen* ist insofern als schwierig einzustufen, als daß (a) AC als Kunden zur Erstellung von TK-Diensten i.d.R. zwingend auf den Zugang zum Incumbent-Netz angewiesen sind und (b) die Präferenzen der AC hinsichtlich der Nachfrage nach einzelnen Netzzugangsleistungen letztendlich von deren Endkunden bestimmt werden.

(3) Die *kostenorientierte* Bestimmung von Netzzugangspreisen, die in Literatur und Praxis sowie in den regulativen Rahmenbedingungen der einzelnen Staaten fast durchgängig favorisiert wird, ist deshalb besonders komplex, weil

   (a) hierfür eine Vielzahl von alternativen Kostenzurechnungsmethoden, die sich insbesondere hinsichtlich der Ausmaße und des zeitlichen Bezugs der Kostenzurechnung unterscheiden, in Betracht kommt;[19]

---

[17] Weil das Angebot dieses „offenen Call-by-call-Verfahrens", bei dem der jeweilige Endkunde das AC-Netz ohne Voranmeldung und festes Vertragsverhältnis nutzen kann, jedoch von den Kunden im deutschen TK-Markt sehr positiv aufgenommen wurde, wird es von vielen AC trotz des Verlustes der Kundenbeziehung bereitgestellt.

[18] Vgl. hierzu ausführlicher Kap. 3.3.2 sowie die dort genannte Literatur.

[19] S. für eine ausführlichere Diskussion der verschiedenen für die Kosten von Netzzugangsleistungen relevanten Kostenzurechnungsmethoden Kap. 4.1.2 sowie die dort angegebene Literatur.

(b) der Zugang zu entsprechenden Kosteninformationen über das Netz des Incumbent i.d.R. äußerst schwierig ist, da dieser entweder noch nicht über entsprechende Informationen verfügt oder aber insbesondere diese Kostendaten nicht veröffentlicht.[20]

Zusammenfassend ist festzuhalten, daß die Bestimmung von Netzzugangspreisen für den betriebswirtschaftlichen Erfolg von AC und Incumbents sehr große Bedeutung hat und ein komplexes Problemfeld darstellt.

1.1.3 Analyse der Literatur zum Thema Netzzugang

Eine Analyse der Literatur, die sich mit ökonomischen Fragen des Zugangs zu TK-Netzen und den Bestimmungsprinzipien für Netzzugangsentgelte befaßt, zeigt, daß sich ein großer Teil der Schriften zunächst den folgenden *zwei* großen Gruppen/„Extrempolen" zuordnen läßt:[21]

(1) Theoretisch orientierte Arbeiten, die unter (wohlfahrts)ökonomischen Aspekten die Gestaltung von Preisen für Bottleneckfaktoren im allgemeinen und den Netzzugang im besonderen diskutieren und dabei i.d.R. unter idealisierten Rahmenbedingungen sowie Annahmen gültige optimale Preismodelle ermitteln.[22]

(2) „Praxisnähere" Literaturquellen, welche sich primär mit der Ermittlung der Kosten von TK-Netzen und der Ableitung von Preisen für Netzzugangsleistungen und andere TK-Diensten aus diesen Kosten auseinandersetzen. Diese Arbeiten lassen sich weiter klassifizieren in

---

[20] Zudem fordern die TK-Gesetzeswerke/-Bestimmungen größtenteils die Orientierung der Netzzugangspreise an den Kosten der *effizienten* Leistungsbereitstellung, was die Frage aufwirft, inwieweit die Kosten des Incumbent der Effizienzforderung entsprechen bzw. wie diese Kosten alternativ abzuschätzen sind.

[21] Nicht explizit genannt werden in diesem Kapitel staatliche Quellen, wie z.B. (a) die entsprechenden Gesetze und die zugehörigen Ausführungsbestimmungen der einzelnen Staaten, (b) die Richtlinien, Mitteilungen und Empfehlungen der Europäischen Union sowie (c) die Veröffentlichungen der jeweiligen nationalen Regulierungsinstanzen, da diese i.d.R. „nur" die regulativen Rahmenbedingungen vorgeben bzw. konkretisieren und keinen eigenständigen inhaltlichen Beitrag zur Analyse des Themenkomplexes leisten. Die unter (a) und (b) genannten und in dieser Arbeit verwandten Quellen finden sich am Ende des Literaturverzeichnisses in entsprechenden separaten Rubriken. Veröffentlichungen der Regulierungsinstanzen sind unter deren jeweiligem Namen alphabetisch in das Literaturverzeichnis eingeordnet.

[22] Ausgewählte Quellen hierzu sind: Lapuerta/Tye 1999; Armstrong 1998; Curien et al. 1998; Laffont et al. 1998; Mitchell/Vogelsang 1998; Armstrong et al. 1996; Aron/Wildmann 1996; Carter/Wright 1996; Economides et al. 1996; Laffont/Tirole 1996; Economides/White 1995; Albon 1994; Cave/Doyle 1994. Die Inhalte dieser Literaturrichtung werden in Kap. 3.2 unter dem Oberbegriff wohlfahrtsorientierte Preisfindungsansätze genauer analysiert.

(a) Beiträge, die sich allgemein mit Fragen der Kostenrechnung von TK-Netzbetreibern beschäftigen;[23]

(b) Quellen, welche die Abbildung von TK-Kosten mittels Kostenmodellen thematisieren;[24]

(c) Untersuchungen, welche die Ermittlung von Preisen für TK-Dienste im allgemeinen und für Netzzugangsleistungen im besonderen auf der Basis der Kosten der Leistungserstellung (z.T. vergleichend mit anderen Methoden) analysieren.[25]

Daneben kann die Netzzugangsliteratur auch im Hinblick darauf unterschieden werden, welche Netzzugangsleistungen jeweils Gegenstand der Untersuchung sind. So wird im Schrifttum zum einen nur der Netzzugang mittels der sogenannten *Netzzusammenschaltung* untersucht, zum anderen nur die Nutzung der sogenannten *Teilnehmeranschlußleitung* analysiert, oder es werden *beide* Netzzugangsvarianten betrachtet.[26] Allerdings beschäftigen sich nur wenige Quellen explizit auch mit der Netzzugangsvariante der Teilnehmeranschlußleitung.[27] Der überwiegende Teil der Literatur konzentriert sich hingegen entweder explizit auf die Variante der Netzzusammenschaltung[28] oder diskutiert unter dem Oberbegriff Interconnection ohne weitere Differenzierung von Leistungsvarianten grundlegende Aspekte des Netzzugangs und schließt damit implizit beide o.g. Varianten mit ein.[29]

Weiterhin sind über die beiden o.g. genannten großen Literaturgruppen hinaus auch Quellen zu nennen, die Randbereiche von *ökonomischen* Fragen des Netzzugangs berühren. Hierzu zählen vor allem Arbeiten, die sich mit Eigentumsrechten[30] an TK-Netzen auseinandersetzen und Beiträge zur juristisch-ökono-

---

23 Vgl. z.B. Gayer 1998; Ehrmann/Mellewigt 1997.

24 S. für andere Doll/Wieck 1998a; Knieps 1998b; Mellewigt/Theissen 1998; Vogelsang 1998.

25 Vgl. Albach/Knieps 1997 bzw. Albach et al. 1997; Papandrea/Street 1997; Cuthbertson 1995; WIK/EAC 1994; Rabe 1989.

26 S. für eine genaue Differenzierung des Netzzugangsbegriffs sowie zur Systematisierung von Leistungsvarianten des Netzzugangs Kap. 2.1.2 und 5.1.

27 S. Hohenadel 1999; Gerpott 1998a u. 1998b; Albach et al. 1997; Harten/Ruhle 1997; Vogelsang/Mitchell 1997.

28 Vgl. z.B. Lapuerta/Tye 1999; Leighton-Young 1999; Neumann 1997; Quander 1997; Rogy et al. 1997; Brock 1995.

29 S. Papandrea/Street 1997; Stürmer 1997; Armstrong et al. 1996; Aron/Wildman 1996; Ickenroth 1996; Cuthbertson 1995; Economides/White 1995; Laffont/Tirole 1994.

30 Vgl. z.B. Fuhr/Kerkhoff 1998; Knieps 1998a; Stürmer 1997.

mischen Interpretation von TK-Rechtsnormen im Hinblick auf den Netzzugang.[31]

Schließlich existiert noch eine große Zahl von vielfach sehr allgemeinen „Praktikerbeiträgen"/Konferenzvorträgen,[32] die zwar z.T. durchaus neue unternehmensinterne Informationen liefern,[33] jedoch überwiegend keine hohe Analysetiefe aufweisen.

Zusammenfassend ist festzustellen, daß es insbesondere im anglo-amerikanischen aber auch im deutschen Schrifttum zwar eine Vielzahl von volkswirtschaftlich-wohlfahrtsökonomisch ausgerichteten Veröffentlichungen gibt[34] und auch juristische Abhandlungen die Netzzugangsproblematik zunehmend thematisieren,[35] daß jedoch *betriebswirtschaftliche* Aspekte des Netzzugangs bislang kaum im Mittelpunkt von Untersuchungen stehen. Dazu zählen insbesondere die analytisch fundierte Bestimmung der *Kosten* von TK-Netzen – namentlich der Kosten des Anlagevermögenseinsatzes und der Netzbetriebskosten – sowie Fragen der Gestaltung entsprechender Kostenrechnungssysteme. Auch die hiermit in engem Zusammenhang stehende Problemstellung der Zurechnung dieser Netzkosten auf einzelne Netzzugangsleistungen zur Ableitung von konkreten Netzzugangspreisen – zum Zweck der Umsetzung der in den meisten Staaten gesetzlich verankerten und letztlich auf wohlfahrtsökonomische Erkenntnisse zurückgehenden Orientierung der Netzzugangsentgelte an den Kosten der effizienten Leistungsbereitstellung – fand bisher im wissenschaftlichen Schrifttum kaum Beachtung.[36]

Zwar wurden einzelne betriebswirtschaftliche Teilfacetten der Bestimmung von Netzzugangskosten in „Praktikerbeiträgen" sowie insbesondere auch in Einzelkapiteln von Monographien zu übergeordneten oder benachbarten Themen[37] an-

---

[31] S. u.a. Riehmer 1998; Weißhaar/Koenig 1998; Windhorst 1998; Gramlich 1997; Kress 1997; Nolte 1996.

[32] S. für andere Geron 1999; Macpherson 1999; Gillick 1997; Raffalski 1997; Rogy et al. 1997; Sietmann 1997.

[33] Z.B. Hohenadel 1999.

[34] S. oben Fußnote 22 in Kap. 1.

[35] Vgl. Fußnote 31 in Kap. 1.

[36] So beschäftigen sich die neueren deutschsprachigen wissenschaftlichen Monographien, deren Hauptthema der Netzzugang ist, durchweg primär mit juristischen und/oder volkswirtschaftlichen Aspekten des Netzzugangs. Genauer sind dies (a) Implikationen des TKG für die Nutzung von Bottleneckfaktoren (Engel/Knieps 1998), (b) rechtliche Aspekte des Netzzugangs im deutschen und europäischen Recht (Märkl 1998) sowie (c) die Bedeutung und Gestaltung von Eigentumsrechten im Zusammenhang mit dem Netzzugang (Stürmer 1997).

[37] Z.B. Gerpott 1998a: 76-91; Stürmer 1997: 67-87.

satzweise thematisiert. Eine eingehende Analyse der *Preisfindung für den Zugang zu TK-Netzen von Incumbents* und hierbei insbesondere der Fragestellung, wie eine *kostenorientierte* Preisbestimmung erfolgen kann, liegt jedoch bislang *nicht* vor. Somit wurden folgende Fragen der Bestimmung von TK-Netzkosten und der Ermittlung von Netzzugangsentgelten bisher nicht *systematisch* und *eingehend* analysiert:

- Welche Kosten der Erstellung und des Betriebes von TK-Netzen sind im Zusammenhang mit der Bestimmung von Netzzugangsentgelten zu berücksichtigen?
- Wie können diese Kosten quantifiziert werden und welches sind die relevanten Kostentreiber?
- Welchen Beitrag können bestimmte Kostenmodelle zur Abschätzung der Kosten für einzelne Leistungsvarianten des Netzzugangs leisten?

Die vorliegende Arbeit soll einen Beitrag zur Schließung dieser Lücke in der betriebswirtschaftlichen Literatur leisten.

1.2 Zielsetzungen der Arbeit

Vor dem Hintergrund des beschriebenen Forschungsdefizits strebt diese Untersuchung an,

(a) die betriebswirtschaftliche Bedeutung des Netzzugangs für AC und Incumbents aufzuzeigen,

(b) die wichtigsten Ansätze zur Preisfindung für Netzzugangsleistungen zu systematisieren und zu bewerten,

(c) den in den meisten Staaten gesetzlich verankerten Ansatz der *kostenorientierten* Preisfindung eingehender zu analysieren,

(d) die kritischen Parameter bei der Ermittlung kostenorientierter Netzzugangspreise zu identifizieren und Ansätze zur Bestimmung dieser Parameter aufzuzeigen sowie

(e) die Funktionsweise von ausgewählten TK-Kostenmodellen und deren Eignung als Hilfsmittel zur Bestimmung von Netzzugangsentgelten zu analysieren.

Diesen Teilzielen zugrunde liegt das *Oberziel* der Arbeit, eine für Wissenschaftler *und* Praktiker gleichermaßen relevante, fundierte betriebswirtschaftliche Analyse der Preisbestimmung für den *Zugang von AC zu TK-Netzen dominierender Anbieter* vorzulegen.

1.3 Gang der Untersuchung

Zur Umsetzung dieser Ziele wird der im folgenden kurz umrissene und in Abb. 1-1 visualisierte Untersuchungsgang gewählt. Zunächst wird in Kap. 2, nach einer kurzen Präzisierung der für die Arbeit zentralen Begriffe, die Bedeutung des besonderen Netzzugangs für AC analysiert und dabei insbesondere auch dessen hohe betriebswirtschaftliche Relevanz herausgearbeitet. Zudem werden wesentliche regulatorische Rahmenbedingungen des Zugangs zu den Netzen marktbeherrschender Anbieter in der Europäischen Union und in Deutschland diskutiert.

In *Kap. 3* werden die grundsätzlich für die Preisfindung von Netzzugangsleistungen in Literatur und Praxis diskutierten Prinzipien in (a) wohlfahrts-, (b) markt- sowie (c) kostenorientierte Ansätze strukturiert. Anschließend erfolgt zunächst eine Darstellung und Analyse ausgewählter Preisfindungsprinzipien der beiden erstgenannten Kategorien (a) und (b), die zeigt, daß der Rückgriff auf diese Methoden zu keinem betriebswirtschaftlich befriedigenden und den gesetzlichen Vorgaben der EU sowie des TKG genügenden Ergebnissen führt und daß somit ein Rückgriff auf kostenorientierte Ansätze notwendig ist.

Daher werden in *Kap. 4* im Rahmen einer Darstellung von theoretischen Grundlagen der kostenorientierten Preisfindung zunächst verschiedene Kostenrechnungssysteme zur Ermittlung der Kosten von Netzzugangsleistungen – nämlich (a) grenzkosten-, (b) zusatzkosten- sowie (c) vollkostenbasierte Systeme – diskutiert. Diese Analyse zeigt, daß die Ermittlung der Kosten von Netzzugangsleistungen mittels Zusatzkosten den beiden anderen Verfahren gegenüber vorzuziehen ist.

Kap. 5 stellt das in qualitativer und quantitativer Hinsicht zentrale Kapitel der Arbeit dar. Hier erfolgt zunächst eine Differenzierung und Präzisierung von Leistungsvarianten des besonderen Netzzugangs. Darauf aufbauend werden die verschiedenen bei der Erstellung dieser Leistungen relevanten Kostenarten systematisiert und die Fragestellungen der Quantifizierung der Kosten (a) des Anlagevermögenseinsatzes in TK-Netzen und (b) der laufenden Netzbetriebskosten ausführlich analysiert sowie mögliche Ansätze für die Zurechnung dieser Kosten zu einzelnen TK-Netzelementen und TK-Diensten/Netzzugangsleistungen und die hieraus abzuleitenden Preisstrukturen aufgezeigt. Dabei wird deutlich, daß diese

Kostenquantifizierung und -zurechnung vor allem ohne das Vorliegen interner Kosten- und Auslastungsinformationen zum analysierten TK-Netz des Incumbent praktisch nur sehr schwer durchzuführen ist.

Abb. 1-1: Grobstruktur der Arbeit

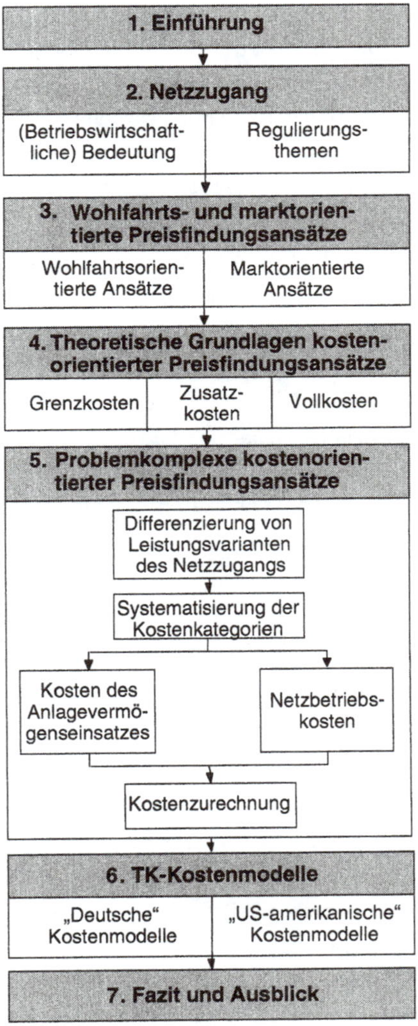

Daher werden in *Kap. 6* Kostenmodelle als ein wichtiges Hilfsmittel zur Abschätzung der Kosten von TK-Netzen vorgestellt und die Funktionsweise ausgewählter im deutschen und US-amerikanischen TK-Markt angewandter Kostenmodelle sowie deren Eignung zur Ermittlung von Netzzugangsentgelten analysiert. *Kap. 7* faßt die wichtigsten Ergebnisse der Arbeit zusammen, leitet Schlußfolgerungen für die *Praxis* ab und verdeutlicht offene Fragen für die *weitere Forschung*.

2. Netzzugang – Gegenstandsbestimmung, betriebswirtschaftliche Relevanz und Regulierungsthemen

In diesem Kapitel werden nach einer Abgrenzung und Präzisierung der zentralen Begriffe dieser Untersuchung (s. Kap. 2.1) (a) die besonderen Eigenschaften und die Bedeutung des Netzzugangs für neue TK-Netzbetreiber diskutiert (s. Kap. 2.2), sowie (b) darauf aufbauend die Gegenstände und Intensität der Netzzugangsregulierung prinzipiell und am Beispiel des deutschen bzw. europäischen Regulierungsrahmens analysiert (s. Kap. 2.3).

2.1 Begriffsabgrenzungen

2.1.1 Telekommunikationsnetz

Im Rahmen der vorliegenden Untersuchung werden häufig die Termini TK-Netz im allgemeinen sowie TK-Anschluß- und Verbindungsnetz im speziellen verwandt. Daher wird hier zunächst kurz skizziert, wie diese Begriffe zu verstehen sind:[1]

- Unter einem *Telekommunikationsnetz* wird die Gesamtheit aller technischen und sonstigen Einrichtungen (z.B. Übertragungswege, Vermittlungseinrichtungen) verstanden, die zur Erbringung von TK-Diensten bzw. zur Übertragung von Signalen zwischen definierten Abschlußpunkten mittels optischer, elektromagnetischer und/oder anderen Verfahren dienen. Soweit diese Netzabschlußpunkte prinzipiell allen Privatpersonen und Unternehmen, die hieran ein Interesse haben, bereitgestellt bzw. von diesen genutzt werden können, handelt es sich um ein *öffentliches* TK-Netz.[2]

  In dieser Arbeit wird unter einem (TK-)Netz immer ein solches öffentliches TK-Netz verstanden. Dabei besteht ein öffentliches TK-Netz i.d.R. aus (a) Anschlußnetzen und (b) Verbindungsnetzen.

- Das *Anschlußnetz*, für das auch die Begriffe Zugangsnetz, Teilnehmernetz, „Local Loop" oder etwas unscharf Ortsnetz gebräuchlich sind und in dieser Arbeit synonym verwendet werden, verbindet die einzelnen Endgeräte der Kun-

---

[1] Vgl. § 3, Nr. 12, TKG; Artikel 2, Absatz 1c, Richtlinie 97/33/EG; Gerpott 1998a: 7; Albon et al. 1997: 1-3; Stürmer 1997: 30-32; Arranz/Hackbarth 1996: 4; Vogelsang 1996a: 2-3; sowie insbesondere für technische Aspekte Siegmund 1999: 206-223 u. 243-250; Becker 1996: 153-159.

[2] Hiervon zu unterscheiden sind beispielsweise unternehmensinterne TK-Netze, die auch als „Corporate Networks" oder „Virtual Private Networks" bezeichnet werden. Für eine genauere Abgrenzung und Diskussion dieser Begriffe s. z.B. Jäger/Strawe 1995: 5; Kühnapfel 1995: 223-226.

den (bzw. genauer die Netzabschlußpunkte) mit einer möglichst nahe gelegenen lokalen Vermittlungseinrichtung[3] (= *Ortsvermittlung*) und dient damit der Anbindung dieser Endgeräte an die weiteren Vermittlungs- und Übertragungsfunktionen des Verbindungsnetzes. Dabei erfolgt die Signalübermittlung und -verteilung im Anschlußnetz zumeist über Kupferdoppeladerkabel sowie über Elemente zur Verteilung/Verzweigung der Signalströme (z.B. Konzentratoren, Verteiler). Die Topologie des Anschlußnetzes weist i.d.R. eine Baum- oder eine gemischte Ring-Baum-Struktur auf (s. Abb. 2-1).

Abb. 2-1: Typische Topologien von Telekommunikationsanschlußnetzen

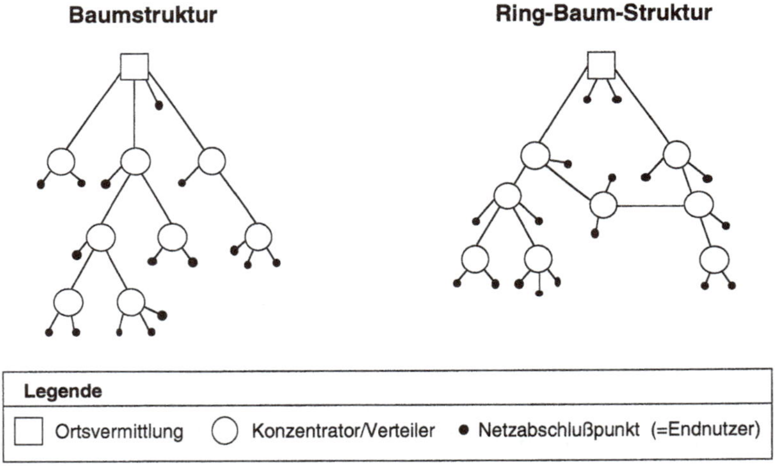

Quelle: In Anlehnung an Arranz/Hackbarth 1996: 4.

Der Aufbau von traditionellen leitungsgebundenen Anschlußnetzen und die damit verbundene Anbindung einzelner Endkunden bzw. der entsprechenden

---

3 Unter einer *Vermittlungseinrichtung* (synonym auch *Vermittlungsstelle* oder kurz *Vermittlung*) sind Netzknotenpunkte zu verstehen, an die „Endeinrichtungen und/oder Verbindungsleitungen zu anderen Netzknoten angeschlossen" sind und die „aufgrund der *Signalisierungsinformationen ... Nutzkanäle* zusammenschalten" (= vermitteln). Siegmund 1999: 19. Im folgenden wird eine Ortsvermittlung entsprechend der in Deutschland üblichen Terminologie der DTAG synonym auch als Teilnehmervermittlungsstelle (TVSt) bezeichnet.

Netz-/Hausabschlußpunkte ist, insbesondere bedingt durch normalerweise anfallende umfangreiche Erdarbeiten, i.d.R. sehr kostenintensiv.[4]

- Das *Verbindungsnetz*, das vielfach auch als Vermittlungsnetz, Fernnetz oder Backbonenetz bezeichnet wird,[5] verbindet die TVSt (= Vermittlungen der „unteren Hierarchieebene") der einzelnen Anschlußnetze mittels einer hierarchischen und vermaschten Netztopologie sowie – meist auf Glasfaser-/Lichtwellenleitertechnik (LWL) basierten – Übertragungswegen, um so TK-Verkehrsströme mit unterschiedlichen, jeweils möglichst optimierten Bündelungsgraden zwischen den einzelnen TVSt zu transportieren. Dabei verfügen zumindest in den 80er und 90er Jahren errichtete oder nachhaltig erweiterte Verbindungsnetze, oftmals über hohe Kapazitätsreserven, da Fortschritte in der Übertragungs- und Vermittlungstechnik hohe Datenübertragungsraten erlauben und die Zusatzkosten für die Bereitstellung solcher Kapazitäten vergleichsweise gering sind.[6] Verbindungsnetze bestehen i.d.R. aus zwei bis drei Hierarchieebenen von Vermittlungseinrichtungen (= Netzknoten) (s. auch Abb. 2-2), wobei die Vermittlungen der mittleren bzw. oberen Hierarchieebene als Fernvermittlungsstellen (FVSt) bezeichnet werden, da alle TK-*Fern*verbindungen zwischen den TVSt unterschiedlicher Anschlußnetze über diese Vermittlungsknoten abgewickelt werden.[7]

Die Ebene der TVSt bildet somit den Grenzbereich bzw. die Schnittmenge zwischen dem Anschluß- und Verbindungsnetz, da dort (a) die Anschlußleitungen zu den einzelnen Endkunden zusammenlaufen und die TVSt damit den „oberen Abschlußpunkt" des Anschlußnetzes darstellen und (b) gleichzeitig diese TVSt als unterste Hierarchieebene des Verbindungsnetz fungieren. Im Rahmen dieser Arbeit werden, soweit nicht explizit eine hiervon abweichende Zuordnung er-

---

4 U.a. deshalb werden seit Beginn der 90er Jahre verstärkt funkgestützte Systeme für Anschlußnetze diskutiert; s. für viele Gerpott 1998a: 38-54. Außerdem wird insbesondere von Energieversorgungsuntenehmen auch die Möglichkeit untersucht, ob die Stromversorgungsleitungen („Powerlines") zukünftig durch technische Maßnahmen zu einem TK-Anschlußnetz aufgerüstet werden können; vgl. für andere Bärwald 1997: 28-32. Im Rahmen der vorliegenden Untersuchung wird jedoch unter dem Terminus Anschlußnetz, soweit nicht explizit Systeme auf der Basis von Funknetzen oder „Powerlines" genannt werden, immer ein traditionelles leitungsgebundenes auf Kupferdoppelader- oder z.T. auch auf Glasfsertechnik basisierendes Netz verstanden. S. für eine Übersicht über (weitere) mögliche Anschlußnetztechnologien, wie z.B. die Nutzung von Kabel-TV-Netzen, Siegmund 1999: 224-225; Lewin/Matthews 1998: 8-9 u. 40-41.

5 Diese Begriffe sind auch in der vorliegenden Arbeit entsprechend als Synonyme zu verstehen.

6 S. Gerpott 1998a: 7.

7 Beispielsweise bestand das Netz der DTAG Anfang 1999 aus ca. 1.600 – 1.800 TVSt; ca. 300 – 500 „Bereichsvermittlungstellen [BVSt]" (= mittlere Hierachieebene) sowie 23 „Weitvermittlungsstellen [WVSt]" (= obere Hierachieebene) vor. Vgl. Siegmund 1999: 246; WIK 1999: 16 u. 23.

folgt, die TVSt in ihrer Funktion als Vermittlungseinrichtung sowie die Verbindungen zwischen den einzelnen TVSt als Teil des Verbindungsnetzes interpretiert und lediglich die Anschlußfunktion bzw. Anschlußgruppen der TVSt als Teil des Anschlußnetzes.

Abb. 2-2: Topologie eines Telekommunikationsverbindungsnetzes

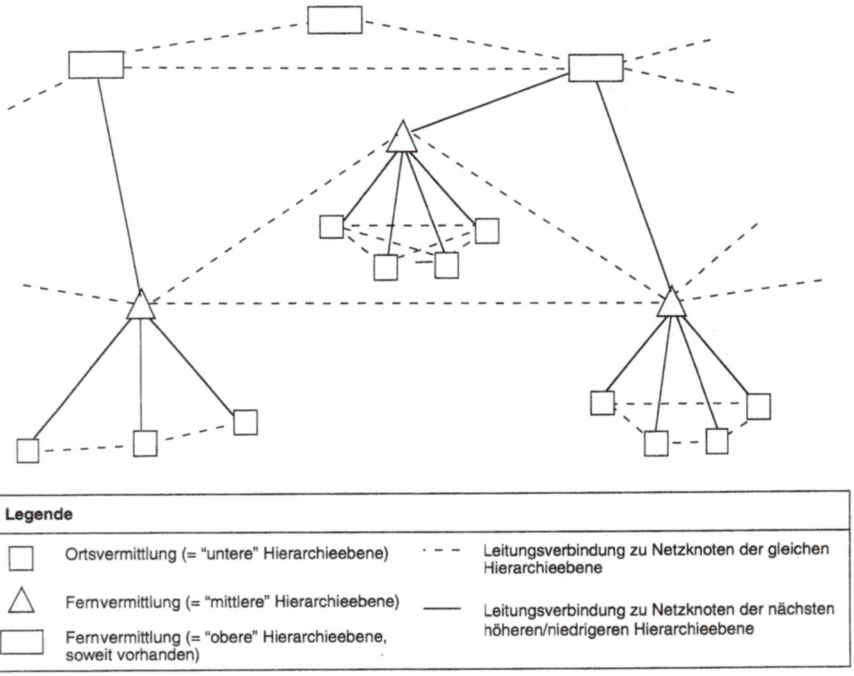

2.1.2 Netzzugang, Netzzusammenschaltung und Interconnection

Da die Begriffe *Netzzugang, Netzzusammenschaltung* und *Interconnection* in der Literatur aber auch von den Legislativen/Regulierungsinstitutionen[8] der EU, Deutschlands sowie anderer Staaten unterschiedlich abgegrenzt und verwendet werden, erscheint es notwendig, zunächst diese divergierenden Begriffsverständnisse zu diskutieren und darauf aufbauend zu präzisieren, wie die einzel-

---

[8] Für eine kurze Abgrenzung/Diskussion der Begriffe Regulierung(sinstitution) s. Fußnoten 82 u. 83 in Kap. 2.

nen Begriffe im Rahmen dieser Arbeit zu verstehen sind.[9] Hierzu werden nachfolgend die Begriffsabgrenzungen der einschlägigen Gesetzeswerke, Verordnungen und Richtlinien[10] der EU, Deutschlands, der Schweiz, Großbritanniens, der USA und Frankreichs herangezogen[11] sowie anschließend das im wirtschaftswissenschaftlichen Schrifttum gebräuchliche Verständnis dieser Begriffe diskutiert:

- Die *EU* definiert in der sogenannten „Zusammenschaltungsrichtlinie" v. 30.06.1997 die *Zusammenschaltung* (i.S.v. Netzzusammenschaltung) als „... die physische und logische Verbindung von Telekommunikationsnetzen, die von derselben oder einer anderen Organisation genutzt werden, um Benutzern einer Organisation die Kommunikation mit Benutzern derselben oder einer anderen Organisation oder den Zugang zu den von einer anderen Organisation angebotenen Diensten zu ermöglichen."[12] Somit bezeichnet nach dieser Abgrenzung der Begriff *(Netz)Zusammenschaltung* die technische Verbindung von TK-Netzen als *Mittel* zum Zweck, den TK-Nutzern der an dieser Zusammenschaltung beteiligten TK-Unternehmen, *(Netz-)Zugang* zu den Kunden des aus der Perspektive des einzelnen TK-Nutzers jeweils anderen TK-Unternehmens zu ermöglichen. Ziel dieses mittels der *Zusammenschaltung von TK-Netzen* für den *TK-Nutzer* verwirklichten *Zugangs* ist es, diesem TK-Nutzer (a) die Kommunikation mit einem größeren Kreis von Nutzern sowie (b) den Zugriff auf TK-Dienste, die über andere Netze angeboten werden, zu ermöglichen. Dabei beinhaltet der Terminus *Organisation* nach dem Verständnis der EU(-Richtlinie) „... Organisationen, die vermittelte und unvermittelte Trägerfunktionen für Benutzer bereitstellen, von denen

---

9 So auch Gerpott 1998a: 76; Gerpott 1998b: 38.

10 In den Staaten, in denen durch den Gesetzgeber keine entsprechende(n) Begriffsdefinition(en) erfolgte(n), wird auf die durch die jeweilige Regulierungsinstitution vorgenommene Begriffsabgrenzung zurückgegriffen.

11 Hierbei repräsentieren Großbritannien und die USA die beiden Staaten, die hinsichtlich der Liberalisierung ihrer nationalen TK-Märkte weltweit eine Vorreiterrolle einnehmen, Frankreich (die Schweiz) steht als Beispiel für einen europäischen Staat innerhalb (außerhalb) der EU, der sich Ende der 90er Jahre ähnlich wie Deutschland am Beginn des TK-Liberalisierungsprozesses befindet. Auf die naheliegende Einbeziehung von Österreich als zweiten deutschsprachigen Staat der EU wurde verzichtet, da sich das österreichische Telekommunikationsgesetz (TKG-Ö) hinsichtlich der Begriffsabgrenzung der Termini Netzzugang und Netzzusammenschaltung inhaltlich sehr eng, größtenteils sogar wörtlich, an die Definitionen des deutschen TKG anlehnt und insofern von einem völlig identischen Begriffsverständnis in den Gesetzeswerken der beiden Staaten auszugehen ist. Vgl. zum Begriff des Netzzugangs § 3, Nr. 9, TKG und § 3, Nr. 7, TKG-Ö sowie zum Begriff der Netzusammenschaltung § 3, Nr. 24, TKG und § 3, Nr. 16, TKG-Ö. Allerdings unterscheiden sich die *Inhalte* des TKG-Ö im Detail z.T. wesentlich von denen des TKG. Vgl. hierzu Gebhardt/Vartian 1999: 153-155; Hoenig et al. 1998: 193-194.

12 Artikel 2, Absatz 1a, Richtlinie 97/33/EG.

andere Telekommunikationsdienste abhängig sind."[13] Es werden seitens der EU vier unterschiedliche Typen von Unternehmen/Organisationen unterschieden,[14] wobei nicht alle diese Typen notwendigerweise selbst TK-Netze betreiben müssen, sondern z.T. auch nur TK-Dienste bereitstellen können, soweit sie den Zugang zu Netzabschlußpunkten kontrollieren und/oder soweit sie gemäß der jeweiligen nationalen Lizenzierungs-/Genehmigungsverfahren zur Zusammenschaltung befugt sind.

Allerdings wird die zuvor diskutierte Begriffsabgrenzung zwischen dem Zugang zu und die Zusammenschaltung von TK-Netzen nicht konsistent innerhalb des Regelwerkes der EU verwandt. So wird z.B. an anderer Stelle von der „... Zusammenschaltung der ... für die Öffentlichkeit zugänglichen Telekommunikations*dienste*" gesprochen.[15] Weiterhin wird vor allem in der Richtlinie 97/33/EG der Terminus *Zusammenschaltung* auch für Aspekte gebraucht, die ebenso für den *Netzzugang* relevant sind (z.B. Diskriminierungsfreiheit, Entgeltregulierung). Diese Richtlinie verwendet damit Zusammenschaltung gleichzeitig implizit auch als Oberbegriff für (a) die Verbindung von TK-Netzen (= Zusammenschaltung i.e.S.) und (b) dem Zugang zu TK-Netzen.

Insgesamt ist damit das Begriffssystem der EU aufgrund nicht ausreichender Präzision als Basis für die vorliegende wissenschaftliche Arbeit nicht geeignet.

- Das *(deutsche) TKG* definiert den Begriff *Netzzugang* als „ ... die physische und logische Verbindung von Endeinrichtungen oder sonstigen Einrichtungen mit einem Telekommunikationsnetz oder Teilen desselben sowie die physische und logische Verbindung eines Telekommunikationsnetzes mit einem anderen Telekommunikationsnetz oder Teilen desselben zum Zwecke des Zugriffs auf Funktionen dieses Telekommunikationsnetzes oder auf die darüber erbrachten Telekommunikationsdienstleistungen."[16] Der Terminus *Netzzusammenschaltung* hingegen wird im TKG abgegrenzt als „... derjenige Netzzugang, der die physische und logische Verbindung von Telekommunikationsnetzen herstellt, um Nutzern, die an verschiedenen Telekommunikationsnetzen angeschaltet sind, die mittelbare oder unmittelbare Kommunika-

---

[13] Anhang II, Richtlinie 97/33/EG.
[14] Für eine genaue Abgrenzung dieser vier Organisationstypen s. Anhang II, Richtlinie 97/33/EG.
[15] Artikel 6, Richtlinie 97/33/EG.
[16] § 3, Nr. 9, TKG.

tion zu ermöglichen."[17] Somit ist *Netzzugang* als Oberbegriff zu verstehen, der „... über für sämtliche Nutzer bereitgestellte Anschlüsse (allgemeiner Netzzugang) oder über besondere Anschlüsse (besonderer Netzzugang) gewährt werden kann."[18]

Demnach beinhaltet der Begriff des *Netzzugangs* alle Regelungen hinsichtlich der physischen und logischen Verbindung

(1) der TK-Anschlüsse/Endgeräte sämtlicher Endnutzer/-kunden zu dem TK-Netz eines Netzbetreibers und

(2) von Netzen verschiedener TK-Netzbetreiber, um (a) den Aufbau von TK-Verbindungen zwischen den Kunden verschiedener Netzbetreiber sicherzustellen und (b) die Nutzung von TK-Funktionen eines Netzes durch die Kunden eines *anderen* TK-Netzbetreibers zu ermöglichen.[19]

Dabei repräsentiert Fall (1) den *allgemeinen Netzzugang* aus Endkundenperspektive, Fall (2a) die *Netzzusammenschaltung* als Unterfall des besonderen Netzzuganges sowie Fall (2b) den *besonderen Netzzugang* i.e.S. (s. Abb. 2-3).

Das deutsche TKG sieht damit den allgemeinen Netzzugang für alle (End-) Kunden bzw. „alle anderen Nutzer",[20] jedoch den besonderen Netzzugang nur für (lizenzierte) *Betreiber* öffentlicher TK-Netze[21] und nicht für reine TK-Dienstehändler vor.[22] Speziell die Netzzugangsverordnung,[23] die eine ergänzende Verordnung der Bundesregierung zur Umsetzung des TKG darstellt, bezieht sich nur auf den besonderen Netzzugang.

Der entsprechende englische Terminus *Interconnect(ion) bzw. Interkonnekt(ion)*, der für den (besonderen) Netzzugang und teilweise auch nur für

---

[17] § 3, Nr. 24, TKG.

[18] § 35, Absatz 1, Satz 2, TKG; vgl. auch Gerpott 1998a: 76; Gerpott 1998b: 38; Nolte 1996: 2629.

[19] Vgl. Gerpott 1998a: 76; Gerpott 1998b: 38; Gramlich 1997: 65; Hefekäuser/Dreier 1997: 111-112; Quander 1997: o.S.

[20] § 35, Absatz 1, Satz 1, TKG.

[21] Präziser beziehen sich die verschiedenen Lizenzklassen gemäß TKG auf das *Betreiben von Übertragungswegen*. Vgl. § 6, Absätze 1 u. 2, TKG; Scheurle et al. 1997: 7-8.

[22] Einzelne Autoren vertreten auch eine hiervon abweichende Meinung/Interpretation nach der auch Betreiber nicht lizenzierter Dienste (z.B. Corporate Networks) und Nutzer, die kein eigenes Netz betreiben (z.B. Dienstehändler), zum besonderen Netzzugang berechtigt seien. So etwa Riehmer 1998: 60. Unter (TK-)Dienstehändlern, die z.T. auch als „Service Provider" oder „Reseller" bezeichnet werden, sind dabei Unternehmen zu verstehen, die – ohne selbst TK-Netzbetreiber zu sein – von TK-Netzbetreibern TK-Dienste erwerben und diese auf eigene Rechnung and Endkunden/-nutzer weiterverkaufen. Vgl. Gerpott 1998a: 13; Gerpott 1996: 48; Späth 1995: 51.

[23] Verordnung über besondere Netzzugänge/Netzzugangsverordnung (NZV) v. 23.10.1996 (veröffentlicht im Bundesgesetzblatt v. 31.10.1996, Teil I, Nr. 53, S. 1568).

die Netzzusammenschaltung verwendet wird, findet vermehrt Eingang in die deutschsprachige Literatur.

Abb. 2-3: Systematisierung von Netzzugangsvarianten gemäß TKG

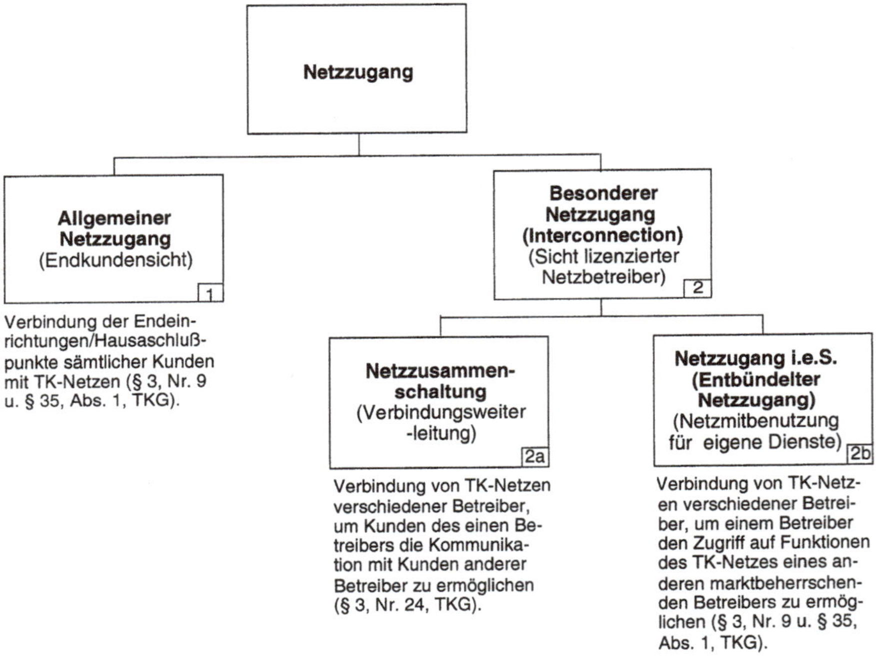

Quelle: Gerpott 1998a: 77 u. 1998b: 38.

- Das französische Telekommunikationsgesetz definiert Interconnection wie folgt:[24]

  „Interconnection means reciprocal services provided by two public network operators in order to allow all users to communicate freely amongst themselves, regardless of the networks to which they are connected or the services they use. Interconnection also means the network access services provided for the same reason by a public network operator to a public telephone service provider."

---

[24] Artikel 1, Kapitel 1, Absatz 9, Telecommunications Act Republic of France 1996 (TCA-F) vom 26.07.1996. Hier wird die offizielle englische Übersetzung des TCA-F zitiert.

Damit beinhaltet Interconnection in der Definition der französischen Legislative die gegenseitige Zusammenschaltung von zwei öffentlichen TK-Netzen[25], um hierdurch (a) allen Kunden der beteiligten TK-Netzbetreiber die Kommunikation mit allen anderen Kunden der beteiligten Netzbetreiber zu ermöglichen sowie (b) anderen öffentlichen Anbietern von TK-*Diensten*, die nicht notwendigerweise auch TK-*Netzbetreiber* sein müssen Zugang zu den Kunden und Diensten des jeweiligen TK-Netzbetreibers zu gewähren. Diese Abgrenzung des Interconnection-Begriffes entspricht somit weitgehend dem *besonderen* Netzzugang nach Definition des TKG.

- Im Fernmeldegesetz der *Schweiz* wird Interkonnektion definiert als „... die Verbindung von Fernmeldeanlagen und Fernmeldediensten, die ein fernmeldetechnisches und logisches Zusammenwirken der verbundenen Teile und Dienste sowie den Zugang zu Diensten Dritter ermöglicht."[26] Damit beinhaltet der Begriff *Interkonnektion* aus Sicht des Schweizer Gesetzgebers (a) die Verbindung von TK-Netzen und (b) den Zugang zu Diensten anderer TK-Netzbetreiber[27] bzw. -Dienstehändler und entspricht damit weitgehend dem *besonderen* Netzzugang gemäß TKG (s. Fall 2 in Abb. 2-3); eine Divergenz besteht hier nur insofern, als daß nach dem schweizer Fernmeldegesetz im Gegensatz zum deutschen TKG damit auch reine TK-Dienstehändler das Recht auf Interkonnektion haben.

- In Großbritannien wird von der Regulierungsinstitution *Office of Telecommunications (OFTEL) Interconnection* abgegrenzt als „... the physical and logical connection of two operators´ networks thereby allowing customers of one system to connect with customers of the other, or to access services provided from the other system."[28] Aus britischer bzw. OFTEL-Perspektive sind somit die Elemente (a) Verbindung von TK-Netzen und (b) Zugang von Kunden eines TK-Netzbetreibers zu TK-Diensten anderer Netzbetreiber Inhalt des Begriffes Interconnection. Insofern ist dieses *theoretische* Begriffsverständnis vergleichbar mit dem *besonderen* Netzzugang im TKG (s. Fall 2 in Abb. 2-3), obwohl der Zugang zu den TK-Diensten anderer TK-Netzbetreiber sich nach der OFTEL-Definition explizit nur auf *Kunden* eines TK-Netzbetreibers be-

---

[25] Zum Begriff des öffentlichen TK-Netzes s. Kap. 2.1.1 sowie die dort angegebene Literatur.
[26] Artikel 3, Absatz e, Fernmeldegesetz der Schweiz v. 1997 (FMG) vom 30.04.1197.
[27] (TK-)Netzbetreiber sind Unternehmen, welche die rechtliche und faktische Kontrolle über alle Funktionen eines TK-Netzes ausüben, die zur Erbringung von TK-Diensten unabdingbar sind. Vgl. § 3, Nr. 2, TKG.
[28] OFTEL 1997a: 6.

zieht. Da jedoch davon auszugehen ist, daß diese Kunden zumindest nicht in jedem Fall ein Vertragsverhältnis mit dem jeweils anderen Netzbetreiber eingehen werden, beinhaltet dieser Zugang der Kunden implizit auch den Zugang des Netzbetreibers, der diese Kunden betreut, zu den Diensten anderer Netzbetreiber. In der *Praxis* der britischen Interconnection-Regulierung wird jedoch nur die Netzzusammenschaltung im Sinne des TKG hierunter verstanden.[29] Ähnlich wie im deutschen TKG wird der Begriff Interconnection nur auf TK-Netzbetreiber bzw. Endkunden – jedoch *nicht* auf reine TK-Dienstehändler – bezogen.

- Die US-amerikanische Regulierungsinstitution *Federal Communications Commission (FCC)* versteht unter *Interconnection* „... the physical linking of two networks for the mutual exchange of traffic."[30] Diese Begriffsauffassung von Interconnection beinhaltet damit lediglich die technische Verbindung von TK-*Netzen* und entspricht etwa der *Netzzusammenschaltung* gemäß TKG (s. Fall 2a in Abb. 2-3), womit sie sich implizit nur auf TK-*Netzbetreiber* bezieht.[31]

Auch im wirtschaftswissenschaftlichen Schrifttum[32] wird der Begriff Interconnection unterschiedlich gebraucht. So versteht z.B. *Gerpott* Interconnect(ion) als Netzzugang und damit als Oberbegriff für den *allgemeinen* und *besonderen* Netzzugang nach TKG.[33] Nach *Cuthbertson* hingegen beinhaltet Interconnection „...the transfer of telecommunications services from one network, through a point of interconnection, into another network, to connect customers served by, or linked to, different networks ..."[34] und damit vor allem den *besonderen Netzzugang* gemäß TKG. *Bärwald* reduziert Interconnection schließlich auf die „...

---

[29] Zudem konzentrierte sich die Netzzugangsregulierung in Großbritannien lange Zeit auf diese *Netzzusammenschaltung* und beschäftigt sich erst seit Ende 1998 auch explizit mit dem *entbündelten Netzzugang* (im Begriffsverständnis des TKG). S. hierzu auch Kap. 5.6.2.

[30] FCC 1996: 15.

[31] Der Fall des *entbündelten Netzzugangs* wird in den USA jedoch in engem Zusammenhang hiermit unter dem Begriff *„Unbundled Access"* diskutiert. Vgl. hierzu auch Kap. 5.6.1 sowie die dort angegebene Literatur.

[32] Auf die umfangreiche primär technisch-ingenieurwissenschaftlich orientierte Literatur zum Thema Netzzugang/Netzzusammenschaltung/ Interconnection von Netzwerken wird im Rahmen dieser Arbeit nicht näher eingegangen. Vgl. hierzu für andere Eberspächer 1998; Sietmann 1997; Becker 1996; Stahl/Stürz 1996; Onvural/Nilsson 1993.

[33] S. Gerpott 1998a: 76-77.

[34] Cuthbertson 1995: 1.

diskriminierungsfreie Zusammenschaltung lizenzierter Netze verschiedener Betreiber untereinander."[35]

Die zuvor skizzierten unterschiedlichen Verständnisse der einzelnen Gesetzgeber, Regulierungsinstitutionen und Autoren im Hinblick auf die Inhalte des Begriffes Interconnection werden in Abb. 2-4 im Überblick dargestellt.

Abb. 2-4: Inhalte des Interconnectionbegriffes auf Basis der Termini des TKG

Staat/Autor/ Quelle	Inhalte des Interconnection-begriffes			Unternehmen mit Recht auf Interconnection	
	Allgemeiner Netzzugang	Zusammen-schaltung	Netzzugang i.e.S.	TK-Netzbe-treiber	TK-Dienste-händler
EU (Richtlinie 97/33/EG)	nein	ja	unklar	ja	unklar
Deutschland (TKG v. 1996)	nein	ja	ja	ja	nein
Frankreich (Telecommunications Act v. 1996)	nein	ja	ja	ja	nein
Schweiz (Fernmeldegesetz v. 1997)	nein	ja	ja	ja	ja
GB (OFTEL 1997a)	nein	ja	(ja)[a]	ja	nein
USA (FCC 1996)	nein	ja	nein	ja	nein
Gerpott (1998a/b)	ja	ja	ja	ja	nein
Riehmer (1998)	nein	ja	ja	ja	ja
Cuthbertson (1995)	nein	ja	ja	ja	nein
Bärwald (1996)	nein	ja	nein	ja	nein
Picot/Burr (1996)	nein	ja	nein	ja	nein

a) In der theoretischen Begriffsabgrenzung des Interconnection-Begriffes enthalten, jedoch in der Regulierungspraxis nicht unter diesem behandelt.

Auf der Basis der vorausgegangen Ausführungen ist festzustellen, daß von Seiten der Gesetzgeber/Regulierungsinstitutionen hinsichtlich der *deutschen* Begriffe *Netzzugang* und *Netzzusammenschaltung* lediglich das TKG konsistente Begriffsabgrenzungen liefert. Da sich die vorliegende Arbeit zudem primär auf den

[35] Bärwald 1996: 30; vgl. ähnlich auch Picot/Burr 1996: 183.

deutschen TK-Markt bezieht, werden im Rahmen dieser Untersuchung die Begriffe *Netzzugang* und *Netzzusammenschaltung* im Sinne des TKG verwendet (vgl. auch Abb. 2-3).

Demnach wird der Begriff *Netzzugang* als Oberbegriff für den allgemeinen und besonderen Netzzugang verstanden. Inhalt der vorliegenden Arbeit ist jedoch der *besondere Netzzugang (BNZ)* aus Sicht der Netzbetreiber (Fall 2 in Abb. 2-3). Entsprechend dem zuvor erläuterten Begriffsverständnis vieler Gesetzgeber/Regulierungsinstitutionen und Autoren[36] (vgl. auch Abb. 2-4) wird der Begriff *Interconnection (IC)* als Synonym für diesen *besonderen Netzzugang* verwendet und beinhaltet damit alle „betriebswirtschaftlichen und technischen Regelungen zur physischen und logischen Verbindung ... von TK-Netzen *verschiedener* lizenzierter Betreiber," um (a) den Aufbau von TK-Verbindungen zwischen den Kunden verschiedener Netzbetreiber sicherzustellen und (b) die Nutzung von TK-Funktionen eines Netzes durch einen *anderen* TK-Netzbetreiber zu ermöglichen.[37]

Dabei wird derjenige TK-Netzbetreiber, der den BNZ bereitstellt (in Anspruch nimmt) auch kurz als IC-Geber (IC-Nehmer) bezeichnet.[38] Weiterhin wird – soweit dies nicht ausdrücklich anders gekennzeichnet ist – unter dem BNZ der Zugang eines AC, der nur über sehr begrenzte eigene Netzressourcen verfügt, zum TK-Netz des Incumbent, der ein weitverzweigtes TK-Anschluß- und Verbindungsnetz besitzt, verstanden.[39] Darüber hinaus wird unterstellt, daß alle TK-Netzelemente und insbesondere die Netzabschlußpunkte der an der Nutzung

---

[36] Allerdings ist festzustellen, daß abweichend von diesem *theoretischen* die Netzzusammenschaltung *und* den entbündelten Netzzugang umfassenden Verständnis des Interconnection-Begriffes in der *Praxis* und *Literatur* der Netzzugangsregulierung zunehmend unter Interconnection auch *nur* die Netzzusammenschaltung verstanden wird.

[37] Gerpott 1998a: 76. S. für eine Konkretisierung von Leistungsvarianten der Fälle des BNZ (a) Netzzusammenschaltung und (b) entbündelter Netzzugang Kap. 5.1.

[38] Für eine Übersicht/Differenzierung von Arten neuer TK-Netzbetreiber, die typischerweise als IC-Nehmer auftreten s. z.B. Gerpott 1998a: 261-283.

[39] Dieser Fall des BNZ ist gleichzeitig der wichtigste und häufigste Fall, der auch überwiegend in der Literatur diskutiert wird. Vgl. z.B. Papandrea/Street 1997: 2; Cuthbertson 1995: 3. Der Diskussion des BNZ in dieser Arbeit liegt dabei implizit die Annahme zugrunde, daß das Eigentum an dem jeweiligen – einen sogenannten Bottleneckfaktor (vgl. Kap. 2.2.1.1) darstellenden – TK-Netz ungeteilt beim bisherigen Eigentümer, d.h. dem Incumbent, verbleibt. Hiervon abweichend sind aber auch andere Regelungen des Eigentums an TK-Netzen denkbar, indem z.B. das fragliche TK-Netz bzw. die Netzteile, die Bottleneckfaktoren darstellen, (a) in staatliches Eigentum, (b) in das gemeinsame Eigentum aller bzw. vieler TK-Netzbetreiber oder (c) insbesondere im Fall des Anschlußnetzes in das Eigentum der Endkunden übergehen. Für eine ausführliche Diskussion der Frage von Eigentumsrechten an (TK-)Netzen s. für andere Stürmer 1997: 89-188 sowie die dort angegebene Literatur.

eines TK-Dienstes beteiligten Endkunden sich jeweils innerhalb eines Nationalstaates befinden, und daß damit Aspekte des internationalen grenzüberschreitenden TK-Verkehrs bzw. BNZ nicht zu berücksichtigen sind.[40]

2.2 Bedeutung des besonderen Netzzugangs für neue Telekommunikationsnetzbetreiber

2.2.1 Eigenschaften des besonderen Netzzugangs

Der BNZ stellt einen Inputfaktor dar, den ein TK-Netzbetreiber zur Bereitstellung eines TK-Dienstes benötigt, wenn er diesen Dienst nicht mit seinen eigenen TK-Netz- und/oder Diensteressourcen erbringen kann oder will. Insofern ist für einen Netzbetreiber der BNZ grundsätzlich *ein* Inputfaktor, der neben *anderen* Inputfaktoren zur Produktion bestimmter TK-Dienste notwendig ist. Allerdings weist das Produkt BNZ z.T. Eigenschaften auf, die es von anderen Inputfaktoren unterscheidet und welche die Vermutung nahelegen, daß ihm eine besondere Bedeutung für den funktionsfähigen und fairen Wettbewerb zwischen Netzbetreibern zukommt. In der Literatur wird hierbei vor allen anderen die sogenannte *Bottleneckeigenschaft* genannt (s. Kap. 2.2.1.1).[41] Neben dieser wichtigen Eigenschaft werden in den folgenden Abschnitten auch die Eigenschaften *hohes Kostengewicht* (Kap. 2.2.1.2) und *hohe Investitionsspezifität* (Kap. 2.2.1.3) diskutiert. Weitere im Schriftum[42] dem BNZ zugeschriebenen spezielle Eigenschaften sind z.B. die *Reziprozitäts-Eigenschaft*[43] oder *externe Effekte.*[44] *Zudem* wird häufig in der Literatur im Zusammenhang mit der Diskussion des BNZ bei TK-Netzen und hierbei insbesondere beim Anschlußnetz auch von einem sogenannten *natürlichen Monopol* gesprochen.[45] Ein natürliches Monopol liegt dann vor, wenn durch eine bestimmte Struktur der Kosten, d.h. meist hohe Fixkosten in Verbindung mit *Skaleneffekten* (*„Economies of Scale"*) und/oder *Verbundeffekten* (*„Economies of Scope"*), ein einziges Unternehmen die Gesamtnachfrage nach einem Produkt zu geringeren Kosten decken kann als eine Mehrzahl von Unter-

---

[40] Vgl. hierzu auch Kap. 2.2.3.

[41] S. Albon et al. 1997: 60; Ickenroth 1996: 163-164; Economides/White 1995: 557-561; WIK/EAC 1994: 13-14 u. 53-54.; Neu/Neumann 1993: 1.

[42] Vgl. Ehrmann/Mellewigt 1997: 256; Ickenroth 1996: 164-165; Cuthbertson 1995: 4; WIK/EAC 1994: 54-61; Neu/Neumann 1993: 2; Walker/Solomon 1993: 257-258.

[43] Auf die Reziprozitäts-Eigenschaft wird in Kap. 2.2.3 noch eingegangen.

[44] S. für eine Diskussion von externen Effekten im Zusammenhang mit TK-Netzen/IC-Leistungen Economides/White 1998: 9-12; Shaw 1998: 17-18; Armstrong 1997: 67-68; Aron/Wildman 1996: 1037-1046; Klodt et al. 1995: 40-49; Brock 1994: 72-76.

[45] Vgl. für andere Curien et al. 1998: 262.

nehmen.[46] Der hierbei für den BNZ relevante Aspekt, nämlich die für einen AC u.U. fehlende ökonomische Sinnhaftigkeit, ein TK-(Teil)Netz selbst zu erstellen, wird jedoch implizit im Rahmen der Bottleneck-Eigenschaft des BNZ erfaßt und soll daher nicht separat unter dem Terminus natürliches Monopol betrachtet werden.

2.2.1.1 Bottleneckeigenschaft

Ein Inputfaktor wird als *Bottleneck-* oder *Engpaßfaktor* aber auch als *„Essential Facility"* bezeichnet, wenn auf ihn die folgenden drei Kriterien *gleichzeitig* zutreffen:[47]

(1) Nur ein Unternehmen kontrolliert den Inputfaktor, wobei die potentiellen Wettbewerber diesen Inputfaktor z.B. aufgrund technischer, ökonomischer und/oder juristischer Restriktionen nicht selbst erstellen können.

(2) Der Inputfaktor ist für die Produktion des Endproduktes notwendig, also nicht substituierbar; d.h. die Verweigerung der Bereitstellung des Inputfaktors durch das Unternehmen, das diesen Faktor kontrolliert, bedeutet eine entscheidende Wettbewerbseinschränkung.

(3) Es existiert kein wichtiger technischer Grund, diesen Inputfaktor nicht bereitzustellen.

Ad (1): Das Kriterium der *exklusiven Kontrolle des Inputfaktors durch ein Unternehmen* sowie der *fehlenden Möglichkeit für neue Netzbetreiber, diesen Inputfaktor selbst zu erstellen* trifft für das TK-Netz des Incumbent bzw. den besonderen Zugang zu diesem Netz - mit höchstens geringfügigen regionalen und temporären Einschränkungen - zu.[48] So verfügt der Incumbent insbesondere zu Beginn der TK-Marktliberalisierung exklusiv über ein weitverzweigtes fast flächendeckendes TK-Netz, das Anschlußleitungen zu nahezu allen Unternehmen

---

[46] Für eine genauere Abgrenzung/Diskussion des Begriffs natürliches Monopol in Bezug auf TK-Netze s. Shepherd 1998: 59-60; Albon et al. 1997: 23-24 u. 77; Armstrong 1997: 66-67; Graack 1997: 25-26, 83-84 u. 101-102; Stürmer 1997: 17-18; Müller 1995: 42-70; Arthur Andersen 1994: 33-34; Schotter 1994: 292-325; Noam 1992: 57-59; Train 1991: 5-11; Baumol et al. 1982: 169-189. Zu den Begriffen „Economies of Scale" und „Economies of Scope" bzw. Beispielen für das Vorliegen solcher s. z.B. Lewin/Matthews 1998: 24; Kahn 1998: 24-29; Albon et al. 1997: 23-29; Hanna/Dodge 1995: 45-47.

[47] Vgl. Engels/Knieps 1998: 19; Knieps 1998a: 279; Märkl 1998: 51-52; Stürmer 1997: 26; Economides et al. 1996: 1014; Ickenroth 1996: 163-164; Mennicke 1996: 649-650; Coudert Brothers 1995: 205; Furse 1995: 469; WIK/EAC 1994: 53-54; Tye 1991: 402-403; sowie inhaltlich ähnlich jedoch ohne Verwendung der Termini Bottleneck-/Engpaßfaktor bzw. „Essential Facility": Absatz 91, EU-Mitteilung 98/C 265/02.

[48] Vgl. ähnlich auch Absatz 63, EU-Mitteilung 98/C 265/02.

und den meisten privaten Haushalten/Wohngebäuden sowie Fernverbindungsleitungen in alle Regionen mit einer gewissen Mindestbesiedelungsdichte beinhaltet. Dagegen besitzen neue TK-Netzbetreiber zu diesem Zeitpunkt keine oder nur regional sehr begrenzte TK-Netze.[49] Zwar ist damit zu rechnen, daß AC ihre eigenen TK-Netze in den ersten Jahren nach der Marktliberalisierung z.T. zügig auf- und ausbauen. Jedoch werden diese neuen Netze sich wahrscheinlich aus primär ökonomischen Gründen überwiegend auf Fernverkehrsstrecken mit hohem TK-Verkehrsaufkommen (z.B. zwischen Ballungszentren) und auf Anschlußleitungen zu Geschäftskunden mit hohen TK-Umsätzen konzentrieren.[50] Daneben ist eine weitere regionale, branchenbezogene oder TK-Dienstespezifische Fokussierung von AC zu erwarten bzw. zu beobachten, indem diese (a) nur als Netzbetreiber in einer Region auftreten, wie viele sogenannte City-Carrier oder als Carrier, oder (b) sich primär auf Geschäftskunden aus Branchen mit hohem TK-Aufkommen spezialisieren, wie z.B. der TK-Netzbetreiber *COLT*. Insofern ist davon auszugehen, daß für das *Anschlußnetz* des Incumbent bzw. für den BNZ zu diesem in den Anfangsjahren der TK-Marktliberalisierung fast ausnahmslos, aber auch mittel- bis langfristig zu großen Teilen das erste Bottleneckkriterium zutrifft. Hinsichtlich des BNZ zum *Verbindungsnetz* des Incumbent dürfte zumindest in den ersten Jahren nach der Liberalisierung des TK-Marktes dieses Kriterium für viele Regionen/Strecken ebenfalls gelten. Langfristig ist jedoch zu vermuten, daß diese Exklusivität des Incumbent-Verbindungsnetzes durch den Aufbau alternativer Netze, die sich teilweise regional ergänzen können, schneller und deutlicher abnimmt als im Falle des Anschlußnetzes.[51]

---

49 In den meisten Staaten war es bis zu Beginn der TK-Marktliberalisierung oder bis wenige Jahre davor anderen Unternehmen außer dem Incumbent gesetzlich nicht gestattet, eigene TK-Netze aufzubauen und/oder zu betreiben. Soweit hiervon abweichende Sonderregelungen bestimmten Unternehmen (wie z.B. Infrastrukturunternehmen) dennoch den Aufbau/Betrieb solcher unternehmensinterner Netze (vgl. Fußnote 2 in Kap. 2) ermöglichten, hielten sich die Investitionen in diese Netze im Vergleich zum Incumbent-Netz solange in engen Grenzen, bis die gesetzlichen Rahmenbedingungen geschaffen wurden, die eine Verwendung der TK-Netze für das Angebot öffentlicher TK-Dienste und damit eine angemessene Verzinsung der Netzinvestitionen in Aussicht stellten.

50 So liegen z.B. in Großbritannien die mittleren anualisierten Anschlußkosten eines privaten Endkunden für mit Deutschland vergleichbare Bevölkerungsdichten bei £ 170 bis £ 200; s. Vogelsang 1996a: 25.

51 Im britischen TK-Markt konzentrierte sich beispielsweise während der erste Phase der Liberalisierung – dem Duopol zwischen BT und Mercury von ca. 1983 bis 1991 – der neue TK-Netzbetreiber Mercury auf große Firmenkunden sowie auf nationale und internationale Fernverbindungen; insofern baute Mercury in dem genannten Zeitraum von ca. 7 – 8 Jahren vor allem ein *Verbindungs*netz mit ca. 6.000 km Streckenlänge auf. Vgl. Gerpott 1998a: 109; Nitsche 1994: 137.

Ad (2): Zur Erbringung von TK-Diensten müssen AC i.d.R. auch eines oder mehrere TK-Netze anderer Carrier nutzen. Nur wenn im Einzelfall alle an einer TK-Verbindung beteiligten Endnutzer an das Netz des jeweiligen AC angeschlossen sind und wenn dieser auch die Verbindungsstrecke zwischen den jeweiligen eigenen Anschlußleitungen/Ortsvermittlungen mittels eigener Netzinfrastruktur überbrücken kann, ist er nicht auf den BNZ zum Netz des Incumbent oder eines anderen AC angewiesen. Da diese Voraussetzungen für die meisten AC jedoch nur vergleichsweise selten erfüllt sein dürften und ein AC es darüber hinaus seinen Kunden aus Wettbewerbsgründen ermöglichen muß, auch TK-Verbindungen mit Kunden anderer Carrier aufzubauen, kann davon ausgegangen werden, daß das Kriterium *Notwendigkeit des Inputfaktors für die Erstellung des Endproduktes* generell für den BNZ zutrifft.

Abb. 2-5: Erfüllungsgrad der Bottleneckkriterien für typische Inputfaktoren

Inputfaktor / Bottleneck-kriterium	BNZ Leitungsgebundenes Verbindungsnetz	BNZ Leitungsgebundenes Anschlußnetz	BNZ Funkgestütztes Anschlußnetz	Abrechnungssystem/-software
① Ein Netzbetreiber kontrolliert den Inputfaktor; Wettbewerber können den Inputfaktor nicht selbst erstellen	trifft temporär/ regional zu	trifft weitgehend zu; insbesondere für den Anschluß von Kunden mit (unter)durchschnittlichen TK-Umsätzen	trifft teilweise zu	trifft nicht zu
② Inputfaktor ist notwendig für die Erstellung des Endproduktes	trifft zu	trifft zu	trifft zu	trifft zu
③ Es gibt keinen wichtigen Grund, den Inputfaktor nicht bereitzustellen	trifft zu	trifft zu	trifft teilweise zu	trifft zu

Ad (3): Das *dritte* Merkmal *Nicht-Vorliegen eines wichtigen technischen Grundes, der die Nicht-Bereitstellung des Inputfaktors rechtfertigt,* gilt für die meisten zur Bereitstellung von TK-Diensten notwendigen Netzinfrastrukturelemente – soweit *nicht* (a) deren Kapazität erschöpft *und gleichzeitig* (b) eine Kapazitätserweiterung technisch nicht möglich ist[52] – und damit vor allem für den besonderen Zugang zum TK-Netz des Incumbent.

Abb. 2-5 zeigt beispielhaft, anhand von Inputfaktoren für TK-Netzbetreiber, inwiefern auf diese Faktoren die Bottleneckmerkmale typischerweise zutreffen.

Fazit

Der BNZ zum *Anschlußnetz* des Incumbent ist demnach – mit der Ausnahme von TK-Anschlußleitungen zu besonders attraktiven Kunden mit hohen TK-Umsätzen – ein Bottleneckfaktor.[53]

Der BNZ zum *Verbindungsnetz* des Incumbent *kann* einen solchen Bottleneckfaktor darstellen, wenn ein AC (a) lediglich über ein regional begrenztes eigenes Verbindungsnetz verfügt, (b) seine Kunden-/Netznutzungsstruktur den Aufbau eines eigenen überregionalen Verbindungsnetzes unwirtschaftlich erscheinen läßt und (c) auch andere neue Netzbetreiber kein ausreichendes Substitut zum Verbindungsnetz des Incumbent anbieten können. Da diese Bedingungen i.d.R. zumindest in den ersten Jahren nach Beginn der Liberalisierung eines TK-Marktes zutreffen, handelt es sich auch beim BNZ zum Verbindungsnetz des Incumbent zumindest temporär um einen Bottleneckfaktor.[54]

Daher ist der BNZ zum Anschlußnetz des Incumbent auch in vielen Arbeiten zum Thema Netzzugang der wichtigste oder ausschließliche Untersuchungsgegenstand.[55]

---

[52] Dieser Fall der technischen Unmöglichkeit einer Kapazitätserweiterung ist bei bereits anderweitig vergebenen/genutzten Funkfrequenzen denkbar.

[53] Auch die seit Beginn der 90er Jahre verstärkt diskutierten funkgestützten Anschlußtechnologien scheinen nach bisherigen Erkenntnissen die zum Anschluß von „kleinen" bis „mittleren" Endkunden notwendigen Investitionen nicht soweit zu senken, um hierdurch betriebswirtschaftlich großflächige Anschlußnetze realisieren und damit gleichzeitig die ökonomische Hemmschwelle im Sinne des 2. Bottleneckkriteriums überwinden zu können. Vgl. Fußnote 4 in Kap. 2 sowie für eine ausführliche Diskussion z.B. Gerpott/Meissner 1997: 19-30.

[54] So fokussierte z.B. der AC Mercury im britischen TK-Markt sein Produktangebot insbesondere in den ersten Jahren nach seinem Markteintritt auf *Fern*verbindungen und investierte deshalb auch primär in den Aufbau eines eigenen Verbindungsnetzes; s. Fußnote 51 in Kap. 2. Auch noch 1998, also mehr als fünf Jahre nach der vollständigen Liberalisierung des britischen TK-Marktes, betrug der kumulierte wertmäßige Marktanteil aller AC bei Ortsgesprächen ca. 18%, jedoch bei nationalen (internationalen) Ferngesprächen ca. 28% (ca. 47%); vgl. OFTEL 1999a: 12.

[55] S. z.B. Albon et al. 1997; Ehrmann/Mellewigt 1997; Baumol/Sidak 1994a.

2.2.1.2 Hohes Kostengewicht für neue Telekommunikationsnetzbetreiber

Neue TK-Netzbetreiber, die nicht über ausreichende eigene Netzkapazitäten verfügen, sind darauf angewiesen, das Netz anderer TK-Netzbetreiber und hierbei besonders das Netz des Incumbent zu nutzen, und zwar vermutlich in einem sehr viel höherem Maße als umgekehrt der Incumbent auf das Netz des jeweiligen AC zurückgreifen wird. Dieser letztgenannte Fall der Nutzung des Netzes eines AC durch den Incumbent wird wahrscheinlich nur dann auftreten, wenn dieser AC das Anschlußnetz zu einem Endkunden betreibt, zu dem der Incumbent keinen eigenen Endkundenanschluß (mehr) unterhält. So liegt z.B. der durchschnittliche kumulierte in Verbindungsminuten gemessene Marktanteil der AC für nationale (internationale) *Fern*verbindungen in ausgewählten bereits liberalisierten TK-Märkten im 5. Jahr nach der Marktöffnung bei 22% (27%).[56] Da neue Netzbetreiber im Bereich der Fernverbindungen erfahrungsgemäß eher schneller Marktanteile gewinnen können als bei lokalen Verbindungen, dürften die entsprechenden Gesamtmarktanteile tendenziell unter diesen Zahlen liegen.[57] Damit ist zu vermuten, daß die TK-Verkehrsmenge die von *einem* AC mittels IC bzw. genauer gesagt durch IC-Variante Netzzusammenschaltung (NZS)[58] über das Netz des Incumbent abwickelt wird, deutlich größer ist als die Verkehrsmenge, für die der Incumbent umgekehrt das Netz des jeweiligen AC nutzt.[59] Dies bedeutet aber auch, daß (a) die NZS-Einnahmen des Incumbent deutlich über seinen entsprechenden NZS-Ausgaben und umgekehrt (b) die NZS-Einnahmen eines AC signifikant unter den entsprechenden NZS-Ausgaben des jeweiligen AC liegen. Zahlen über die NZS-Einnahmen und -Ausgaben von TK-

---

[56] Die Marktanteilswerte beziehen sich auf AC in Australien, Finnland, Großbritannien, Kanada, Korea, Neuseeland, Japan und Schweden. Vgl. OECD 1999: 27 u. 29.

[57] So beziffern z.B. Lewin/Matthews für Australien, Japan, Neuseeland und Schweden im Jahr 1997 den kumulierten Marktanteil aller AC im Anschlußnetz auf weniger als 1%, ohne jedoch genauer abzugrenzen auf welche Einheit/Maßzahl (z.B. Zahl der Hauptanschlüsse, Verbindungsminuten oder Umsätze im Ortsnetz) sich diese Angabe bezieht. Lediglich für Großbritannien liegt dieser Marktanteil der AC im Anschlußnetz, bedingt durch die starke Marktposition der Kabel-TV-Netzbetreiber, mit ca. 10% deutlich höher. Vgl. Lewin/Matthews 1998: 22.

[58] Vgl. für eine ausführliche Differenzierung von IC-Leistungsvarianten Kap. 5.1.

[59] Die IC-Leistungsvariante des *entbündelten Netzzugangs* und hierbei insbesondere deren wichtigster Fall nämlich die Nutzung der sogenannten *Teilnehmeranschlußleitung* (s. hierzu Kap. 5.1.) wird in der Praxis nahezu ausschließlich von AC beim Incumbent (und *nicht* umgekehrt) nachgefragt. Dies ergibt sich daraus, daß der Incumbent i.d.R. über TK-Anschlußleitungen zu nahezu allen privaten Haushalten und Unternehmen verfügt und somit auf diesen entbündelten Zugang zum Netz des AC nicht angewiesen ist. Aufgrund dieses unidirektionalen Nachfrageverhaltens für den entbündelten Netzzugang/die Teilnehmeranschlußleitung erscheint ein Vergleich von IC-Einnahmen *und* -Ausgaben neuer Netzbetreiber sowie des Incumbent nur für den IC-Fall der Netzzusammenschaltung interessant bzw. „nicht trivial" zu sein. Insofern beziehen sich die folgenden Ausführungen in Kap. 2.2.1.2 auch nur auf diesen IC-Fall.

Netzbetreibern im britischen TK-Markt bestätigen diesen Sachverhalt und zeigen bezogen auf nationale Lokal- und Fernverbindungen zwischen Festnetzanschlüssen,[60] für das Jahr 1998, d.h. auch noch über zehn Jahre nach Beginn der TK-Marktliberalisierung, das in Abb. 2-6 dargestellte Bild:[61]

Abb. 2-6: Einnahmen und Ausgaben für Netzzusammenschaltungs-Leistungen ausgewählter TK-Netzbetreiber in Großbritannien 1998

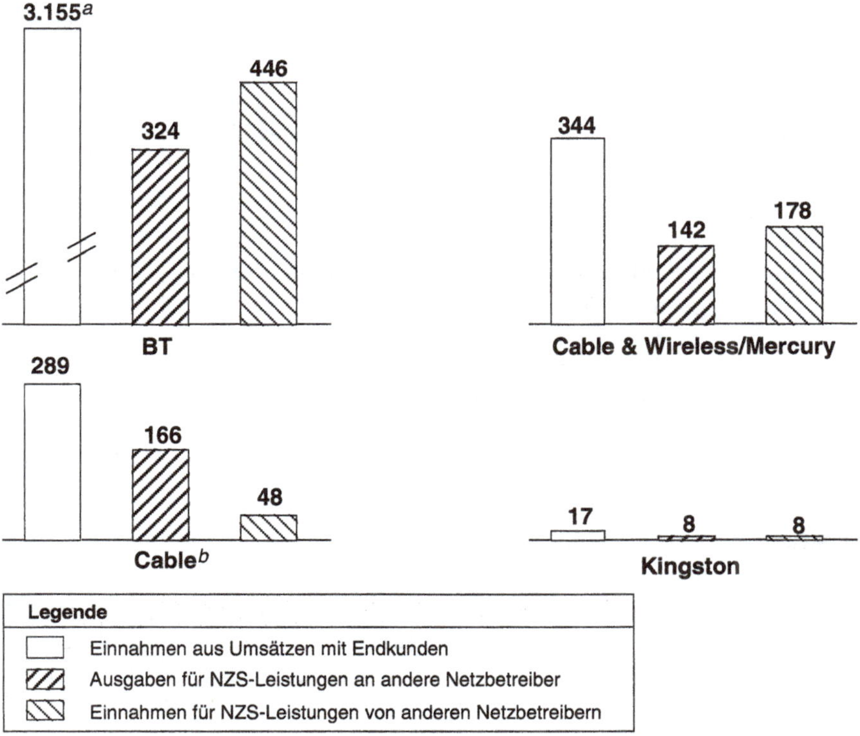

a) Alle Einnahmen und Ausgaben beziehen sich auf festnetzgestützte TK-Verbindungen innerhalb Großbritanniens im Jahr 1998; jedoch ohne TK-Verbindungen zu Operator-/Mehrwertdiensten, zu Sonderrufnummern und von öffentlichen Münz-/Kartentelefonen. Zahlenangaben jeweils in Mio £.

b) Unter dem Terminus „Cable" werden die TK-Aktivitäten bzw. Einnahmen und Ausgaben aller britischen Kabel-TV-Anbieter summiert.

Quelle: OFTEL 1999a: 12, 23 u. 25; eigene graphische Darstellung.

---

[60] *Ohne* TK-Verbindungen (a) zu Operator- und anderen Mehrwertdiensten, (b) zu Sonderrufnummern sowie (c) von öffentlichen Münz- und Kartentelefonen.

[61] S. OFTEL 1999a: 12, 23 u. 25.

- Die mit NZS-Leistungen erzielten Einnahmen des Incumbent BT sind um ca. 38% *größer* als die entsprechenden Ausgaben für NZS-Leistungen. Bei den drei größten neuen TK-Festnetzbetreibern Cable & Wireless/Mercury, „Cable" und Kingston hingegen liegen die Einnahmen aus NZS-Leistungen zwischen 71% *unter* bis maximal 25% über den der jeweiligen Ausgaben für in Anspruch genommene NZS-Leistungen.
- Bezogen auf die nationalen TK-Umsätze der britischen TK-Netzbetreiber fällt auf, daß bei BT die NZS-Ausgaben nur ca. 10%, bei den neuen Netzbetreibern hingegen zwischen 41% und 57%, der jeweils mit Endkunden erzielten Umsätze ausmachen.

Dieses Ungleichgewicht dürfte tendenziell in anderen, im Liberalisierungsprozeß im Vergleich zu Großbritannien weniger weit fortgeschrittenen TK-Märkten stärker ausgeprägt sein. Insofern ist zu vermuten, daß die Kosten für diese NZS-Leistungen einen hohen Anteil an den Gesamtkosten der neuen Netzbetreiber repräsentieren. In der Literatur werden Anteile der NZS-Kosten an den Gesamtkosten von 40% bis 60% genannt.[62]

Abb. 2-7: Anteil der Netzzusammenschaltungs-Kosten an den Gesamtkosten bei ausgewählten TK-Netzbetreibern 1997

	Cable & Wireless [a] (Großbritannien)	Optus [b] (Australien)	MCI [c] (USA)	Sprint [c] (USA)
NZS-Kosten	1.789	848	11.373	7.451
Gesamtkosten	4.512	1.913	19.642	12.423
NZS-Kostenanteil	40%	44%	58%	60%

a) Kosten in Mio. £.

b) Kosten in Mio. AUS $.

c) Kosten in Mio. US $. MCI und Sprint weisen jeweils nur die gesamten „Cost of Services" aus, die neben den IC-Kosten in geringem Umfang auch andere Kostenpositionen beinhalten können.

Quelle: Geschäftsberichte, eigene Analyse.

[62] Vgl. Gerpott 1998a: 80; Steele/Bartlett 1998: 4; Ehrmann/Mellewigt 1997: 258; Gerpott 1997: 2; Gillick 1997: 2.

Eine Analyse der Jahresabschlußzahlen von neuen TK-Netzbetreibern in ausgewählten Staaten, deren Ergebnisse in Abb. 2-7 gezeigt werden, bestätigt dieses hohe Kostengewicht der Zahlungen für NZS-Leistungen.

Wie in Kap. 2.2.1.1 diskutiert, sind neue Netzbetreiber insbesondere auf den BNZ zum Anschlußnetz des Incumbent angewiesen. Die Tatsache, daß z.B. das Kupferkabelnetz der DTAG, das näherungsweise mit dem Anschlußnetz gleichzusetzen ist, mit ca. 1,5 Mio. km etwa die neunfache Länge des LWL-Netzes (das näherungsweise mit dem Verbindungsnetz gleichzusetzen ist) aufweist,[63] läßt darauf schließen, daß der Bereich des Anschlußnetzes gleichzeitig einen sehr hohen Anteil der Gesamtinvestitionen eines TK-Netzes bzw. des Netzes des Incumbent repräsentiert.

2.2.1.3 Investitionsspezifität

Interconnection von TK-Netzen zweier Netzbetreiber erfordert i.d.R. hohe Investitionen in netztechnische Elemente, durch welche die physische Verbindung der Netze realisiert wird. So sind beispielsweise Übertragungswege zum „Ort der Zusammenschaltung" (= Point of Interconnection [POI])[64] oder Erweiterungen bzw. Veränderungen der Vermittlungseinrichtungen am POI erforderlich. Da diese Technikkomponenten i.d.R. eine lange Lebensdauer aufweisen und speziell zur Verbindung von TK-Netzen am jeweiligen POI konfiguriert sind, ist davon auszugehen, daß sie nicht ohne umfangreiche und kostenintensive Neukonfigurationsmaßnahmen für einen anderen Zweck bzw. an einem anderen POI eingesetzt werden können.[65] Damit liegt eine hohe Spezifität der für die Verbindung von TK-Netzen notwendigen Investitionen vor, so daß es sich bei den Kosten dieser Investition für AC meist um sogenannte *„Sunk Cost"* handelt.[66] Hierdurch besteht für den AC – ohne entsprechende gesetzliche Rahmenbedingungen oder

---

63 Deutsche Telekom AG 1999a: U7.

64 Vgl. hierzu auch Kap. 2.3.1.2.

65 Vgl. Ickenroth 1996: 164-165; WIK/EAC 1994: 7 u. 54-55.

66 Allgemein werden in der Literatur unter „versunkenen Kosten" oder „Sunk Cost" solche Kosten verstanden, die im Falle der Vertragsauflösung oder im Extremfall des Marktaustrittes für das jeweilige Unternehmen irreversibel verloren bzw. „versunken" sind, da die entsprechenden Anlagegüter oder Dienstleistungen keiner anderen als der vorgesehenen Verwendung mehr zugeführt werden können und somit durch deren Verkauf i.d.R. auch keine relevanten Erträge zu erzielen sind (z.B. Kosten für Werbung soweit dadurch nicht ein vermarktbarer Markenname geschaffen wurde). Vgl. zur Abgrenzung und Diskussion des Begriffes der „Sunk Cost" z.B. Blum/Mönius 1998: 7-13; Nachbar et al. 1998: 319-331; Graack 1997: 84-87; Knieps 1997a: 327-328; Altmann/Klesse 1995: 3-6; Lewis 1995: 10; Krahnen 1991: 41-49; Sutton 1991: 8-12; Baumol et al. 1982: 280-292.

sonstige Absicherungen – das Risiko von wettbewerbsfeindlichem bzw. *opportunistischem* Verhalten[67] seitens des Incumbent, indem dieser unter Kenntnis der für den AC sehr hohen Wechselkosten überhöhte Preise für die laufenden Kosten des besonderen Netzzugangs fordern kann.

2.2.2 Ungleichgewicht der Ressourcenausstattung von etablierten und neuen Telekommunikationsnetzbetreibern

Der Incumbent verfügt i.d.R. über eine im Vergleich zu AC wesentlich bessere Ressourcenausstattung in Form eines weitverzweigten, nahezu flächendeckenden *Anschluß-* und *Verbindungsnetzes* sowie damit verbunden eines direkten netztechnischen Zugangs zu fast allen Unternehmensstandorten und Wohngebäuden.[68] Neben diesem unmittelbaren Ressourcenvorteil hat ein Incumbent aber auch im Hinblick auf weitere, für den Betrieb von TK-Netzen sowie zur Bereitstellung und Vermarktung von TK-Diensten notwendige und damit wettbewerbsrelevante Ressourcen, die z.T. indirekt mit Regulierungsobjekten des BNZ zusammenhängen, typischerweise erhebliche Vorteile.[69] Hierzu zählen vor allem die nachfolgend genannten Aspekte, die auch untereinander Interdependenzen aufweisen:

- Der hohe *Kundenbestand*: Zu Beginn der Liberalisierung des TK-Marktes sind i.d.R. *alle* Endnutzer Kunden des Incumbent, da diese aufgrund der bisherigen Monopolstellung des Incumbent zwangsläufig bisher dessen Kunden waren und nach der Marktöffnung dies zunächst – bis zu einer Entscheidung für einen anderen TK-Netzbetreiber – auch bleiben. Insofern startet in diesem Fall der Incumbent mit einem Marktanteil am Kundenbestand von nahezu 100% in den liberalisierten TK-Markt.
- Die *langjährige Kundenbeziehung*, welche – insbesondere bei Privatkunden – einen hohen Gewohnheits- und Vertrauenseffekt und dadurch eine hohe *Kundenbindung* impliziert.[70]
- Lange und umfangreiche *Erfahrungen* in der *Betreuung* und *Abrechnung großer Kundenzahlen* sowie hierdurch bedingt der Zugriff auf detaillierte Kundenbestands- und -verbindungsdaten, deren Kenntnis differenzierte spe-

---

[67] Zum Terminus des *opportunistischen Verhaltens* s. z.B. Pfaffmann 1997: 41-42; Dietrich 1994: 25-26; Fischer 1993: 96-97.
[68] S. auch Kap. 2.2.1.1.
[69] Vgl. auch Kap. 2.3.1.
[70] S. auch Shepherd 1993: 353-354.

zifische, auf die TK-Nutzungsgewohnheiten und Präferenzen einzelner Kundengruppen zugeschnittene Preis- und Leistungsangebote ermöglicht.

- Das meist hohe Know-how im Sinn von qualifiziertem und hinsichtlich des Aufbaus, Betriebs und Managements von TK-Netzen spezialisiertem Fach- und Führungspersonal. Insbesondere zu Wettbewerbsbeginn in einem TK-Markt kann es, bedingt dadurch, daß viele neue TK-Netzbetreiber gleichzeitig Personal mit TK-spezifischem Know-how akquirieren, hinsichtlich dieser Personalressourcen zu erheblichen Engpässen für AC kommen.

Die typischerweise anzutreffende Ausstattung von neuen Netzbetreibern im Hinblick auf diese Ressourcen im Vergleich zum Incumbent wird in Abb. 2-8 visualisiert.

Abb. 2-8: Typische Ressourcenausstattungen des Incumbent und von neuen Netzbetreibern

	Incumbent		**Neue Netzbetreiber**	
	Zu Beginn der TK-Liberalisierung	**Einige Jahre nach Beginn der TK-Liberalisierung**	**Zu Beginn der TK-Liberalisierung**	**Einige Jahre nach Beginn der TK-Liberalisierung**
TK-Anschlußnetz	●	●	○	◔/◑
TK-Verbindungsnetz	●	●	○/◔	◔/◑
(Hoher) Aktueller Kundenbestand	●	◕/◑	○	◔/◑
(Hohe) Kundenbindung	◕	◑	○	◑
Zugriff auf (umfangreiche) historische Verbindungsdaten	●	●	○	○/◔
Fachpersonal mit TK-Know-how	●	●	◑	●

Legende	
● sehr gute Ressourcenausstattung	◕ gute Ressourcenausstattung
◑ mittlere Ressourcenausstattung	◔ geringe Ressourcenausstattung
○ keine Ressourcenausstattung	

Dabei wird deutlich, daß bezüglich aller hier betrachteten Ressourcen ein deutliches Ungleichgewicht zwischen Incumbent und AC herrscht, d.h., daß der Incumbent fast ausnahmslos über eine sehr gute Ressourcenausstattung verfügt, wogegen die AC zu Beginn der TK-Liberalisierung über nahezu keine Ressourcen verfügen und auch in einem Zeitraum von mehreren Jahren nach Liberalisierungsbeginn nur eine geringe bis mittlere Ressourcenausstattung zu erwarten ist. Ganz besonders gilt dies für die Ressourcen, die Gegenstände des BNZ bzw. dessen Regulierung sind, nämlich das TK-Anschluß- und -Verbindungsnetz sowie den Zugriff auf TK-Verbindungsdaten von Kunden. Dabei ist zu beachten, daß es sich hierbei um typische oder mittlere Ausprägungen hinsichtlich der Ressourcenausstattung handelt, und daß es insofern vor allem in Bezug auf die konkrete Ressourcenausstattung in den einzelnen nationalen TK-Märkten deutliche Unterschiede gibt.[71] Dabei impliziert ein hoher (niedriger) Grad des Ungleichgewichts der Ressourcen zwischen zwei TK-Netzbetreibern eine entsprechend hohe (niedrige) Markt- und Verhandlungsmacht im Hinblick auf die Vereinbarungen/ Preise für den BNZ.

2.2.3 Schwierigkeitsgrad der Erzielung von Preisvereinbarungen für den besonderen Netzzugang

In welchem Maße die am BNZ beteiligten Parteien ein gleichermaßen hohes Interesse an der Erzielung von IC-(Preis)Vereinbarungen haben, d.h. inwieweit der Einigungsdruck etwa symmetrisch ist, hängt insbesondere von der Wettbewerbssituation und der Verteilung des TK-Verkehrs[72] zwischen den beteiligten Netzbetreibern ab.[73] Dabei impliziert ein beidseitig hoher (= symmetrischer) Einigungsdruck einen geringen Schwierigkeitsgrad im Hinblick auf die Vereinbarung von NZS-Preisen und -Bedingungen.

Hinsichtlich der *Wettbewerbssituation* ist zunächst zu unterscheiden, ob die zu verbindenden Netze/Netzbetreiber (1) *nicht* in direkter Konkurrenz stehen, da

---

[71] Beispielsweise *können* z.T. einzelne AC, die schon vor der Marktliberalisierung (unternehmensinterne) TK-Netze betreiben durften, insbesondere hinsichtlich der Ressource TK-Verbindungsnetz bereits einen deutlich höheren als den typischen Ausstattungsgrad aufweisen.

[72] Das Thema der (a)symetrischen Verteilung der Verkehrsmengen zwischen Incumbent und neuen TK-Netzbetreibern wird in der Literatur auch unter dem Begriff *Reziprozitäts-Eigenschaft* von IC diskutiert. Vgl. Ickenroth 1996: 164; Cuthbertson 1995: 3; WIK/EAC 1994: 55-56.

[73] Die folgenden Ausführungen in Kap. 2.2.3 beziehen sich auf die NZS, da im Fall des entbündelten Netzzugangs bzw. der Teilnehmeranschlußleitung *grundsätzlich* von einem einseitigen Nachfrageverhalten auszugehen ist.

sie klar (z.B. regional) voneinander abgegrenzte Zielmärkte bedienen[74] oder ob sie (2) in unmittelbarem Wettbewerb zueinander stehen, indem sie zumindest teilweise die gleichen Endkunden mit gleichen oder ähnlichen Produkten ansprechen (s. Spalten 1 vs. 2 in Abb. 2-9).[75] Im ersten Fall steht zunächst einmal für alle beteiligten Carrier der Vorteil im Vordergrund, daß sie durch die Zusammenschaltung ihres Netzes mit dem Netz anderer, *nicht konkurrierender* Netzbetreiber, ihren Kunden die Möglichkeit geben, auch die Kunden des/der anderen Netzbetreiber(s) zu erreichen und damit das eigene Markt-/Umsatzpotential erweitert wird, wodurch für alle beteiligten Netzbetreiber ein starker Anreiz zur Findung von für beide Seiten akzeptablen NZS-Preisen gegeben ist.[76] Im zweiten Fall ist die Schwierigkeit (der Einigungsdruck) hinsichtlich der Erreichung „fairer" NZS-Vereinbarungen/Preise ungleich höher (asymmetrischer), da hier Schlüsselinputfaktoren für unmittelbare Wettbewerber bereitgestellt werden.

Im Hinblick auf die *Verteilung des TK-Verkehrs* ist zunächst die grundlegende Frage zu stellen, inwieweit es überhaupt ökonomisch sinnvoll ist, für die zwischen Netzbetreibern erbrachten Netzzugangsleistungen Preise zu erheben bzw. zu fakturieren. So ist zunächst eine sogenannte „Bill and keep"- oder „Sender keeps it all"-Vereinbarung denkbar,[77] gemäß der jeder TK-Netzbetreiber die von einem anderen Netzbetreiber übergebenen TK-Verbindungen zum jeweiligen Ziel(nutzer) zustellt („terminiert"), ohne daß diese Leistung in Rechnung gestellt wird und daß damit jeder Netzbetreiber die mit seinen Kunden erzielten Umsätze somit voll vereinnahmt.[78] Diese Regelung erscheint immer dann für die jeweils beteiligten Netzbetreiber vorteilhaft, wenn das TK-Verkehrsaufkommen zwischen den beiden Netzen ungefähr symmetrisch verteilt ist (vgl. Abb. 2-9, Zeile A), d.h. wenn jeder Netzbetreiber von einem jeweils anderen Carrier ungefähr

---

[74] Dies ist vor allem bei der zur Abwicklung internationaler TK-Verbindungen notwendigen Zusammenschaltung zwischen TK-Netzen von nationalen Carriern in unterschiedlichen Staaten/TK-Märkten der Fall. Die hier erhobenen IC-Entgelte werden z.T. auch als „Settlement Rates" bezeichnet. Vgl. zur Problematik der Bestimmung solcher „Settlement Rates", die *nicht* Thema dieser Arbeit sind, z.B. Galbi 1998: 945-948; Madden/Savage 1998: 953-956.

[75] S. auch Melody 1997a: 53-55; Ickenroth 1996: 162; Lewin/Kitchen 1994: 28-29; WIK/EAC 1994: 112.

[76] Vgl. auch Ickenroth 1996: 165; WIK/EAC 1994: 57.

[77] Vgl. Huston 1998: 559; Rogy et al. 1997: 11; Economides et al. 1996: 1022-1024; Schechter 1996: 576-577; Brock 1995: o.S.

[78] Ein Beispiel für eine solche, unter Wettbewerbsbedingungen ohne weiteren regulativen Eingriff zustande gekommene Netzzugangspraxis ist die 1991 zwischen den im (US-amerikanischen) Verband *Commerical Internet Exchange* (CIX) zusammengeschlossenen kommerziellen Internetprovidern getroffene Vereinbarung, nach der jeder Internetprovider *seinen* Kunden den abgehenden Verkehr berechnet und den Verkehr anderer Internetprovider *ohne Berechnung* weiterleitet. Vgl. Brock 1995: o.S.

im gleichen Umfang Leistungen erhält, in dem er für diesen auch Leistungen erbringt bzw. wenn der Unterschied zwischen den erbrachten und in Anspruch genommenen Leistungen so gering ist, daß die Kosten für den Abschluß einer NZS-Preisvereinbarung und die Fakturierung dieser NZS-Leistungen größer bzw. nicht wesentlich kleiner wären als die mit diesen NZS-Leistungen zu erzielenden Umsätze. Insofern stellt sich die Frage der Preisbestimmung für NZS-Leistungen für TK-Netzbetreiber nur dann, wenn der Verkehr zwischen dem eigenen Netz und dem Netz des beteiligten anderen Netzbetreibers deutlich asymmetrisch verteilt ist (vgl. Abb. 2-9, Zeile B), d.h. wenn einer der beteiligten Carrier signifikant mehr Leistungen im TK-Netz des anderen Carriers in Anspruch nimmt, als er umgekehrt in seinem Netz Leistungen für diesen erbringt.[79]

Abb. 2-9: Netzzusammenschaltungs-Situationen in Abhängigkeit von der Wettbewerbsintensität und der Verkehrsmengenverteilung zwischen den beteiligten Telekommunikationsnetzbetreibern

		Wettbewerbssituation zwischen den an der NZS beteiligten TK-Netzbetreibern	
		(1) **NZS zwischen *nicht konkurrierenden* Netzbetreibern**	(2) **NZS zwischen *konkurrierenden* Netzbetreibern**
TK-Verkehrsverteilung zwischen den an der NZS beteiligten Netzbetreibern	(A) **Symmetrische TK-Verkehrsverteilung**	**Beispiel:** NZS zwischen DT und France Télécom (1A)	**Beispiel:** NZS zwischen (US-amerikanischen) Internet-Providern (2A)
	(B) **Asymmetrische TK-Verkehrsverteilung**	**Beispiel:** NZS zwischen US-Carriern und TELMEX (Mexiko) (1B)	**Beispiel:** NZS zwischen DT und ARCOR (2B)

[79] Abweichend hiervon vertritt z.B. Armstrong die Ansicht, daß – im strengen wohlfahrtsökonomisch-mathematischen Sinne – auch im Falle zweier TK-Netzbetreiber mit ähnlicher Kundenstruktur- und TK-Verkehrsmenge die Erhebung von IC-Preisen sinnvoll ist. S. Armstrong 1998: 545-561; Armstrong 1996: 9-22.

Somit ist der Einigungsdruck zur Vereinbarung von Preisen/Bedingungen für die NZS-Leistungen dann asymmetrisch und der Schwierigkeitsgrad der Erzielung solcher Vereinbarungen hoch, wenn es um den Zugang zu Netzen von im *gleichen Markt* agierenden, d.h. unmittelbar konkurrierenden Netzbetreibern geht, deren TK-Verkehrsaufkommen *nicht symmetrisch* verteilt ist (vgl. Fall 2B in Abb. 2-9). Von der Gültigkeit dieser Prämissen und damit von einer hohen Schwierigkeit der NZS-Preisfindung kann im Fall des im Rahmen dieser Arbeit betrachteten besonderen Netzzuganges von neuen TK-Netzbetreibern zum TK-Netz des Incumbent – wie Erfahrungen im US-amerikanischen und britischen TK-Markt zeigen – zumindest in den ersten 10 bis 15 Jahren nach dem Beginn der Liberalisierung ausgegangen werden.[80]

2.2.4 Schlußfolgerungen

Aus den besonderen Eigenschaften des BNZ sowie aus der allgemein und vor allem hinsichtlich *dieses* Bottleneckgutes stark ungleichen Ressourcenausstattung *und* Verhandlungsmacht zwischen Incumbent und AC können folgende Schlußfolgerungen bzw. Forderungen abgeleitet werden, die insbesondere in den ersten Jahren des TK-Liberalisierungsprozesses von hoher Bedeutung sind:[81]

- Der Incumbent hat i.d.R. kein oder nur ein sehr geringes Interesse, sein Netz zum Zweck des gegenseitigen BNZ mit den Netzen der AC zusammenzuschalten.
- Die Bereitstellung von BNZ zu angemessenen Preisen ist für neue TK-Netzbetreiber von überragender Bedeutung für deren Markteintritt bzw. -verbleib und damit für einen funktionsfähigen Wettbewerb.
- Die Festlegung eindeutiger gesetzlicher Rahmenbedingungen für IC-Vereinbarungen bzw. der Vorgehensweise zur Erreichung solcher Vereinbarungen und hierbei vor allem der Prinzipien zur Bestimmung von Preisen für den BNZ sowie die laufende Kontrolle der Umsetzung/Einhaltung dieser Regeln sind zur Wahrung der Marktchancen der neuen TK-Netzbetreiber unabding-

---

80 Vgl. hierzu auch Kap. 2.2.1.2. Für eine (mathematische) Diskussion der Interconnection-Problematik bei weitgehend symmetrischer Verteilung des Verkehrsaufkommens/der IC-Nachfrage s. z.B. Carter/Wright 1996: 1-7 sowie die dort genannte Literatur.

81 Vgl. auch Gerpott 1998a: 77-78; Märkl 1998: 52-54; Valetti 1998: 316; Curwen 1997: 119-121; Ehrmann/Mellewigt 1997: 257-258; Graack 1997: 14-15 u. 126; Knieps 1997a: 329; Papandrea/Street 1997: 7; Xavier 1997a: 538; Ickenroth 1996: 162; Pickford 1996: 165-166; Picot/Burr 1996: 183-184; Telecommunications Council 1996: 4 u. 9; Cuthbertson 1995: 3; Arthur Andersen 1994: 35-36; Lewin/Kitchen 1994: 5 u. 40-41.

bar. Dieser sogenannten *Regulierung* des TK-Marktes durch ein mit entsprechenden Kompetenzen und Eingriffsmöglichkeiten ausgestattetes unabhängiges Kontrollgremium (= Regulierungsinstitution oder synonym Regulierer) kommt somit eine überragende Bedeutung für die Sicherung eines funktionsfähigen Wettbewerbs zu. Hierbei ist unter Regulierung der Eingriff des Staates oder der von diesem eingesetzte Organe in einen bestimmten Markt in die freien Marktmechanismen wie Vertrags- und Handlungsfreiheit der Marktteilnehmer zu verstehen, der in stärkerem Maße erfolgt als durch allgemeines, für die meisten Branchen geltendes Recht.[82]

2.3 Regulierung des besonderen Netzzugangs

2.3.1 Regulierungsgegenstände

In der Literatur sowie in den die Regulierung des TK-Marktes betreffenden Gesetzen bzw. den Gesetzesausführungsbestimmungen der jeweiligen Staaten werden als Regulierunsfelder des BNZ insbesondere die in Abb. 2-10 im Überblick dargestellten Bereiche genannt.[83]

Die Fragestellung, welche Institution die Regulierungsaufgaben wahrnimmt, ist zwar auch für die IC-Regulierung von Bedeutung, sie ist jedoch eine vorgelagerte Frage der allgemeinen TK-Regulierungspolitik und soll deshalb hier nicht weiter diskutiert werden.[84]

---

[82] Für eine ausführlichere Diskussion des Regulierungsbegriffes im Hinblick auf TK-Märkte s. z.B. Gerpott 1998a: 58; Witte 1998: 6/38-6/46; Ypsilanti/Xavier 1998: 648-649; Graack 1997: 71-155; Melody 1997a: 56-57; Stürmer 1997: 20-22; Picot/Burr 1996: 174-176; Voeth 1996: 91; Müller 1995: 70-103; Baumol/Sidak 1994a: 5; Kahn 1988: 1/I-19/I.

[83] S. Gerpott 1998a: 78-90; Raffalski 1997: 7; Ickenroth 1996: 165-169; Voeth 1996: 97-103; Coudert Brothers 1995: 207-208; Klodt et al. 1995: 109-128; Lewin/Kitchen 1994: 8-18 u. 29-35; WIK/EAC 1994: 117-138; Artikel 4-14, Richtlinie 97/33/EG; §§ 33-39, TKG; §§ 1-6 u. 9, NZV.

[84] Für eine Übersicht der wichtigsten Formen von Regulierungsinstitutionen s. Graack 1997: 108-115; Voeth 1996: 95-96.

Abb. 2-10: Felder der Interconnection-Regulierung

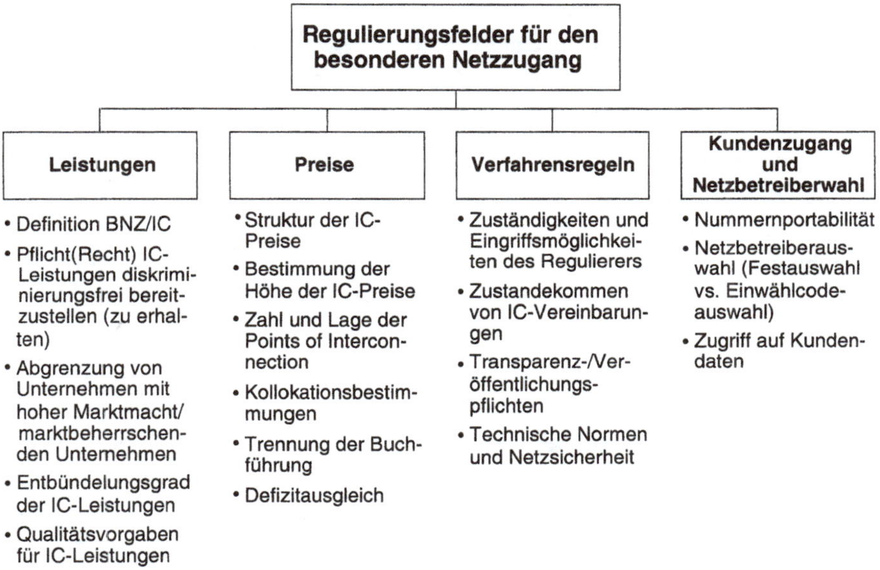

2.3.1.1 Leistungen des besonderen Netzzugangs

Im Rahmen der Abgrenzung und Beschreibung von Leistungen des BNZ durch den jeweiligen Gesetzgeber bzw. die Regulierungsbehörden werden meist folgende Aspekte behandelt (s. auch Abb. 2-10):[85]

- Die *Definition*, was unter dem besonderen Netzzugang bzw. Interconnection genau zu verstehen ist, d.h. für welche „Produkte" die Bestimmungen Gültigkeit haben.[86]
- Die Festlegung, in welchen Fällen ein *Recht auf den BNZ* seitens eines Netzbetreibers besteht, bzw. wann ein Netzbetreiber die *Pflicht* hat, anderen Carriern einen *BNZ zu gewähren*. Hierbei ist auch von Bedeutung, *wie* der BNZ verschiedenen anderen TK-Netzbetreibern im Vergleich zur Eigennutzung

[85] Vgl. Gerpott 1998a: 78-80; Riehmer 1998: 60-61; Steele/Bartlett 1998: 40-59; Harten/Ruhle 1997: 3-11; Hefekäuser/Dreier 1997: 112; Merkt 1997: 2-4; Papandrea/Street 1997: 31; Bärwald 1996: 30-31; Economides et al. 1996: 1025-1026; Ickenroth 1996: 166; Lewin/Kitchen 1994: 110-111; WIK/EAC 1994: 132 u. 134.

[86] Auf entsprechende z.T. unterschiedliche Begriffsabgrenzungen wurde bereits in Kap. 2.1 eingegangen.

des TK-Netzes durch das bereitstellende Unternehmen gewährt wird. Diesbezüglich wird oftmals vom Gesetzgeber gefordert, daß der BNZ *diskriminierungsfrei* allen anderen TK-Unternehmen bereitzustellen ist, d.h., daß diesen Wettbewerbern Zugriff auf alle TK-Produkte/Vorleistungen, die der IC-Geber selbst nutzt, einzuräumen ist.

- U.a. hinsichtlich des soeben genannten Aspektes Recht/Pflicht eines diskriminierungsfreien BNZ sind z.T. auch *Abgrenzungen* notwendig, wann ein TK-Netzbetreiber als *marktbeherrschendes Unternehmen* oder als Unternehmen mit *hoher Marktmacht* anzusehen ist, da für derart „klassifizierte" Unternehmen oftmals weitergehende Auflagen, z.B. bezüglich der Pflicht anderen Unternehmen einen BNZ bereitzustellen, gelten.[87]
- Die Konkretisierung, zu welchem Grad IC-Leistungen *entbündelt* bereitzustellen sind, d.h. zu welchen Komponenten/Diensten seines Netzes ein Netzbetreiber einem anderen Carrier einzeln Zugang gewähren muß, bzw. bis zu welchem Maße IC-Leistungen als – nicht weiter zu untergliedernde – Produktbündel angeboten werden dürfen.
- Vorgaben hinsichtlich der *Qualität* von IC-Leistungen und zwar (a) indem explizite technische Grenzwerte z.B. bezüglich bestimmter Übertragungsbandbreiten gefordert werden, (b) indem bestimmte Standards als Referenz genannt werden (z.B. ISDN-Qualitätsmerkmale) und/oder (c) indem verlangt wird, daß der jeweilige Netzbetreiber anderen Carriern den BNZ mit den gleichen Qualitätsmerkmalen bereitzustellen hat, die er auch selbst für seine eigenen TK-Dienste/Kunden nutzt.

2.3.1.2 Preise des besonderen Netzzugangs

Den Preisen für den BNZ kommt eine überragende Bedeutung zu, da diese die Höhe des für AC bedeutenden Kostenfaktors BNZ bestimmen[88] und damit unmittelbar die Markteintritts- und -verbleibenschancen sowie mögliche Preisdifferenzierungspotentiale neuer TK-Netzbetreiber beeinflussen. Eng verbunden mit der Bestimmung von Höhe und Struktur der IC-Preise ist die Ermittlung der Kosten der Nutzung von TK-Netzen im allgemeinen, bzw. der Kosten von IC-Leistungen im besonderen. Da dieser Regulierungsgegenstand gleichzeitig das Hauptthema der vorliegenden Arbeit darstellt und hierauf an anderer Stelle

[87] Vgl. hierzu auch Kap. 2.3.2.
[88] S. zur relativen Bedeutung der IC-Kosten auch Kap. 2.2.1.2.

noch ausführlich eingegangen wird,[89] sollen an dieser Stelle nur *sehr kurz* die hinsichtlich der Regulierung wichtigsten Preis- und Kostenaspekte des BNZ skizziert werden:

- *Struktur der IC-Preise* bzw. Preisvereinbarungen:[90] Hierbei geht es darum, ob z.B. die Preise für den BNZ (a) pauschal für die Bereitstellung einer bestimmten Netzkapazität, (b) nutzungsabhängig auf der Basis tatsächlich in Anspruch genommener Netzkapazitäten je Zeiteinheit und/oder (c) entfernungs-/streckenabhängig gebildet werden.

- Zentraler Punkt der Preisregulierung ist, wie die *Höhe der Preise* für den *BNZ* zu bestimmen ist.[91] Hinsichtlich der Preisbestimmungsprinzipien lassen sich (a) die kostenorientierte Preisbestimmung, (b) die Preisbestimmung unter Wohlfahrtsgesichtspunkten sowie (c) die Preisbestimmung mit Hilfe von marktorientierten Ansätzen unterscheiden,[92] wobei die meisten Gesetzgeber eine kostenorientierte Preisbestimmung vorsehen.

- Eng verbunden mit den Kosten der Bereitstellung des BNZ ist die Fragestellung, wieviele und welche POI ein Netzbetreiber einem anderen Carrier anbieten muß. Gerade *Ort und Anzahl der POI* haben einen entscheidenden Einfluß auf die Kosten des BNZ für den jeweiligen IC-Nehmer (s. Abb. 2-11):[93] Werden von einem Incumbent nur wenige POI bereitgestellt, muß ein AC i.d.R. (a) vergleichsweise lange Strecken von seinem eigenen Netz zu diesem POI mit Leitungen überbrücken und/oder (b) das Netz des Incumbent z.T. über größere Distanzen – nämlich immer mindestens bis zum nächsten POI – als dies u.U. im Einzelfall betriebswirtschaftlich sinnvoll ist, mitbenutzen. Gleichzeitig erhöhen sich für einen AC mit der Zahl der genutzten POI aber auch die Kosten der eigenen Netzinfrastruktur, da diese der Anzahl der POI entsprechend anzupassen ist. Insofern werden AC versuchen, möglichst die Anzahl und Lage der genutzten POI im Hinblick auf die Menge und Struktur ihres TK-Verkehrsaufkommens zu optimieren.

---

[89] Vgl. insbesondere Kap. 5.

[90] S. Gerpott 1998a: 80; Papandrea/Street 1997: 15-16; Rogy et al. 1997: 8; Xavier 1997b: 217-218; Lewin/Kitchen 1994: 12; WIK/EAC 1994: 126-127.

[91] S. für andere Gerpott 1998a: 80-87; Stürmer 1997: 67-75; Ickenroth 1996: 166-168.

[92] Vgl. auch Kap. 3.

[93] Vgl. Gerpott 1998a: 86-87; Bärwald 1996: 31-32; Becker 1996: 155; Ickenroth 1996: 168-169; Stahl/Stürz 1996: 26; Coudert Brothers 1995: 71 u. 136; Lewin/Kitchen 1994: 14-15 u. 81-88; WIK/EAC 1994: 133-134.

Abb. 2-11 visualisiert den skizzierten grundsätzlichen Zusammenhang zwischen der Zahl der POI und den Gesamtkosten für Netzbetreiber, die diese POI für den BNZ zum Netz des Incumbent nutzen wollen. Damit jedoch AC ihr eigenes Netz hinsichtlich der genutzten POI optimieren können, muß die Möglichkeit zur Auswahl geeigneter POI aus einem ausreichend großen und dem AC rechtzeitig bekanntem Angebot an POI gegeben sein.

Abb. 2-11: Zusammenhang zwischen Zahl der POI und den Interconnection-Kosten aus der Perspektive neuer Netzbetreiber

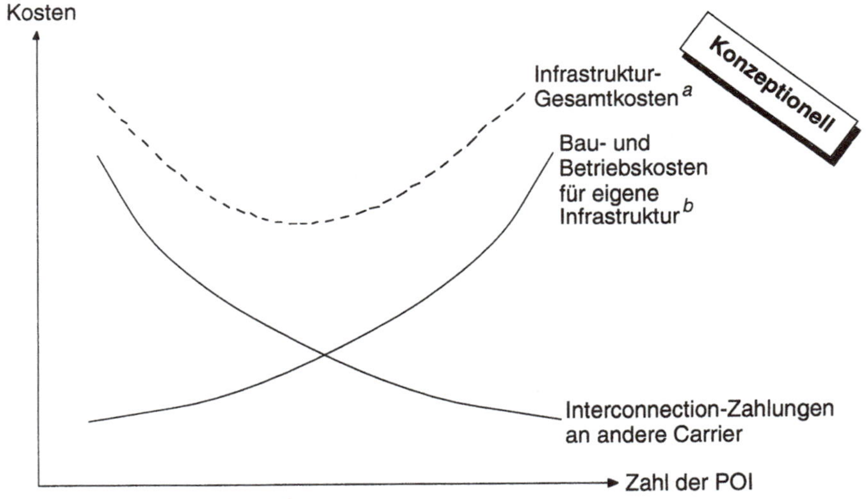

a) Inkl. IC-Zahlungen an andere Carrier.
b) POI, Vermittlungs- und Übertragungstechnik.
Quelle: Gerpott 1998a: 88; Bärwald 1996: 31; Lewin/Kitchen 1994: 83.

- In unmittelbarem Zusammenhang mit der soeben diskutierten Zahl/Lage der POI steht die Frage, wie bzw. wo die Verbindung der Netze/Netztechnikkomponenten der Netzbetreiber, die an der Zusammenschaltung der Netze zum Zwecke des BNZ beteiligten sind, erfolgt. Diese Fragestellung wird unter dem Begriff *Kollokation* diskutiert:[94] Hierbei bestehen die beiden grundsätzli-

[94] Vgl. Märkl 1998: 46-49; Rogy et al. 1997: 10; Vogelsang/Mitchell 1997: 156-159; Ickenroth 1996: 168; Lewin/Kitchen 1994: 109 u. 84-88; WIK/EAC 1994: 131-132.

chen Möglichkeiten (a) der *physischen Kollokation* und (b) der *virtuellen Kollokation*. Bei der physischen Kollokation werden die jeweils zu verbindenden Netztechnikelemente an einem Standort, d.h. meist in einem sogenannten Kollokationsraum untergebracht und so unmittelbar physisch aneinander gekoppelt. Dieser Ort der physischen Kollokation befindet sich naturgemäß am Netzknotenpunkt des Netzbetreibers, zu dessen Netz ein BNZ gewünscht/umgesetzt wird. Im Falle der virtuellen Kollokation befinden sich die Netzschnittstellen der beiden Netzbetreiber *nicht* an einem Standort/in einem Raum. Vielmehr erfolgt hier die Zusammenschaltung über eine längere Leitungsverbindung zwischen den Netzschnittpunkten, so daß sich diese nicht „physisch" sondern nur „virtuell" an einem Ort befinden.[95]

- *Trennung der Buchführung*: Soweit die Preisbildung kostenorientiert erfolgt, wird oftmals zur Erhöhung der Kostentransparenz für IC-Leistungen und zur Verhinderung der Quersubventionierung im Buchführungssystem des Incumbent die Trennung der Buchführung für die den BNZ betreffenden Kosten von den sonstigen Kosten eines Netzbetreibers verlangt.[96]
- Schließlich wird in Verbindung mit der Preisbestimmung von IC-Leistungen immer wieder die Frage diskutiert, welche TK-Netzbetreiber zur Erbringung von sogenannten Universaldiensten[97] verpflichtet werden können, und inwieweit IC-Nehmer sich am *Defizit* eines IC-Gebers aus diesen Universaldiensten und/oder aus dem Anschlußnetz mittels eines entsprechenden Zuschlages auf die IC-Preise beteiligen müssen.[98] Zu dieser Frage der Finanzierung bzw. Verteilung solcher Defizite wird von den Gesetzgebern/Regulie-

---

[95] Die technische Kollokationsausrüstung des IC-Nehmers befindet sich hierbei i.d.R. in einer seiner Vermittlungsstellen, so daß auch oft von einem sogenannten „Customer Sited"-Netzugang gesprochen wird.

[96] Vgl. Artikel 8, Absatz 2, Richtlinie 97/33/EG; Stürmer 1997: 44-45; Arthur Andersen 1994: 139-142; Cave/Doyle 1994: 183; WIK/EAC 1994: 125-126; sowie Kap. 3.3.

[97] „Universaldienstleistungen sind ein Mindestangebot an Telekommunikationsdienstleistungen für die Öffentlichkeit, für die eine bestimmte Qualität festgelegt ist und zu denen alle Nutzer unabhängig von ihrem Wohn- oder Geschäftsort zu einem erschwinglichen Preis Zugang haben müssen." § 17, Absatz 1, Satz 1, TKG; vgl. ähnlich auch EU-Grünbuch COM (94) 682: 133.

[98] Für eine ausführlichere Diskussion des Themas Universaldienstverpflichtung s. Gerpott 1998a: 61 u. 68-69; Hart 1998: 840-843; Milne 1998: 775-777; Prieger 1998: 58-68; Windthorst 1998: 343-345; Cronin et al. 1997: 251-253; Duesterberg/Gordon 1997: 48-51; Mueller 1997: 1-10; Gabrisch 1996: 79-84; Picot/Burr 1996: 180-183; Klodt et al. 1995: 69-91; Arthur Andersen 1994: 145-161. Zum Thema des Anschlußnetzdefizites bzw. der Defizitbeiträge s. Graack 1997: 137-142; Rogy et al. 1997: 13; Lewin/Kitchen 1994: 63-70 u. 109-110.

rungsinstitutionen i.d.R. alternativ eine der folgenden grundsätzlichen Positionen vertreten:[99]

(1) Die Beteiligung von TK-Netzbetreibern, die keine Universaldienste bereitstellen bzw. die keine Anschlußnetze betreiben, an den entsprechenden Defiziten des TK-Netzbetreibers, der diese Dienste/Leistungen erbringt, wird prinzipiell *bejaht*. Dabei erfolgt die Finanzierung dieser Defizite mittels zweier alternativer Modelle:

   (a) Durch einen Universaldienst-/Anschlußdefizitfonds, an dem sich Carrier, die hinsichtlich ihrer jeweiligen Marktanteile/Umsätze über einem bestimmten Schwellenwert liegen und somit zu den größeren Carriern zählen, z.B. proportional zu ihrem Umsatz beteiligen.

   (b) Durch entsprechende transparente und getrennt ausgewiesene Zuschläge auf die IC-Preise.

(2) Die Beteiligung an den o.g. Defiziten wird *verneint*.

2.3.1.3 Verfahrensregeln des besonderen Netzzugangs

Unter diesem Regulierungsgegenstand werden alle sonstigen administrativen und technischen Aspekte, die hinsichtlich der Regulierung des BNZ von Bedeutung sind, zusammengefaßt:[100]

- Regelungen über Art und Umfang des dem Regulierer zur Verfügung stehenden *Machtpotentials* im Sinne der Eingriffs-/Widerspruchsmöglichkeiten und *Sanktionsmechanismen* (Bußgelder etc.), sowie darüber, wann der Regulierer in IC-Verhandlungen eingreifen kann oder muß. Hinsichtlich der Interventionszeitpunkte, -anlässe und -häufigkeiten können neben der umfassenden und ständigen Begleitung der Verhandlungen durch den Regulierer als eine Art „Coach" oder „Schiedsrichter" zumindest drei weitere Varianten unterschieden werden: Der Regulierer greift in die Verhandlungen ein, wenn
  - diese gescheitert sind bzw. ins Stocken geraten,
  - ein beteiligtes Unternehmen den Regulierer anruft und/oder
  - der Regulierer es für notwendig/sinnvoll erachtet.

---

99 S. Hart 1998: 843-844; Stürmer 1997: 45-46; Picot/Burr 1996: 181-182; sowie für eine Übersicht/Diskussion von Universaldienst-/Anschlußdefizitbeteiligungsmodellen in ausgewählten Staaten: Rogy et al. 1997: 14; OECD 1995: 102-106; Lewin/Kitchen 1994: 63-70.

100 Vgl. Ypsilanti/Xavier 1998: 652-653; Ickenroth 1996: 169; Coudert Brothers 1995: 32; Lewin/Kitchen 1994: 8-10, 41-42 u. 113-114; WIK/EAC 1994: 138-142.

- *Zustandekommen von IC-Vereinbarungen*: Hierbei ist zu unterscheiden, ob die IC-Vereinbarungen/-Preise (a) weitgehend frei zwischen den Netzbetreibern ausgehandelt werden, (b) vom Regulierer festgesetzt werden oder (c) als Kombination der beiden Alternativen zunächst freie Verhandlungen zu führen sind und im Falle des Scheiterns dieser Verhandlungen der Regulierer eingreift. Weiterhin ist zu unterscheiden, ob insbesondere die IC-Preise – ungeachtet des Interventionsgrades des Regulierers bei deren Zustandekommen – im Rahmen jeder IC-Vereinbarung individuell ausgehandelt bzw. festgelegt werden, oder ob für einige häufig nachgefragte Leistungen des BNZ Standardpreise bestimmt werden.
- *Transparenz/Zugänglichkeit von Informationen*, d.h. ob und in welcher Form IC-Vereinbarungen, Standard-IC-Preise und sonstige für die TK-Netzbetreiber relevanten Informationen hinsichtlich des BNZ zu veröffentlichen sind.
- Im Rahmen der Regulierung netztechnischer Aspekte sind ggf. *technische Normen* für die *Schnittstellen* vorzugeben bzw. zu spezifizieren,[101] um damit die Komplexität der physischen Verbindung von Netzen und gleichzeitig die hiermit verbundenen Konfigurationskosten zu reduzieren, bzw. für alle TK-Netzbetreiber unabhängig von ihrer Größe gleiche Voraussetzungen zu schaffen. Schließlich können auch Aspekte der Netzsicherheit, wie z.B. Datenschutz, Sicherheit bei Stromausfall oder Sabotageschutz, Inhalt der IC-Regulierung sein.

2.3.1.4 Kundenzugang und Netzbetreiberwahl beim Netzzugang

Wichtige Aspekte dieses Regulierungsfeldes sind:[102]

- Regelungen des sogenannten *Numbering*,[103] d.h. Bestimmungen hinsichtlich der Portabilität von TK-Anschlußnummern der Endkunden, die i.d.R. sicherstellen sollen, daß ein Kunde seinen Netzbetreiber unter Beibehaltung seiner bisherigen TK-Anschlußnummer wechseln kann und die damit gewährleisten sollen, daß keine zusätzlichen Barrieren für Endkunden beim Wechsel des TK-Anbieters bestehen.

---

[101] Vgl. zu der hiermit zusammenhängenden Investitionsspezifität auch Kap. 2.2.1.3.
[102] Vgl. Gerpott 1998a: 79 u. 87-90; Graack 1997: 143-144; Bärwald 1996: 31; Ickenroth 1996: 168; Coudert Brothers 1995: 78-79; Lewin/Kitchen 1994: 15-16 u. 42-43.
[103] Zu technischen Aspekten des Numbering s. z.B. Becker 1996: 157-158.

- Bestimmungen in welcher Form bzw. mit welcher Flexibilität ein Endkunde seinen Verbindungsnetzbetreiber auswählen kann. Hierbei kommen zwei Prinzipien in Frage: (a) Die generelle Vorauswahl eines TK-Netzbetreibers, die nur durch einen explizit-formalen Wechsel wieder geändert werden kann, (sogenanntes „Pre-Selection-Verfahren") oder (b) die Einzelauswahl des gewünschten TK-Netzbetreibers für jede TK-Verbindung, indem für jeden Netzbetreiber ein entsprechender Netzzugangscode (= Prefix) zu wählen ist (sogenanntes „Call-by-call-Selection-Verfahren"). Erfolgt die Auswahl im Rahmen des „Call-by-call-Selection-Verfahrens" automatisch durch einen Computer, der aus allen verfügbaren TK-Verbindungstarifen den für die jeweilige Strecke bzw. Zielrufnummer und Uhrzeit günstigsten TK-Netzbetreiber bestimmt und das entsprechende Prefix zur gewünschten Rufnummer hinzufügt, ist hierfür auch die Bezeichnung „Least Cost Routing" gebräuchlich.
- Regelungen, welcher Netzbetreiber vor allem im Falle des oben genannten Call-by-call-Selection-Verfahrens Zugriff auf die Bestands- und TK-Verbindungsdaten der Kunden hat und/oder diese Daten z.B. für Marketingzwecke nutzen darf.

2.3.1.5 Schlußfolgerungen

Die skizzierten Regulierungsfelder lassen sich im Hinblick (a) auf ihre Bedeutung für einen fairen Wettbewerb und (b) auf den Komplexitätsgrad ihrer Regulierung wie in Abb. 2-12 gezeigt klassifizieren.

Von besonderem Interesse sind hierbei die Regulierungsgegenstände, die sich durch eine hohe Bedeutung für einen funktionsfähigen/fairen Wettbewerb und gleichzeitig durch einen hohen Komplexitätsgrad hinsichtlich ihrer Regulierung auszeichnen. Dem IC-Preis kommt dabei auch deshalb eine so hohe Bedeutung zu, weil z.B. auch wenn alle anderen Regulierungsfelder im Sinne eines freien Wettbewerbs ausgestaltet sind, der Incumbent – ohne eine Regulierung der Höhe der IC-Preise – durch zu hohe Entgelte für den BNZ den Markteintritt bzw. -verbleib selbst für einen effizient arbeitenden AC betriebswirtschaftlich unmöglich machen kann.[104] Kernthema dieser Arbeit sind daher Aspekte der kostenorientierten Preisfindung für IC-Leistungen. Insofern werden auch in den folgenden Kap. 2.3.2 bis 2.3.4 hinsichtlich der Form und Intensität der IC-Regulierung die Regulierungsgegenstände näher diskutiert, die unmittelbar die Kosten und Preise von IC-Leistungen beeinflussen.

Abb. 2-12: Klassifikation der Interconnection-Regulierungsfelder

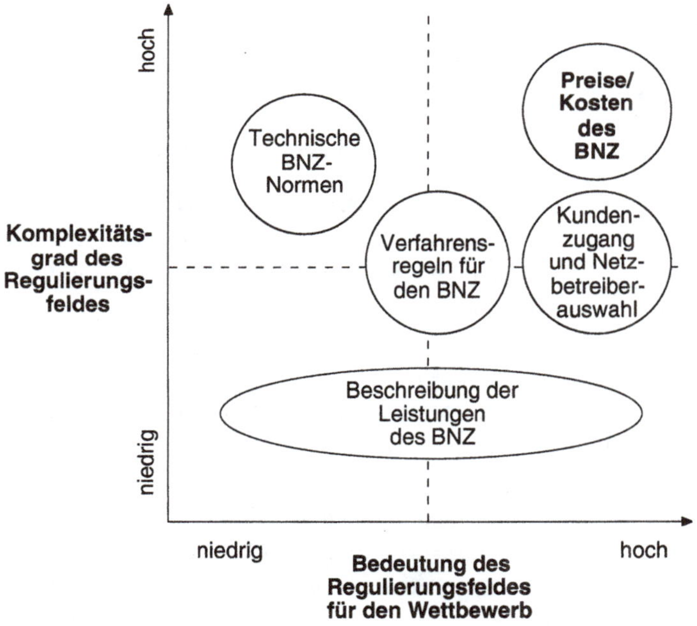

Im einzelnen sind dies:

- Die Bestimmung von *Struktur* und insbesondere *Höhe* der IC-Preise sowie die dieser Preisfindung zugrundeliegenden Prinzipien.

---

104 S. Gerpott 1998a: 80; Graack 1997: 14-15; Pickford 1996: 166. Ein weiteres praktisches Problem hinsichtlich der Regulierung des BNZ liegt in der meist anzutreffenden Informations-Asymmetrie zwischen dem Regulierer und dem Unternehmen, welches die regulativen Eingriffe jeweils betreffen (d.h. der jeweilige Incumbent). Zur Wahrnehmung seiner Aufgabe ist der Regulierer auf relativ komplexe Informationen der TK-Netzbetreiber im allgemeinen und des Incumbent im besonderen angewiesen. Vgl. für eine genauere Diskussion dieser Problematik z.B. Stürmer 1997: 57-62; Armstrong et al. 1994: 155-157.

- Die Frage, ob (a) die Preise ggf. auf Basis bestimmter Kostenprinzipien zwischen den TK-Netzbetreibern frei ausgehandelt werden können, (b) die IC-Preise vom Regulierer festgelegt werden oder (c) eine zwischen diesen beiden Extrempolen liegende Kombination, wie z.B. Festlegung von Preisen, wenn Verhandlungen zwischen den Carriern scheitern, gewählt wird.
- Die Frage, inwieweit Standard-IC-Preise veröffentlicht werden bzw. allen Carriern offenstehen müssen.
- Die Frage, ob eine getrennte Buchführung zumindest für marktbeherrschende TK-Netzbetreiber zur Erhöhung der Transparenz/Kostenkontrolle vorgeschrieben ist.

2.3.2 Intensitäts- und Asymmetriegrad der Regulierung

Basierend auf der Diskussion des Ungleichgewichts der Ressourcenausstattung von Incumbent und AC sowie der Präzisierung der Regulierungsgegenstände, liegt es nunmehr nahe, daß (a) die Regulierungsintensität[105] sowie (b) der Asymmetriegrad der IC-Regulierung in Abhängigkeit vom Grad des Ungleichgewichts der für den BNZ relevanten Ressourcenausstattung gewählt werden sollte:[106] Je eher die Ressourcenausstattung und damit die Markt- und Verhandlungsmacht zwischen Incumbent und AC als ungleichgewichtig zugunsten des Incumbent einzustufen sind, desto eher ist (a) eine hohe Regulierungsintensität mit umfangreichen Eingriffsmöglichkeiten des Regulierers sowie (b) eine asymmetrische Regulierung, die dem Incumbent umfangreichere Regulierungsauflagen macht als den AC, vorzusehen. Umgekehrt gilt: Je ähnlicher die Marktmacht der Carrier ist, um so geringer ist die Regulierungsintensität und um so symmetrischer ist der Einsatz der Regulierungsinstrumente zu wählen, da tendenziell mit weniger vom Markt nicht lösbaren Konfliktsituationen zu rechnen ist bzw. das jeweilige Wettbewerbsrecht ausreicht, um möglicherweise auftretende Konflikte zu lösen. Dies impliziert aber auch, daß Intensität und Symmetriegrad der Regulierung im Zeitablauf zu überprüfen und, im Fall einer veränderten Ausprägung des Ungleichgewichts der Ressourcenausstattung bzw. der Markt- und Verhandlungs-

---

105 Unter der *Regulierungsintensität* ist dabei eine „ ... ordinalskalierte Größe [zu verstehen], die sich aus der Anzahl der eingesetzten Regulierungsinstrumente und deren faktischer Auswirkung auf die Vertrags- und Handlungsfreiheit der Marktakteure zusammensetzt." Graack 1997: 16.

106 Vgl. Hungenberg/Hutzschenreuter 1998: 16; Knieps 1997a: 333-334; Moritz/Neus 1997: 241-242; Picot/Burr 1996: 184-192; Ickenroth 1996: 165-166.

macht zwischen Incumbent und AC, entsprechend anzupassen sind.[107] Im Fall einer zu lange erfolgten intensiven Regulierung, z.B. durch die Vorgabe bestimmter relativ niedriger IC-Preise, könnten sonst für AC falsche Anreize gegeben werden i.S., daß dieses künstlich niedrig gehaltene IC-Preisniveau die AC auch langfristig davon abhält, in größerem Umfang in eigene TK-Netze zu investieren. Insofern kann auch eine IC-Preisregulierung mit zu hohem Intensitätsgrad wettbewerbs- und innovationshemmend sein. „Daraus läßt sich die Schlußfolgerung ziehen, daß Regulierungseingriffe ... spätestens dann abgeschafft werden müssen, wenn sich in den regulierten Bereichen funktionsfähiger Wettbewerb entwickelt hat, da ansonsten Verzerrungen und Verfälschungen der durch den Wettbewerb geschaffenen Marktergebnisse drohen."[108]

Im Hinblick auf die Asymmetrie der Regulierung wird in Theorie und Praxis meist die Auffassung vertreten, daß zumindest in den ersten Jahren der TK-Liberalisierung durch eine stärkere bzw. einseitige Regulierung des Incumbent den AC „Starthilfe" zu leisten sei, bis das anfangs starke Machtgefälle zwischen Incumbent und AC wenigstens etwas reduziert ist.[109] Im Bereich der IC-Regulierung erfolgt dies dadurch, daß i.d.R. für *Unternehmen mit besonderer Marktmacht* oder für *marktbeherrschende Unternehmen* spezielle Pflichten und Auflagen gelten. Dabei wird die Zugehörigkeit von TK-Netzbetreibern zu diesen Kategorien meist anhand ihres Umsatzanteils am jeweils relevanten TK-Markt festgestellt. Soweit diese Marktanteilsgrenzen sinnvoll gewählt sind, ist damit auch gewährleistet, (a) daß zwischen dem Incumbent und einem AC nur solange eine asymmetrische Regulierung erfolgt, wie die Marktmacht dieser beiden TK-Netzbetreiber stark unterschiedlich ausgeprägt ist, sowie (b) daß zwischen zwei AC mit etwa gleicher Markmacht keine asymmetrische Regulierung erfolgt.[110]

---

[107] Ein Beispiel einer solchen graduellen Reduzierung der Regulierungsintensität im Zeitablauf ist auch die vom britischen Regulierer OFTEL verfolgte Regulierungspolitik des BNZ. Vgl. hierzu Kap. 5.6.2.

[108] Picot/Burr 1996: 186; für eine abweichende Meinung i.S. der Notwendigkeit auch langfristig – zumindest für das Anschlußnetz – eine Regulierung insbesondere der IC-Preise beizubehalten, s. z.B. Ehrmann/Mellewigt 1997: 258. Für eine vergleichende Diskussion beider Perspektiven s. Arthur Andersen 1994: 36; Neu/Neumann 1993: 3-4.

[109] Vgl. Gerpott 1998a: 72; Picot/Burr 1996: 175-178; Voeth 1996: 96.

[110] Hierbei wird unterstellt, daß der Marktanteil ein geeignetes Maß zur Bestimmung der Marktmacht darstellt.

Hinsichtlich der in Kap. 2.3.1 genannten preis- und kostenrelevanten Regulierungsgegenstände lassen sich in der aktuellen Regulierungspraxis „grob" *drei* Intensitätsklassen der Netzzugangsregulierung unterscheiden:[111]

(1) *Hohe Regulierungsintensität* des BNZ, indem die Prinzipien zur Preisbildung sehr genau vorgegeben werden, oder z.T. sogar vom Regulierer Preise/Preiskorridore vorgeschrieben werden. Eine solche sehr weitgehende Regulierungspraxis war z.B. bis 1997 in Großbritannien zu beobachten.[112] Vorteile einer solchen Regulierung sind insbesondere die für alle Marktteilnehmer transparenten, gut abschätzbaren rechtlichen bzw. wirtschaftlichen Rahmenbedingungen des BNZ und die damit einhergehende hohe Planungssicherheit sowie die weitgehende Gleichbehandlung aller AC unabhängig von deren Größe bzw. Verhandlungsmacht. Als Hauptnachteil ist ordnungspolitisch der vergleichsweise hohe Interventionsgrad der Regulierungsbehörde anzusehen, der insbesondere bei Netzzugangsvereinbarungen zwischen Netzbetreibern mit ungefähr gleicher Verhandlungsmacht, wie z.B. im Fall von zwei großen AC, einen nicht unbedingt notwendigen Eingriff in marktwirtschaftliche Preisbildungsmechanismen darstellt.

(2) *Mittlere Regulierungsintensität* der Netzzugangsvereinbarungen, indem genaue gesetzliche Vorgaben hinsichtlich der Rahmenbedingungen zur Bestimmung der IC-Preise und des Procedere zur Erreichung von IC-Vereinbarungen existieren, aber im Grundsatz zunächst der marktnahen freien Vereinbarung zwischen den einzelnen TK-Netzbetreibern eine Chance gegeben wird, und der Regulierer erst, wenn diese Verhandlungen nicht zum Erfolg führen, angerufen werden kann, bzw. als eine Art „Schiedsrichter" eingreift. Hierbei kann der Detaillierungsgrad der Vorschläge bzgl. der Kalkulation der IC-Preise stark schwanken. Eine solche mittlere Regulierungsintensität ist in vielen europäischen Staaten wie z.B. Frankreich oder Schweden sowie in Australien festzustellen.

(3) *Geringe Regulierungsintensität* der Netzzugangsvereinbarungen, indem der Gesetzgeber/Regulierer nur den legislativen Rahmen (z.B. in Form eines TK-Gesetzes) schafft, durch den alle TK-Netzbetreiber und insbesondere der Incumbent zur Bereitstellung des Netzzugangs verpflichtet werden, ohne jedoch genauere Verhandlungs- und insbesondere Preisbildungsschemata vor-

---

[111] S. Picot/Burr 1996: 184-186; Ickenroth 1996: 165-166; WIK/EAC 1994: 117-119.

[112] Vgl. auch Kap. 5.6.2.

zugeben oder die Möglichkeit eines korrigierenden Eingriffes des Regulierers in die Verhandlungen bzw. -Preisvereinbarungen vorzusehen. Diese Form der Regulierung ist z.B. in Neuseeland zu beobachten, wo die Netzzugangspreise *nur* durch Verhandlungen zwischen den TK-Netzbetreibern festgelegt werden, *ohne* daß die Möglichkeit besteht, den Regulierer als „Schiedsrichter" anzurufen.[113] Positiv zu bewerten ist hierbei die weitgehende Erhaltung der marktlichen Preisbildungsmechanismen. Negativ zu bewerten ist, daß AC in den ersten Jahren des TK-Liberalisierungsprozesses ohne konkrete Vorgaben bzw. Interventionsmöglichkeiten des Regulierers hinsichtlich der Netzzugangspreise und -bedingungen in den Vereinbarungen mit dem Incumbent nur geringe Aussichten auf die Erzielung „fairer", diskriminierungsfreier Netzzugangspreise haben.

Nach der Darstellung der für die im Zusammenhang mit dem BNZ relevanten Regulierungsthemen werden im folgenden die prinzipielle Handhabung dieser Themen durch die EU und den deutschen Gesetzgeber sowie die deutsche Regulierungsbehörde diskutiert.

2.3.3 Regulative Rahmenbedingungen der Europäischen Union für den besonderen Netzzugang

Die Organe der EU – namentlich der *Rat*, die *Kommission* sowie das *Europäische Parlament* – haben durch ihre intensive Auseinandersetzung mit den Wettbewerbsbedingungen in den TK-Märkten der EU und durch Entscheidungen zu den ordnungspolitischen Rahmenbedingungen die Liberalisierung der nationalen TK-Märkte und hierbei insbesondere auch des deutschen Marktes vorangetrieben.[114] Hinsichtlich des BNZ, bzw. in der Terminologie der EU der Netzzusam-

---

[113] Zudem wird in Neuseeland die Regulierungsaufgabe *nicht direkt* von einer speziellen Regulierungsinstitution sondern *indirekt* vom neuseeländischen Gerichtshof wahrgenommen, was insbesondere *schnelle* Regulierungseingriffe/-entscheidungen erschwert.

[114] Für eine Übersicht über die Organe der EU sowie die Rechtsinstrumente, die diesen Organen zur Verfügung stehen s. Graack 1997: 157-159.

menschaltung,[115] sind hierbei vor allem die folgenden Richtlinien/Empfehlungen der EU zu nennen:[116]

(1) Richtlinie 90/388/EWG der Kommission v. 28.06.1990 über den Wettbewerb auf dem Markt für Telekommunikationsdienste sowie die Richtlinie 96/19/EG der Kommission v. 13.03.1996 zur Änderung der zuvor genannten Richtlinie. Diese beiden EU-Richtlinien legen – neben anderen Vorgaben zur Liberalisierung der TK-Märkte innerhalb der EU – gewisse Mindestanforderungen hinsichtlich der IC von TK-Netzen fest, die durch die weiter unten bei Punkt (3) genannte Richtlinie 97/33/EG konkretisiert und erweitert wurden, so daß auf eine Darstellung hier verzichtet werden kann. Insbesondere beinhaltete die EU-Richtlinie 96/19/EG aber die Verpflichtung der EU-Mitgliedsstaaten, daß „... die Telekommunikationsorganisationen bis spätestens 1. Juli 1997 die Bedingungen für die Zusammenschaltung mit den grundlegenden funktionalen Komponenten ihres Sprachtelefondienstes und ihren öffentlichen vermittelten Telekommunikationsnetzen, einschließlich der entsprechend den Marktbedürfnissen angebotenen Zusammenschaltungspunkten und Schnittstellen, veröffentlichen."[117]

(2) Richtlinie 90/387/EWG des Rates v. 28.06.1990 zur Verwirklichung des Binnenmarktes für TK-Dienste durch Einführung eines offenen Netzzugangs (Open Network Provision – ONP); sogenannte ONP-Richtlinie (ONPR). Die grundlegenden Prinzipien für IC wurden mit der ONPR festgelegt: Demnach müssen die Bedingungen für IC
   - auf *objektiven* Kriterien beruhen,
   - *transparent* sein und in geeigneter Form veröffentlicht werden sowie
   - gleichen Zugang gewährleisten und in Übereinstimmung mit dem Gemeinschaftsrecht *Diskriminierung ausschließen.*[118]

---

[115] Wie in Kap. 2.1.2 erläutert, werden die Begriffe Interconnection bzw. Netzzusammenschaltung durch die EU *nicht* konsistent verwendet. Lediglich in den nachfolgend unter Punkt (4) diskutierten Empfehlungen 98/195/EG und 98/511/EG stimmt der von der EU verwandte Begriff Netzzusammenschaltung mit dem in dieser Arbeit zugrunde liegenden Verständnis des NZS-Begriffes überein. In den anderen nachfolgend unter den Punkten (1) bis (3) diskutierten EU-Dokumenten wird der Begriff Netzzusammenschaltung von der EU jedoch zumeist als Oberbegriff verwendet und ist somit mit Interconnection bzw. dem BNZ im Verständnis dieser Arbeit gleichzusetzen.

[116] S. für eine ausführliche Diskussion von Aspekten des besonderen Netzzuganges vor dem Hintegrund des europäischen Rechtes Märkl 1998: 159-229.

[117] Artikel 4a, Absatz 2, Richtlinie 96/19/EG. Diese Veröffentlichungsverpflichtung wurde aber von vielen TK-Organisationen zur genannten Frist *nicht* erfüllt.

[118] Artikel 3, Absatz 1, Richtlinie 90/387/EWG.

Diese Bedingungen dürfen den Zugang zu öffentlichen TK-Netzen *grundsätzlich* nicht einschränken. In der Richtlinie werden jedoch Ausnahmen hiervon zugelassen, soweit sogenannte *grundlegende Anforderungen* wie

- Sicherheit des Netzbetreibers,
- Aufrechterhaltung der Netzintegrität,
- Interoperabilität der Dienste,
- Datenschutz bestehen.[119]

Ziel der ONPR ist die stufenweise und möglichst harmonische Umsetzung der ONP-Bedingungen in den einzelnen Mitgliedsstaaten der EU. Hierzu werden bzw. wurden von den Organen der EU gemäß Artikel 6 der ONPR Einzelrichtlinien erlassen, welche die Anwendung/Umsetzung der ONP-Bedingungen hinsichtlich einzelner TK-Dienste konkretisieren.[120]

(3) Richtlinie 97/33/EG des europäischen Parlamentes und des Rates v. 30.06.1997 über die Zusammenschaltung in der TK, im Hinblick auf die Sicherstellung eines Universaldienstes und der Interoperabilität durch Anwendung der Grundsätze für einen offenen Netzzugang (ONP); sogenannte Zusammenschaltungsrichtlinie (ZSR). Auf der Grundlage der o.g. ONPR wurde durch die ZSR der Rechtsrahmen für die EG-Mitgliedsstaaten in Bezug auf Interconnection geschaffen. Wichtigste Bestimmungen der ZSR sind:[121]

- Das Recht und die Pflicht von Betreibern/Anbietern öffentlicher TK-Netze/-Dienste gegenseitige IC auszuhandeln.
- Die Pflicht von TK-Unternehmen mit „beträchtlicher Marktmacht" (d.h. normalerweise mit einem Marktanteil am relevanten TK-Markt von über 25%) allen begründeten Anträgen auf IC stattzugeben.
- Die Vorgabe, daß Beiträge zu Universaldienstverpflichtungen - soweit diese erhoben werden dürfen - getrennt von den Entgelten für die IC auszuweisen/zu erheben sind, und daß diese Universaldienstabgaben der Kontrolle der jeweiligen nationalen Regulierungsbehörde unterliegen.
- Die Pflicht für TK-Netzbetreiber, die IC anbieten, diese *diskriminierungsfrei* allen anderen TK-Unternehmen zu denselben Bedingungen und mit

---

[119] Artikel 3, Absatz 2, Richtlinie 90/387/EWG.

[120] Z.B. Richtlinie 95/62/EG zur Einführung des offenen Netzzugangs beim Sprachtelefondienst und Richtlinie 92/44/EWG zur Einführung des offenen Netzzugangs bei Mietleitungen.

[121] S. Artikel 3 bis 8, Richtlinie 97/33/EG.

derselben Qualität anzubieten, zu denen sie diese intern (z.B. ihren eigenen Tochterunternehmen) bereitstellen.

- Die Pflicht die IC-Vereinbarungen der jeweiligen nationalen Regulierungsbehörden zu übermitteln sowie das Recht der Regulierungsbehörde, diese interessierten Parteien zugänglich zu machen/diese zu veröffentlichen.[122]
- Die Vorgabe, daß die IC-Entgelte den Grundsätzen der Transparenz und *Kostenorientierung* unterliegen.
- Die Pflicht der TK-Netzbetreiber zur Veröffentlichung eines Standard-IC-Angebotes, das (a) eine Beschreibung der entbündelten Einzelangebote, (b) die zugehörigen Tarife sowie (c) die entsprechenden Geschäftsbedingungen enthält.
- Die Pflicht von TK-Netzbetreibern mit beträchtlicher Marktmacht zur getrennten Buchführung für ihre Tätigkeit im Rahmen der IC und ihrer sonstigen (TK-)Aktivitäten.

Inwieweit und in welcher Form die einzelnen EU-Staaten bzw. die jeweiligen Incumbent-Netzbetreiber ihren vorgenannten Veröffentlichungspflichten nachkommen wird von der EU überprüft und dokumentiert.[123]

(4) Empfehlung 98/195/EG der Kommission v. 08.01.1998 zur Zusammenschaltung in einem liberalisierten Telekommunikationsmarkt sowie die Empfehlung 98/511/EG der Kommission v. 29.07.1998 zur Änderung der zuvor genannten Empfehlung.[124] Die Empfehlungen der Kommission – die nicht den rechtsverbindlichen Charakter der zuvor genannten/beschriebenen Richtlinien hat – beinhalteten insbesondere folgende Punkte:

- Basierend auf einer Bestandsaufnahme der in verschiedenen, in der Liberalisierung der jeweiligen TK-Märkte vergleichsweise fortgeschrittenen, Staaten[125] angewandten und geplanten Methoden zur Bestimmung der Kosten von TK-Netzen bzw. der Zusammenschaltung von TK-Netzen wird emp-

[122] Ausgenommen von dieser Veröffentlichungspflicht sind lediglich Teile, welche die Geschäftsstrategie der TK-Unternehmen betreffen. In jedem Fall zugänglich zu machen sind jedoch „... Einzelheiten der Zusammenschaltungsentgelte, die Geschäftsbedingungen und etwaige Beiträge zu Universaldienstverpflichtungen". Artikel 6, Richtlinie 90/387/EWG.

[123] S. Mitteilung 1999/C 112/02.

[124] Einschließlich der separat veröffentlichten Begründung/Mitteilung zu dieser Empfehlung (Mitteilung 98/C 84/03).

[125] Im einzelnen sind dies: Australien, Dänemark, Neuseeland, Schweden, Großbritannien und die USA.

fohlen, die Kosten des effizienten Betriebes mittels sogenannter „Forward Looking Long Run Average Incremental Cost" (= FL LRAIC) zu bestimmen,[126] „... da diese Kosten denen eines effizienten Betreibers, der moderne Technologien einsetzt, sehr nahe kommen."[127]

- Basierend auf den NZS-Preisen der EU Mitgliedsstaaten, in denen bereits Standard-NZS-Preise bzw. entsprechende Vorschläge der Regulierungsbehörden oder Netzbetreiber vorlagen,[128] wird eine empfohlene „Best-Practice" Preisspanne für drei Arten von NZS-Leistungen genannt, die den Mitgliedsstaaten bzw. den nationalen Regulierungsbehörden – bis auf der Basis von „Forward Looking Long Run Average Incremental Cost" errechnete Kosten für NZS-Leistungen vorliegen – als Anhaltspunkt dienen soll, inwiefern die von den jeweiligen (Incumbent-)Netzbetreibern vorgeschlagenen NZS-Preise im Vergleich zur „Best-Practice" angemessen sind. Im einzelnen werden für das Jahr 1999 folgende „Best-Practice" Preisgrenzen für die NZS-Leistung Anrufzustellung[129] („Call Termination") genannt:[130]
  - In der sogenannten *Lokalzone* (d.h. *ohne* Nutzung einer FVSt des IC-Gebers): ECU 0,005 bis 0,010.
  - In der sogenannten *Regional-* oder *Großstadtzone* (d.h. für den „Einfachtransit" unter der Nutzung *einer* FVSt des IC-Gebers): ECU 0,008 bis 0,016.
  - In der sogenannten National- oder Fernzone über 200 km (d.h. für den "Doppeltransit" unter der Nutzung von *zwei* oder ggf. mehr FVSt des IC-Gebers): ECU 0,015 bis 0,023.
- Es wird den nationalen Regulierungsbehörden empfohlen,
  - soweit die tatsächlichen vom jeweiligen Incumbent vorgelegten NZS-Entgelte außerhalb (d.h. insbesondere oberhalb) dieses Rahmens liegen,

---

[126] Vgl. zu dem Begriff der „Forward Looking Long Run Average Incremental Cost" auch Kap. 4.3 sowie die dort angegebene Literatur.

[127] Absatz 3, Empfehlung 98/195/EG.

[128] Dies sind alle EU Mitgliedsstaaten außer Irland, Portugal, Luxemburg und Griechenland, für die besondere längere Übergangsfristen zur Einführung von Wettbewerb hinsichtlich der jeweiligen öffentlichen TK-Netze gelten.

[129] Zu den verschiedenen Arten von NZS-Leistungen s. auch Kap. 5.1.3.

[130] Die genannten „Best-Practice"-Preisspannen wurden im Juli/August 1998 von der EU veröffentlicht und sollen zum 31.07.1999 überprüft und ggf. angepaßt werden. Als Kurs zur Umrechnung von ECU in DM wird in der Empfehlung vorgeschlagen: ECU 1,00 = DM 1,98.

eine umfassende Rechtfertigung derselben zu fordern und ggf. Änderungen zu veranlassen sowie

- den nationalen Incumbent-Netzbetreibern Fristen zur Einführung neuer Kostenrechnungssysteme zu setzen – soweit diese Systeme noch nicht vorhanden sind bzw. die Fristsetzung noch nicht erfolgt ist – die (a) auf Wiederbeschaffungskosten beruhen und (b) im Sinne einer aktivitätsorientierten Prozeßkostenrechnung jedem TK-Dienst einen möglichst großen Anteil der Gemeinkosten verursachungsgerecht zurechnen.[131]

Fazit

Die EU nimmt zu einer Vielzahl der in Kap. 2.3.1 aufgezählten Regulierungsfelder detailliert Stellung. Dabei beinhalten die EU-Vorgaben auch asymmetrische Komponenten, indem bestimmte Auflagen nur für Anbieter „mit beträchtlicher Marktmacht" gelten. Insbesondere hinsichtlich der wesentlichen, die IC-Preise betreffenden Regulierungsgegenstände, wird im Sinne einer hohen bis mittleren Regulierungsintensität festgelegt, daß

(a) IC-Preise/Vereinbarungen zu veröffentlichen sind und

(b) TK-Netzbetreiber „mit beträchtlicher Marktmacht" eine getrennte Buchführung einführen müssen.

Darüber hinaus müssen sich die IC-Preise an den Kosten der Bereitstellung orientieren, wobei das genannte Kostenkalkulationsprinzip (FL LRAIC zu Wiederbeschaffungspreisen in Verbindung mit einer aktivitätsorientierten Prozeßkostenrechnung) allerdings nur Empfehlungscharakter hat.[132] Ebenso erfolgt seitens der EU beispielsweise keine detaillierte Vorgabe, wie die IC-Preise/Vereinbarungen verhandlungstechnisch zustande kommen können bzw. sollen.

---

131 Zur Zurechnung von Gemeinkosten sowie für eine Diskussion der Prozeßkostenrechnung s. auch Kap. 4.4.2 und 4.4.3 sowie die dort angegebene Literatur.

132 Allerdings werden im Erwägungsgrund 10 der Richtlinie 97/33/EG als Obergrenze die Kosten genannt, „... die anfallen würden, wenn die betreffende Zusammenschaltung unabhängig von anderen Leistungen bereitgestellt wird ..." (sogenannte Stand-Alone-Kosten); vgl. zur Diskussion von Stand-Alone-Kosten auch Kap. 4.4.1.

2.3.4 Regulierung des besonderen Netzzugangs in Deutschland

2.3.4.1 Gesetzliche Rahmenbedingungen

Im deutschen TK-Markt wurden zur Umsetzung von entsprechenden BNZ-Vorgaben der EU mit dem TKG und der Netzzugangsverordnung die entsprechenden gesetzlichen Rahmenbedingungen geschaffen.[133]

Hinsichtlich der in Kap. 2.3.1 diskutierten Regulierungsfelder (1) Abgrenzung und Beschreibung der IC-Leistungen, (2) Ermittlung/Bestimmung der Kosten/Preise für IC-Leistungen, (3) Aspekte des Endkundenzugangs und der Netzbetreiberwahl sowie (4) Verfahrensregeln, stellten sich Theorie und Praxis der Regulierung des BNZ bis Anfang 1999 im deutschen TK-Markt wie folgt dar:[134]

Ad (1): Ein marktbeherrschendes[135] TK-Unternehmen muß seinen „Wettbewerbern ... diskriminierungsfrei den Zugang zu seinen intern genutzten und am Markt angebotenen Leistungen, soweit sie wesentlich sind ...",[136] ermöglichen und den „... entbündelten Zugang zu allen Teilen seines Telekommunikationsnetzes einschließlich des entbündelten Zugangs zu den Teilnehmeranschlußleitungen ..."[137] gewähren. Allerdings wird diese Verpflichtung zur Bereitstellung des BNZ insofern eingeschränkt, daß das marktbeherrschende Unternehmen die Möglichkeit hat, im Einzelfall Tatsachen nachzuweisen, „... auf Grund derer diese Verpflichtung ... sachlich nicht gerechtfertigt ist."[138] Es erfolgen keine expliziten

---

[133] Das TKG vom 25.07.1996 trat zum 01.08.1996 in Kraft. Die NZV vom 23.10.1996 trat zum 01.11.1996 in Kraft.

[134] Vgl. Gerpott 1998a: 78-91; Riehmer 1998: 59-63; Kress 1997: 602-606; Quander 1997: o.S.; Nolte 1996: 2631-2634 sowie für eine ausführliche Diskussion juristischer Aspekte des Netzzugangs im deutschen TK-Markt Märkl 1998: 230-326.

[135] Ein Unternehmen gilt als marktbeherrschend, wenn es im relevanten Markt ohne (wesentlichen) Wettbewerb ist oder eine im Vergleich zu seinen Wettbewerbern überragende Marktstellung hat; vgl. § 22, Absatz 1, Gesetz gegen Wettbewerbsbeschränkungen (GWB). Eine solche überragende Marktstellung wird vermutet, wenn ein Unternehmen im relevanten Markt über einen Marktanteil von mindestens einem Drittel verfügt und dabei Umsatzerlöse von DM 250 Mio. pro Jahr oder mehr erzielt; s. §22, Absatz 3, Satz1, GWB. Eine Gruppe von Unternehmen, die jeweils jährliche Umsatzerlöse von mindestens DM 100 Mio. erzielen, gilt als marktbeherrschend soweit zwischen diesen für bestimmte Produkte bzw. auf bestimmten Märkten ein wesentlicher Wettbewerb nicht besteht und dabei (a) bis zu drei Unternehmen einen Markanteil von mindestens 50% oder (b) bis zu fünf Unternehmen einen Marktanteil von mindestens zwei Dritteln haben; s. § 22, Absatz 2 u. Absatz 3, Satz 1, GWB. Demnach ist derzeit im deutschen Markt für festnetzgestützte TK-Dienste die DTAG das einzige marktbeherrschende Unternehmen. Darüber hinaus ist zu vermuten, daß auch in den nächsten Jahren kein anderer TK-Netzbetreiber als marktbeherrschend gemäß GWB zu klassifizieren ist.

[136] § 33, Absatz 1, Satz 1, TKG.

[137] § 2, Satz 2, NZV.

[138] § 2, Satz 3, NZV.

und verbindlichen Vorgaben hinsichtlich der bereitzustellenden Einzelleistungen. Damit ist die Intention des deutschen Gesetzgebers, den entbündelten und diskriminierungsfreien BNZ sicherzustellen. Jedoch entsteht dadurch, daß (a) im begründeten Einzelfall u.U. kein BNZ zu gewähren ist und (b) keine substantiellen Vorschriften für die entbündelten Einzelleistungen vorliegen, die Gefahr, daß sich das marktbeherrschende Unternehmen (d.h. die DTAG) der Verpflichtung zur Bereitstellung des BNZ entweder ganz oder zumindest temporär, z.B. durch zeitintensive gerichtliche Auseinandersetzungen, entzieht.[139]

Ad (2): Grundsätzlich müssen sich Preise für Leistungen des BNZ „... an den Kosten der effizienten Leistungsbereitstellung .. orientieren"[140] Diese „... ergeben sich aus den langfristigen zusätzlichen Kosten der Leistungsbereitstellung und einem angemessenen Zuschlag für leistungsmengenneutrale Gemeinkosten, jeweils einschließlich einer angemessenen Verzinsung des eingesetzten Kapitals, soweit diese Kosten jeweils für die Leistungsbereitstellung notwendig sind."[141] Außerdem besteht für einen marktbeherrschenden Anbieter die prinzipielle Verpflichtung, Wettbewerbern IC-Leistungen zu den Bedingungen anzubieten, „... die er sich selbst bei der Nutzung dieser Leistungen für die Erbringung anderer Telekommunikationsdienstleistungen einräumt, es sei denn, daß die Einräumung ungünstigerer Bedingungen ... sachlich gerechtfertigt ist."[142] Damit wird zwar festgelegt, daß die Bestimmung der IC-Preise *kostenorientiert* zu erfolgen hat und weiter präzisiert, daß hierbei *langfristige zusätzliche Kosten* heranzuziehen sind. Allerdings bleibt offen, was unter *angemessenen* Gemeinkostenzuschlägen sowie einer angemessenen Kapitalverzinsung zu verstehen ist, womit ein erheblicher Interpretationsspielraum verbleibt. Die für die DTAG (= den marktbeherrschenden Anbieter) geltende Verpflichtung, Wettbewerbern diskriminierungsfrei IC-Leistungen zu internen Verrechnungspreisen anzubieten, wird ebenso wie im zuvor diskutierten Punkt (1) der Bereitstellung des BNZ, dadurch relativiert, daß der DTAG die Möglichkeit eingeräumt wird, im begründeten Einzelfall hiervon abzuweichen.[143] Zudem existierten Ende 1999 keine nationalen Regelungen, um

---

[139] So auch schon Gerpott 1998a: 78. Der Zeitaspekt ist u.a. deshalb von besonders hoher Bedeutung, weil AC zur optimalen betriebswirtschaftlichen Planung ihrer Netzinfrastruktur möglichst frühzeitig die Orte (= POI) und Kosten für den BNZ kennen müssen. Vgl. Gerpott 1998a: 86-87; Neumann 1997: o.S.

[140] § 24, Absatz 1, Satz 1, TKG.

[141] § 3, Absatz 2, Telekommunikations-Entgeltregulierungsverordnung (TEntgV).

[142] § 33, Absatz 1, Satz 1, TKG.

[143] S. auch Gerpott 1998a: 82.

mittels einer Trennung der Buchführung/Rechnungslegungskreise der DTAG die Kostentransparenz zu erhöhen.

Im Hinblick auf die Anzahl und Lage der bereitzustellenden POI, die – wie in Kap. 2.3.1.2 diskutiert – die Kosten der AC wesentlich beeinflussen können, erfolgt *keine* Präzisierung in der deutschen TK-Gesetzgebung.

Bezüglich der Kollokation an den jeweiligen POI muß ein marktbeherrschender Anbieter die Unterbringung der für den BNZ erforderlichen Einrichtungen des Wettbewerbers in seinen Räumen oder die Nutzung unter gleichwertigen wirtschaftlichen, technischen und betrieblichen Bedingungen ermöglichen.[144] Damit wird eindeutig das Recht AC auf physische oder virtuelle Kollokation festgelegt.

Der Defizitausgleich für die Erbringung von Universaldiensten erfolgt gemäß TKG, soweit notwendig, mittels einer eigenen sogenannten Universaldienstabgabe und somit unabhängig von der IC-Preisfindung.[145] Hinsichtlich der Defizite im Anschlußnetzbereich werden keine präzisen Vorgaben gemacht, jedoch legt die Kostenkalkulation auf Basis langfristiger *zusätzlicher* Kosten nahe, diese i.d.R. *nicht* in den IC-Preisen zu berücksichtigen.

Ad (3): Gemäß TKG haben Betreiber von Telekommunikationsnetzen in ihren Netzen sicherzustellen, daß

- „... Nutzer beim Wechsel des Betreibers und Verbleiben am selben Standort ihnen zugeteilte Nummern beibehalten können ..."[146]
- „... jeder Nutzer die Möglichkeit hat, den Verbindungsnetzbetreiber frei auszuwählen, und zwar durch eine dauerhafte Voreinstellung, die im Einzelfall des Verbindungsaufbaus durch die Wahl einer Verbindungsnetzbetreiberkennzahl ersetzt werden kann."[147]

Damit wird die Nummernportabilität gewährleistet und hinsichtlich der Netzbetreiberauswahl durch den Endkunden eine Kombination zwischen dem „Pre-Selection-Verfahren"- und „Call-by-call-Selection-Verfahren" gewählt, die eine sehr flexible Auswahlmöglichkeit des gewünschten TK-Netzbetreibers durch den jeweiligen Endnutzer darstellt.

---

[144] § 3, Absatz 2, Sätze 1 u. 2, NZV.
[145] Vgl. §§ 20 u. 21, TKG; Gerpott 1997: 7; Stoetzer/Wein 1997: 299-300.
[146] § 43, Absatz 5, Satz 1, TKG.
[147] § 43, Absatz 6, Satz 1, TKG.

Die Zugriffs- und Vermarktungsrechte von Kunden-/Verbindungsdaten werden durch den deutschen Gesetzgeber sehr restriktiv geregelt:[148]

Zunächst sind nur die Anschlußnetzbetreiber berechtigt und verpflichtet dem jeweiligen Endkunden eine Rechnung für die vor ihr allein oder durch die Zusammenschaltung mit anderen Netzbetreibern erbrachten TK-Leistungen zu stellen.[149] Die neuen Verbindungsnetzbetreiber dürfen vom jeweiligen Kunden nur dann ihre Leistungen mittels einer eigenen separaten Rechnung direkt (d.h. nicht über den „Umweg" der DTAG als Inkassostelle) einfordern, wenn dieser sie zuvor in Form eines expliziten und schriftlichen Vertrages hierzu ermächtigt hat. Aber auch wenn eine solche Kundenbeziehung zustande gekommen ist, darf der jeweilige neue (aber auch der etablierte) TK-Netzbetreiber Kunden-/ Bestandsdaten nur insoweit nutzen, wie dies zur Kundenberatung, zur Werbung, zur Marktforschung sowie zur Gestaltung der TK-Dienste notwendig ist, wenn der Kunde einer solchen Nutzung nicht widersprochen hat.[150] „Die Verbindungsdaten dürfen von Unternehmen und Diensteanbietern im Einzelfall mit Einwilligung des Anrufenden auch zur bedarfsgerechten Gestaltung von Telekommunikationsdienstleistungen genutzt werden, ..."[151]

Damit erschweren die deutschen Datenschutzbestimmungen, die im internationalen Vergleich relativ restriktiv und aus Sicht der Kunden positiv zu bewerten sind, den TK-Netzbetreibern – und hierbei insbesondere den AC – tendenziell den Zugriff auf sowie die Vermarktung von Kundenbestands- und Verbindungsdaten.

Ad (4): Die vom TKG vorgesehenen Zuständigkeiten und Eingriffsmöglichkeiten hinsichtlich des BNZ sind umfangreich und beinhalten insbesondere, daß

- „... die Regulierungsbehörde ... einem [marktbeherrschenden] Anbieter ... ein Verhalten auferlegen oder untersagen und Verträge ganz oder teilweise für unwirksam erklären [kann], soweit dieser Anbieter seine marktbeherrschende Stellung mißbräuchlich ausnutzt."[152]

---

[148] S. Gerpott 1998a: 89-90.
[149] Vgl. § 15, Absatz 1, Telekommunikations-Kundenschutzverordnung.
[150] S. § 4, Absatz 2, Satz 1, Verordnung über den Datenschutz für Unternehmen, die Telekommunikationsdienstleistungen erbringen (Telekommunikationsdiensteunternehmen-Datenschutzverordnung) [TDSV].
[151] S. § 5, Absatz 3, TDSV.
[152] § 33, Absatz 2, Satz 1, TKG.

- soweit zwischen den Betreibern öffentlicher TK-Netze eine Vereinbarung über Zusammenschaltung nicht zustande kommt, die Regulierungsbehörde nach Anhörung der Beteiligten die Zusammenschaltung anordnen kann.[153]

Allerdings sind Betreiber öffentlicher TK-Netze zumindest verpflichtet, anderen Netzbetreibern ein Angebot für den BNZ vorzulegen und eine Verhandlungslösung zu suchen, bevor die Regulierungsbehörde angerufen wird.

Hinsichtlich der Transparenz und Veröffentlichungspflicht von IC-Vereinbarungen und Preisen müssen diese der Regulierungsbehörde vorgelegt werden, die anderen TK-Anbietern Einsicht gewährt, wobei allerdings Geschäftsgeheimnisse hiervon ausgenommen werden können.[154]

Welche konkreten Preise für IC-Leistungen in Deutschland Ende 1999 gültig waren und *wie* diese Entgelte festgelegt wurden wird im folgenden Abschnitt dargestellt.

2.3.4.2 Preise für Leistungen des besonderen Netzzugangs

Für *NZS-Leistungen* wurden erstmals im Herbst 1997 durch den damaligen Regulierer,[155] zunächst für die Jahre 1998 und 1999 gültige NZS-Entgelte festgesetzt, nachdem in verschiedenen bilateralen Verhandlungen zwischen der DTAG und AC keine entsprechende Einigung erzielt werden konnte.

Diese NZS-Preise für die Leistung TK-Verbindungszustellung[156] („Call Termination") sind:[157]

- Für eine *Ortsverbindung* (d.h. innerhalb der Tarifentfernung „City" der DTAG) DM 0,0197 je Minute[158] in der Hauptzeit und DM 0,0124 je Minute in der Nebenzeit.
- Für eine *Verbindung bis zu 50 km* Entfernung (d.h. in der Tarifzone „Regio 50" der DTAG) DM 0,0336 je Minute in der Hauptzeit und DM 0,0202 je Minute in der Nebenzeit.

---

[153] Vgl. § 37, Absatz 1, Satz 1, TKG.
[154] Vgl. § 6, Absätze 1 u. 2, NZV.
[155] Zu diesem Zeitpunkt fungierte noch das zum Ende des Jahres 1997 aufgelöste Bundesministerium für Post und Telekommunikation als Regulierer.
[156] Zu den unterschiedlichen Typen von NZS-Leistungsvarianten s. Kap. 5.1.3.
[157] Vgl. z.B. Gerpott 1998a: 85; Hennemann 1997: 25. Als Hauptzeit wird hierbei der Zeitraum von 9.00 bis 21.00 verstanden. Die übrige Zeit gilt entsprechend als Nebenzeit. Für eine Darstellung aller wichtigen im deutschen TK-Markt Ende 1999 gültigen NZS-Preise s. Regulierungsbehörde für Telekommunikation und Post 1999b: o.S.
[158] Sämtliche in dieser Arbeit aufgeführten Preisangaben sind *Nettopreise ohne Mehrwertsteuer*.

- Für eine *Verbindung bis zu 200 km* Entfernung (d.h. in der ehemaligen Tarifzone „Regio 200" der DTAG) DM 0,0425 je Minute in der Hauptzeit und DM 0,0235 je Minute in der Nebenzeit.
- Für alle sonstigen Fernverbindungen innerhalb des Festnetzes der DTAG (d.h. innerhalb der früheren Tarifzone „Fern" der DTAG) DM 0,0514 je Minute in der Hauptzeit und DM 0,0316 je Minute in der Nebenzeit.

Da zu dem Zeitpunkt der Preisfestlegung keine aussagekräftigen Unterlagen über die Kosten der DTAG vorlagen, erfolgte die Bestimmung der NZS-Entgelte *nicht* kostenorientiert. Vielmehr stützte der deutsche Regulierer seine Entscheidung auf eine Benchmark-Analyse[159] von NZS-Preisen in zehn internationalen Vergleichsmärkten.[160] Hierbei wurden die deutschen NZS-Entgelte für die einzelnen Entfernungszonen etwa als die Mitte des Intervalls zwischen (a) dem Durchschnitt der drei „am besten für den Vergleich geeigneten" Industrieländern und (b) dem Mittelwert aller zehn Staaten bestimmt.[161]

Ein Vergleich dieser NZS-Preise mit den von der EU für 1999 vorgeschlagenen „Best Practice"-Preispannen zeigt, daß die deutschen IC-Preise etwa auf gleicher Höhe mit oder *über* der empfohlenen Preis*ober*grenze für die jeweilige NZS-Leistung liegen:[162]

- *Lokalzone/Ortsverbindung*: Von der EU vorgeschlagene Preisspanne ECU 0,0050 bis 0,0100; in Deutschland gültiger IC-Preis ECU 0,0099.
- *Regionalzone/Regio 50-Verbindung*: Von der EU vorgeschlagene Preisspanne ECU 0,0080 bis 0,0160; in Deutschland gültiger IC-Preis ECU 0,0170.
- *Nationalzone/Fernverbindung*: Von der EU vorgeschlagene Preisspanne ECU 0,0150 bis 0,0230; in Deutschland gültiger IC-Preis ECU 0,0230.

Damit sind die NZS-Preise im deutschen TK-Markt im internationalen Vergleich tendenziell als relativ hoch einzustufen.

Zusätzlich zu diesen Entgelten beantragte die DTAG im Frühjahr 1999 die nachfolgend in Abb. 2-13 dargestellten NZS-Zuschläge für die besondere Belastung ihres Netzes mit sogenanntem „atypischem Verkehr", welche die unterschiedliche

---

[159] Zur Preisfindung mittels internationaler Referenzmärkte/-preise s. auch Kap. 3.3.2.

[160] Im einzelnen waren dies: Australien, Dänemark, Finnland, Frankreich, Großbritannien, Japan, Niederlande, Schweden, Spanien und die USA.

[161] Vgl. z.B. Gerpott 1998a: 84; Hennemann 1997: 25.

[162] Alle Preisangaben für eine TK-Verbindung pro Minute während der Hauptzeit. Umrechnungskurs gemäß der EU-Empfehlung 98/195/EG: ECU 1,00 = DM 1,98.

Nutzung des DTAG-Netzes durch verschiedene Kategorien von IC-Nehmern in Abhängigkeit von deren eigenen Netzressourcen in Form von differenzierten NZS-Preisen widerspiegeln sollten.[163] Dieser atypische Verkehr kann dann entstehen, wenn ein IC-Nehmer nur über ein vergleichsweise kleines Netz bzw. im Extremfall über nur eine Vermittlungsstelle sowie vor allem über sehr wenige POI mit dem Netz des IC-Gebers verfügt und hierdurch eine TK-Verbindung zwischen zwei Endnutzern, d.h. der Quelle und Senke einer TK-Verbindung, über einen „atypischen Umweg" im Netz des IC-Gebers geleitet werden muß. Insofern waren die entsprechenden Zuschläge, wie in Abb. 2-13 gezeigt, danach gestaffelt, wie viele POI ein AC mit dem Netz der DTAG hat. Für relativ große AC, die über mindestens 38 POI mit dem DTAG-Netz verfügen, wurden dementsprechend keine Zuschläge für atypischen Verkehr beantragt.

Abb. 2-13: Von der Deutschen Telekom AG 1999 beantragte Zuschläge für von Netzzusammenschaltungs-Leistungen verursachten „atypischen" Verkehr

Entfernungszone / AC-Nehmer-a	Ort („City")	bis 50 km	bis 200 km	über 200 km
A	0,0087 b [0,0055]	0,0148 [0,0089]	0,0188 [0,0104]	0,0227 [0,0140]
B	0,0031 [0,0020]	0,0053 [0,0032]	0,0067 [0,0037]	0,0081 [0,0050]
C	0,0002 [0,0002]	0,0004 [0,0003]	0,0005 [0,0003]	0,0006 [0,0004]

a) Kategorie A: IC-Nehmer mit 2 bis 7 POI; Kategorie B: IC-Nehmer mit 8–22 POI; Kategorie C: IC-Nehmer mit 23–37 POI.

b) Zahlen außerhalb (innerhalb) der eckigen Klammern sind beantragte Zuschläge in DM pro Minute zur Hauptzeit (Nebenzeit).

Quelle: Eigene Recherchen und Interviews.

---

[163] Hierbei ist zu beachten, daß diese Zuschläge je TK-Verbindung nur *einmal* für die IC-Leistung TK-Verbindungsannahme („Call Origination") anfallen sollten.

Die von der DTAG beantragten Zuschläge wurden jedoch wegen mangelnden Nachweises der Höhe der vom atypischen Verkehr verursachten Kosten von der RegTP abgelehnt.[164]

Allerdings wird in der aktuellen, Ende 1999 in Deutschland geführten Diskussion über die Systematik der Bestimmung neuer NZS-Entgelte langfristig eine an den Kosten der Nutzung einzelner TK-Netzelemente orientierte Methode favorisiert, welche die separate Berücksichtigung „atypischen" Verkehrs überflüssig machen dürfte. Durch diesen Ansatz werden nämlich alle typischer- und/oder atypischerweise genutzten TK-Netzelemente bereits von vorneherein bei der Ermittlung der NZS-Kosten berücksichtigt.[165]

Die einzelnen sich Ende 1999 abzeichnenden Zwischenschritte auf dem Weg zu einem solchen neuen NZS-Preisregime sind:

- Verlängerung der Gültigkeit der o.g. zunächst für die Jahre 1998 und 1999 festgesetzten NZS-Preise bis zum 31.03.2000.
- Festsetzung eines vom 01.04.2000 bis zum 31.03.2001 gültigen Übergangsregimes, bei dem lediglich das Zeitfenster für die Nebenzeit, in welchem die günstigeren NZS-Preise gelten, auf (a) Montag bis Freitag von 18.00 bis 9.00 und (b) das gesamte Wochenende erweitert wird.[166]
- Einführung neuer NZS-Entgelte ab dem 01.04.2001, die auf den Kosten der Netzelemente, die für die jeweilige NZS-Leistung genutzt werden, und dem Grad dieser Nutzung durch die jeweilige NZS-Leistung basieren.[167]

---

[164] Allerdings erkannte die RegTP die in diesem Zusammenhang von der DTAG erhobene Forderung an, daß ein AC seine POI zum Netz der DTAG nur bis zu einem bestimmen Verkehrsmengenhöchstwert (von 48,8 Erlang) auslasten darf und beim Überschreiten dieses Schwellenwertes ein POI an einem weiteren Ort notwendig wird. S. Regulierungsbehörde für Telekommunikation und Post 1999c: 1671; Regulierungsbehörde für Telekommunikation und Post 1999d: 1779.

[165] S. zur Diskussion von Zurechnungsprinzipien der TK-Netzelementkosten zu NZS-Leistungen die Kap. 5.5.1, 5.5.3 u. 5.6.

[166] Eine inhaltlich gleiche Vereinbarung, die ab März 2000 gelten soll, wurde im September 1999 bereits zwischen der DTAG und Mannesmann Arcor – dem größten AC im deutschen TK-Markt – vereinbart. Vgl. o.V. 1999: 28.

[167] Einen ersten Hinweis für den Rückgriff auf ein elementorientiertes Kostenzurechnungsverfahren gibt das vom *Wissenschaftlichen Institut für Kommunikationsdienste* (WIK) im Auftrag der RegTP entwickelte und im April 1999 in Form einer ersten Modellbeschreibung veröffentlichte *WIK-Modell für das nationale Verbindungsnetz*. Dieses verfolgt bei der Zurechnung von TK-Netzkosten zu einzelnen NZS-Leistungen einen solchen Kostenzurechnungsansatz und soll zur Bestimmung der neuen NZS-Preise herangezogen werden . S. zum WIK-Modell für das Verbindungsnetz Kap. 6.3.2.

Eine solche elementorientierte Kostenermittlungs- und -zurechnungssystematik ist aus ökonomischer Perspektive zu begrüßen, da hierbei das Prinzip einer verursachungsgerechten Kostenzurechnung in hohem Maße berücksichtigt wird.[168]

Der Festlegung des Preises für die Nutzung der sogenannten *Teilnehmeranschlußleitung*[169] (TAL), welches die Variante des *entbündelten Netzzugangs* mit der weitaus höchsten praktischen Relevanz darstellt, erfolgte durch die RegTP im Februar 1999 nach einer über ein Jahr dauernden Diskussion zwischen den betroffenen TK-Netzbetreibern und dem Regulierer.[170] Für die wichtigste Variante dieser IC-Leistung, die TAL vom Typ „Kupferdoppelader 2 Draht" wurde hierbei ein monatlicher Mietpreis in Höhe von DM 25,40 festgesetzt, welcher zunächst bis zum 31.03.2001 gültig ist. Gleichzeitig wurden für die Übernahme bzw. Neuschaltung dieser TAL-Variante einmalige Entgelte zwischen DM 191,64 und 337,17 festgelegt, die in Abhängigkeit der hierbei anfallenden Arbeiten auf Seiten der DTAG differenziert sind.[171] Im Rahmen dieser Preisbestimmung wurde von der RegTP u.a. das in ihrem Auftrag vom WIK entwickelte *Kostenmodell für das Ortsnetz* verwendet.[172] Insofern wurde bei dieser Kostenzurechnung prinzipiell auf einen elementorientieren Ansatz zurückgegriffen. Da die hierbei von der RegTP verwandten Annahmen jedoch *nicht* veröffentlicht wurden,[173] lassen sich *hieraus* im Rahmen einer *externen* Analyse keine Schlüsse über den Grad der Kostenorientierung der ermittelten TAL-Entgelte ableiten.[174] Allerdings spricht die Tatsache, daß der monatliche Mietpreis für die o.g. TAL-Variante *über* dem von Endkunden an die DTAG zu entrichtenden monatlichen Mietpreis von DM 21,39 für einen analogen Telefonanschluß liegt, dafür, daß entweder (a) das TAL-Entgelt *über* den Kosten dieser TAL liegt oder aber (b) die DTAG diesen Telefonanschluß an

---

168 Vgl. für eine genauere Diskussion dieser Thematik Kap.5.5 und 5.6.

169 S. für eine genaue Abgrenzung der BNZ-Leistungsvariante *Nutzung der Teilnehmeranschlußleitung* Kap. 5.1.1.

170 Dabei war es im deutschen TK-Markt zunächst zwischen den AC und der DTAG strittig, ob die TAL durch die DTAG als spezielle Form des BNZ überhaupt angeboten werden muß, bis im Mai 1997 der Regulierer dies in seiner ersten Entscheidung zum Problemkreis des BNZ eindeutig festlegte. S. hierzu für andere Gerpott 1998b: 39-40. Für eine ausführlichere Diskussion rechtlicher Aspekte der Überlassung/Nutzung der TAL vgl. z.B. Engel/Knieps 1998: 28-35 u. 78-92; Fuhr/Kerkhoff 1998: 7-11.

171 Vgl. für eine Darstellung weiterer TAL-Varianten sowie der monatlichen und einmaligen TAL-Entgelte Regulierungsbehörde für Telekommunikation und Post 1999e: 511-521.

172 S. für eine ausführliche Diskussion des WIK-Modell für das Ortsnetz Kap. 6.3.1.

173 Lediglich der verwendete Kapitalzinssatz in Höhe von 10%, welcher m.E. als zu hoch einzustufen ist, wurde transparent gemacht. S. Groebel 1999: 22. Für eine Begründung dieses Urteils s. Kap. 5.3.5.6.

174 Für eine Diskussion des TAL-Mietpreises von DM 25,40 im Vergleich zu TAL-Kosten, welche mit Hilfe analytischer Kostenmodelle ermittelt wurden s. Kap. 6.5.3.

Endkunden zu einem *unter* den TAL-Kosten liegenden Preis vermarktet. Obwohl die DTAG, die sich im Fall des Zutreffens der zuletzt unter (b) genannten Alternative entstehenden Verluste in den meisten Fällen durch aus TK-Verbindungen entstehende positive Deckungsbeiträge wird kompensieren können, wäre eine solche Preispolitik vor dem Hintergrund der überragenden Marktposition der DTAG bei Teilnehmeranschlüssen m.E. als „sehr verwunderlich" einzustufen.

2.3.4.3 Fazit

Insgesamt ist die Regulierungsintensität im deutschen TK-Markt als „mittel" zu klassifizieren.[175] Zwar erfolgen in vielen Fällen seitens des Gesetzgebers relativ detaillierte Vorgaben im Hinblick auf die einzelnen Regulierungsgegenstände, jedoch wird die Anwendung dieser Vorgaben z.T. nur unzureichend präzisiert und/oder durch mögliche Ausnahmetatbestände abgeschwächt. Zudem fehlen in einigen Bereichen gänzlich regulative Vorgaben z.T. auch dort, wo das EU-Recht diese explizit fordert.[176]

Der deutsche Regulierungsansatz räumt der Initiative der beteiligten TK-Netzbetreiber ein Vorrecht vor regulativen Eingriffen ein.[177] Grundsätzlich ist dieses Subsidiaritätsprinzip zu begrüßen. Allerdings ist fraglich, inwieweit aufgrund der weitaus größeren Verhandlungsmacht des Incumbent DTAG dieses Prinzip insbesondere in der Anfangsphase der TK-Liberalisierung nicht die AC insofern stark benachteiligt, als daß hierdurch u.U. gerade zu diesem Zeitpunkt wertvolle Zeit ungenutzt verstreicht, bevor die für den Markteintritt äußerst wichtigen IC-Vereinbarungen zustande kommen. So zeigen langjährige Erfahrungen im britischen und erste Erfahrungen im deutschen TK-Markt, daß der jeweilige Incumbent BT bzw. DTAG nicht ohne Eingriffe/Festlegungen des jeweiligen Regulierers bereit war verbindliche und wenigstens näherungsweise kostenorientierte IC-Preise anzubieten bzw. zu akzeptieren.

Damit begünstigt das deutsche TK-Recht hinsichtlich des BNZ die DTAG insofern einseitig, als daß dieser durch den Vorrang der Verhandlungslösung sowie durch viele Ausnahmetatbestände, die eine Verschiebung des IC-Angebots recht-

---

175 S. zur vergleichenden Bewertung der Regulierungsintensität in verschiedenen Staaten/TK-Märkten auch Gartner Group 1999: 3-16.

176 Zur Diskussion von weiteren Defiziten bei Umsetzung des EU-Rechtsrahmens im deutschen Recht durch das TKG s. z.B. Moritz 1998: 15-16.

177 Zur Diskussion der Regelungen des TKG und der NZV hinsichtlich des Zustandekommens und der Ausgestaltung von Zusammenschaltungsvereinbarungen s. Riehmer 1998: 59-63; Gramlich 1997: 66-73.

fertigen können, die Möglichkeit eröffnet wird, die Bereitstellung des BNZ für AC zumindest bis zu Entscheidungen der RegTP und/oder der Gerichte zu verzögern.[178]

Vor diesem Hintergrund kommt im deutschen TK-Markt der RegTP eine Schlüsselrolle zur Gewährleistung eines freien TK-Wettbewerbs durch die Unterstützung des *schnellen* Zustandekommens von *„fairen"* Netzzugangsvereinbarungen zu.[179] Bis zum Herbst 1998 hatte RegTP durch den stark wettbewerbsorientierten Kurs ihrer Regulierungspraxis dazu beigetragen, daß in Deutschland sehr schnell einer der im internationalen Vergleich wettbewerbsintensivsten und liberalsten TK-Märkte entstanden ist.[180] Allerdings sind seit Oktober 1998, d.h. mit dem Wechsel der Bundesregierung, Anzeichen für eine stärkere Einflußnahme dieser neuen Bundesregierung bzw. des Wirtschaftsministeriums als der Dienststelle, die der RegTP vorgesetzt ist, zu beobachten. Konkrete Entscheidungen der RegTP, die eine gegenüber dem marktbeherrschenden Netzbetreiber DTAG freundlichere Regulierungspolitik bestätigen, sind (a) die *Verschiebung* der von der RegTP für Ende November 1998 angekündigten Entscheidung über das TAL-Entgelt, dessen möglichst frühzeitige Festlegung für die AC eine deutlich höhere Planungssicherheit bedeutet hätte und die nach Interventionen des Bundeswirtschaftsministeriums bis zum Februar 1999 verschoben wurde, sowie (b) die Festsetzung der *Höhe* der TAL-Entgelte *über* den monatlichen Endkundenpreisen für einen analogen Telefonanschluß.

Insgesamt erscheint daher – auch gerade als Grundlage für die Analyse der im deutschen TK-Markt gültigen Preise für BNZ-Leistungen bzw. die zukünftige Ermittlung dieser Entgelte – eine systematische Diskussion alternativer Preisbestimmungsmechanismen sinnvoll.

---

[178] Der frühzeitigen Bereitstellung des BNZ bzw. der diesbezüglichen Information kommt dabei aus mindestens zwei Gründen eine sehr hohe Bedeutung zu: (1) Neue TK-Netzbetreiber, die nicht mit oder kurz nach dem Beginn der TK-Liberalisierung über BNZ zum Netz der DTAG verfügen, haben einen entscheidenden Wettbewerbsnachteil im Hinblick auf die Gewinnung von Kunden. (2) Ohne die Kenntnis der Orte und der Preise für den BNZ können AC ihre eigenen TK-Netze *nicht* betriebswirtschaftlich optimal gestalten. Vgl. ähnlich auch Fußnote 139 in Kap. 2.

[179] S. Gerpott 1998a: 90-91.

[180] Vgl. auch Gerpott 1998c: 24.

3. Wohlfahrts- und marktorientierte Ansätze zur Preisfindung für Leistungen des besonderen Netzzugangs

In diesem Kapitel werden zunächst in einem einführenden Überblick die wichtigsten Preisfindungsprinzipien für Leistungen des BNZ systematisiert sowie die mikroökonomische Bedeutung/Fundierung von kostenorientierten Preisen kurz diskutiert (s. Kap. 3.1). Darauf aufbauend erfolgt eine Darstellung und Analyse ausgewählter wohlfahrtsorientierter Preisfindungsansätze insbesondere im Hinblick auf deren Eignung zur Bestimmung von IC-Preisen (vgl. Kap. 3.2). Abschließend werden in Kap. 3.3 marktorientierte Ansätze diskutiert.

3.1 Übersicht über Preisfindungsansätze für Leistungen des besonderen Netzzugangs

Bevor in den nachfolgenden Kapiteln die verschiedenen Prinzipien zur Preisfindung für Leistungen des besonderen Netzzugangs ausführlich beschrieben und analysiert werden, sollen diese hier für ein besseres Verständnis kurz im Überblick dargestellt werden.

Hinsichtlich der Preisfindung von IC-Leistungen stellen sich insbesondere zwei Fragen:

(1) die grundlegende Frage, auf Basis welcher Prinzipien die *Höhe* der Preise für Leistungen des BNZ zu bestimmen ist.

(2) die Frage nach der *Struktur* der Preise, d.h. welche Formen der Tarifierung für IC-Leistungen möglich und aus der Perspektive (a) des Incumbent bzw. (b) neuer Netzbetreiber geeignet erscheinen.

Dabei steht die erstgenannte Fragestellung der Preishöhe insbesondere aufgrund ihrer hohen betriebswirtschaftlichen Bedeutung für AC im Zentrum der Diskussion des BNZ in Wissenschaft und Praxis. Die Problematik der Struktur der IC-Preise ist hingegen als eine der Preishöhenbestimmung nachgelagerte Fragestellung einzustufen, da (a) ihre ökonomische Bedeutung vergleichsweise gering ist und (b) sich die Preisstruktur zumindest z.T. aus dem zur Bestimmung der Preishöhe angewandten Prinzip ergeben kann. Insofern soll im folgenden unter dem Terminus Preisfindung (synonym: Preisbestimmung), soweit nichts Gegenteiliges angegeben ist, primär immer die Bestimmung der Preishöhe verstanden werden.

In Abb. 3-1 wird gezeigt, wie die Vielzahl der in Literatur und Praxis diskutierten Ansätze zur Preisfindung für TK-Dienste im allgemeinen und für IC-Leistungen im besonderen in drei Kategorien klassifiziert werden kann.

Abb. 3-1: Systematisierung von Ansätzen zur Preisfindung für den besonderen Netzzugang

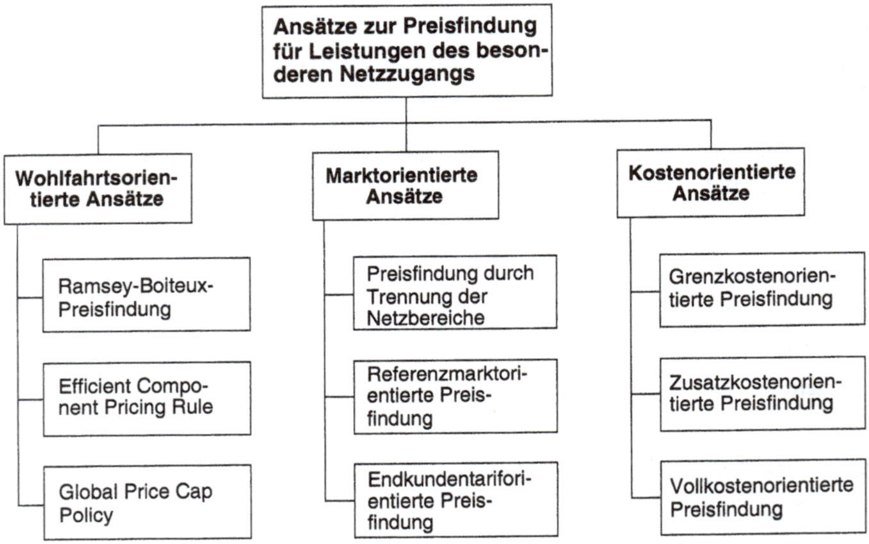

Die Preisfindungsansätze sind zu unterscheiden in:[1]

(1) *Wohlfahrtsorientierte* Ansätze, d.h. Methoden, die primär gestützt auf volkswirtschaftlich-theoretische Erkenntnisse optimale IC-Preise derart zu bestimmen suchen, daß diese Preise eine effiziente Ressourcenallokation gewährleisten und die gesamtwirtschaftliche Wohlfahrt mehren/optimieren (s. Kap. 3.2). Diese Preisfindungsansätze beinhalten i.d.R. hohe Anforderungen hinsichtlich der zur Preisbestimmung erforderlichen Inputdaten, welche in der Praxis vielfach nur schwer erfüllbar sind.[2]

---

[1] Vgl. auch Papandrea/Street 1997: 5-29; Costa/Solimene 1996: 62-64; Cuthbertson 1995: 6-41; Dobbs/Richards 1994: 358-365; WIK/EAC 1994: 66-100.

[2] Beispielsweise werden für die Ramsey-Boiteux-Preisfindung u.a. die Preiselastizitäten der Nachfrage für die jeweiligen Produkte/Dienste (= IC-Leistungen) benötigt, welche i.d.R. kaum verfügbar bzw. hinreichend exakt bestimmbar sein dürften.

(2) *Marktorientierte* Ansätze, die unter der Berücksichtigung der Unvollständigkeit der zur Verfügung stehenden Informationen und weitgehend ohne Beachtung von theoretischen Überlegungen[3] auf der Grundlage von Referenzpreisen/-größen oder durch Maßnahmen zur vollständigen rechtlichen Separierung der Unternehmensbereiche des Incumbent, die IC-Leistungen bereitstellen, Preise für den BNZ ermitteln (s. Kap. 3.3).

(3) *Kostenorientierte* Ansätze, welche auf Grundlage des mit der Erstellung der jeweiligen IC-Leistung verbundenen bewerteten Ressourcenverzehrs die Preise für diese IC-Leistung ermitteln (s. Kap. 4 und 5).

Die größte Bedeutung kommt hierbei den *kostenorientierten Ansätzen* zu.[4] So sehen auch die meisten Gesetzeswerke eine Preisbestimmung vor, die sich an den Kosten der effizienten Erstellung der einzelnen IC-Leistung orientiert.[5] Diese herausragende Stellung der kostenorientierten Preisfindung beruht dabei implizit auf den Erkenntnissen der neoklassischen mikroökonomischen Theorie.[6] Demnach ist die Produktion einer Leistung mit Hilfe mehrerer Inputfaktoren dann als effizient zu bezeichnen, wenn (a) eine bestimmte Outputmenge dieser Leistung mit der minimalen Kombination von Inputfaktoren erfolgt oder (b) mit einem gegebenen Budget von Inputfaktoren die maximale Outputmenge produziert wird, d.h. wenn zur Erstellung der jeweiligen Leistung die Inputfaktoren/Ressourcen möglichst optimal genutzt werden.[7] Die Kosten der Leistungserstellung reflektieren den hierbei entstehenden Ressourcenverzehr bewertetet in Geldeinheiten.[8] Stellt ein Inputfaktor, wie z.B. der besondere Netzzugang, selbst

---

3 Implizit können die zum Vergleich herangezogenen Referenzpreise natürlich zumindest z.T. auch die Kosten der Leistungsbereitstellung widerspiegeln.

4 S. auch Gerpott 1998a: 80; Graack 1997: 126-128; Stürmer 1997: 68-75.

5 Vgl. z.B. Großkopf/Ritgen 1998: 88; Hefekäuser/Dreier 1997: 113; § 24, Absatz 1, Satz 1, TKG; Artikel 7, Absatz 2, Richtlinie 97/33/EG; Artikel 34, Sätze 1 u. 2, Verordnung über Fernmeldedienste der Schweiz (FDV) vom 06.10.1997.

6 Zu den nachfolgenden Ausführungen vgl. grundlegende mikroökonomische Quellen wie etwa Feess/Tibitanzl 1997: 33-52; Schotter 1994: 142-201; Gowland/Paterson 1993: 230-262; Samuelson/Nordhaus 1989: 166-191; Spulber 1989: 233-236; Kahn 1988: 63/I-70/I.

7 Hierbei wird z.T. noch weiter unterschieden zwischen (a) der *produktiven* oder *technischen* Effizienz gemäß der die Gesamtheit der unternehmens- oder sogar branchenweiten Produktionsprozesse mit minimalem Ressourceneinsatz bzw. mit maximalem Output erfolgen soll und (b) der *allokativen* Effizienz nach der die Inputfaktoren so für einzelne Produktionsprozesse/Produkte zu verwenden sind, daß kein Inputfaktor in einem anderem Produktionsprozeß eine bessere (effizientere) Verwendung finden könnte. Für eine Diskussion und Differenzierung des Effizienzbegriffes im Hinblick auf TK-Dienste bzw. IC-Leistungen s. auch Australian Competition & Consumer Commission 1997: 5-6 u. 13; Papandrea/Street 1997: 6; Vogelsang 1996b: 122-124; Cuthbertson 1995: 9-10; Lewin/Kitchen 1994: 49.

8 Vgl. zur Abgrenzung und Diskussion des Kostenbegriffes auch Kap. 4.1.1.

das Ergebnis eines Produktionsprozesses dar, dann kann eine effiziente Nutzung dieses Inputfaktors bzw. der zu seiner Erstellung verbrauchten Ressourcen nur dann sichergestellt werden, wenn die für diesen Inputfaktor zu zahlenden Preise den Kosten seiner Erstellung und damit dem Ressourcenverzehr entsprechen. Dabei wird in der mikroökonomischen Theorie insbesondere gezeigt, daß bei effizienter Leistungserstellung der Preis einer Leistung den gesamten Grenzkosten[9] der Bereitstellung und gleichzeitig den einzelnen Faktorgrenzkosten entspricht:[10]

$$p_i = q_j \cdot \frac{\partial v_j}{\partial x_i} = \frac{dK(x_i)}{dx_i}$$

für alle Endleistungen i und alle Inputfaktoren j.

Mit p_i: Preis der Endleistung i;
q_j: Preis des Inputfaktors j;
v_j: Inputfaktor j;
x_i: Menge der Endleistung i;
$\frac{\partial v_j}{\partial x_i}$: Partielle Ableitung des Inputfaktors v_j nach x_i;
$q_j \cdot \frac{\partial v_j}{\partial x_i}$: Faktorgrenzkosten des Inputfaktors j bzgl. der Produktion von i;
$\frac{dK(x_i)}{dx_i}$: Gesamte Grenzkosten der Produktion der Endleistung i.

Dies bedeutet zum einen, daß bei effizienter Leistungserstellung der mit seinem Preis bewertete Grenzbeitrag jedes einzelnen Inputfaktors zur Endleistung (d.h. die Faktorgrenzkosten) den gesamten Grenzkosten entspricht. Würden nämlich die Faktorgrenzkosten eines Inputfaktors unter (über) den Gesamtgrenzkosten liegen, könnte durch eine erhöhte (verringerte) Verwendung dieses Inputfaktors die Effizienz verbessert werden.

Zum anderen heißt dies, daß der Preis für die Endleistung den gesamten Grenzkosten bzw. den jeweiligen Faktorgrenzkosten entspricht. Wäre der Preis geringer als die Grenzkosten, würde die erstellte Leistungsmenge solange verringert bis die Grenzkosten dem Preis entsprechen und damit die Effizienz erhöht; im umgekehrten Fall eines Preises über den Grenzkosten würden bis zur Übereinstim-

9 Die Grenzkosten können anschaulich beschrieben werden als die Änderung der Gesamtkosten, die durch die Produktion der letzten Einheit entstehen bzw. durch die Nicht-Produktion der letzten Einheit eingespart werden können. Zur Diskussion des Grenzkostenbegriffes s. auch Kap. 4.2.

10 Vgl. z.B. Papandrea/Street 1997: 37; Blum 1994: 131-163; Scherer 1994: 43-48; Henderson/Quandt 1983: 65-104; Bös 1981: 25-30.

mung von Grenzkosten mit dem Preis entsprechend mehr Leistungseinheiten erstellt.[11] Daher werden Grenzkostenpreise auch als „First-best"-Lösung im wohlfahrtsökonomischen Sinne bezeichnet.[12]

Sobald jedoch durch die bessere Auslastung bestehender Kapazitäten „Economies of Scale" vorliegen, wovon bei im großen Umfang auf der Basis von TK-Netzen erstellten Leistungen wie dem BNZ auszugehen ist, liegen die Grenzkosten *unter* den Durchschnittskosten[13] der TK-/IC-Leistung; somit kann in diesem Fall der IC-Geber durch Preise, die *nur* die jeweiligen Grenzkosten beinhalten, seine durchschnittlichen Kosten für IC-Leistungen nicht decken.[14]

Im Rahmen der vollkostenorientierten Preisfindung erfolgt die Allokation von Gemein- bzw. Fixkosten[15] auf die Grenzkosten der einzelnen Endleistungen. Neben den Extremformen der Preisfindung auf Basis von Grenz- bzw. Vollkosten werden später in Kap. 4.3 auch Zusatzkosten als Instrument zur Preisbestimmung für IC-Leistungen diskutiert.

Wohlfahrtsorientierte Ansätze zur Preisfindung versuchen die Frage zu beantworten, welche Preise für TK-Dienste bzw. IC-Leistungen wohlfahrtsmaximierend wirken. Im Rahmen des Ramsey-Boiteux-Ansatzes erfolgt diese Wohlfahrtsoptimierung durch die geeignete Bestimmung von Gemein- bzw. Fixkostenaufschlägen auf Grenzkostenpreise. Insofern kann die Ramsey-Boiteux-Preisbildung auch als eine Sonderform eines zur Allokation von Fix-/Gemeinkosten auf Grenzkostenpreise und damit als Spezialfall einer vollkostenorientierten Preisfindung interpretiert werden.[16] Da jedoch m.E. im Zweifelsfall das *Ziel* der jeweiligen Methodik für die Zuordnung zu einer der in Abb. 3-1 eingeführten drei Kategorien von Ansätzen zur Preisfindung entscheidend ist, wird die Ramsey-Boiteux-Preisbildung im Rahmen der wohlfahrtsorientierten Preisfindungsansätze in Kap. 3.2 diskutiert.

---

11 Hierbei wird in der Mikroökonomie implizit oder explizit vorausgesetzt, daß die Steigung der Grenzkostenkurve größer ist als die Steigung der Grenzerlös-/Preiskurve $E(x_i)$:
$$\frac{d^2K(x_i)}{dx_i^2} > \frac{d^2E(x_i)}{dx_i^2}.$$

12 S. z.B. Michie 1998: 468.

13 Die Durchschnittskosten ergeben sich als Quotient aus den Gesamtkosten und der gesamten produzierten Menge.

14 Vgl. ähnlich auch Lewin/Kitchen 1994: 53.

15 Zu der Begriffsabgrenzung bzw. Unterscheidung von Fix- und Gemeinkosten s. Kap. 4.1.1.

16 Vgl. Mitchell/Vogelsang 1991: 140; Rabe 1989: 151-162.

In Kap. 3.2 erfolgt schließlich eine kurze Analyse von *marktorientierten Preisfindungsansätzen*, denen gerade zu Beginn des Regulierungsprozesses in vielen Staaten – aufgrund (a) der fehlenden praktischen Anwendbarkeit der wohlfahrtsorientierten Methoden und (b) der vielfach für eine Umsetzung der vom jeweiligen Gesetzgeber geforderten kostenorientierten Methoden noch unzureichenden Kostenrechnungssysteme des Incumbent – eine hohe Bedeutung zukommt.[17]

3.2 Wohlfahrtsorientierte Preisfindungsansätze

3.2.1 Grundgedanken

Wohlfahrtsorientierte Preisfindungsansätze beruhen auf dem Grundgedanken, eine möglichst effiziente Nutzung von Ressourcen sicherzustellen[18] und damit die Wohlfahrt der jeweiligen Gesellschaft/Volkswirtschaft zu maximieren. Hierzu ist der Begriff der Wohlfahrt genauer abzugrenzen.[19]

Die *Wohlfahrt* eines einzelnen Konsumenten wird durch sein Konsumniveau und die Wohlfahrt eines Produzenten durch das Verhältnis eines Produktionsniveaus zu seinem Faktoreinsatzniveau beschrieben. D.h. je mehr ein Konsument in Geldeinheiten bewertet konsumiert, desto höher ist seine (persönliche) Wohlfahrt und je mehr ein Produzent (relativ zu seinem Faktoreinsatz) produziert um so höher ist dessen Wohlfahrt. Da es ohne die Anwendung einer Gewichtung im Sinne eines subjektiven Wertmaßstabes äußerst problematisch ist, die Wohlfahrt einer Gesellschaft, d.h. die Summe der Wohlfahrt der einzelnen Konsumenten *und* Produzenten, zu bestimmen, wird in der volkswirtschaftlichen Theorie hierzu i.d.R. das Konstrukt der *Pareto-Optimalität* verwendet. Das Wohlfahrtsniveau einer Gesellschaft gilt dann als pareto-optimal oder paretoeffizient, wenn keine Änderung der Produktions- und Konsumverteilung möglich ist, durch welche die Wohlfahrt mindestens eines Individuums erhöht wird, ohne daß gleichzeitig die Wohlfahrt irgend eines anderen Individuums verringert würde.

Umgekehrt kann sicher dann von einer Erhöhung der Wohlfahrt einer Gesellschaft im Sinne einer Annäherung an das Pareto-Optimum ausgegangen werden, wenn das Wohlfahrtsniveau mindestens eines Individuums verbessert wird, oh-

---

17 S. hierzu auch oben Kap. 2.3.4.2.

18 Zum Effizienzbegriff s. Fußnote 7 in Kap. 3 sowie die dort angegebene Literatur.

19 Vgl. für andere Henderson/Quandt 1983: 299-306.

ne daß sich gleichzeitig die Wohlfahrt mindestens eines anderen Individums verschlechtert.

Betrachtet man nun die Effizienz der Leistungserstellung durch einen oder mehrere Produzenten und nimmt an, daß der Konsum aller Konsumenten c.p. unverändert bleibt, so bewirkt jede Erhöhung (Verringerung) der Produktionseffizienz eine Erhöhung (Verringerung) der gesamtwirtschaftlichen Wohlfahrt. Damit ist im untersuchten Fall der Bereitstellung von TK-Dienstleistungen für Konsumenten auf Basis des Vorproduktes BNZ eine höhere Produktionseffizienz mit einer größeren Wohlfahrt gleichzusetzen.

3.2.2 Ramsey-Boiteux-Preisbildung

Aus mikroökonomischer Sicht gewährleisten den Grenzkosten entsprechende Preise eine effiziente und damit wohlfahrtsoptimale Leistungserstellung. Da jedoch in der betriebswirtschaftlichen Realität neben den in Grenzkosten enthaltenen variablen Einzelkosten insbesondere auch fixe Kosten und Gemeinkosten existieren, die langfristig durch Erlöse zu decken sind, und außerdem die variablen *und* fixen Kosten(kurven) aufgrund von Skaleneffekten meist degressiv verlaufen, ist zur Gewährleistung einer Kostendeckung auf Seiten des Anbieters des jeweiligen TK-Dienstes die grenzkostenorientierte Preisfindung zu modifizieren, indem ein „Zuschlag" auf den Grenzkostenpreis erhoben wird.[20]

Bei einer solchen Modifikation der Grenzkostenpreissetzung entsteht, bedingt durch die im Vergleich zu reinen Grenzkostenpreisen höheren Preise, ein Rückgang der Gesamtnachfrage bzw. des Gesamtumsatzes. Dieser Umsatz-/Wohlfahrtsverlust ist dabei umso geringer, je eher die Preise für Leistungen mit einer hohen (geringen) Preiselastizität der Nachfrage mit einem kleinen (großen) Zuschlag zu den Grenzkosten versehen werden. Formal läßt sich dieses Grundprinzip der *Ramsey-Boiteux-Preisbildung* folgendermaßen darstellen:

---

[20] Vgl. zu den folgenden Ausführungen in Kap. 3.2.2 Albon et al. 1997: 45-46; Papandrea/Street 1997: 11-12 u. 37-39; Stürmer 1997: 82-84; Beck 1997: 129-130; Cuthbertson 1995: 25-27; WIK/EAC 1994: 74-76; Gabel/Kennet 1993: 8-11; Laffont/Tirole 1993: 30-35; Mitchell/Vogelsang 1991: 43-61; Train 1991: 115-145; Bös 1981: 47-70; Ramsey 1927: 48-60.

$$q = \frac{L}{\eta} + GK$$

Mit q: Preis der TK-Leistung;
L: Konstante;
η: Preiselastizität der Nachfrage;
GK: Grenzkosten der Leistungserstellung.

Für den Fall des BNZ stellt die erbrachte Leistung einen Inputfaktor für die Bereitstellung einer Endleistung dar, wobei der IC-Geber, der den BNZ anbietet, i.d.R. ebenfalls eine gleichwertige Leistung, nämlich eine TK-Verbindung bzw. einen TK-Anschluß, für Endkunden anbietet.[21] Die entsprechende Ramsey-Boiteux-Formel, die bei möglichst geringen Wohlfahrtsverlusten eine Deckung der fixen und Gemeinkosten[22] des IC-Gebers gewährleistet, lautet:[23]

$$q_{IC} = \frac{\lambda}{1+\lambda} \cdot \frac{p_{TK}}{\eta_{IC}} + GK_{IC}$$

Mit q_{IC}: IC-Preis;
λ: Lagrange-Multiplikator des Fix-/Gemeinkostenbudgets des IC-Gebers;
P_{TK}: Preis für TK-Leistungen gegenüber Endkunden;
η_{IC}: Preiselastizität der Nachfrage für die angebotene IC-Leistung;
GK_{IC}: Grenzkosten der IC-Leistungserstellung.

Fazit

Die Ramsey-Boiteux-Preisfindung stellt ein theoretisches Modell dar, das unter der Nebenbedingung der Deckung der fixen und Gemeinkosten des IC-Gebers mit einer Preissetzung oberhalb der Grenzkosten den Wohlfahrtsverlust minimiert, und damit eine sogenannte „Second-best" optimale Lösung hinsichtlich der allokativen Effizienz liefert.[24]

---

21 Hiervon unterscheiden einige Autoren den theoretisch möglichen, aber in der Praxis kaum relevanten Fall, daß der IC-Geber keine TK-Verbindungen für Endkunden bereitstellt, auf den hier nicht weiter eingegangen werden soll. Vgl. hierzu für andere Papandrea/Street 1997: 38.

22 Hierunter sind alle Kosten zu verstehen, die *keine* variablen Einzelkosten darstellen, d.h. (a) die fixen Einzelkosten (soweit vorhanden) und (b) sämtliche Gemeinkosten. S. auch Abb. 4-7.

23 Vgl. Stürmer 1997: 83; Cuthbertson 1995: 26; WIK/EAC 1994: 75 sowie für eine ausführliche mathematische Herleitung und Diskussion Laffont/Tirole 1994: 1676-1710.

24 S. Papandrea/Street 1997: 37-38; Stürmer 1997: 82.

In der *Praxis* der Regulierung von Preisen für TK-Dienste im allgemeinen und für IC-Leistungen im besonderen erscheint die Ramsey-Boiteux-Preisbildung aufgrund folgender Aspekte jedoch kaum geeignet:[25]

- Vor allen anderen Punkten ist hierbei die hohe Komplexität des Ramsey-Boiteux-Ansatzes in Verbindung mit der mangelnden Verfügbarkeit/Meßbarkeit der kritischen Modellinputgröße *Preiselastizität(en) der Nachfrage* zu nennen.

- Der zweite wichtige Kritikpunkt betrifft die Auswirkungen, die eine konsequente Anwendung der Ramsey-Boiteux-Preisfindung auf einzelne (insbesondere für Privatkunden angebotene) TK-Dienste bzw. die entsprechenden Vorleistungen in Form des BNZ haben kann. So ist insbesondere im Bereich von Ortsgesprächen als TK-Dienst für Endkunden bzw. beim BNZ im Anschlußnetz als IC-Leistung für AC i.d.R. aufgrund von mangelnden Alternativen gegenüber dem Angebot des Incumbent mit einer sehr geringen Preiselastizität der Nachfrage zu rechnen. Insofern würden im Rahmen einer Ramsey-Boiteux-Preisfindung diese TK-Dienste mit hohen Zuschlägen auf die Grenzkosten versehen. Inwieweit der damit verbundene Wohlfahrtsverlust durch entsprechende Wohlfahrtsgewinne bei anderen TK-Diensten (z.B. TK-Fernverbindungen) in der Praxis tatsächlich (über)kompensiert würde, ist zumindest fraglich. Hinzu kommen mögliche Probleme der Akzeptanz bzw. der politischen Durchsetzbarkeit von sehr hohen Preisen für bestimmte TK-Dienste.[26]

- Ein weiterer kritischer Aspekt hinsichtlich des Einsatzes von Ramsey-Boiteux-Preisen für IC-Leistungen sind mögliche Markteintritte von nicht-effizient arbeitenden neuen AC, die insbesondere dann auftreten können, wenn die Endkundenpreise für TK-Dienste derart reguliert sind, daß sie höher sind als bei der Anwendung der Ramsey-Boiteux-Preisfindung und gleichzeitig der BNZ als wichtigste Vorleistung für AC auf Basis der Ramsey-Boiteux-Preisen vergleichsweise günstig bereitgestellt wird.

---

[25] Vgl. Papandrea/Street 1997: 38; Stürmer 1997: 83-84; Cuthbertson 1995: 26-27; Baumol/Sidak 1994a: 39; WIK/EAC 1994: 75-76 sowie für eine ausführliche Diskussion der kritischen Annahmen für die Anwendbarkeit von Ramsey-Boiteux-Preisen Sheehan 1991: 21-30.

[26] Eine Untersuchung der Public Utility Commission des Staates Oregon (USA) kam z.B. zu dem Ergebnis, daß bei einer konsequenten Anwendung der Ramsey-Boiteux-Preisbildung für die TK-Basisdienstleistung Telefonanschluß (inkl. Ortsgespräche) die Preise für diese Leistung um ca. 120% ansteigen würden; s. Sheehan 1991: 21.

- Schließlich wird im Rahmen des Ramsey-Boiteux-Ansatzes die für die Preisbestimmung wichtige Fragestellung der Abgrenzung von Fix- und Gemeinkosten *nicht* thematisiert oder gar gelöst.

3.2.3 Efficient Component Pricing Rule

Der in der Literatur neben der Ramsey-Boiteux-Preisbildung am häufigsten diskutierte theoretische Ansatz zur Preisfindung für den besonderen Netzzugang ist die sogenannte *„Efficient Component Pricing Rule"* (ECPR) die z.T. auch als *Baumol-Willig*-Preisfindung bezeichnet wird.[27]

Ziel der ECPR ist es, zu gewährleisten, daß nur solche (neue) Netzbetreiber in den Markt treten, die Leistungen für Endkunden effizienter bereitstellen können als der Incumbent.

Nach der ECPR wird dies sichergestellt, indem der Preis für den BNZ neben den Zusatzkosten der IC-Bereitstellung die dem Incumbent entstehenden Opportunitätskosten enthält. Diese Kosten ergeben sich als die Differenz zwischen den dem Incumbent entgangenen Deckungsbeiträgen aus Umsätzen mit Endnutzern und den stattdessen erzielten Deckungsbeiträgen aus IC-Umsätzen. Formal stellt sich die Preisbestimmung mittels der ECPR damit pro Einheit (z.B. Minuten oder Anschlußleitungen) einer IC-Leistung folgendermaßen dar:

$$q_{IC} = ZK + \frac{1}{N} \cdot \frac{DB_G}{X}$$

Mit q_{IC}: IC-Preis (pro Einheit);
ZK: Zusatzkosten der IC-Bereitstellung (pro Einheit);
N: Nutzungsgrad der IC-Leistung durch den IC-Nehmer/AC;[28]
DB_G: Gesamtdeckungsbeitrag des IC-Gebers *ohne* das Angebot von IC;
X: Summe der von Incumbent und AC an Endnutzer abgesetzten TK-„Einheiten".

---

[27] Vgl. zu den folgenden Ausführungen in Kap. 3.2.3 sowie für eine ausführlichere (mathematische) Diskussion der ECPR Laffont et al. 1998: 22-28; Albon et al. 1997: 61-63; Laffont et al. 1997a: 709-710; Laffont et al. 1997b: 38-50; Papandrea/Street 1997: 12 u. 41-44; Armstrong et al. 1996: 132-149; Cornell 1996: 81; Laffont/Tirole 1996: 237-239; Pickford 1996: 167-176; Schechter 1996: 575-576; Schwandt 1996: 166-180; Cuthbertson 1995: 27-36; Economides/White 1995: 559-575; Albon 1994: 416-420; Armstrong et al. 1994: 152-153; Baumol/Sidak 1994a: 95-116; Baumol/Sidak 1994b: 178-189; Cave/Doyle 1994: 183-185; Kahn/Taylor 1994: 228-240; Laffont/Tirole 1994: 1692-1694; Tye 1994: 206-224; WIK/EAC 1994: 76-79. Teilweise wird die der ECPR zugrundeliegende Systematik auch unter dem Begriff „Parity Principle" diskutiert. S. z.B. Lapuerta/Tye 1999: 130-138.

[28] Z.B. N = 2, wenn der IC-Nehmer zur Erstellung einer Einheit der TK-Leistung für Endkunden *zwei* Einheiten der entsprechenden NZS-Leistung vom IC-Geber benötigt.

Die Wirkungsweise der ECPR wird an einem kurzen, in Abb. 3-2 visualisierten Beispiel für den Fall einer TK-Verbindung bzw. der IC-Leistung NZS veranschaulicht.

Abb. 3-2: Kosten von Incumbent und AC pro TK-Verbindungseinheit

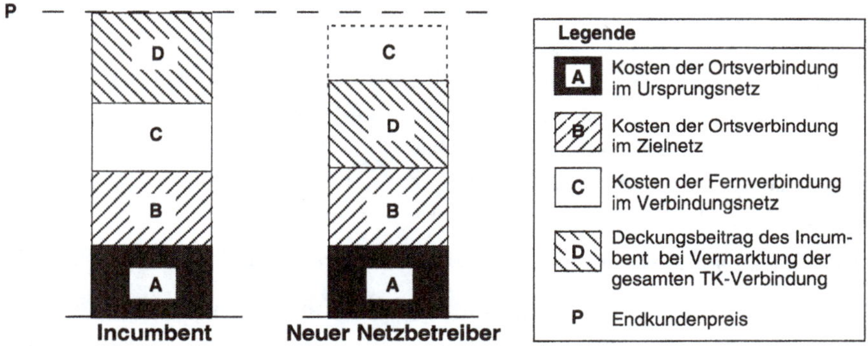

Der neue Netzbetreiber bietet hierbei den Endnutzern eine TK-Fernverbindung an, wobei die Ortsverbindungsanteile im Ursprungs- und Zielnetz (= Säulenabschnitte A und B in Abb. 3-2) jeweils vom Incumbent als NZS-Leistung zugekauft und der Fernverbindungsanteil (= Säulenabschnitte C in Abb. 3-2) in Eigenleistung vom AC ausgeführt werden.

Gemäß der ECPR muß der AC an den Incumbent die Zusatzkosten für diese NZS-Leistungen (A und B) zzgl. den dem Incumbent aus dem Verkauf an Endkunden entgangenen Deckungsbeitrag D zahlen.

Unter der Nebenbedingung, daß Incumbent und AC für Endnutzer von diesen als Substitute empfundene Leistungen (TK-Verbindungen) anbieten und daß daher der vom AC für diese Leistung vom Endkunden zu erzielende Preis nicht höher sein kann als der entsprechende Preis des Incumbent P, wird der neue Netzbetreiber nur dann in den Markt eintreten können, wenn seine Kosten für die Erstellung der Fernverbindung C unter den entsprechenden Kosten des Incumbent liegen und der AC somit einen eigenen positiven Deckungsbeitrag erwirtschaften kann. D.h. es werden nur solche AC die TK-Fernverbindungsleistungen erstellen, die diese Leistungen effizienter als der Incumbent erbringen können. Je höher damit der Effizienzvorsprung des jeweiligen AC gegenüber dem Incumbent ist, umso geringer kann dieser AC seinen Endkundenpreis setzen und umso stärker wird damit der Druck auf den Incumbent, seine Effizienz zu verbessern.

Fazit

Auf Basis der vorherigen Diskussion ist die Anwendung der ECPR prinzipiell als effizienzfördernd einzustufen. Außerdem werden durch die Anwendung der ECPR für den Incumbent keine Anreize geschaffen, neue Wettbewerber am Markteintritt zu hindern, da die für den Incumbent im Endkundenmarkt entstehenden Umsatz-/Deckungsbeitragsverluste ausgeglichen werden, so daß der Gesamtumsatz/-deckungsbeitrag des Incumbent c.p. weitgehend konstant bleibt. Zu den Vorteilen der ECPR zählt außerdem die – insbesondere im Vergleich zur Ramsey-Boiteux-Preisfindung – relativ geringe Komplexität.

Allerdings weist die ECPR eine Reihe von kritischen Punkten/Nachteilen auf:[29]

- Das Prinzip, das der ECPR zugrunde liegt, wonach der jeweilige AC dem Incumbent die durch seinen Markteintritt jeweils entgangenen Deckungsbeiträge in *vollem Umfang* zu erstatten hat und damit das Risiko für den Umsatzausfall seines größten Wettbewerbers übernehmen muß, widerspricht in höchstem Maße marktwirtschaftlichen Grundprinzipien.
- Wichtige Voraussetzung für die Anwendung der ECPR ist, daß der jeweilige Teilmarkt für TK-Dienste für Endkunden homogen ist, d.h. daß die vom Incumbent und dem AC angebotenen TK-Dienste jeweils perfekte Substitute darstellen, was in der Realität oftmals nicht gegeben sein dürfte, da die meisten AC gerade versuchen werden, sich – z.B. hinsichtlich der Qualität der TK-Dienste – vom Abgebot des Incumbent zu differenzieren.
- Nur wenn in der Ausgangssituation (im Fall ohne neue Wettbewerber) die Endkundenpreise des Incumbent bereits effizient sind, d.h. wenn der Deckungsbeitrag lediglich so hoch ist, daß hierdurch die Deckung der fixen Kosten des effizient operierenden Incumbent einschließlich einer angemessenen Verzinsung des eingesetzten Kapitals gewährleistet werden, sind diese Endkundenpreise sowie die darin enthaltenen Deckungsbeiträge ein geeigneter Maßstab, auf dessen Basis die ECPR effizienzfördernd wirkt. Im anderen Fall, der zumindest in den am Anfang des TK-Liberalisierungsprozesses stehenden TK-Märkten die Regel darstellen dürfte, müßten die auf Zusatzkosten basie-

[29] Vgl. z.B. auch Papandrea/Street 1997: 12 u. 43; Cuthbertson 1995: 27-36; Albon 1994: 418-420; WIK/EAC 1994: 77-79.

renden Endkundenpreise eines „fiktiven" effizienten Netzbetreibers als ECPR-Kalkulationsgrundlage herangezogen werden, womit das Problem der IC-Preisfindung letztendlich nur auf eine andere Ebene verschoben würde.

- Hinzu kommt das Problem der Messung/Bestimmung der relevanten Informationen, d.h. insbesondere der Umsätze bzw. Deckungsbeiträge, die dem Incumbent entgangenen sind. Da zum Zeitpunkt der IC-Preisbestimmung mittels der ECPR es sich hierbei um zukünftige Umsatzeinbußen des Incumbent handelt, ist hierfür eine geeignete Prognose zu erstellen, die wiederum verschiedene Annahmen beinhaltet; beispielsweise ob von einer fallenden, konstanten oder steigenden Gesamtnachfrage der Endnutzer auszugehen ist, oder welcher Anteil der Zusatznachfrage im Falle einer insgesamt steigenden Nachfrage dem Incumbent zuzurechnen wäre.
- Sobald außerdem mehrere AC mit verschiedenen TK-Diensten zum Incumbent in Wettbewerb treten, muß bei einer konsequenten Anwendung der ECPR für jeden AC (und jeden TK-Dienst) unterschiedliche IC-Preise bestimmt werden, was kaum praktikabel erscheint.
- Weiterhin ist bei der Bereitstellung von TK-Diensten für Endkunden in hohem Maße vom Vorliegen versunkener Kosten[30] und „Economies of Scale" auszugehen. Da der Incumbent diese Skaleneffekte für die von ihm angebotenen TK-Dienste bereits in großem Umfang nutzt und die AC zum Zeitpunkt ihres jeweiligen Markteintritts aufgrund der zumindest in den ersten Jahren nach dem Markteintritt realistischerweise zu prognostizierenden Umsätze des jeweiligen AC nur in wesentlich geringerem Maße den Vorteil solcher Skaleneffekte nutzen können, ist zu vermuten, daß AC zumindest in der Startphase nur sehr schwer TK-Dienste für Endkunden effizienter als der Incumbent bereitstellen können.[31] Bei Anwendung der ECPR würde demnach neue Netzbetreiber TK-Dienste für Endkunden zu Preisen anbieten (müssen),

---

[30] S. zu dem Begriff der versunkenen Kosten auch Fußnote 66 in Kap. 2 sowie die dort genannte Literatur.

[31] Der jeweilige AC kann allerdings auch über Kostenvorteile gegenüber dem Incumbent verfügen, die diese durch Skaleneffekte zu erwartenden relativen Nachteile teilweise oder ganz kompensieren. Solche Kostenvorteile können insbesondere begründet sein (a) durch die Nutzung einer kostengünstigeren Technologie als die des Incumbent (z.B. digitale vs. analoge Vermittlungstechnik), (b) durch Effizienz- und Kostenvorteile im Bereich der Verwaltungskosten aufgrund einer „schlankeren" Organisation sowie (c) durch die bewußte Konzentration auf ausgewählte besonders lukrative Geschäftsfelder, d.h. durch den Verzicht auf weniger rentable Produktfelder, die der Incumbent aus historischen Gründen (noch) anbietet und/oder aufgrund von Universaldienstverpflichtungen anbieten muß.

die – im Falle eines effizienten Incumbent und dem Vorliegen von Skalenvorteilen zugunsten dessen – teilweise unter den anfänglichen Kosten des einzelnen AC liegen. Somit kann die ECPR zur Entstehung von hohen Markteintrittsbarrieren für neue Netzbetreiber führen.

Insgesamt scheint die ECPR allenfalls als ein ergänzendes Instrument zur Regulierung der Preise für den BNZ geeignet zu sein, und zwar insbesondere dann, wenn im bisherigen Monopol ein über die Kosten- und Gewinnsituation des Incumbent gut informierter Regulierer schon eine weitgehend effiziente Bereitstellung von TK-Diensten für Endkunden durch diesen Incumbent garantiert hatte und durch die Einführung von Wettbewerb die Effizienzsituation nur noch geringfügig zu verbessern ist.

Da auf erst am Beginn des Liberalisierungsprozesses stehenden TK-Märkten ein zumindest in vielen Bereichen wenig effizienter Incumbent agieren dürfte, der bisher gar nicht oder kaum einer regulativen Kontrolle unterworfen war, ist die ECPR jedoch m.E. für die Regulierungspraxis weitgehend ungeeignet.

3.2.4 Global Price Cap Policy

Auf Basis der zuvor analysierten beiden theoretischen Preisfindungsansätze, die in der Literatur im Zentrum der Diskussion stehen, wurden weitere Preisbestimmungstheorien entwickelt, die jedoch z.gr.T. lediglich hinsichtlich bestimmter Kritikpunkte und vor dem Hintergrund ökonomischer Rahmenbedingungen modifizierte Formen der Ramsey-Boiteux-Preisfindung oder der ECPR darstellen.[32] Exemplarisch soll an dieser Stelle die Global Price Cap Policy (GPCP) herausgegriffen werden, da diese (a) als Erweiterung für *beide* vorgenannten Ansätze diskutiert wird und (b) an dieser Methode das in der Praxis der TK-Liberalisierung häufig angewandte[33] Grundprinzip der Price-Cap-Regulierung deutlich wird.[34]

Die GPCP stellt eine Weiterentwicklung/Ergänzung zur Ramsey-Boiteux-Preisfindung dar, die jedoch entsprechend auch auf die ECPR angewandt werden kann und deren Ziel die Reduzierung des hohen Informationsbedarfs des Regulierers ist. Dabei kann der Incumbent die Gemeinkostenzuschläge auf die Grenzkosten

---

[32] Für eine Übersicht und Diskussion weiterer wohlfahrtsorientierter Preisfindungsansätze s. z.B. Cuthbertson 1995: 23-38.

[33] Für ein Beispiel zur Anwendung der Price-Cap-Regulierung auf IC-Leistungen s. Kap. 5.6.2.

[34] Vgl. zu den folgenden Ausführungen Stürmer 1997: 84-85; Laffont/Tirole 1996: 242-247; Cuthbertson 1995: 36-38; Baumol/Sidak 1994a: 52-54; Laffont/Tirole 1994: 1693-1700; Braeutigam/Panzar 1993: 193-194.

und damit letztendlich die Preise für IC-Leistungen sowie für Endnutzern angebotene TK-Dienste prinzipiell frei setzen, so daß diese unter der Annahme der Gewinnmaximierung durch den Incumbent dem Ramsey-Boiteux-Prinzip (d.h. der „Invers-Elastizitätsregel") entsprechen werden. Um zu vermeiden, daß der Incumbent seine Marktmacht mißbraucht und im Bereich der BNZ-Leistungen Monopolrenten erzielt, wird seitens des Regulierers eine Preisobergrenze („Price Cap") vorgegeben. Damit wird die detaillierte Preisbestimmung vom tendenziell weniger gut informierten Regulierer zum besser informierten Incumbent verlagert: „By decentralising price decisions, including those relative to access, a global price cap implements the optimal Ramsey price structure conditionally on the firm´s knowledge about its demand and cost structures and does not require the regulator to measure marginal costs or estimate demand elasticities."[35]

Die GPCP stellt einen Spezialfall der allgemeinen Price-Cap-Regulierung[36] dar und unterscheidet sich von dieser insbesondere dadurch, daß die Preisbildung der Ausgangspreise für die Price-Cap-Regulierung im Rahmen der GPCP auf Basis von Grenzkosten bzw. des Ramsey-Boiteux-Ansatzes erfolgt.

Das Grundprinzip dieser allgemeinen Price-Cap-Regulierung ist, daß eine Preisobergrenze für eine genau bestimmte Gruppe von TK-Diensten (= Dienstekorb) vorgegeben wird, die der gewichtete mittlere Preis der in diesem Korb enthaltenen Dienste nicht überschreiten darf. Damit ist der mittels eines solchen Price-Caps regulierte TK-Netzbetreiber frei in der Einzelpreissetzung, solange er dabei nicht das Limit für das Gesamtpreisniveau überschreitet. Die entsprechende allgemeine Formel für Price-Cap-Regulierung lautet:

$$\sum_{i=1}^{n} w_i \cdot p_i \leq p^*$$

Mit n: Anzahl der im Korb enthaltenen Dienste;
p_i: Preis für den i-ten TK-Dienst;
w_i: Gewichtungsfaktor des i-ten TK-Dienstes;
p^*: Price-Cap/Preisobergrenze.

35 Cuthbertson 1995: 37.

36 Vgl. zu den folgenden Ausführungen in Kap. 3.2.4 auch Gerpott 1998a: 61-62 u. 92-93; Ehrmann/Mellewigt 1997: 258-261; Picot/Burr 1997: 269-270; Schuster/Stürmer 1997: 335-337 u. 356-367; Vogelsang/Mitchell 1997: 123-124; Nett/Neu 1996: 4-7; Picot/Burr 1996: 187-189; Vogelsang 1996b: 129-132; Lang 1995: 273-277; Liston 1993: 28-37; Einhorn 1991: 2-12; Train 1991: 317-328.

Da jedoch hinsichtlich der Technologie zur Erstellung von TK-Diensten deutliche Produktivitätssteigerungs- bzw. Kostensenkungstendenzen zu beobachten sind[37] und u.a. hierdurch bedingt auch das Preisniveau für TK-Dienste eine fallende Tendenz aufweist, beinhalten Price-Cap-Regulierungen i.d.R. auch eine dynamische Komponente, indem die Preisobergrenze p* in festgelegten Zeitabständen von meist einem Jahr um einen Faktor korrigiert wird, der die Produktivitätssteigerung repräsentiert und für den die Bezeichnung Faktor X gebräuchlich ist. Zudem wird im Rahmen der Price-Cap-Regulierung i.d.R. die allgemeine bzw. mittlere Preisveränderung der jeweiligen Volkswirtschaft durch die Inflationsrate berücksichtigt. Somit stellt normalerweise p* nur den Anfangswert für das erste Jahr der Price-Cap-Regulierung dar, der in den Folgejahren um die Inflationsrate und den Faktor X zu korrigieren ist. Damit ergibt sich der dynamische Price-Cap, d.h. die Preisobergrenze, für das jeweilige Folgejahr als:

$$p^*_{j+1} = p^*_j \cdot (1 - X + P\ddot{A})$$

Mit p^*_j: Price-Cap/Preisobergrenze der Periode/des Jahres j;
X: Produktivitätssteigerungsfaktor;
PÄ: Preisänderungs-/Inflationsrate.

Hierbei stellen sich im Rahmen einer Price-Cap-Regulierung zwei Kernfragen:

(1) Welche Werte sind für den Faktor X anzusetzen bzw. wie sind diese zu ermitteln?

(2) Welche TK-Dienste sind in einem mittels Price-Cap regulierten Dienstekorb zusammenzufassen?

Die erste Fragestellung ist gleichzusetzen mit der Frage, welchen Produktivitätssteigerungen der jeweilige Regulierer, der i.d.R. den Faktor X festlegt, für erreichbar hält und stellt damit ein *grundlegendes* Thema der Regulierung von TK-Preisen, das über die Regulierung von Preisen des BNZ deutlich hinausgeht und daher im Rahmen der vorliegenden Untersuchung nicht aufgegriffen werden soll.[38]

Die zweite Frage der Zusammensetzung des TK-Dienstekorbes ist jedoch speziell für die Regulierung von IC-Entgelten von hoher Bedeutung. Wenn nämlich ein solcher zu Regulierung des Incumbent verwendeter Dienstekorb TK-Dienste für

---

[37] Vgl. hierzu auch Kap. 4.1.2 und 5.3.3.

[38] S. hierzu die oben in Fußnote 36 in diesem Abschnitt genannten Quellen.

Endkunden *und* IC-Leistungen enthält, bestehen für den Incumbent starke Anreize die Preise für seine an Endkunden vermarkteten TK-Dienste tendenziell niedrig und die Entgelte für IC-Leistungen tendenziell hoch anzusetzen, da er hierdurch seine Wettbewerbsposition im Endkundenmarkt eher stärkt und gleichzeitig die an seine Konkurrenten gelieferten Vorprodukte verteuert. Insofern ist bei der Verwendung einer Price-Cap-Regulierung für IC-Leistungen auf IC-spezifische Dienstekörbe und nicht auf gemischte Körbe zurückzugreifen. Die Struktur dieser IC-Dienstekörbe sollte dabei m.E. derart gestaltet werden, daß (a) Leistungen, welche auf gleichen Vorprodukten bzw. Netzelementen basieren, in einem Korb zusammengefaßt werden und/oder (b) solche IC-Leistungen, für die in ähnlichem Maße bereits ein erster Wettbewerbsmarkt besteht, zum Zweck einer gemeinsamen Preisregulierung in einem Dienstekorb zusammengefaßt werden.[39] Für die Korbbildung auf der Basis von genutzten Netzelementen spricht, daß die Änderungen der Technologie dieser Netzelemente, welche zu einer Produktivitätssteigerung führen, gut in *einem* entsprechenden Faktor X abgebildet werden können. Die Zusammenfassung von IC-Leistungen, die in ähnlichem Umfang Wettbewerb ausgesetzt sind, in einem Korb ist damit zu begründen, daß für solche IC-Leistungen ein tendenziell geringerer Preissenkungsdruck durch den Regulierer erzeugt werden muß als für IC-Leistungen, für die Wettbewerb auch noch nicht ansatzweise zu beobachten ist.

Da jedoch auch bei einer IC-spezifischen Price-Cap-Regulierung zunächst mittels eines geeigneten Verfahren ein Anfangs-Price-Cap zu bestimmen ist, auf dessen Basis dann diese Price-Cap-Regulierung erst aufsetzt, ist eine solche Regulierung der IC-Preise m.E. *nicht* als eigenständiges analytisches Verfahren zur Ermittlung von IC-Entgelten zu klassifizieren.

3.2.5 Gesamteinschätzung der praktischen Relevanz wohlfahrtsorientierter Preisfindungsansätze

Die eher theoretischen wohlfahrtsorientierten Ansätze sind nur sehr eingeschränkt für die Bestimmung von IC-Preisen geeignet, da sie

(a) durchweg einen vergleichsweise hohen Informationsgrad des Regulierers voraussetzen;

---

[39] Die Bildung von Dienstekörben, anhand der primär von den Diensten genutzten Netzelementeklassen ist z.B. in der US-amerikanischen IC-Preisregulierung teilweise zubeobachten. S. Vogelsang/Mitchell 1997: 123-129. Die Zusammenfassung von IC-Leistungen, die in ähnlichem Umfang dem Wettbewerb ausgesetzt sind, in Dienstekörben wird beispielsweise in Großbritannien seit Oktober 1997 im Rahmen der IC-Price-Cap Regulierung praktiziert. Vgl. hierzu Kap. 5.6.2.

(b) jeweils nur beim Vorliegen bestimmter Rahmenbedingungen, die zu Beginn der Liberalisierung eines TK-Marktes oftmals nicht erfüllt sind, effizienzfördernd wirken;

(c) von der bisherigen Monopolsituation als zu verbesserndem „Effizienz-Benchmark" ausgehen und damit tendenziell der Marktversorgung durch den Incumbent den Vorzug geben, selbst wenn neue Netzbetreiber genauso effizient sind wie dieser.[40]

Insofern sind diese Preisfindungsansätze allenfalls als grober Anhaltspunkt für die Bestimmung von Preisen für den BNZ geeignet. Insbesondere wird die Qualität der Ergebnisse dieser Modelle neben den zuvor angesprochenen kritischen Einschränkungen ganz entscheidend von der richtigen Bestimmung der jeweils zugrundeliegenden Grenz- bzw. Zusatzkosten determiniert.

Damit sind die wohlfahrtsorientierten Preisfindungsansätze insgesamt als inhaltlich nur wenig befriedigend sowie als nur sehr eingeschränkt praktisch umsetzbar zu klassifizieren. Daher ist eine fundierte betriebswirtschaftliche Analyse der Kosten für die Erstellung von Leistungen des BNZ zur Begründung der IC-Entgelte unausweichlich (s. Kap. 4 und 5).

3.3 Marktorientierte Preisfindungsansätze

Zum Zwecke einer schnellen und pragmatischen Bestimmung von Preisen für Leistungen des BNZ werden noch verschiedene marktorientierte Preisfindungsmechnismen angewandt. Solche Methoden kommen vor allem zu Beginn des TK-Liberalisierungsprozesses im jeweiligen TK-Markt zum Einsatz, um eine Festlegung von IC-Preisen zu ermöglichen, solange noch keine ausreichenden Kosteninformationen seitens des bisherigen Monopolnetzbetreibers vorliegen. Die wichtigsten dieser marktorientierten Ansätze werden nachfolgend kurz diskutiert.

3.3.1 Preisfindung durch Trennung der Netzbereiche des Incumbent

Im Kap. 2.2.4 wurde die Notwendigkeit regulierender Eingriffe zur Gewährleistung des Zustandekommens fairer IC-Vereinbarungen/-Preise diskutiert. In den meisten Staaten wurden hierzu in den entsprechenden Gesetzen bzw. im Rahmen ihrer Umsetzung durch die jeweilige Regulierungsbehörde Vorgaben zur

[40] Vgl. für eine ausführlichere Diskussion der Aussagekraft theoretischer/wohlfahrtsorientierter Preisfindungsansätze z.B. Stürmer 1997: 85-87; WIK/EAC 1994: 79-84.

Art der anzuwendenden Kostenrechnungssysteme gemacht, um so zu vermeiden, daß der Incumbent für an AC erbrachte IC-Leistungen deutlich höhere, über den entsprechenden Kosten liegende IC-Preise fordert als er im Rahmen seiner unternehmensinternen Leistungsverrechnung kalkuliert.

Vor diesem Hintergrund wird als *ergänzende* Maßnahme zur Bestimmung von kostenorientierten IC-Preisen bzw. zur Reduzierung der mit dieser Preisbestimmung verbundenen Probleme hinsichtlich der möglichen internen Quersubventionierung von TK-Diensten beim Incumbent die *strukturelle* oder *buchhalterische* Trennung der einzelnen Netzbereiche des IC-Gebers diskutiert:[41]

Im Rahmen der sogenannten *strukturellen Trennung* (*„Structural Separation"*) werden einzelne Netzbetriebsbereiche des Incumbent in rechtlich selbständige Unternehmen ausgegliedert. Hierbei ist weiter zu differenzieren zwischen (a) einer strukturellen Trennung die nur *formal* erfolgt, indem die rechtlich selbständigen Einzelunternehmen weiterhin einem Eigentümer/Konzern gehören und (b) einer strukturellen Trennung, bei der verschiedene Teilnetze bzw. Netzebenen ausgegliedert und an *unterschiedliche* Eigentümer veräußert werden und die damit als *faktische* strukturelle Trennung bezeichnet werden kann.

Der erstgenannte Fall der formalen strukturellen Trennung dürfte i.d.R. kaum zur Intensivierung des Wettbewerbs zwischen diesen zu *einem* Konzern gehörenden Einzelunternehmen beitragen. Insofern ist der Haupteffekt dieser Trennung eine eindeutige Separierung der Rechnungslegung der verschiedenen Konzerntochtergesellschaften. Daher ist die formale strukturelle Trennung inhaltlich weitgehend wie die weiter unten in diesem Abschnitt skizzierte buchhalterische Trennung der Netzbereiche zu beurteilen.

Im Fall der faktischen strukturellen Trennung werden selbständige Unternehmen geschaffen, die unabhängig voneinander am Markt agieren. Typischerweise können hierbei aus dem Incumbent-Unternehmen viele einzelne Regional-/City-Netzbetreiber, welche die jeweiligen Anschlußnetze besitzen, sowie ein oder mehrere Fern-/Verbindungsnetzbetreiber, entstehen.[42] Diese Netzbetreiber stehen

---

[41] Vgl. Steele/Bartlett 1998: 37-40; Stürmer 1997: 123-127; Haar 1996: 718; Cuthbertson 1995: 21-22; Hardt 1995: 69-72; Brock 1994: 217-221; Cave/Doyle 1994: 182-183; Cave/Martin 1994: 13-20; WIK/EAC 1994: 100-101 u. 125-126.

[42] Die Abspaltung von 22 regionalen TK- Gesellschaften von AT&T und Zuordnung derselben zu je einer von sieben eigenständigen börsennotierten Holding-Gesellschaften („Regional Bell Operating Companies" [RBOC´s]) in den USA im Jahre 1984 ist ein Beispiel für eine solche „Structural Separation". Für weitere z.T. andere Branchen betreffende Beispiele zur strukturellen Trennung s. Stürmer 1997: 126-127.

damit in direkter Konkurrenz zu den entsprechend fokussierten AC und müssen genau wie diese IC-Leistungen, welche sie nicht selbst erbringen können, bei anderen TK-Netzbetreibern zukaufen. Somit wäre z.B. für den BNZ in den Ortsnetzen, der vielfach nur von *einem* aus der Zerschlagung des Incumbent entstandenen Anschlußnetzbetreiber angeboten würde, gewährleistet, daß *alle* Fernverbindungsnetzbetreiber die gleichen IC-Entgelte zu entrichten hätten und somit keine Diskriminierung der AC zwischen den Fernverbindungsnetzbetreibern möglich wäre.

Dennoch blieben auch im Fall der faktischen strukturellen Trennung, mit Ausnahme einiger weniger, besonders attraktiver Ballungszentren, wohl die Mehrzahl der Anschlußnetze von nur *einem* Netzbetreiber bereitgestellte Bottleneckfaktoren. Insofern könnte auch durch die Umsetzung einer faktischen strukturellen Trennung der Incumbent-Netzbereiche zwar die Preisfairneß erhöht und die Gefahr der Quersubventionierung vermindert, jedoch u.U. durch den Wegfall von „Economics of Scope" die Kosten/Preise möglicherweise erhöht werden. Zudem erfordert der Rückgriff auf dieses Konzept letztlich immer noch auf der Ebene der neu entstandenen Einzelunternehmen eine Preisfindung für IC-Leistungen.

Die buchhalterische Trennung (*„Accounting Separation"*) der Incumbent-Netzbereiche sieht im Gegensatz hierzu lediglich eine eindeutige, transparente und damit auch für Außenstehende nachvollziehbare Trennung der Rechnungslegung der einzelnen Netzbereiche des Incumbent vor.[43] Theoretisch impliziert sie damit die vorgenannten Vorteile von einheitlichen und fairen IC-Preisen für alle internen und externen IC-Kunden des Incumbent bei der gleichzeitigen Nutzung von Verbundvorteilen innerhalb des gesamten Incumbent-Unternehmens. Aber gerade durch die zur Nutzung von Verbundvorteilen notwendige gemeinsame Verwendung von Ressourcen durch verschiedene buchhalterisch getrennte Bereiche birgt die „Accounting Separation" im Vergleich zur faktischen strukturellen Trennung verstärkt das Risiko, daß der Incumbent, durch die Allokation eines möglichst großen Teils der Gemeinkosten auf IC-Dienste, diese im Vergleich zu TK-Diensten für Endkunden „zu teuer" rechnet und dadurch einen zu großen Teil seiner Gemeinkosten mittels der IC-Preise seinen Wettbewerbern belastet.

---

[43] Eine solche buchhalterische Trennung wurde z.B. 1997 auch von der EU in einer Richtlinie (Artikel 8, Absatz 2, 97/33/EG) für TK-Netzbetreiber mit beträchtlicher Marktmacht (d.h. im Regelfall Unternehmen mit einem Marktanteil von über 25% am relevanten Markt) in den EU-Mitgliedsstaaten vorgeschrieben. Zudem erfolgten durch die EU mit der Empfehlung 98/322/EG sehr detaillierte Vorschläge zur Umsetzung einer solchen „Accounting Separation".

Gleichzeitig könnte er im Rahmen seines Geschäftsbereiches TK-Dienste für Endkunden bewußt - durch vergleichsweise hohe IC-Preise und relativ geringe Endkundenpreise entstehende - geringe Gewinne bzw. sogar Verluste hinnehmen und diese im Rahmen einer Maximierung des Gewinns des Gesamtunternehmens durch entsprechende höhere Gewinne des Geschäftsbereiches IC-Dienste überkompensieren.

3.3.2 Preisfindung basierend auf internationalen Referenzmärkten/-preisen

Insbesondere zu Beginn der Liberalisierung des jeweiligen TK-Marktes, wenn erstmalig IC-Preise durch den Regulierer festzulegen oder zu genehmigen sind, stellt sich die Bestimmung der in den jeweiligen Gesetzen meist geforderten an den Kosten eines effizienten Netzbetreibers orientierten IC-Preise vielfach schwierig dar, da

- das Kostenrechnungssystem des Incumbent aus historischen Gründen vielfach eher ein kameralistisches Kostenverteilungssystem eines öffentlichen Unternehmens darstellt;
- dieses Kostenverteilungssystem damit den Anforderungen einer differenzierten Kostenbestimmung für einzelne Dienste/IC-Leistungen größtenteils *nicht* gerecht wird;
- die Umstellung der Kostenrechnung des Incumbent z.Zt. mehrere Jahre erfordert;
- der Incumbent i.d.R. zu diesem Zeitpunkt nicht annähernd einen effizienten Netzbetreiber darstellt.

So erfolgte z.B. auch die erstmalige Festlegung von NZS-Preisen durch den deutschen Regulierer auf Basis einer vergleichenden Analyse von Referenzpreisen in zehn internationalen Vergleichsmärkten.[44]

Bei einer solchen Preisbildung auf der Basis internationaler Referenzmärkte wird implizit unterstellt, daß

(a) IC-Preise in Staaten/TK-Märkten, die im Liberalisierungsprozeß vergleichsweise weit fortgeschritten sind, aufgrund der im Vergleich zu frisch liberalisierten Märkten größeren Wettbewerbsintensität sowie des seit Beginn der TK-Liberalisierung vergangenen längeren Zeitraumes und der damit verbunde-

---

[44] S. hierzu Kap. 2.3.4.2.

nen Möglichkeit zur Implementierung eines geeigneten Kostenrechnungssystems für den Incumbent, besser die Kosten der effizienten Leistungserstellung reflektieren.

(b) durch die Verwendung mehrerer Vergleichsmärkte/-daten sowie der damit verbundenen Bildung von Mittelwerten der Einfluß von möglichen Extremwerten weitgehend eliminiert wird.[45]

Vom deutschen Gesetzgeber wurde das Heranziehen von Vergleichsmarktdaten zur Kontrolle von Entgelten im GWB verankert. Demnach liegt ein Mißbrauch der marktbeherrschenden Stellung durch ein Unternehmen dann vor, wenn dieses Unternehmen „... Entgelte oder sonstige Geschäftsbedingungen fordert, die von denjenigen abweichen, die sich bei wirksamem Wettbewerb mit hoher Wahrscheinlichkeit ergeben würden; hierbei sind insbesondere die Verhaltensweisen von Unternehmen auf vergleichbaren Märkten mit wirksamem Wettbewerb zu berücksichtigen; ...".[46] Dabei wird in der Literatur unterschieden zwischen den Begriffen:[47]

(1) *Sachlicher Vergleichsmarkt*, d.h. ein Markt, der neben verwandten jedoch nicht gleichen Produkten/Dienstleistungen insbesondere weitgehend analoge Lieferanten- und/oder Abnehmerstrukturen aufweist.

(2) *Örtlicher* oder *räumlicher Vergleichsmarkt*, der einen anderen ausländischen oder – im Falle regionaler Marktbeherrschung – auch inländischen Markt für *die gleichen* Produkte/Dienstleistungen bezeichnet.

(3) *Zeitlicher Vergleichsmarkt*; hierbei kann es sich um denselben sachlichen und örtlichen Vergleichsmarkt handeln, in dem das betreffende Unternehmen tätig ist. Wenn z.B. früher keine Marktbeherrschung vorlag, können die zu diesem Zeitpunkt – unter normalen Marktbedingungen – geltenden Entgelte zum Vergleich herangezogen werden. Teilweise wird das zeitliche Vergleichsmarktkonzept auch mit der sogenannten *Sockeltheorie* gleichgesetzt.[48] Jedoch unterscheiden sich diese beiden Konzepte m.E. insofern voneinander, als daß (a) bei der Sockeltheorie – im Falle einer Preiserhöhung – grundsätzlich angenommen wird, daß der frühere niedrigere Preis ein unter Marktbe-

---

[45] Vgl. auch Xavier 1997b: 214.
[46] § 22, Absatz 4, Satz 2, GWB.
[47] S. hierzu sowie zur folgenden Diskussion des Vergleichsmarktkonzeptes Gerpott et al. 1998: 1277-1279; Schuster/Stürmer 1997: 344-345; Wallenberg 1997: 91-92; Bechtold 1993: 191-193; Möschel 1992: 836.
[48] Vgl. Wallenberg 1997: 92.

dingungen entstandener Wettbewerbspreis war und daß dies für den neuen höheren Preis nicht mehr gilt sowie, daß (b) beim zeitlichen Vergleichsmarktkonzept i.e.S. der Vergleichsmarkt nur dann heranzuziehen ist, wenn dieser zum relevanten Zeitpunkt auch tatsächlich ein Wettbewerbsmarkt war.[49]

In der TEntgV wird zudem über die zuvor genannte für alle Branchen gültige Regelung des GWB hinaus für den deutschen TK-Markt spezifiziert, daß die RegTP im Rahmen der Prüfung, inwiefern die von Unternehmen beantragten Entgelte für TK-Dienste sich an den Kosten der effizienten Leistungsbereitstellung orientieren, „... zusätzlich insbesondere Preise und Kosten solcher Unternehmen als Vergleich heranziehen" soll, „die entsprechende Leistungen auf vergleichbaren Märkten im Wettbewerb anbieten."[50] Damit wird das Vergleichsmarktkonzept für den deutschen TK-Markt auf den *räumlichen Vergleichsmarkt* reduziert. Da die DTAG Ende der 90er Jahre in ganz Deutschland marktbeherrschender Anbieter von TK-Diensten war und aller Voraussicht nach noch über viele Jahre bleiben wird, sind bei der Anwendung des räumlichen Vergleichsmarktverfahrens *internationale* Vergleichsmärkte heranzuziehen.

Bei der Bestimmung von IC-Preisen auf der Basis internationaler Referenzmärkte/-preise ist zu beachten, daß diese Methodik neben dem räumlichen Vergleichsmarktkonzept oft implizit auch gleichzeitig Elemente des zeitlichen Vergleichsmarktverfahrens enthält. Z.B. dürfte bei der Auswahl der in *Deutschland* zur Bestimmung von NZS-Entgelten im Herbst 1997 herangezogenen Vergleichsmärkte z.T. auch der Aspekt, daß es sich bei einigen dieser Staaten um im Liberalisierungsprozeß relativ weit fortgeschrittene Märkte handelt, von Bedeutung gewesen sein. Die *EU* wendet im Rahmen ihrer Richtlinien und Vorschläge zur Regulierung der TK-Märkte in den EU-Mitgliedsstaaten ebenfalls ein solches Vergleichsmarktverfahren an, indem auf der Grundlage von allen in EU Staaten bereits vorliegenden Preisen eine empfohlene „Best-Practice" Preisspanne für IC-Leistungen als Empfehlung angegeben wird.[51] Insgesamt zeichnet sich die Preisbestimmung anhand von internationalen Referenzmärkten vor allem durch folgende Aspekte aus:[52]

---

[49] S. auch Bechtold 1993: 192.
[50] § 3, Absatz 3, Satz 1, TEntgV.
[51] S. Kap. 2.3.3 sowie die dort genannten Quellen.
[52] Vgl. auch Knieps 1997b: 10; Picot/Burr 1997: 266.

- Sie ist ein Verfahren, mit dem – in Ermangelung besserer Informationen über die Kosten von TK-Netzbetreibern – relativ schnell Preise bzw. Preisobergrenzen für Leistungen des BNZ festgelegt werden können.
- Sie kann im Rahmen einer IC-Preisregulierung auf der Basis von Kosteninformationen ergänzend zur Überprüfung der Plausibilität dieser kostenorientierten Preise herangezogen werden.
- Die durch internationale Vergleiche gewonnenen Daten können immer nur ungefähre Anhaltspunkte zur Preisbestimmung liefern, da es kaum möglich sein dürfte, zwei oder noch mehr in *allen* wichtigen Kriterien (wie z.B. Regulierungsintensität, Marktgröße und -struktur, verwendete Netztechnik, Größe/Topologie des zu versorgenden Gebietes, Nutzungs-/Auslastungsgrad des TK-Netzes) nahezu identische oder sehr ähnliche TK-Märkte zu identifizieren. Damit die Entgelte für den BNZ zumindest näherungsweise zu Vergleichszwecken herangezogen werden können, sollte jedoch mindestens hinsichtlich der zentralen Faktoren, welche die Kosten von IC-Leistungen überwiegend determinieren,[53] eine hinreichende Übereinstimmung/„Ähnlichkeit" gegeben sein.[54] Insbesondere scheinen für eine sinnvolle Anwendung der Preisfindung mittels Referenzmarktvergleichen folgende Kriterien von besonderer Bedeutung zu sein:
  - Bei den zum Vergleich herangezogenen *Unternehmen* sind möglichst solche auszuwählen, die aufgrund ihrer Größe, Struktur und Wettbewerbsstellung mit dem zu regulierenden Unternehmen insofern eine Übereinstimmung aufweisen, als daß die verglichenen Unternehmen ungefähr im gleichen Maß Erfahrungskurvenvorteile und „Economies of Scale/Scope" nutzen können.[55]
  - Weiterhin sollten nur solche TK-Netze zum Vergleich verwendet werden, deren Netztechniken etwa den gleichen Entwicklungsstand widerspiegeln bzw. – soweit die „Kosten der effizienten Leistungserstellung" der Maßstab sind – deren Techniken dem neuesten Entwicklungsstand entsprechen.

---

53 Vgl. für eine ausführliche Diskussion der Faktoren, welche die Kosten von IC-Leistungen primär determinieren Kap. 5.2 bis 5.4.

54 So wird auch in § 3, Absatz 3, Satz 2, TEntgV ergänzend ausgeführt, daß im Rahmen des Vergleichsmarktverfahrens „... die Besonderheiten der Vergleichsmärkte zu berücksichtigen" sind.

55 S. auch Schuster/Stürmer 1997: 344. Vor dem Hintergrund dieses Kriteriums würde sich beispielsweise ein Vergleich verschiedener Incumbents (wie DTAG vs. BT) anbieten.

- Darüber hinaus ist bei der Auswahl der zum Vergleich herangezogenen Staaten zu beachten, daß möglichst solche Staaten/TK-Märkte verwendet werden sollten, die sich hinsichtlich ihrer allgemeinen gesellschaftlichen und wirtschaftlichen Rahmenbedingungen sowie des Liberalisierungsgrades der TK-Märkte ähnlich sind. Beispielsweise sollten zum Zwecke der Bestimmung für TK-Netzkosten/IC-Preise im *deutschen* TK-Markt vorzugsweise die TK-Märkte *westlicher Industriestaaten*, in denen auch bereits die Liberalisierung der TK-Märkte erfolgt ist, herangezogen werden, da nur hier vergleichbare Nachfragestrukturen seitens der Endkunden sowie in Form von mehreren neuen TK-Netzbetreibern zu erwarten sind.
- Schließlich sind bei der Bestimmung von Preisen für IC-Leistungen, die ausschließlich oder zum überwiegenden Teil das Anschlußnetz betreffen, hinsichtlich der *Größe* und *Anschlußdichte* möglichst ähnliche Anschlußnetze heranzuziehen. D.h. die miteinander verglichenen TK-Anschlußnetze sollten insofern übereinstimmen, als daß (a) jeweils Netze von Städten gleicher Größenordnung und (b) in Gebieten mit ähnlicher Bevölkerungs/-TK-Anschlußdichte herangezogen werden.[56]

Letztendlich ist die Preisfindung mittels internationaler Vergleichsmärkte als ein praxisorientiertes Instrument zur Bestimmung und Kontrolle von IC-Preisen, jedoch nicht als ein eigenständiges theoretisch-analytisches Preisfindungskonzept einzustufen.[57]

3.3.3 Preisfindung auf der Grundlage von Endkundentarifen

Ein weiteres in der Literatur diskutiertes Instrument zur einfachen Bestimmung bzw. zur Kontrolle von IC-Preisen, und hierbei insbesondere für NZS-Leistun-

---

56 Vgl. hierzu auch die Kap. 5.5.2 und 6.5.

57 Vielmehr kann diese Preisbestimmungs- und -kontrollsystematik auch als ein spezieller Anwendungsfall eines vor allem in der praxisnahen betriebswirtschaftlichen Literatur unter dem Begriff *Benchmarking* ausführlich diskutierten Prozesses der systematischen Sammlung, Analyse und Verwendung von Informationen anderer effizienter operierender Unternehmen/Märkte zur Überprüfung und Verbesserung der eigenen Effizienz interpretiert werden. Für eine ausführlichere Diskussion des Benchmarking-Begriffes vgl. z.B. folgende Quellen: Camp 1998; Codling 1998; Kempf/Siebert 1998; Zairi 1998; Töpfer 1997; Rau 1996; Gerpott 1994; Spendolini 1994; Watson 1993.

gen[58] im Ortsnetz, stellt die Preisfindung auf der Basis von Endkundentarifen dar.[59]

Hierbei wird i.d.R. der vom IC-Geber von Endnutzern geforderte Preis für eine TK-Verbindung im Ortsnetz als Referenz bzw. Preisobergrenze für die für entsprechende NZS-Leistung interpretiert. Von diesem Endkundentarif sind ggf. noch die Kosten abzuziehen, die der IC-Geber u.U. dadurch „einspart", daß er diese TK-Leistung nicht gegenüber einer Vielzahl verschiedener einzelner Endkunden, sondern stattdessen für einige wenige IC-Nehmer erbringt.[60]

Kritische Aspekte dieser Preisbestimmung auf der Basis von Endkundenpreisen sind vor allem:

(1) Die Frage der Vergleichbarkeit von als NZS-Leistung genutzten TK-Verbindungen und solchen für Endnutzer erbrachten Leistungen, da von Endkunden genutzte TK-Leistungen immer die Annahme *und* Zustellung der entsprechenden TKV implizieren, wogegen die vom jeweiligen IC-Nehmer als NZS-Leistung in Anspruch genommene TKV z.T. auch nur *eine* dieser Leistungen beinhalten kann.

(2) Die Endkundentarife des IC-Gebers dürften i.d.R. Gewinnmargen enthalten, wodurch – bei einer mittel- bis langfristig gültigen Preisfestsetzung von NZS-Preisen in Höhe dieser um die o.g. Kosteneinsparungen korrigierten Endkundentarife – der IC-Geber durch Reduzierung seiner Endkundenmargen die Möglichkeit zu einer für seine Wettbewerber (= die IC-Nehmer) ruinösen Preisdiskriminierungsstrategie im Endkundenmarkt hätte.

Insbesondere die Ausführungen zu Punkt (2) machen deutlich, daß eine sinnvolle und faire Bestimmung von NZS-Preisen auf der Basis von Endkundentarifen letztendlich wiederum die möglichst genaue Feststellung der Kosten der (effizienten) Leistungserstellung voraussetzt. Damit stellt die endkundentariforientierte Preisfindung für NZS-Leistungen keinen eigenständigen theoretisch-analytischen Ansatz, sondern lediglich ein vergleichsweise rudimentäres Hilfsmittel dar, wel-

---

[58] Die Preisfindung auf der Basis von Endkundentarifen kann zwar grundsätzlich auch für den entbündelten Netzzugang/die TAL genutzt werden, jedoch wird dieses Anwendungsfeld in der Literatur nicht explizit genannt und auch in der Praxis werden Endkundentarife i.d.R. nicht zur Preisbestimmung für Leistungen des entbündelten Netzzugangs sondern lediglich für Plausibilitätsprüfungen herangezogen.

[59] Vgl. zu den folgenden Ausführungen Australian Competition & Consumer Commission 1997: 16-17; Cuthbertson 1995: 22-23; Kahn/Taylor 1994: 227-228; Lewin/Kitchen 1994: 51.

[60] Damit kann diese Preisfindung auf der Basis von Endkundentarifen auch als besondere Variante der ECPR interpretiert werden.

ches allenfalls insofern zur kurzfristigen Plausibilitätskontrolle von NZS-Preisen einzusetzen ist, als daß diese i.d.R. deutlich unter den entsprechenden Endkundenpreisen liegen sollten.

4. Theoretische Grundlagen kostenorientierter Ansätze zur Preisfindung für Leistungen des besonderen Netzzugangs

In diesem Kapitel werden kurz die wichtigsten Kostenbegriffe eingeführt und insbesondere im Hinblick auf ihre Anwendbarkeit für IC-Leistungen[1] systematisiert (Kap. 4.1) sowie darauf aufbauend die kostenorientierten Preisfindungsansätze auf der Basis von Grenzkosten (Kap. 4.2), Zusatzkosten (Kap. 4.3) und Vollkosten (Kap. 4.4) analysiert.

4.1 Begriffserläuterungen

4.1.1 Kosten

Allgemein versteht man unter *Kosten*[2] den sachzielbezogenen, d.h. der zur Erstellung und zum Absatz der Produkte (synonym: Leistungen) sowie zur Erhaltung der Produktionsfähigkeit eines Unternehmens erforderlichen, in Geldeinheiten bewerteten Verbrauch von Inputleistungen (z.B. Sachgüter, Dienstleistungen, öffentliche Abgaben).[3] Dabei werden Kosten in der Betriebswirtschaftslehre jeweils für eine bestimmte Abrechnungsperiode, die meist ein Jahr beträgt, ermittelt. Die Summe aller Kosten einer Abrechnungsperiode stellen die Gesamtkosten dar. Diese Kosten werden nach Art der verbrauchten Güter in verschiedene *Kostenarten* (z.B. Löhne, Betriebsstoffe) unterteilt. Im Falle der Kosten für die Bereitstellung des BNZ sind neben anderen die Kapitalkosten der Netzinfrastruktur, die Netzbetriebs- und Managementkosten sowie die Kosten der Netzkonfiguration zu unterscheiden.

Weiterhin werden Kosten (a) hinsichtlich ihres Abhängigkeitsgrades von der erstellten Menge der jeweiligen Endleistung in *fixe* und *variable Kosten* sowie (b) hinsichtlich des Grades ihrer Zurechenbarkeit zu einer bestimmten Endleistung in *Einzel-* und *Gemeinkosten* klassifiziert. Die verschiedenen Ausprägungen die-

---

[1] Hierbei können die diskutierten allgemeinen kostenorientierten Preisfindungsansätze i.d.R. jedoch gleichermaßen zur Bestimmung von Kosten bzw. Preisen von IC-Leistungen sowie von TK-Diensten für Endkunden herangezogen werden.

[2] Vgl. hierzu sowie zu den folgenden Ausführungen in Kap. 4.1.1 für viele Brombach/Walter 1998: 36-47; Haberstock 1998: 26-29; Adam 1997: 33; Australian Competition & Consumer Commission 1997: 26; Djanani/Schöb 1997: 16-24; Ehrmann 1997: 11 u. 15-27; Hoitsch 1997: 26-28 u. 388-390; Däumler/Grabe 1996: 44 u. 65-66; Schmidt 1996: 16 u. 21-27; Hanna/Dodge 1995: 42-44; Schweitzer/Küpper 1998: 16-17; Kilger 1993: 8; Scherrer 1991: 8-13 u. 23-30; Schmalenbach 1963: 5-6.

[3] Hierbei handelt es sich um den sogenannten wertmäßigen Kostenbegriff, der auf Schmalenbach zurückgeht: „Im Gegensatz zum pagatorischen Kostenbegriff, bei dem Kosten lediglich die mit der Leistungserstellung verbundenen, nicht kompensierten Ausgaben beinhalten, berücksichtigen wertmäßige Kosten auch die nicht realisierten (Zusatz-)Erträge einer alternativen Ressourcenverwendung in Form von kalkulatorischen bzw. Opportunitätskosten." Altmann/Klesse 1995: 3.

ser Kostencharakterisierungsdimensionen werden im folgenden als *Kostenkategorien* bezeichnet.

Fixe vs. variable Kosten

Variable Kosten sind Kosten, die von der erstellten Menge der jeweiligen Endleistung abhängig sind und sich demnach mit jeder Änderung der Ausbringungsmenge dieses Produktes ändern. *Fixe Kosten* sind – innerhalb bestimmter Zeit- und Mengenintervalle – unabhängig von der Produktionsmenge der einzelnen Endleistung. Da jedoch grundsätzlich langfristig auch die Möglichkeit besteht, die Produktion ganz einzustellen bzw. das Unternehmen zu verkaufen oder aber durch die Errichtung neuer Produktionsstätten die erstellte Menge deutlich und nachhaltig zu erhöhen, sind hinsichtlich langer Zeiträume bzw. großer Produktionsmengenänderungen letztendlich alle Kosten variabel. Das charakteristische Merkmal variabler Kosten i.e.S. ist demnach, daß diese sich auch im Rahmen geringer und/oder kurzfristiger Änderungen der Produktionsmenge kontinuierlich ändern.

Abb. 4-1: Variable, fixe und sprungfixe Kosten

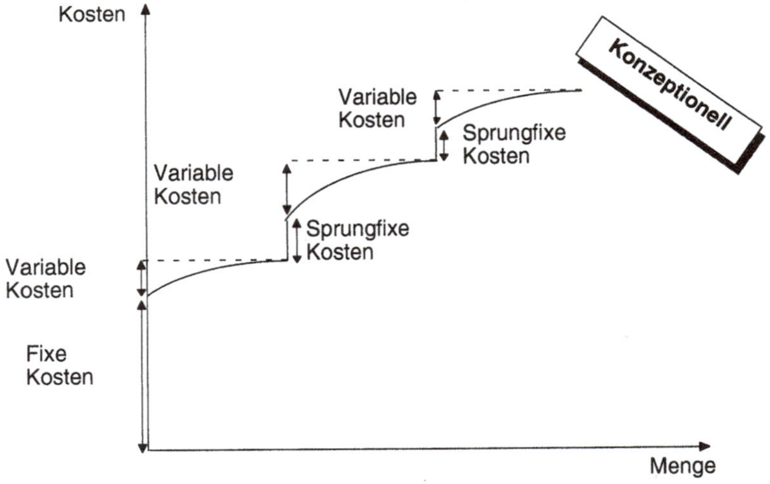

Eine Hybridform zwischen variablen und fixen Kosten stellen sogenannte *sprungfixe* oder *intervallfixe Kosten* dar. Sprungfixe Kosten sind Kosten, die über ein bestimmtes Produktionsmengenintervall fix sind, sich jedoch bei einer Erhöhung (Verminderung) der Produktionsmenge über (unter) die Intervallgrenze nicht-stetig (= sprunghaft) verändern. Typische Beispiele hierfür sind Kosten zusätzlicher Produktionsanlagen, die beim Überschreiten der Kapazitätsgrenzen der bisherigen Anlagen anzuschaffen sind. Abb. 4-1 visualisiert die Unterscheidung zwischen variablen, fixen und sprungfixen Kosten. Im folgenden werden, soweit nicht explizit zwischen fixen Kosten i.e.S. und sprungfixen Kosten unterschieden wird, unter fixen Kosten immer beide Kategorien verstanden.

Einzel- vs. Gemeinkosten

Einzelkosten, die in Anlehnung an den entsprechenden englischen Terminus (*Direct Cost*) oft auch als *direkte Kosten* bezeichnet werden, sind Kosten, die einem Endprodukt unmittelbar, direkt und verursachungsgerecht zugerechnet werden können. *Gemeinkosten* (oder *indirekte Kosten*) sind demgegenüber Kosten, die von dem gesamten Unternehmen oder einer Organisationseinheit, die mehrere Produkte produziert, verursacht werden und damit zunächst nicht direkt einem Endprodukt zuzurechnen sind. Die Gemeinkosten werden dabei vor allem in der anglo-amerikanischen Literatur noch weiter unterschieden in:[4]

- *Produktgruppengemeinkosten* (synonym: *Joint Cost* oder *Shared Cost*). Sie sind Gemeinkosten, die nur einer bestimmten abgegrenzten Gruppe von Produkten, jedoch nicht direkt einem einzelnen Endprodukt zuzurechnen sind (z.B. produktgruppenspezifische Produktionsanlagen).[5]
- *Unternehmensgemeinkosten* (synonym: *Common Cost*). Sie stellen dagegen Gemeinkosten dar, die alle unterschiedlichen Produkte/Produktgruppen des jeweiligen Unternehmens(teilbereiches) betreffen (z.B. Verwaltungskosten).

In Abb. 4-2 werden für TK-Netzbetreiber relevante Beispiele für mögliche Kombinationen der Kostencharakterisierungsdimensionen „Abhängigkeitsgrad der Kosten von der Produktionsmenge" und „Grad der Zurechenbarkeit der Kosten zum Endprodukt" dargestellt.

---

4 S. z.B. Vogelsang 1996a: 6-7; Cave et al. 1990: 508-510; Rabe 1989: 150.

5 Teilweise werden in einer engeren Interpretation zu den *Joint Cost* jedoch nur die Produktgruppengemeinkosten gezählt, die durch eine untrennbare Kuppelproduktion mehrerer Güter verursacht werden. Vgl. Rabe 1989: 150.

Abb. 4-2: Beispiele für Kombinationen von Einzel- und Gemeinkosten sowie fixen und variablen Kosten von TK-Netzbetreibern

Grad der Zurechenbarkeit der Kosten zum Endprodukt	Grad der Abhängigkeit der Kosten von der Produktionsmenge: ① Variable Kosten	Grad der Abhängigkeit der Kosten von der Produktionsmenge: ② Fixe Kosten
Ⓐ Einzelkosten	**Beispiel:** Kosten der Signalisierung und Abrechnung einer TK-Verbindung (1A)	**Beispiel:** Kosten für die Software zur Bereitstellung eines bestimmten TK-Dienstes (2A)
Ⓑ Gemeinkosten	**Beispiel:** Werbekosten für eine Produktgruppe, die in Abhängigkeit von deren Umsatz bestimmt werden (1B)	**Beispiel:** Kosten für Verwaltungsgebäude (2B)

Ergänzend ist anzumerken, daß in den meisten Fällen Gemeinkosten gleichzeitig Fixkosten darstellen und umgekehrt (s. Fall 2B in Abb. 4-2) sowie Einzelkosten auch variable Kosten sind und vice versa (s. Fall 1A in Abb. 4-2).[6]

Um ein besseres Verständnis dafür zu fördern, welche der zuvor genannten Kosten in den verschiedenen Preisfindungsansätzen berücksichtigt sind, werden in Abb. 4-3 die Kostenkategorien eines TK-Netzbetreibers schematisch visualisiert. Auf diese Prinzipdarstellung der Kostenkategorien wird später bei der Diskussion der Preisfindungsansätze in den Kap. 4.2 bis 4.4 jeweils zurückgegriffen.[7]

---

6 Die Unterscheidung in Einzel- und Gemeinkosten bzw. in variable in fixe Kosten hängt letztendlich davon ab, welche Ebene der Bezugsgrößenhierarchie jeweils als relevant betrachtet wird: So sind z.B. die Aufbaukosten für eine TK-Verbindung variable Kosten hinsichtlich der Bezugsgröße *Anzahl der TK-Verbindungen*, da sie sich in Abhängigkeit von dieser Bezugsgröße kontinuierlich ändern. Sie sind jedoch gleichzeitig auch fixe Kosten in Bezug auf die *Verbindungsdauer* (= Zahl der Verbindungssekunden) der einzelnen TK-Verbindung, da sie unabhängig von der Dauer dieser Verbindung für jede Verbindung jeweils in gleicher Höhe (= fix) anfallen.

7 S. Arthur Andersen 1994: 49; ähnlich auch Gabel 1995: 456-457; Rabe 1989: 150-151.

Abb. 4-3: Prinzipdarstellung der Kostenkategorien eines TK-Netzbetreibers

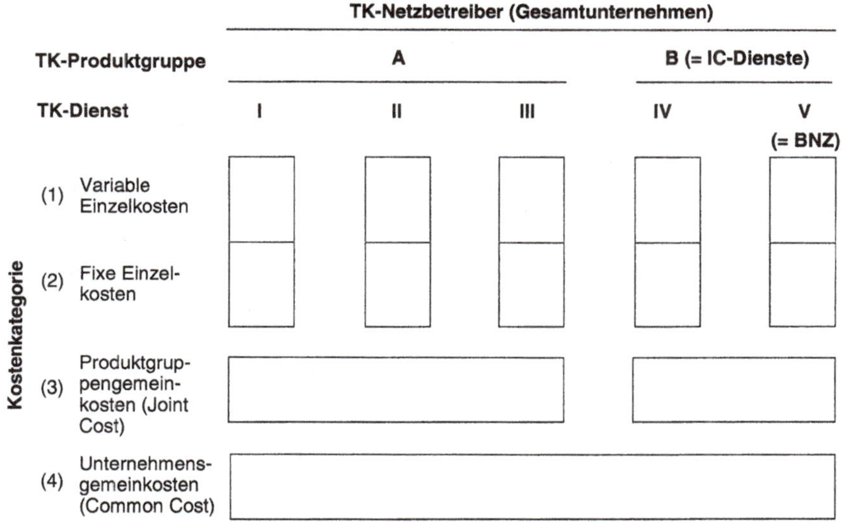

Quelle: Arthur Andersen 1994: 49.

In Abb. 4-3 wird unterstellt, daß ein TK-Netzbetreiber fünf TK-Dienste anbietet, wobei die TK-Dienste I bis III zu einer Produktgruppe A und die Dienste IV und V zur zweiten Produktgruppe B gehören. Bei der Produktgruppe B handelt es sich um IC-Dienste und beim Dienst V um eine bestimmte BNZ-Leistung, für die jeweils die Kosten zu bestimmen sind. Es existieren vier relevante Kostenkategorien (vgl. Abb. 4-3, auf die sich auch die vorangestellte Numerierung (1) bis (4) jeweils bezieht):

(1) Variable Einzelkosten, d.h. Kosten, die dem einzelnen TK-Dienst direkt zurechenbar sind und sich mit einer Änderung der bereitgestellten Menge dieses Dienstes ändern (s. auch Fall 1A in Abb. 4-2).

(2) Fixe Einzelkosten, d.h. Kosten, die zwar dem einzelnen Dienst direkt zurechenbar sind, sich jedoch – innerhalb bestimmter Mengen- und Zeitintervalle – nicht ändern (s. auch Fall 2A in Abb. 4-2).

(3) Joint Cost, d.h. fixe Gemeinkosten, die zwar einer Gruppe von TK-Diensten, jedoch nicht einem einzelnen Dienst zuzurechnen sind (z.B. Personalkosten für das Marketing dieser Produktgruppe).

(4) Common Cost, d.h. fixe Gemeinkosten, die das Gesamtunternehmen des TK-Netzbetreibers betreffen und damit allen Dienste(gruppen) zuzurechnen sind (z.B. Personalkosten für die Geschäftsführung).

4.1.2 Kostenrechnungssysteme

Unter einem Kostenrechnungssystem ist ein Modell zu verstehen, „... das nach festgelegten Regeln unter spezifischen Zielvorstellungen abgegrenzte Kosten ... entscheidungsabhängigen Bezugsgrößen zuordnet."[8]

Kostenrechnungssysteme werden in der Literatur vor allem (a) hinsichtlich des Grades der Kostenzurechnung in Teil- bzw. Grenzkostenrechnungssysteme und Vollkostenrechungssysteme sowie (b) hinsichtlich des zeitlichen Bezuges der Kosten in Ist-, Normal- und Plankostenrechnungssysteme unterschieden.[9]

Teilkosten- vs. Vollkostenrechnung

Im Rahmen einer *Vollkostenrechnung* werden alle Kosten (d.h. sämtliche Einzel- und Gemeinkosten) des jeweiligen Unternehmens erfaßt und den einzelnen Produkten zugerechnet.

Bei einer *Teilkostenrechnung* wird dagegen nur ein Teil der Kosten, nämlich i.d.R. die (variablen) Einzelkosten, dem jeweiligen Produkt zugerechnet. Hierbei wird in der Literatur die Teilkostenrechnung meist mit der *Grenzkostenrechnung* gleichgesetzt, bei der die durch die Produktion der letzten Outputeinheit verursachte Änderung der Gesamtkosten erfaßt wird.[10] Die Grenzkosten beinhalten somit lediglich die variablen Einzelkosten, jedoch keine Fixkostenanteile.[11] Mathematisch betrachtet repräsentieren die Grenzkosten die Steigung der Gesamtkostenkurve im Punkt der jeweiligen Ausbringungsmenge.

Neben dieser klassischen Unterscheidung in Vollkosten und Grenzkosten werden insbesondere im Zusammenhang mit TK-Netzen auch sogenannte *Zusatzkosten* bzw. die dazugehörigen Kostenrechnungssysteme intensiv diskutiert. Zu-

---

8 Schweitzer/Küpper 1998: 15.

9 Vgl. zu den nachfolgenden Erläuterungen in Kap. 4.1.2 Haberstock 1998: 172-180; Djanani/Schöb 1997: 27-31; Ehrmann 1997: 9-10; Däumler/Grabe 1996: 98-120; Schmidt 1996: 28-34; Mussnig 1996: 27-41; Lewin/Kitchen 1994: 52-53; Eisele 1993: 573-574; Kilger 1993: 109-113; Scherrer 1991: 30-34.

10 Zum Grenzkostenbegriff vgl. auch Kap. 3.1 sowie Kap. 4.2.

11 Da jedoch, wie zuvor schon erwähnt, langfristig betrachtet letztendlich alle Kosten variabel sind, gilt diese Definition der Grenzkosten präzise formuliert nur für die kurzfristigen Grenzkosten. Zur Unterscheidung zwischen kurz- und langfristigen Grenzkosten s. Kap. 4.2 sowie die dort angegebene Literatur.

satzkosten sind diejenigen Kosten, die durch die zusätzliche Erstellung einer bestimmten substantiellen und diskreten Menge einer bereits angebotenen oder neu zu erstellenden Leistung bzw. eines TK-Dienstes verursacht werden.[12] Sie beinhalten neben variablen i.d.R. auch fixe Einzelkosten. Insofern stellen die Zusatzkosten eine Hybridform zwischen Voll- und Grenzkosten dar, die jedoch m.E. ihrem Charakter nach eher der Teilkostenrechnung zuzuordnen sind. Damit soll der Terminus Teilkosten im folgenden als Überbegriff für Grenz- und Zusatzkosten gebraucht werden. Dieser Zusammenhang wird in Abb. 4-4 visualisiert.

Abb. 4-4: Systematisierung des Voll-, Teil-, Zusatz- und Grenzkostenbegriffes

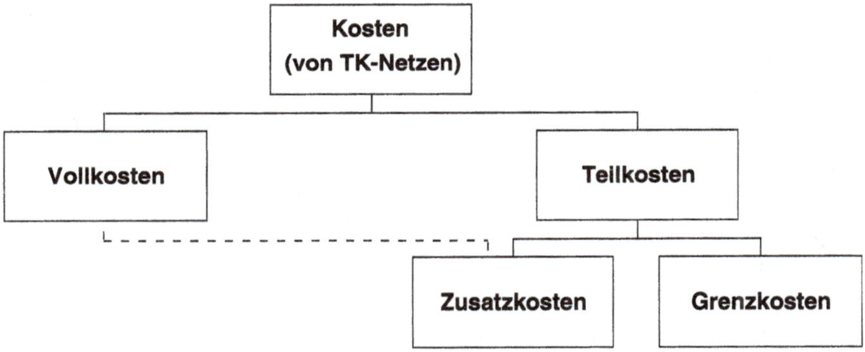

Die Prinzipien der Voll-, Zusatz- und Grenzkostenrechnung im Hinblick auf Leistungen des BNZ werden in den Kap. 4.2 bis 4.4 diskutiert.

Istkostenrechnung vs. Plankostenrechnung

Hinsichtlich des zeitlichen Bezuges von Kostenrechnungssystemen wird primär unterschieden, ob (a) im Rahmen einer *Istkostenrechnung* alle tatsächlich in einer bereits abgeschlossenen Periode angefallenen Kosten erfaßt oder (b) im Rahmen einer *Plankostenrechnung* durch die Zuordnung von zukünftigen (geschätzten) Kosten einzelner Inputfaktoren zu geplanten Mengen die Kosten der Endleistungen geplant werden. Darüber hinaus wird in der klassischen Kostenrechnungsliteratur noch vielfach die sogenannte Normalkostenrechnung genannt, bei der statt den Istkosten einer Periode die durchschnittlichen Istkosten über mehrere Perioden (= „Normalkosten“) bestimmt werden und die insofern

---

12 Vgl. für eine genauere Diskussion des Zusatzkostenbegriffes z.B. Gerpott 1998a: 81; Mitchell 1990: 9-10 sowie Kap. 4.3 und die dort angegebene Literatur.

m.E. keine eigenständige Kostenrechnungsform hinsichtlich des zeitlichen Bezuges von Kostenrechnungssystemen ist, sondern lediglich einen speziellen Anwendungsfall der Istkostenrechnung darstellt. Da es sich bei den *Istkosten* (*Plankosten*) um *vergangenheitsorientierte* (*zukunftsorientierte*) *Kosten* handelt, werden diese Termini im folgenden synonym verwandt. Zudem wird hier unter dem Begriff der zukunftsorientierten Kosten auch die Verwendung *aktueller Kosten* eingeschlossen. Aktuelle Kosten können nämlich mit zukünftigen Kosten gleichgesetzt werden, wenn in Zukunft keine nennenswerten Änderungen der Kosten erwartet werden oder wenn mangels der Verfügbarkeit genauerer Informationen der Rückgriff auf aktuelle Kosten die beste Prognose für zukünftige Kosten darstellt.

Von besonderer Bedeutung ist diese Unterscheidung in vergangenheits- und zukunftsorientierte Kosten vor allem dann, wenn sich die Stückkosten (= Kosten pro Leistungseinheit) für wichtige Inputfaktoren im Zeitablauf deutlich ändern. Für im Liberalisierungsprozeß fortgeschrittene TK-Märkte ist ein deutlicher Anstieg der von TK-Netzbetreibern abgesetzten TK-Verbindungsminuten zu beobachten.[13] Entsprechend werden auch für in einer relativ frühen Phase der Liberalisierung befindliche TK-Märkte deutliche Steigerungen prognostiziert.[14] Gleichzeitig ist für das auf die Leistungsfähigkeit bezogene Preisniveau für Elemente der digitalen TK-Netzvermittlungstechnik, die hinsichtlich ihrer Struktur und Preisentwicklung näherungsweise mit den Hard- und Softwarekosten von Computern/EDV-Anlagen gleichzusetzen sind, eine deutlich sinkende Tendenz festzustellen.[15] Daher sind – für die TK-Netzvermittlungstechnik – im Zeitablauf fallende Inputpreise (pro Leistungseinheit) für TK-Netzbetreiber festzustellen bzw. zu erwarten, womit der Differenzierung zwischen vergangenheits- und zukunftsorientierten Kosten im Rahmen der Kostenrechnung von TK-Netzbetreibern eine hohe Bedeutung zukommt.[16]

---

[13] So stieg die Zahl der TK-Verbindungsminuten z.B. im britischen TK-Markt von ca. 105,4 Mrd. (im Zeitraum April 1993 bis März 1994) um durchschnittlich 10,1% pro Jahr auf 154,8 Mrd. (im Zeitraum April 1997 bis März 1998). Vgl. OFTEL 1999b: 16.

[14] Einschlägige Prognosen nennen jährliche Wachstumsraten zwischen 6% und 8% für den in Geldeinheiten bewerteten Absatz von TK-Diensten in Deutschland von 1995 bis 2005. Vgl. Gerpott 1998a: 15; Dresdner Kleinwort Benson 1997: 18. Unter der diesen Studien zugrunde liegenden Annahme, daß das Preisniveau für TK-Dienste durch den zunehmenden Wettbewerb tendenziell sinken wird, ist mit einer eher über den vorgenannten Wachstumsraten liegenden Zunahme der TK-Verbindungsminuten zu rechnen.

[15] Vgl. z.B. Vogelsang 1996a: 10; Gabel 1995: 460-463; Taylor 1993: 23.

[16] Zur weiteren Diskussion von Preisentwicklungen/-trends von TK-Netzelementen s. auch weiter unten Kap. 5.3.3.

Durch die zuvor diskutierten Ausprägungen der beiden Dimensionen *Grad der Kostenzurechnung* (Voll- vs. Zusatz- vs. Grenzkosten) und *zeitlicher Bezug der Kostenrechnung* (Ist- vs. Plankosten) ergeben sich zunächst sechs theoretische Möglichkeiten der Ausgestaltung von Kostenrechnungssystemen, die in Abb. 4-5 dargestellt werden.

Hierbei sind einzelne Ausprägungskombinationen (Fall 1A in Abb. 4-5) allerdings in der Praxis nicht von Bedeutung: Grenzkosten beinhalten gemäß Definition lediglich variable Einzelkosten. Insofern können diese Kosten – abgesehen von der für TK-Netzbetreiber kaum relevanten Möglichkeit, daß hohe in der Vergangenheit aufgebaute Lagerbestände der Inputfaktoren, die diese variablen Einzelkosten verursachen, vorliegen – nur auf aktuellen bzw. zukünftigen Kosten der Inputfaktoren beruhen. Damit ist Fall 1A (in Abb. 4-5) nicht relevant. Allerdings können für einzelne der in Abb. 4-5 genannten Fälle zusätzliche Unterscheidungsdimensionen wie z.B. die Differenzierung in kurz- und langfristige Grenzkosten für den Fall 2A von Bedeutung sein.[17]

Abb. 4-5: Ausprägungen von Kostenrechnungssystemen für Leistungen des besonderen Netzzugangs

Grad der Kostenzurechnung

Zeitlicher Bezug der Kostenrechnung		(A) Grenzkosten	(B) Zusatzkosten	(C) Vollkosten
	(1) Vergangenheitsorientierte (Ist)Kosten	– 1A	Vergangenheitsorientierte Zusatzkosten (s. Kap. 4.3) 1B	Historische Vollkosten (s. Kap. 4.4) 1C
	(2) Zukunftsorientierte (Plan-) Kosten	(Zukunftsorientierte) Grenzkosten (s. Kap. 4.2) 2A	Zukunftsorientierte Zusatzkosten (s. Kap. 4.3) 2B	Vollkosten zu Wiederbeschaffungspreisen u. Stand-Alone-Kosten (s. Kap. 4.4) 2C

[17] Vgl. auch Kap. 4.2.

Zudem sind im Rahmen von Vollkostenrechnungssystemen drei verschiedene Prinzipien der (Gemein)Kostenzurechnung zu differenzieren:[18]

(1) Das *Verursachungsprinzip* besagt, daß jedem Kostenträger (d.h. dem jeweiligen End- oder Zwischenprodukt) die von ihm verursachten Kosten zuzurechnen sind.[19]

(2) Das *Durchschnittsprinzip*, bei dem die zu verteilenden Kosten in Form von Durchschnittswerten den einzelnen Leistungen zugerechnet werden.

(3) Das *Tragfähigkeitsprinzip*, nach welchem die zu verteilenden Kosten in Abhängigkeit von bzw. proportional zu Umsatz oder Deckungsbeitrag den einzelnen Produkten zugerechnet werden.

In allen Kostenrechnungssystemen erfolgt die Zurechnung der Einzelkosten, die definitionsgemäß eindeutig einer Leistung zuzuordnen sind, verursachungsgerecht, so daß es sich bei den zu verteilenden Kosten jeweils um die Gemeinkosten handelt.[20]

4.2 Preisfindungsansätze auf der Basis von Grenzkosten

Grenzkosten (synonym: *Marginal Cost*) kommen im Rahmen der IC-Preisfindung in verschiedener Hinsicht eine besondere Bedeutung zu, da Grenzkostenpreise wie in der mikroökonomischen Theorie gezeigt wird, unter bestimmten Annahmen eine effiziente/wohlfahrtsoptimale Ressourcenallokation bewirken[21] bzw. auf Grenzkostenpreisen beruhende wohlfahrtsorientierte Preisfindungsansätze auch beim Vorliegen von „Economies of Scale" eine wohlfahrtsoptimale Produktion gewährleisten können.[22]

Neben diesen eher theoretischen Aspekten haben Grenzkosten aber auch durch ihre Funktion als absolute Preisuntergrenze praktische Relevanz. Da jeder Preis *unterhalb* der Grenzkosten – unabhängig vom Verlauf der Gesamtkostenkurve –

---

[18] Vgl. Haberstock 1998: 47-52; Hoitsch 1997: 71-74; Däumler/Grabe 1996: 99; Schmidt 1996: 35-37; Lewis 1995: 74; Kilger 1993: 3-6.

[19] Das Verursachungsprinzip kann noch weiter unterschieden werden in das Kausalitäts- und in das Finalitätsprinzip: „Während nach dem Kausalitätsprinzip die Kosten durch die Leistungserstellung verursacht werden (d.h. die Kosten würden ohne die Leistung nicht entstehen), sind nach dem Finalitätsprinzip die Kosten (nur) Mittel zum Zweck der Leistungserstellung (d.h. die Leistung würde ohne die Kosten nicht entstehen; es können aber Kosten ohne Leistung entstehen)." Haberstock 1998: 49.

[20] Wie diese Kostenzurechnung konkret erfolgen kann, wird in Kap. 4.4.2 noch diskutiert.

[21] Vgl. hierzu sowie zur mathematisch-formalen Darstellung von Grenzkosten die Diskussion zur Preisbildung in der mikroökonomischen Theorie in Kap 3.1 und die dort angegebene Literatur.

[22] Zu wohlfahrtsorientierten Preisfindungsansätzen s. auch Kap. 3.2.

negative Deckungsbeiträge aus dem Verkauf der jeweiligen Leistung impliziert, stellt der Grenzkostenpreis den aus Anbietersicht in jedem Fall zu erzielenden Minimalpreis dar,[23] wobei noch genauer zwischen kurzfristigen und langfristigen Grenzkosten zu unterscheiden ist.[24]

Kurzfristige Grenzkosten

Kurzfristige Grenzkosten sind die Zunahme der Gesamtkosten, die durch die *kurzfristige* bzw. einmalige Produktion einer weiteren Outputeinheit verursacht werden. Bedingt durch die Kurzfristigkeit der Betrachtung sind fixe Kosten hierbei nicht von Bedeutung, d.h. die Verwendung einer anderen als der momentan verfügbaren Produktionstechnologie (z.B. durch den Bau einer neuen Produktionsstätte/eines neuen TK-Netzes) wird nicht in Betracht gezogen. Kurzfristige Grenzkosten beinhalten somit nur die variablen Einzelkosten.

Langfristige Grenzkosten

Langfristige Grenzkosten werden definiert als die Zunahme der Gesamtkosten, welche die *langfristige* bzw. dauerhafte Produktion einer weiteren Outputeinheit verursacht; d.h. da langfristig keine Kosten wirklich fix sind, sind in diesem Fall auch potentielle neue/alternative Produktionstechnologien und -stätten zu beachten.

Hierbei stellen die kurzfristigen (langfristigen) Grenzkosten die kurzfristige (langfristige) Preisuntergrenze hinsichtlich der Leistungserstellung mit der aktuellen (einer möglichen neuen) Produktionstechnologie dar. Insofern sind nur die kurzfristigen Grenzkosten als Preisfindungsansatz i.e.S. einzustufen.[25] Daher sollen unter dem Begriff Grenzkosten in dieser Untersuchung, soweit nicht explizit Gegenteiliges angegeben ist, immer die kurzfristigen Grenzkosten verstanden werden. Die langfristigen Grenzkosten stellen dagegen eher ein Planungsinstrument zur Beurteilung der Eignung von neuen Produktionstechnologien bzw. des optimalen Zeitpunkts des Wechsels zu einer neuen Technologie dar. Sobald z.B. eine

---

[23] Lediglich aus langfristigen strategischen Überlegungen wie z.B. bei einem intensiven Preis-/Verdrängungswettbewerb und/oder beim Vorliegen der Möglichkeit die entstehenden negativen Deckungsbeiträge durch – aus anderen Produktbereichen erzielte positive Deckungsbeiträge – auszugleichen (= Quersubventionierung) kann dieser Minimalpreis temporär unterschritten werden.

[24] Vgl. zu den nachfolgenden Ausführungen z.B. Xavier 1997b: 215-216; Vogelsang 1996a: 5-6; Cuthbertson 1995: 14-16; Kahn 1988: 70/I-75/I.

[25] In der Literatur erfolgt zudem vielfach *keine* Differenzierung zwischen kurz- und langfristigen Grenzkosten. Vielmehr wird i.d.R. der Grenzkostenbegriff mit den kurzfristigen Grenzkosten gleichgesetzt. Vgl. z.B. Gerpott 1998a: 81; Arthur Andersen 1994: 49-50; Mitchell 1990: 13.

Produktionstechnologie A (z.B. in Form eines bestehenden TK-Netzes) implementiert ist, erscheint es erst dann ökonomisch sinnvoll, von dieser Technologie auf eine neue Produktionstechnologie B (in Form eines neu zu errichtenden TK-Netzes) zu wechseln, wenn die Durchschnittskosten der neuen Technologie B unter den mittleren variablen Kosten der Technologie A liegen. An dem Punkt des Technologiewechsels weist die Kurve der langfristigen Grenzkosten einen „Sprung" von der Kurve der kurzfristigen Grenzkosten der Technologie A zur entsprechenden Kurve der Technologie B hin auf. Dieser Zusammenhang wird in Abb. 4-6 graphisch dargestellt.

Abb. 4-6: Zusammenhang zwischen kurz- und langfristigen Grenzkosten

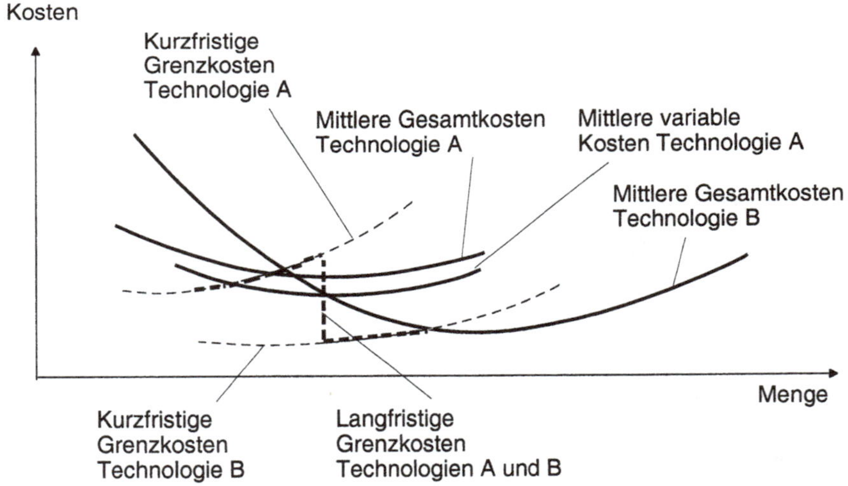

Quelle: Cuthbertson 1995: 15.

Fazit

Hinsichtlich der Anwendung von Grenzkosten für die Preisfindung für IC-Leistungen sind vor allem *drei* Aspekte kritisch zu betrachten:[26]

(1) Das Problem der genauen Bestimmung/Messung von Grenzkosten: Zunächst sind die Grenzkosten im mathematisch-formalen Sinne als Steigungsmaß der

---

[26] Vgl. Gerpott 1998a: 81; Albon et al. 1997: 44-45; Papandrea/Street 1997: 19; Nett/Neu 1996: 7; Arthur Andersen 1994: 49-50; Lewin/Kitchen 1994: 53; Taylor 1993: 23-24; Kahn 1988: 70/I-75/I sowie Kap. 3.1.

Gesamtkostenkurve sicherlich nur schwer exakt bestimmbar. Da jedoch die Grenzkosten lediglich die variablen Einzelkosten enthalten, können die Grenzkosten mit derselben Genauigkeit, mit der diese variablen Einzelkosten (für die „letzte produzierte Einheit") vorliegen, bestimmt werden. In der Praxis der IC-Preisbestimmung auf Grenzkostenbasis dürfte jedoch „die *laufende* Erhebung der zur Preisbildung erforderlichen Kosteninformation .. oft nicht durchführbar oder extrem aufwendig .." sein.[27]

(2) Der Umstand, daß beim Vorliegen von „Economies of Scale" die Grenzkosten unter den Durchschnittskosten liegen und damit Preise, die den Grenzkosten entsprechen, dem IC-Geber keine Deckung seiner Kosten ermöglichen.

(3) Der hiermit eng verknüpfte Aspekt, daß im Fall eines großen, gut ausgebauten und mit entsprechenden Reservekapazitäten ausgestatteten TK-Netzes des IC-Gebers für die Nutzung *einer* zusätzlichen Leistungseinheit (z.B. einer TK-Verbindungsminute im Falle der NZS) i.d.R. keine oder zumindest nur sehr geringe Grenzkosten auftreten und damit (zumindest für den NZS-Fall) die Bereitstellung des BNZ zu Grenzkosten einer für den IC-Nehmer nahezu kostenfreien Nutzung des TK-Netzes des IC-Gebers gleichkäme, womit in diesem Fall praktisch keinerlei Anreize für den IC-Nehmer zum Aufbau einer eigenen Netzinfrastruktur bestünden.

Somit ist die grenzkostenorientierte Preisfindung zwar ein sinnvolles theoretisches Basisinstrumentarium, das (a) eine absolute Preisuntergrenze für IC-Leistungen liefert, deren Unterschreiten in jedem Fall negative Deckungsbeiträge zur Folge hat und zudem (b) die Grundlage für die Mehrzahl der wohlfahrtsorientierten Preisfindungsansätze darstellt. Die Grenzkostenpreisbildung ist jedoch m.E. – zumindest ohne ergänzende Elemente – *nicht* als Instrument zur Preisfindung von IC-Leistungen geeignet.

Für einen besseren Vergleich der Grenzkosten mit anderen in den nachfolgenden Kapiteln diskutierten Formen der Preisfindung für IC-Leistungen sollen die in den Grenzkosten enthaltenen Kostenkategorien abschließend auch anhand des in Kap. 4.1.2 eingeführten Muster-TK-Netzbetreibers in Abb. 4-7 visualisiert werden.

---

[27] Gerpott 1998a: 81.

Abb. 4-7: Kostenkategorien, die in Grenzkosten enthalten sind

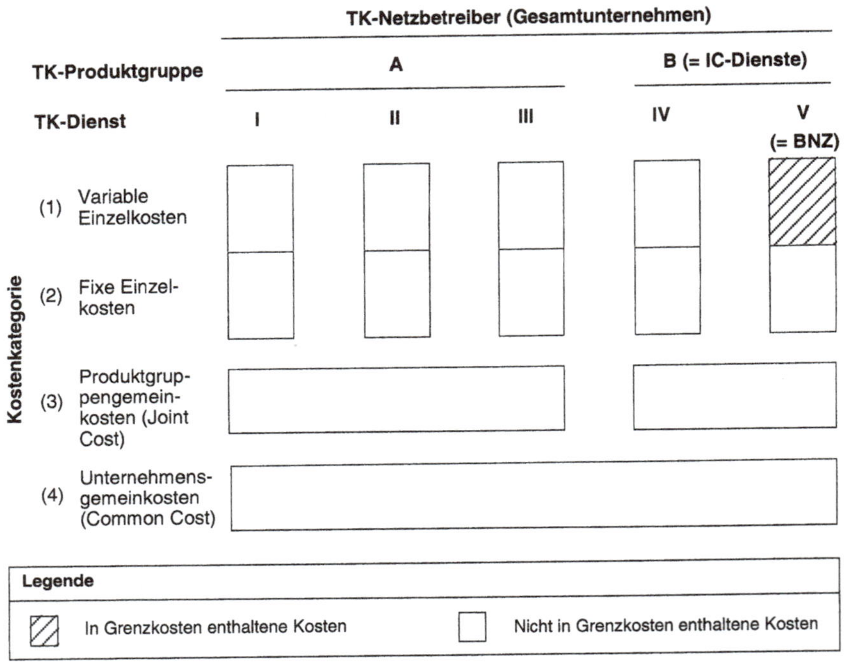

Quelle: Arthur Andersen 1994: 49.

4.3 Preisfindungsansätze auf der Basis von Zusatzkosten

Zusatzkosten sind diejenigen Kosten, die entstehen, wenn zusätzlich zum bisherigen Leistungsangebot eine *substantielle* und *diskrete* Menge eines TK-Dienstes erstellt wird. Dabei kann der Zusatzkostenbegriff weiter differenziert werden, wobei die meisten Autoren jedoch jeweils nur *eine* der beiden folgenden Begriffsinterpretationen zur Abgrenzung des Zusatzkostenbegriffes verwenden:[28]

- *Diensteorientierte Zusatzkosten* („*Total Service Incremental Cost*") sind diejenigen Kosten, die durch die zusätzliche Bereitstellung eines neuen/anderen, bisher nicht angebotenen TK-Dienstes verursacht werden, bzw. die durch

[28] Für eine Ausnahme hiervon s. z.B. Vogelsang 1996a: 4-5.

Einstellung der Produktion eines bisher produzierten Dienstes eingespart werden könnten.[29]

- Unter *mengenorientierten Zusatzkosten* (*Partial Service Incremental Cost*) werden die Kosten verstanden, die durch die zusätzliche Bereitstellung einer substantiellen und diskreten Menge eines (bereits angebotenen) TK-Dienstes entstehen bzw. beim Verzicht auf die Produktion dieser Menge nicht mehr anfallen.[30]

Im Rahmen dieser Arbeit soll ein beide Facetten umfassender Zusatzkostenbegriff verwendet werden, nach dem *Zusatzkosten* (synonym: *Incremental Cost*) die Kosten sind, die durch die zusätzliche Erstellung einer bestimmten substantiellen und diskreten Menge eines bereits angebotenen *oder* neu zu erstellenden TK-Dienstes verursacht werden.

Dabei liegt den Zusatz- und Grenzkosten das gemeinsame Prinzip zugrunde, daß jeweils die Kosten von einer oder mehreren zusätzlich zur bisherigen Produktionsmenge bereitgestellten Mengeneinheit(en) betrachtet werden. Insofern wird von einigen Autoren auch nicht zwischen Grenz- und Zusatzkosten unterschieden bzw. Grenzkosten als ein Spezialfall von Zusatzkosten interpretiert, bei dem die zusätzlich bereitgestellte Menge genau eine Einheit umfaßt.[31] Das entscheidende Differenzierungsmerkmal von Zusatzkosten gegenüber Grenzkosten ist jedoch m.E. gerade, daß sie die Kosten einer *substantiellen* Menge eines TK-Dienstes umfassen und damit neben variablen Einzelkosten der jeweiligen Leistung auch fixe Einzelkosten – soweit diese durch die Bereitstellung der Zusatzmenge bzw. des Zusatzdienstes entstehen – enthalten. Abb. 4-8 illustriert beispielhaft die in den Zusatzkosten der Bereitstellung eines Dienstes (im Beispiel: Dienst V) enthaltenen Kosten.

---

[29] Vgl. WIK 1998: 4; Schuster/Stürmer 1997: 301-302; WIK/EAC 1994: 71; Rabe 1989: 150-151; Baumol et al. 1982: 61.

[30] S. Macpherson 1999: 5; Gerpott 1998a: 81; Australian Competition & Consumer Commission 1997: 26; Papandrea/Street 1997: 20; Nett/Neu 1996: 7; Arthur Andersen 1994: 50-53; Kahn 1988: 75/I-76/I.

[31] Vgl. Nagle et al. 1998: 23-24; Hanna/Dodge 1995: Arthur Andersen 1994: 50; Lewin/Kitchen 1994: 53.

Abb. 4-8: Kostenkategorien, die in Zusatzkosten enthalten sind

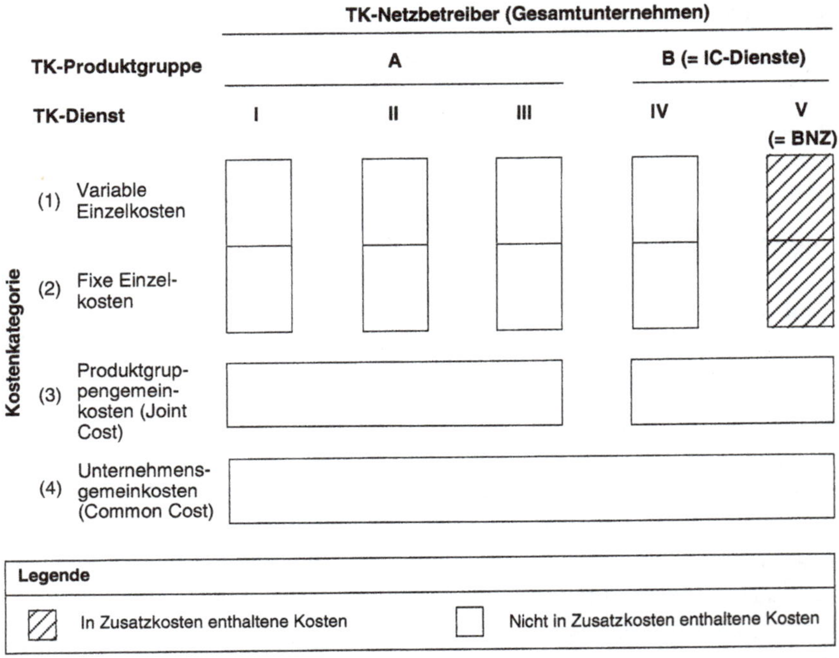

Quelle: Arthur Andersen 1994: 51.

Die Zusatzkosten können zudem ebenso wie die Grenzkosten in kurz- und langfristige Zusatzkosten unterschieden werden.[32] Allerdings impliziert die Bereitstellung einer substantiellen Menge des jeweiligen TK-Dienstes, insbesondere wenn wie im Falle des BNZ von Seiten des IC-Nehmers und -Gebers einige nicht unerhebliche Investitionen zur Vorbereitung des Netzzuganges zu tätigen sind, die *Langfristigkeit* dieses Vorhabens. Daher werden im folgenden, soweit nicht explizit von *kurzfristigen* Zusatzkosten gesprochen wird, unter dem Terminus Zusatzkosten immer die *langfristigen* Zusatzkosten verstanden. Damit unterscheidet sich für den Fall des BNZ die Preisfindung auf der Basis von Zusatzkosten gegenüber der Preisfindung auf der Basis von Grenzkosten auch hinsichtlich des typischerweise der Betrachtung zugrundeliegenden Zeithorizontes.

[32] Vgl. z.B. Arthur Andersen 1994: 51.

Da i.d.R. auch Fixkosten Bestandteile von Zusatzkosten sind, kann weiterhin differenziert werden zwischen *vergangenheitsorientierten* Zusatzkosten, bei denen die Erfassung der relevanten Fixkostenkomponenten zu historischen Anschaffungswerten erfolgt, und *zukunftsorientierten* Zusatzkosten, bei denen die Bewertung der zu den Zusatzkosten zählenden Fixkostenkomponenten zu aktuellen bzw. zukünftigen Anschaffungswerten vorgenommen wird. Da jedoch das erklärte Ziel der kostenorientierten Preisbildung die auch von den Gesetzeswerken der meisten Staaten geforderte Sicherung der effizienten *zukunftsorientierten* Bereitstellung von IC-Leistungen ist, kommt den zukunftsorientierten Zusatzkosten die bei weitem größere Bedeutung zu.[33] Daher werden im Rahmen dieser Untersuchung unter Zusatzkosten/Incremental Cost jeweils die zukunftsorientierten Zusatzkosten bzw., unter Einbeziehung der zuvor vorgenommen Abgrenzung, die *zukunftsorientierten langfristigen Zusatzkosten* (Foreward Looking Long Run Incremental Cost) verstanden. Auf ein hiervon abweichendes Begriffsverständnis wird im jeweiligen Einzelfall ggf. explizit hingewiesen.

Aufgrund der schon angesprochenen Identität des bei der Zusatz- und Grenzkostenabgrenzung zugrunde liegenden Prinzips kann die Preisbildung auf Basis von Zusatzkosten näherungsweise die – mikroökonomisch exakt betrachtet nur durch Grenzkosten zu gewährleistende – optimale/effiziente Ressourcenallokation bewirken. Hierbei wird implizit davon ausgegangen, daß die Zusatzkosten gleichbedeutend sind mit den *durchschnittlichen* Zusatzkosten je Leistungseinheit, da die Zusatzkosten für die gesamte zusätzliche Menge des jeweiligen Endproduktes natürlich noch durch diese Menge zu dividieren sind, um eine mit den Grenzkosten vergleichbare und zur Preisfindung für *eine* Einheit der Endleistung geeignete Kostengröße zu erhalten. Dementsprechend wird in der Literatur und Praxis vielfach explizit von durchschnittlichen Zusatzkosten (Average Incremental Cost bzw. [Foreward Looking] Long Run Average Incremental Cost) gesprochen.[34] Diese Durchschnittsbildung wird im folgenden im Rahmen der Zusatzkosten sowie auch im Falle der Vollkosten jeweils implizit unterstellt.

Fazit

Die IC-Preisbildung auf der Basis von Zusatzkosten löst die mit der Grenzkostenpreisbildung verbundenen Probleme teilweise:

---

[33] S. z.B. § 24, Absatz 1, Satz 1, TKG; § 3, Absatz 2, TEntgV; Xavier 1997b: 216.

[34] Vgl. Absatz 3, Empfehlung 98/195/EG; Trehin/Vivier 1997: 8; Nett/Neu 1996: 23-24; Cuthbertson 1995: 16-17; WIK/EAC 1994: 88; Mitchell 1990: 13-14.

(1) Zusatzkosten sind in der Praxis meist deutlich besser zu bestimmen als Grenzkosten, da die mit der Bereitstellung einer substantiellen Menge von Leistungseinheiten des BNZ – insbesondere wenn es sich bei der relevanten IC-Leistung um einen neu zu erstellenden Dienst handelt – verbundenen Kosten wesentlich besser zu messen sind als das Konstrukt der Grenzkosten.

(2) Bedingt durch die Tatsache, daß auch die dem zusätzlichen Dienst bzw. der zusätzlichen Menge dieses Dienstes zuordenbaren Fixkostenkomponenten Bestandteil der Zusatzkosten sind, und daß die Langfristigkeit der Zusatzkostenbetrachtung auch neue Investitionsmöglichkeiten beinhaltet, dürften

   (a) durch Zusatzkosten bestimmte Preise im Gegensatz zu den durch Grenzkosten determinierten Preisen keine quasi kostenfreie Nutzung des Netzes des IC-Gebers durch den IC-Nehmer ermöglichen und damit durchaus Anreize für den IC-Nehmer zum Aufbau einer eigenen Netzinfrastruktur bieten und

   (b) Zusatzkosten als theoretisches *Basisinstrument* für eine Preisfindung von BNZ-Leistungen vor allem von Seiten des IC-Gebers auf eine deutlich größere Akzeptanz stoßen als Grenzkosten.

(3) Da Zusatzkosten – ebenso wie die Grenzkosten – keine Gemeinkostenanteile beinhalten, kann beim Vorliegen von Skaleneffekten und abnehmenden Durchschnittskosten der IC-Geber durch Preise, die den Zusatzkosten entsprechen, seine Gesamtkosten nicht decken.

Daher favorisieren die meisten Wissenschaftler[35] sowie die Gesetzgeber/Regulierer vieler Staaten eine IC-Preisbildung auf der Basis von durchschnittlichen langfristigen zukunftsorientierten Zusatzkosten, wobei die Preise für den BNZ i.d.R. neben diesen Zusatzkosten einen Zuschlag („Mark up") für die Gemeinkosten des IC-Gebers sowie eine angemessene/branchenübliche Kapitalverzinsung enthalten dürfen.[36]

Dabei werden hierfür in den einzelnen Staaten bzw. von den dortigen Regulierern für diese Zusatzkosten teilweise leicht voneinander abweichende Begriffe verwandt,[37] denen jedoch die gleiche Kosten(zu)rechnungssystematik zugrunde

---

35 S. z.B. Mitchell/Vogelsang 1998: 32; Papandrea/Street 1997: 20; Xavier 1997b: 215; Jamison 1996: 372; WIK/EAC 1994: 120. Für hiervon abweichende Argumentation s. Knieps 1996: 8-9.

36 Vgl. hierzu auch Kap. 2.3.4.1.

37 So spricht z.B. das OFTEL in Großbritannien von *LRIC* (Long Run Incremental Cost) und die FCC in den USA von *TELRIC* (Total Element Long Run Incremental Cost) bzw. *TSLRIC* (Total Service Long Run Incremental Cost). Vgl. hierzu auch Kap. 5.6.

liegt, indem diese Methoden durchweg die langfristigen Zusatzkosten einzelner TK-Netzelemente bestimmen und diese auf Basis der Nutzung dieser Elemente einzelnen TK-Diensten zurechnen.[38]

4.4 Preisfindungsansätze auf der Basis von Vollkosten

Preisfindungsansätze auf Vollkostenbasis zeichnen sich dadurch aus, daß sie neben den variablen und fixen Einzelkosten auch *alle* Gemeinkosten den einzelnen Produkten (= TK-Diensten/IC-Leistungen) zuordnen (vgl. auch Abb. 4-9 und Abb. 4-10).[39]

Dabei soll unterschieden werden zwischen (a) klassischen Vollkostenansätzen, die in der Literatur i.d.R. unter dem Terminus *Vollkosten*(preisfindung) bzw. in der englischsprachigen Literatur entsprechend unter *Fully Distributed Cost* oder synonym *Fully Allocated Cost* diskutiert werden (vgl. Kap. 4.4.2) und (b) dem sogenannten Stand-Alone-Kosten-Ansatz, der im Schrifttum meist als ein weiterer Preisfindungsansatz neben den Grenz-, Zusatz- und Vollkostenansätzen diskutiert wird,[40] jedoch m.E. inhaltlich eine spezielle Form einer Vollkostenpreisfindung darstellt[41] und daher innerhalb von Kap. 4.4 analysiert wird (vgl. Kap. 4.4.1). Da zudem die Kenntnis der Stand-Alone-Kosten für das Verständnis der *Alternative Cost Avoid Method*, die eine spezielle Variante zur Gemeinkostenverteilung im Rahmen der klassischen Vollkostenansätze darstellt, notwendig ist, werden nachfolgend zunächst diese *Stand-Alone-Kosten* eingeführt. Schließlich wird mit der Prozeßkostenrechnung ein neueres Verfahren der Verteilung von Gemeinkosten im Rahmen einer Vollkostenrechnung diskutiert (vgl. Kap. 4.4.3).

4.4.1 Stand-Alone-Kosten

Die Stand-Alone-Kosten (SAK) sind diejenigen Kosten, die entstehen würden, wenn „auf der grünen Wiese" ein neues Unternehmen errichtet würde, das nur das jeweilige Produkt (z.B. die IC-Leistung) bereitstellt.[42]

---

[38] Zur Problematik der Zurechnung von (Zusatz)Kosten zu IC-Leistungen s. auch Kap. 5.5.

[39] Vgl. Djanani/Schöb 1997: 27; Schweitzer/Küpper 1998: 72; Weber 1995: 195.

[40] S. z.B. Arthur Andersen 1994: 59-60; Rabe 1989: 151. Abweichend hiervon interpretieren Papandrea/Street Stand-Alone-Kosten als spezielle Form der Gemeinkostenallokation im Rahmen der klassischen Vollkostenansätze. S. Papandrea/Street 1997: 46.

[41] Für den Fall eines Unternehmens, das nur *ein* Produkt anbietet entsprechen diese Stand-Alone-Kosten jedoch auch den *Zusatzkosten*.

[42] Zur Abgrenzung und Diskussion von Stand-Alone-Kosten s. auch Albach et al. 1997: 5; Australian Competition & Consumer Commission 1997: 26; Xavier 1997b: 217; Arthur Andersen 1994: 59-60; Cave et al. 1990: 516-518.

Abb. 4-9: Kostenkategorien, die in Stand-Alone-Kosten enthalten sind

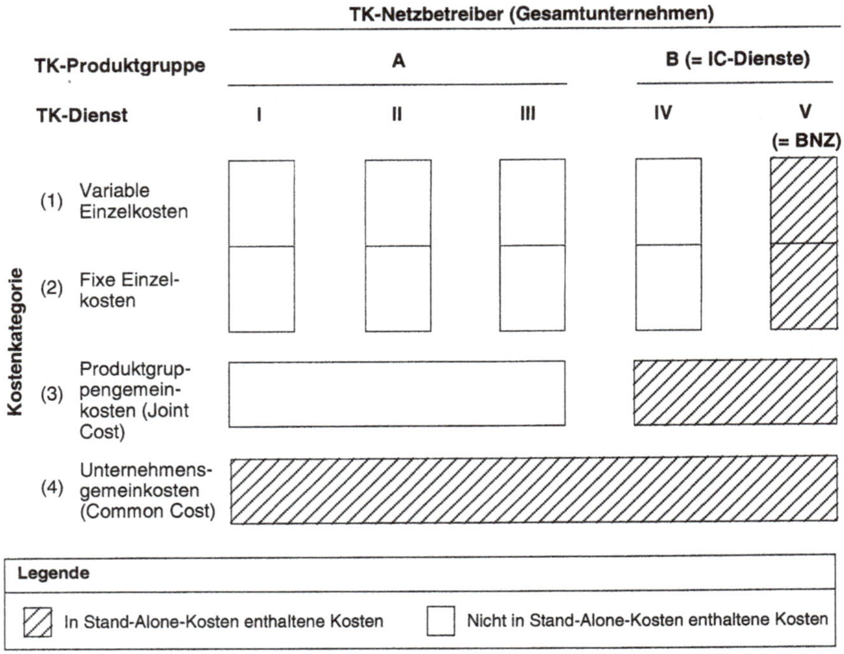

Quelle: Arthur Andersen 1994: 60.

Insofern beinhalten die SAK neben den Einzelkosten *sämtliche* Kosten, die im Mehrproduktunternehmen Gemeinkosten darstellen und in diesem Ein-Produkt-Unternehmen anfallen würden.[43] Abb. 4-9 zeigt, welche Kosten Bestandteil der SAK sind.

Mit der Bestimmung von SAK wird letztlich die Frage beantwortet, welche Kosten die Erstellung des jeweiligen Produktes (= IC-Leistung) ohne die Nutzung jeglicher kostenverändernder Verbund- und Skaleneffekte verursachen würde bzw. zu welchen Kosten ein AC die vom Incumbent bereitgestellte IC-Leistung

[43] Da im Falle eines Ein-Produkt-Unternehmens alle Kosten unmittelbar diesem einen Produkt zuzurechnen sind, gibt es im formal-strengen Sinne natürlich gar keine *Gemein*kosten mehr. Für eine bessere Vergleichbarkeit der SAK mit den anderen Preisfindungsansätzen sowie zur Vereinfachung der sprachlichen Handhabung sollen trotzdem auch für die SAK diejenigen Kosten als Produktgruppen- bzw. Unternehmensgemeinkosten bezeichnet werden, die auch im Fall eines Mehrproduktunternehmens diese Kosten darstellen.

selbst produzieren könnte.[44] Da die SAK ein hypothetisches, noch zu errichtendes Unternehmen abbilden, beinhalten diese implizit auch jeweils aktuelle/zukunftsgerichtete, jedoch keine vergangenheitsorientierten Kosteninformationen.

4.4.2 Klassische Vollkostenansätze

Klassische Vollkostenansätze, die hier synonym mit dem englischen Begriff *Fully Distributed Cost* (FDC) bezeichnet werden, allokieren zu jeder von einem Unternehmen angeboten Leistung *einen Teil* der Gemeinkosten des Unternehmens und der jeweiligen Produktgruppe, so daß schließlich nach dem Abschluß dieses Verteilungsprozesses alle im Unternehmen angefallenen Kosten Endprodukten zugeordnet sind.[45] Damit beinhalten die FDC neben den Einzelkosten auch die Gemeinkosten. Obwohl die FDC-Ansätze im Gegensatz zu den zuvor diskutierten Grenz- und Zusatzkostenansätzen durch ihre Systematik nicht notwendigerweise eine effiziente/optimale Ressourcenallokation fördern, kommt ihnen insbesondere aufgrund ihrer vergleichsweise einfachen Handhabung eine relativ hohe praktisch-ökonomische Bedeutung zu: „Although it is often argued that there is no sound economic rationale for FDC pricing, this practice obviously does have economic consequences."[46] Die FDC-Systematik wird in Abb. 4-10 graphisch dargestellt.

Hierbei sind neben den direkt zurechenbaren Einzelkosten die Produktgruppen- und Unternehmensgemeinkosten durch geeignete Kostenallokationsmechanismen dem jeweiligen Endprodukt zuzuordnen, wobei diese Zurechnung oftmals nicht direkt, sondern über die Verteilung auf einzelne Kostenstellen, deren „gesammelte" Gemeinkosten dann auf die einzelnen Kostenträger/Endprodukte zugerechnet werden, erfolgt. Für die Durchführung dieser Gemeinkostenverteilung werden in der Literatur eine Vielzahl von Methoden diskutiert.[47]

---

[44] Die Stand-Alone-Kosten müssen nicht zwingend über den im Mehrproduktfall entstehenden Vollkosten liegen, da in großen Mehrproduktunternehmen auch negative Verbundeffekte (z.B. erhöhter Koordinationsaufwand) plausibel sind. Im Schrifttum wird die Möglichkeit solcher negativen Verbundeffekte weitgehend übersehen (s. als Ausnahme Gerpott et al. 1998: 1296) bzw. ausgeklammert, so daß fast durchweg fälschlicherweise unterstellt wird, daß die SAK eine Kostenobergrenze darstellen müssen.

[45] Vgl. zur Diskussion des FDC-Begriffes auch Papandrea/Street 1997: 45; Cuthbertson 1995: 19-21; Arthur Andersen 1994: 53-58; Mitchell/Vogelsang 1991: 137-140; Braeutigam 1980: 182-187.

[46] Braeutigam 1980: 182.

[47] Vgl. zu den Kostenzurechnungsprinzipien, die diesen Methoden zugrundeliegen, Kap. 4.1.2.

Abb. 4-10: Kostenkategorien, die in Fully Distributed Cost enthalten sind

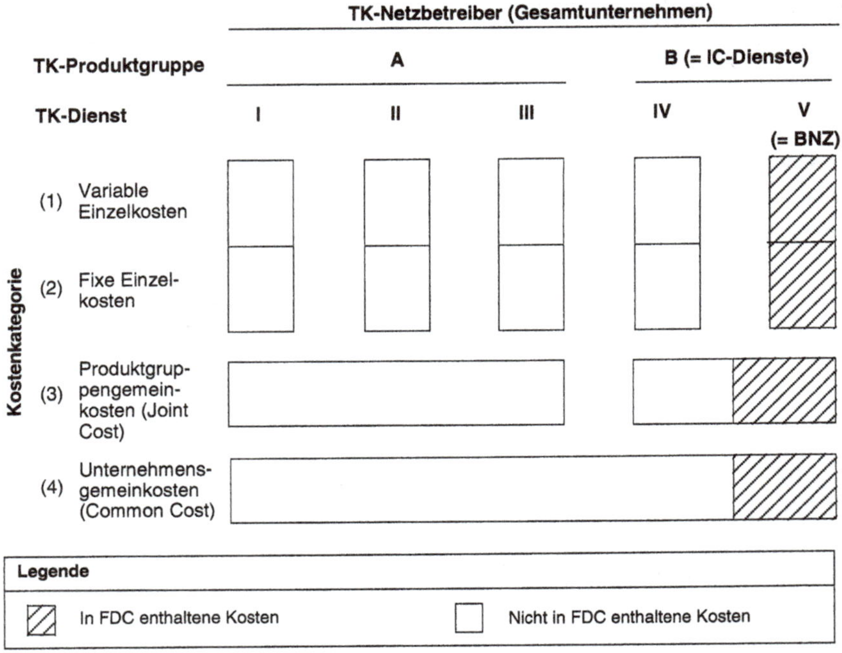

Quelle: Arthur Andersen 1994: 53.

Die am häufigsten genannten und im Hinblick auf die Gemeinkostenallokation von TK-Netzbetreibern bedeutendsten Methoden werden im folgenden kurz skizziert.[48]

Relative Output Method

Soweit alle Leistungen in der gleichen mengenmäßigen Outputdimension (z.B. TK-Verbindungsminuten) gemessen werden bzw. in eine solche einheitliche Outputdimension transformiert werden können, kann im Rahmen der *Relative*

[48] S. Papandrea/Street 1997: 46; Stürmer 1997: 76; Vogelsang 1996a: 7; Arthur Andersen 1994: 54; Rabe 1989: 151-152; Spulber 1989: 128; Braeutigam 1980: 186-188. Neben den hier dargestellten Methoden werden noch weitere Ansätze wie z.B. die – hinsichtlich des Kostenverteilungsergebnisses der Attributable Cost Method ähnliche – Aumann-Shapley-Regel diskutiert. Da diese weiteren Regeln einen im Vergleich zu den hier genannten Verfahren hohen Komplexitätsgrad aufweisen und in der Praxis kaum relevant sind, werden sie hier jedoch nicht weiter diskutiert. S. z.B. WIK 1998: 6; Rabe 1989: 153-159; Spulber 1989: 238-242.

Output Method die Verteilung der Gemeinkosten nach dem *Durchschnittsprinzip* proportional zu dem Output jedes Dienstes vorgenommen werden.

Attributable Cost Method

Diese Methode rechnet jeder Endleistung Gemeinkosten mittels eines Zuschlagfaktors auf die Einzelkosten zu, d.h. die Gemeinkosten werden in der Relation zu den jeweiligen direkt zurechenbaren („attributable") Einzelkosten verteilt. Sie stellt damit eine besondere Form des *Durchschnittsprinzips* dar, indem die Einzelkosten und nicht die Mengeneinheiten zur Durchschnittsbildung herangezogen werden.

Gross/Net Revenue Method

Dieser Ansatz orientiert sich an den Umsätzen (Gross Revenue Method) bzw. den Deckungsbeiträgen (Net Revenue Method) und allokiert die Gemeinkosten proportional zu diesen Größen; d.h. die Gesamtkostenverteilung erfolgt auf Basis des *Tragfähigkeitsprinzips.*

Alternative Cost Avoided Method

Dieser Kostenallokationsmethode liegt die Überlegung zugrunde, daß ein Endprodukt einen umso größeren Anteil an den Gemeinkosten tragen soll, je mehr dieses Produkt von der gemeinsamen Produktion zusammen mit anderen Diensten profitiert. Hierzu werden die Kosten, die dem Produkt im Falle der Verbundproduktion mit anderen Produkten direkt zurechenbar sind (d.h. die Zusatzkosten), den im Fall der alleinigen Produktion dieses Produktes anfallenden Kosten (= SAK) gegenübergestellt. Je weiter die Zusatzkosten unter den SAK liegen, umso größer ist der „Nutzen", den dieses Produkt aus der Verbundproduktion zieht und demnach der diesem Produkt zuzurechnende Gemeinkostenanteil. Formal läßt sich dieser Zusammenhang wie folgt darstellen:[49]

---

[49] Rabe 1989: 152.

$$FDC_i = ZK_i + \frac{SAK_i - ZK_i}{\sum_{i=1}^{n}(SAK_i - ZK_i)} \cdot GMK$$

Unter der Nebenbedingung:

$$GSK = \sum_{i=1}^{n} FDC_i$$

Mit FDC_i: Vollkosten des i-ten TK-Dienstes;
n: Zahl der in der Verbundproduktion angebotenen TK-Dienste;
ZK_i: Zusatzkosten des i-ten TK-Dienstes;
SAK_i: Stand-Alone-Kosten des i-ten TK-Dienstes;
GMK: Gemeinkosten der Verbundproduktion von TK-Diensten;
GSK: Gesamtkosten der Verbundproduktion von TK-Diensten.

Damit kommt die Alternative Cost Avoided Methode einer Verteilung der Gemeinkosten nach dem Verursachungsprinzip (insbesondere im Vergleich zu den zuvor genannten Methoden) relativ nahe.[50]

Fazit

Die wichtigsten Aspekte der IC-Preisbestimmung auf Basis von FDC sind:[51]

(1) Wie die Vielzahl der möglichen Kostenallokationsmechanismen zeigt, gibt es keineswegs eine ideale Zurechnungssystematik für Gemeinkosten. Vielmehr beinhaltet die Verteilung der Gemeinkosten neben allen logisch begründbaren Verteilungsschlüsseln letztendlich immer eine gewisse Willkürlichkeit. Damit besteht die Gefahr, daß der IC-Geber – ohne eine wirkungsvolle Kontrolle z.B. durch einen Regulierer – mittels einer geeigneten Auswahl der Gemeinkostenverteilungsschlüssel bestimmte TK-Dienste innerhalb seines gesamten Produktspektrums durch die Belastung mit einem besonders hohen (geringen) Anteil an Gemeinkosten „teuer" („billig") rechnen kann.

(2) Trotz der unter (1) angesprochenen Vielfalt der Gemeinkostenzurechnungsverfahren wird in der Literatur die Auffassung vertreten, daß die Allokation der Gemeinkosten möglichst verursachungsgerecht erfolgen sollte. Demnach

---

50 Letztendlich können Gemeinkosten auch im besten Fall immer nur relativ verursachungsgerecht zugeordnet werden, da eine völlige und eindeutige Zurechenbarkeit von Kosten deren ursächliche Kopplung an die Leistungsmenge und damit das Vorliegen von Einzelkosten implizieren würde.

51 Vgl. auch Papandrea/Street 1997: 46; Stürmer 1997: 76-77; Laffont/Tirole 1996: 234-235; Cuthbertson 1995: 19-21; Arthur Andersen 1994: 55-58; WIK/EAC 1994: 88-89; Mitchell/Vogelsang 1991: 139-140; Cave et al. 1990: 511; Braeutigam 1980: 184-185.

wäre innerhalb der zuvor skizzierten Ansätze die „Alternative Cost Avoided Method" tendenziell zu bevorzugen. Allerdings beinhaltet diese Methode vor allem durch den Rückgriff auf SAK vergleichsweise hohe Informationsanforderungen und einen entsprechend hohen Komplexitätsgrad gegenüber den anderen relativ einfach zu operationalisierenden Verfahren.[52]

(3) FDC sind der in der historischen Praxis von Incumbent-TK-Netzbetreibern am häufigsten angewandte Kostenrechnungs- und Preisbestimmungsmechanismus. U.a. hierdurch sind FDC i.d.R. durch den Regulierer leichter zu bestimmen bzw. zu kontrollieren als z.B. Grenz- und Zusatzkosten.

(4) FDC-Preise gewährleisten durch die vollständige Allokation der Gemeinkosten – auch beim Vorliegen von „Economies of Scale" – die Deckung aller dem IC-Geber entstandenen Kosten.

(5) Allerdings bestehen bei einer solchen ex-post-Verteilung aller entstandenen Kosten keine Anreize für eine effiziente Leistungserstellung.

(6) Solange einer Vollkostenpreisbildung kein realer oder hypothetischer effizienter Netzbetreiber zugrundeliegt und der Gemeinkostenzuschlag im Rahmen der FDC nicht wie z.B. im Falle der Ramsey-Boiteux-Preisfindung[53] an die Preiselastizität der Nachfrage gekoppelt wird, gewährleistet die Preisbildung auf FDC Basis keine (second best) effiziente Ressourcenallokation.

Prinzipiell können FDC auf der Basis von vergangenheitsorientierten oder aktuellen/zukunftsorientierten Kosten bestimmt werden. In Literatur und Praxis wird der Vollkostenansatz jedoch insbesondere als Istkostenansatz d.h. im Zusammenhang mit vergangenheitsorientierten bzw. historischen Kosten diskutiert und angewandt.[54] Insofern sollen unter Vollkosten bzw. FDC im folgenden, soweit keine explizite gegenteilige Präzisierung erfolgt, immer vergangenheitsorientierte Vollkosten verstanden werden.

4.4.3 Prozeßkostenrechnung

Die *Prozeßkostenrechnung* (PKR) ist ein seit Mitte der 80er Jahre verstärkt diskutierter Ansatz zur Vollkostenrechnung, für den vor allem auch die Begriffe *Vor-*

---

[52] Zur Diskussion der Prozeßkostenrechnung als Verfahren zur möglichst verursachungsgerechten Kostenallokation s. Kap. 4.4.3.

[53] S. zur Ramsey-Boiteux-Preisfindung Kap. 3.2.2 sowie die dort angegebene Literatur.

[54] Eine partielle Ausnahme hiervon stellt der im britischen TK-Markt zur Bestimmung von IC-Preisen bis 1997 verfolgte Vollkostenansatz dar, auf den in Kap. 5.6.2 noch eingegangen wird.

gangskostenrechnung, *Activity Based Costing*[55] und *Cost-Driver Accounting* gebräuchlich sind.[56] Sie stellt ein System der Kostenrechnung dar, „... das Gemeinkosten von Vorgängen (Aktivitäten) über quantitative Bezugsgrößen (driver) verrechnet, welche Maßausdrücke für die Vorgangs(Aktivitäts)mengen darstellen ...".[57]

Damit handelt es sich bei der PKR nicht um einen völlig neuen Ansatz, sondern vielmehr um eine Modifikation der klassischen Vollkostenrechnung. Sie unterscheidet sich von dieser insbesondere dadurch, daß sie die Gemeinkosten – statt mittels Kostenstellen und produktionsmengen- oder wertorientierten Gemeinkostenallokationsverfahren – anhand von kostenstellenübergreifenden Prozessen[58] den einzelnen Kostenträgern/Endprodukten zurechnet (vgl. auch Abb. 4-11):

- Hierzu werden zunächst im Rahmen einer sogenannten Prozeßanalyse für jeden Unternehmensteil/Gemeinkostenbereich die einzelnen dort anfallenden Aktivitäten bestimmt und den durch diese Aktivitäten getriebenen Prozessen zugeordnet.

- Darauf aufbauend sind für jeden dieser Prozesse die durch ihn verursachten Prozeßkosten und damit einhergehend auch jeweils *eine* Prozeßbezugsgröße (synonym: Kostentreiber oder [Cost]Driver) zu ermitteln, d.h. ein Faktor, welcher die Inanspruchnahme der Gemeinkosten-Ressourcen des Unternehmensteilbereiches durch den jeweiligen Prozeß bzw. die ihn konstituierenden Aktivitäten reflektiert.[59]

- Mittels Division der Prozeßkosten durch die Prozeßbezugsgröße des jeweiligen Prozesses können nunmehr der sogenannte Prozeßkostensatz (PKS) bestimmt und mit dessen Hilfe, unter Berücksichtigung der Inanspruchnahme

---

[55] Allerdings unterscheiden einige Autoren auch zwischen den Begriffen *Prozeßkostenrechnung* und *Activity Based Costing*. S. für andere Horváth et al. 1993: 610-614.

[56] Vgl. zu den folgenden Ausführungen in Kap. 4.4.3 sowie für eine weiterführende Diskussion der Prozeßkostenrechnung: Michel et al. 1998: 222-233; Steele/Bartlett 1998: 80-93; Williams 1998: 13; Djanani/Schöb 1997: 319-332; Ehrmann 1997: 128-129; Hoitsch 1997: 191-195; Reichmann 1997: 465-496; Remer 1997: 10-15 u. 34-54; Mussnig 1996: 260-268; Schmidt 1996: 192-214; Glad/Becker 1995: 16-27; Lewis 1995: 111-117; Schweitzer/Küpper 1998: 321-357; Weber 1995: 207-216; Horváth 1998: 532-545; Eisele 1993: 715-727; Horváth et al. 1993: 609-626; Neubauer 1993: 97-124.

[57] Schweitzer/Küpper 1998: 323.

[58] „Ein Prozeß ist dadurch gekennzeichnet, daß er eine Folge von Aktivitäten ... umfaßt, die sich auf ein bestimmtes Arbeitsobjekt beziehen und bei erneutem Arbeitsvollzug an einem neuen Arbeitsobjekt identisch wiederholt werden." Schweitzer/Küpper 1998: 327.

[59] Beispiele für Kostentreiber sind: Zahl der Aufträge/Auftragspositionen, Zahl der Produktvarianten oder Zahl der Bestell-/Beschaffungsvorgänge.

der verschiedenen Prozesse durch die einzelnen Produkte, die Gemeinkosten diesen Produkten zugerechnet werden.

Abb. 4-11: Systematik der Gemeinkostenallokation durch die klassische Kostenrechnung und die Prozeßkostenrechnung

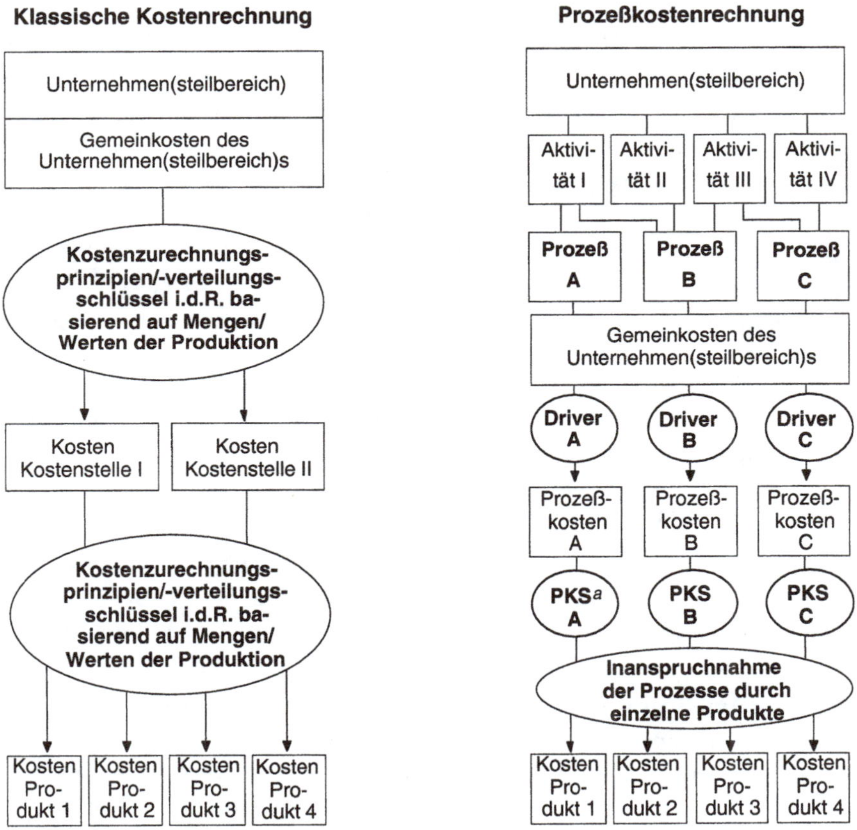

a) PKS = Prozeßkostensatz.

Somit stellt die PKR letztlich ein spezielles Verfahren zur Zurechnung von Gemeinkosten im Rahmen einer Vollkostenrechnung dar, dessen Verteilungsschlüssel jedoch nicht fest definiert ist, sondern durch die genaue Analyse des Beitrags der einzelnen Aktivitäten und Prozesse zum jeweiligen Endprodukt bestimmt wird.

Fazit

Die PKR ist aufgrund ihrer Systematik nicht notwendigerweise eine bessere Methodik zur Gemeinkostenverteilung als die klassischen (in Kap. 4.4.2 vorgestellten) Verfahren. Sie bietet jedoch durch ihre Ausrichtung an Aktivitäten und Prozessen sowie die Auswahl/Bestimmung geeigneter Kostentreiber – im Vergleich zu den sonstigen Gemeinkostenverteilungsverfahren – mehr Möglichkeiten eine verursachungsgerechte Kostenzurechnung zu verwirklichen.[60] Inwiefern eine solche verursachungsgerechte Gemeinkostenzurechnung auch tatsächlich umzusetzen ist, hängt entscheidend davon ab, inwieweit durch eine Analyse der zur Erstellung der Endleistung notwendigen Aktivitäten und Prozesse Ursache-Wirkungs-Zusammenhänge in Form von Kostentreiberzuordnungen identifiziert werden können. Im Rahmen der Gemeinkostenallokation von TK-Netzbetreibern scheint die PKR gegenüber herkömmlichen Zuordnungsverfahren tendenziell besser zur verursachungsgerechten Kostenverteilung geeignet zu sein, da auf Aktivitäten und Prozessen beruhende Kostenzuordnungen die Inanspruchnahme der wesentlichen Gemeinkostenblöcke, nämlich die Kosten des Anlagevermögenseinsatzes und die laufenden Betriebskosten von TK-Netzen, tendenziell besser abbilden und einzelnen TK-Diensten zuordnen können als nur wert- oder mengenorientierte Verteilungsschlüssel.[61]

4.5 Schlußfolgerungen

Im Rahmen der kostenorientierten Ansätze zur Preisfindung für Leistungen des BNZ sind zunächst aus theoretisch-ökonomischer Sicht *grenzkostenorientierte* Methoden am besten geeignet, eine effiziente bzw. effizienzfördernde Ressourcennutzung zu gewährleisten.[62] Allerdings ist die laufende Bestimmung von Grenzkosten(preisen) extrem aufwendig und damit kaum umsetzbar. Außerdem bieten Grenzkostenpreise bei den im Falle von TK-Netzen vorliegenden Größendegressions/-skaleneffekten keine Möglichkeit für den IC-Geber, seine (Gemein-) Kosten zu decken sowie für den IC-Nehmer kaum Anreize zum Aufbau eigener Netzinfrastrukturen.

---

60 Allerdings wird dieser höhere Detaillierungsgrad i.d.R. durch eine höhere Komplexität und damit letztendlich durch im Vergleich zu traditionellen Kostenrechnungssystemen tendenziell höhere Kosten der Einrichtung und Pflege eines Prozeßkostenrechnungssystems erkauft.

61 S. hierzu auch Arthur Andersen 1994: 56; WIK/EAC 1994: 88-90 u. 124-125.

62 Vgl. hierzu sowie zu den folgenden Ausführungen auch Papandrea/Street 1997: 7 u. 19-20; Arthur Andersen 1994: 61-62; WIK/EAC 1994: 88-90.

FDC/Vollkostenansätze stellen demgegenüber die Deckung der sämtlicher Kosten des IC-Gebers sicher und sind zudem, soweit sie auch im Buchhaltungssystem des jeweiligen IC-Gebers verwandt werden, einfacher zu bestimmen. Sie bergen jedoch aufgrund ihres Verteilungscharakters von i.d.R. historischen Kosten die Gefahr, bestehende Ineffizienzen zu konservieren und keine Anreize zur Effizienzverbesserung des IC-Gebers bzw. dessen TK-Netzes zu schaffen.

Die Auswahl einer geeigneten Methode zur kostenorientierten Bestimmung von IC-Preisen ist somit immer ein Kompromiß zwischen der Erfüllung der folgenden Anforderungen: (a) Gewährleistung der effizienten Leistungserstellung bzw. Schaffung von Anreizen zur Effizienzverbesserung für IC-Geber und -Nehmer; (b) Möglichkeit zur Deckung zumindest eines Teils der Gemeinkosten des IC-Gebers; (c) praktische Ermittelbarkeit der Kostenkategorien, die einer Preisbestimmungsmethode zugrunde liegen.[63]

Vor dem Hintergrund der bisherigen Erkenntnisse scheint die Preisfindung für IC-Leistungen am ehesten auf Basis einer Ermittlung der Zusatzkosten dieser Leistungen vertretbar zu sein, da durch Zusatzkosten(preise)

- näherungsweise die – im streng ökonomischen Sinne eigentlich nur durch Grenzkostenpreise zu gewährleistende – effiziente Ressourcenallokation erreicht werden kann;
- am besten der ökonomische Sachverhalt der Bereitstellung eines zusätzlichen TK-Dienstes (= IC-Leistung) bzw. zusätzlicher Einheiten dieses Dienstes reflektiert wird;
- Anreize für den IC-Geber zur Verbesserung der Effizienz seiner Geschäftsprozesse *und* für IC-Nehmer zum Aufbau eigener Netzinfrastrukturen geschaffen werden;
- auch aktuelle bzw. mögliche neue Technologien infolge der Zukunftsorientierung und Langfristigkeit von Zusatzkosten implizit Berücksichtigung finden.

Da jedoch Preise, die nur die Zusatzkosten beinhalten, dem IC-Geber keinerlei Möglichkeit geben, seine Gemeinkosten zu decken, liegt es nahe, mittels der Zusatzkostenmethode zunächst einen Basispreis zu bestimmen. Dieser Preis noch

---

[63] Hierzu wird in der Literatur vielfach auch eine je nach Liberalisierungsgrad des jeweiligen TK-Marktes zeitlich gestaffelte Verwendung verschiedener Kosten-/Preisbestimmungsprinzipien für IC-Leistungen nacheinander diskutiert. Vgl. für andere Gerpott 1998a: 81.

durch weitere Preiselemente (z.B. in Form von Zuschlägen) zu ergänzen, die dem IC-Geber zumindest die Deckung der Gemeinkosten der Produktgruppe IC-Leistungen (Joint Cost) ermöglichen sollten.[64] Damit stellt sich die Frage mit welcher Kostenallokationssystematik und in welchem Umfang die Gemeinkosten des IC-Gebers den Zusatzkosten hinzuzurechnen sind. Grundsätzlich ist hierbei, soweit verfügbar und mit vertretbaren Aufwand einsetzbar, eine möglichst verursachungsgerechte Kostenallokationsmethode, namentlich die PKR, zu präferieren.[65] Zwar wird eine solche prozeßorientierte Kostenzurechnung zu einzelnen TK-Diensten für die Kosten des Anlagevermögenseinsatzes in einigen TK-Netzkostenermittlungsansätzen/-Kostenmodellen schon herangezogen. Allerdings wurden Ende 1999 in den meisten in der Literatur diskutierten Kostenrechnungsprinzipien und in der Praxis zur Bestimmung von IC-Preisen genutzten Kostenmodellen zur Bestimmung der laufenden Netzbetriebs-/Overheadkosten vergleichsweise einfache, auf mengen- oder wertproportionalen Zuschlägen beruhende und damit i.d.R. nicht verursachungsgerechte Gemeinkostenzurechnungsverfahren angewandt. Einzelne Incumbents versuchen jedoch zunehmend, ihre Kostenrechnungssysteme auch um Elemente der PKR zu ergänzen und in Richtung auf eine solche weiterzuentwickeln.[66]

Wie mittels einer Preisfindung auf der Basis von Zusatzkosten in Verbindung mit Methoden der PKR Preise von IC-Leistungen zu bestimmen sind und welche Problemkomplexe in diesem Zusammenhang zu lösen sind, wird im folgenden Kap. 5 diskutiert.

---

[64] In der Literatur wird die für IC-Leistungen mögliche Preispanne auch anhand sogenannter „Subsidy-Free"-Preise beschrieben. Hierunter sind Preise zu verstehen, die zwischen den Zusatzkosten und SAK für die jeweilige IC-Leistung liegen und damit letztendlich auch die Zusatzkosten plus einen (Gemeinkosten)Zuschlag enthalten. Zur genaueren Abgrenzung und Diskussion von „Subsidy-Free"-Preisen s. z.B. Sidak/Spulber 1998: 130; Jamison 1996: 371-384; Faulhaber 1975: 967-976.

[65] So empfiehlt auch die EU bzw. die Europäische Kommission die Verwendung „neuer aktivitätsorientierter Buchführungssysteme". Vgl. Absatz 6 Empfehlung 98/195/EG .

[66] So werden z.B. von der DTAG entsprechende prozeßkostenorientierte Ansätze verfolgt. Vgl. Grothe 1999: 15-16; Hohenadel 1999: 7, 15-17 , 23-28; Gayer 1998: 5-18; Thelen 1998: 17-24.

5. Problemkomplexe bei der kostenorientierten Bestimmung von Leistungspreisen des besonderen Netzzugangs

In diesem Kapitel werden nach einer Systematisierung und Differenzierung von IC-Leistungsvarianten (s. Kap. 5.1) die Kosten, die durch die Bereitstellung und Nutzung von IC-Leistungen entstehen, erläutert (s. Kap. 5.2) sowie die Kernproblemfelder der IC-Preisfindung, nämlich die Quantifizierung (a) der Kosten des Anlagevermögenseinsatzes in TK-Netzen (s. Kap. 5.3) und (b) der laufenden Netzbetriebskosten (s. Kap. 5.4) einschließlich der Zurechnung dieser Kosten zu IC-Leistungen (s. Kap. 5.5 und 5.6) diskutiert.

5.1 Differenzierung von Leistungsvarianten des besonderen Netzzugangs

Die Bestimmung der Preise für Leistungen des BNZ auf der Basis von (Zusatz-) Kosten impliziert eine Kenntnis der für die jeweilige IC-Leistung in Anspruch genommenen Ressourcen. Da jedoch die Ressourcennutzung für die einzelnen IC-Leistungsvarianten stark variiert, werden im folgenden die verschiedenen Varianten von Leistungen des BNZ differenziert.

Hierbei ist – in Anlehnung an das TKG – zunächst zu unterscheiden zwischen (1) dem Netzzugang i.e.S. (= entbündelter Netzzugang) und (2) der Netzzusammenschaltung.[1] Diese Differenzierung beinhaltet gleichzeitig eine Unterscheidung der Varianten des BNZ hinsichtlich des *Exklusivitätgrades* der Nutzung des IC-Geber-Netzes durch den IC-Nehmer. Im Fall des entbündelten Netzzugangs stehen die entsprechenden Netzelemente dem IC-Nehmer nämlich entweder (a) „völlig exklusiv" oder (b) „anteilig exklusiv" zur Verfügung. Bei der Netzzusammenschaltung wird das IC-Geber-Netz hingegen im Bedarfsfall auf Minutenbasis genutzt. Damit ergeben sich zunächst die folgenden *drei* IC-Leistungsvarianten, die in Abb. 5-1 visualisiert werden:

- Der IC-Geber stellt dem IC-Nehmer bestimmte Netzteile/-elemente bzw. deren Funktionalitäten im Rahmen eines i.d.R. längerfristigen Mietvertrages (d.h. meist über einen Zeitraum von mehreren Monaten/Jahren) *völlig exklusiv* zur Verfügung, so daß der IC-Nehmer während dieses Mietverhältnisses über die betreffenden Netzelemente ähnlich wie ein Eigentümer verfügen kann (Fall 1a in Abb. 5-1). Damit hat der IC-Nehmer auch gleichzeitig die Möglichkeit, das jeweilige Netzelement durch eine entsprechende Auswahl

[1] S. § 3, Nr. 9 u. 24 sowie § 35, Absatz 1, Satz 1, TKG sowie oben Kap. 2.1.2.

der ihm geeignet erscheinenden Netztechnik (z.B. Multiplextechnik) in seinem Sinne optimal zu nutzen.

- Der IC-Geber vermietet dem IC-Nehmer eine fest definierte Kapazität der Nutzung von bestimmten Netzelementen für einen abgegrenzten Zeitraum von i.d.R. mehreren Monaten bis zu einigen Jahren. Damit erhält der IC-Nehmer z.B. für Übertragungswege eine feste Bandbreite/Übertragungskapazität, die er ausschöpfen kann und damit *anteilig exklusive* Nutzungsrechte am jeweiligen entbündelten Netzelement (s. Fall 1b in Abb. 5-1). Die Entgelte für diese Kapazitäten fallen für die Dauer des Mietverhältnisses unabhängig von deren tatsächlicher Inanspruchnahme an. Damit trägt der IC-Nehmer – ebenso wie im vorgenannten Fall (1a) – das volle Auslastungsrisiko für die gemietete Kapazität. Allerdings wird bei dieser IC-Leistungsvariante die Auswahl der Netztechnik weitgehend vom IC-Geber bestimmt, so daß dem IC-Nehmer nur vergleichsweise geringe Möglichkeiten der Variation der Netztechnik (z.B. mittels Datenkompression) verbleiben.
- Der IC-Nehmer nutzt auf der Basis einer Rahmenvereinbarung Teile des Netzes des IC-Gebers fallweise – gesteuert durch seine individuelle Nachfrage bzw. die seiner Endkunden – und ohne Voranmeldung der jeweiligen Einzelnutzung, soweit hierfür ausreichend Kapazität im Netz des IC-Gebers zur Verfügung steht (s. Fall 2 in Abb. 5-1). Diese IC-Leistungsvariante wird als *Netzzusammenschaltung* bezeichnet.[2] Hierbei stellt der IC-Nehmer im Bedarfsfall eine TK-Verbindung unter temporärer Nutzung von Netzelementen des IC-Geber-Netzes her (ähnlich wie dies auch durch einen Endkunden des IC-Gebers mittels eines „normalen" Wählvorgangs erfolgt). Für diesen vergleichsweise kurzfristigen – im Einzelfall meist einige Minuten umfassenden – Nutzungsvorgang fällt ein i.d.R. primär in Abhängigkeit von (a) der Dauer und (b) dem Zeitpunkt der Nutzung differenziertes Entgelt an. Eine Möglichkeit der Variation der vom IC-Geber verwandten Netztechnik seitens des IC-Nehmers besteht hierbei praktisch nicht.

Neben dieser Differenzierung im Hinblick auf den Exklusivitätsgrad der Nutzung von Netzelementen ist im folgenden zu untersuchen, inwiefern für die drei Leistungsvarianten eine weitere Unterscheidung hinsichtlich des Umfangs der Netznutzung und der Netzebene/Netzelemente, an denen die physische

---

[2] S. auch Kap. 2.1.2.

Verbindung zwischen den Netzen von IC-Geber und -Nehmer erfolgt, vorzunehmen ist.[3]

Abb. 5-1: Systematisierung von Leistungsvarianten des besonderen Netzzugangs nach dem Exklusivitätsgrad der Nutzung von Netzelementen

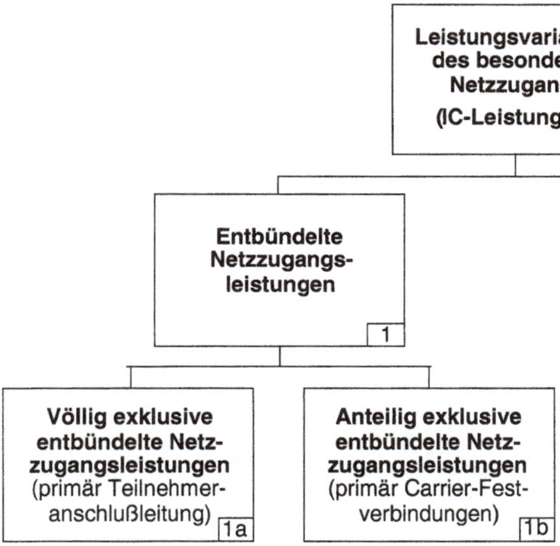

5.1.1 Völlig exklusiver entbündelter Netzzugang

Zwar ist die IC-Leistungsvariante des völlig exklusiven entbündelten Netzzugangs (Fall 1a in Abb. 5-1) *theoretisch* für eine Vielzahl von Netzelementen möglich. Jedoch ist in der Praxis fast ausschließlich der Zugang zu den Elementen des TK-Ortsnetzes, die für den Anschluß des jeweiligen Endkunden an das TK-Verbindungsnetz notwendig sind, von Relevanz. Gründe hierfür sind, daß es sich bei dieser Anschlußleitung – mit Ausnahme des Anschlusses einiger weniger Endkunden mit sehr hohem TK-Verkehrsaufkommen – um einen Bottleneckfaktor handelt und eine solche völlig exklusive Nutzung der Netzelemente des Verbindungsnetzes (wie z.B. Vermittlungseinrichtungen) durch den IC-Nehmer i.d.R. nicht möglich ist. Diese *exklusive* Überlassung von Verbindungsnetzelementen, die ja gerade aufgrund des normalerweise hohen Bündelungsgrades

[3] Vgl. ähnlich auch Lewin/Matthews 1998: 56-59.

der Verkehrsströme in diesem Netz zentrale Netzelemente darstellen, würde nämlich dem Incumbent u.U. selbst die Möglichkeit zur Erstellung von bestimmten TK-Diensten nehmen.[4] Daher soll hier unter dem *völlig exklusiven entbündelten Netzzugang* ausschließlich die Nutzung von Elementen des Ortsnetzes zum Anschluß des jeweiligen Endkunden verstanden werden. Dabei ist weiterhin zu untersuchen, an welchen Punkten/Ebenen des Ortsnetzes dieser Zugang erfolgt und welche Netzelemente damit genutzt werden. Hierzu wird zunächst die Struktur eines TK-Anschlußnetzes unter Verwendung der in Deutschland/bei der DTAG üblichen Begriffe beschrieben und in Abb. 5-2 visualisiert. Ein TK-Anschlußnetz beinhaltet im wesentlichen die folgenden Netzelemente:[5]

- (Abgesetzte) *Konzentratoren*, welche als vorgelagerter Teil der TVSt die vom Endteilnehmer kommenden Anschlußleitungen bündeln und dann der TVSt zuführen.
- *Hauptverteiler* (HVt), welche – zusammen mit dem Konzentrator, soweit vorhanden – die teilnehmerseitige Anschlußgruppe der TVSt darstellen und sich jeweils direkt an einer solchen bzw. an einem abgesetzten Konzentrator befinden.
- *Verzweigungselemente*, welche die zunächst in vergleichsweise konzentrierten Leitungsbündeln vom HVt abgehenden Anschlußleitungen auf dem Weg zu dem Netzabschlußpunkt des Endkunden in Kupferdoppeladern aufteilen. Hierbei ist noch zu unterscheiden zwischen in der Netzhierarchie „höher" angesiedelten Verzweigern, die zunächst die vom HVt kommenden, noch stark gebündelten Anschlußleitungen in kleinere Einheiten aufteilen (sogenannte *Kabelverzweiger* [KVz]), und den Verzweigern, die aus diesen Einheiten meist in unmittelbarer Nähe zum Standort des Endteilnehmers die jeweilige einzelne Anschlußleitung dieses Teilnehmers entnehmen (sogenannte *Endverzweiger* [EVz]).
- Netzabschlußpunkte auf seiten der Endteilnehmer (= Telekommunikations-Anschlußeinheit [TAE]).

---

4 Lediglich wenn für bestimmte Netzelemente ausreichende und physisch getrennte Kapazitäten existieren, wäre eine solche exklusive Überlassung – ohne eine nachhaltige Einschränkung der Fähigkeit des IC-Gebers zur Erbringung von TK-Diensten – möglich. Als Beispiel hierfür kann die Überlassung von unbeschalteten Glasfasern zwischen zwei Punkten (sogenannte „Dark Fiber") genannt werden.

5 Vgl. z.B. auch WIK 1998: 19-22. Die TVSt in ihrer Vermittlungsfunktion wird in dieser Arbeit als Teil der untersten Hierarchieebene des Verbindungsnetzes interpretiert. S. auch oben Kap. 2.1.1.

Abb. 5-2: Struktur eines TK-Anschlußnetzes der Deutschen Telekom AG

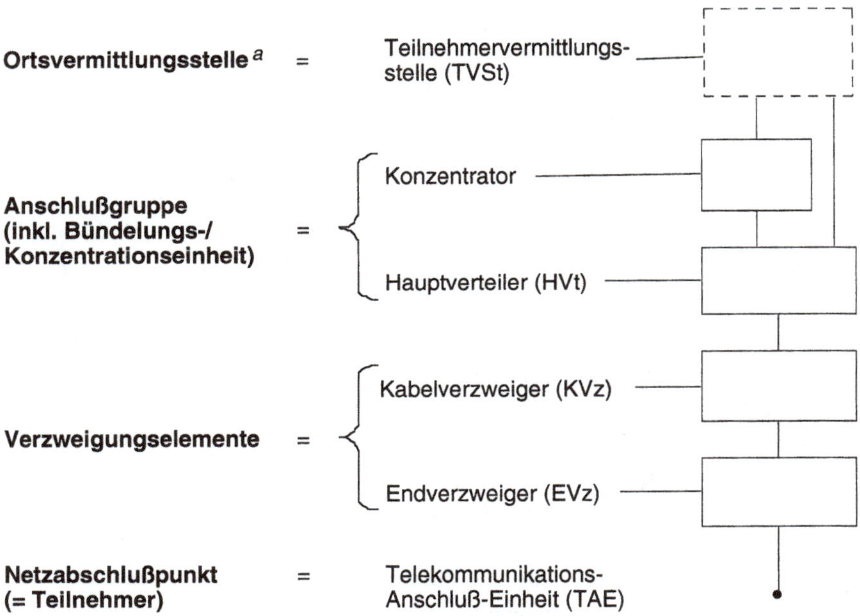

a) Schnittstelle des Anschluß- und Verbindungsnetzes, die hinsichtlich ihrer Vermittlungsfunktion als Teil des Verbindungsnetzes zu interpretieren ist.

Quelle: In Anlehung an WIK 1998: 19-22.

Der entbündelte Netzzugang kann somit *theoretisch* auf jeder dieser Netzebenen erfolgen. Allerdings sind diese Optionen aus praktischer betriebswirtschaftlicher Perspektive nicht durchweg sinnvoll:

- Der Zugang an der TAE oder an dem EVz, der sich typischerweise im oder am Gebäude/Standort des Endkunden befindet, ist insofern praktisch nicht relevant, da ein AC, statt einen Zugang an diesem Punkt zu verwirklichen, den Endkunden ebenso gut *direkt* an sein eigenes TK-Netz anschließen kann.
- Ein Netzzugang am KVz ist zwar theoretisch denkbar und könnte u.U. für den AC auch ökonomisch sinnvoll sein. In der Praxis müßte der AC, soweit er nicht zufällig bereits über eigene Netzelemente in der unmittelbaren Nähe des jeweiligen KVz des Incumbent verfügt, zum Anschluß verschiedener, räumlich verteilter Endkunden innerhalb eines Ortsnetzes schon bei relativ kleinen Ortsnetzen eine Vielzahl von KVz-Standorten mittels eigener Infra-

struktur erreichen.[6] An diese Verzweigungselemente sind nämlich aus Netztopologieoptimierungs- und Kapazitätsgründen i.d.R. nur einige Hundert Endkunden – in den DTAG-Ortsnetzen z.B. im Mittel[7] ca. 400 bis 600 – angebunden. Insofern ist ein Netzzugang an diesem Punkt insbesondere im Vergleich zur nachfolgend diskutierten Alternative des Zugangs am HVt i.d.R. eher unwirtschaftlich.

- Dem Zugang an der teilnehmerseitigen Anschlußgruppe der TVSt, dem HVt, kommt in Theorie und Praxis von IC-Leistungen im Sinne einer exklusiven Überlassung bestimmter Netzelemente im Rahmen einer mittel- bis langfristigen Mietvereinbarung bei weitem die höchste Bedeutung zu. Durch den Zugang an diesem Punkt kann der AC nämlich einerseits die Teilnehmeranschlußleitungen des IC-Gebers zur Überbrückung der „letzten Meile" zum Endkunden nutzen und dadurch insbesondere auch im Vergleich zur zuvor diskutierten Möglichkeit des Zugangs im KVz an vergleichsweise wenigen zentralen Punkten[8] (= den Standorten der HVt) verwirklichen sowie andererseits den jeweiligen Endnutzer fast „direkt" – d.h. ohne die Nutzung von Vermittlungseinrichtungen des IC-Gebers – an sein TK-Netz anschließen. Daher wird im folgenden für den entbündelten völlig exklusiven Netzzugang die Überlassung/Nutzung der *Teilnehmeranschlußleitung*, d.h. des Übertragungsweges vom HVt (Teilnehmer-/Anschlußseite) zum jeweiligen Endkundenanschluß, verstanden.

5.1.2 Anteilig exklusiver entbündelter Netzzugang

Diese IC-Leistungsvariante ist aus *theoretischer* Perspektive zwar ebenfalls für verschiedene Netzelemente denkbar. In der *Praxis* ist sie jedoch fast ausschließlich für sogenannte *Carrier-Festverbindungen (CFV)*, d.h. Punkt-zu-Punkt-Verbindungen mittels TK-Leitungen, die dem Mieter eine vereinbarte Übertragungsbandbreite – ohne Vermittlungsleistungen – zur Verfügung stellen, relevant. Dies liegt m.E. darin begründet, daß einerseits eine „anteilig exklusive" Nutzung

---

[6] So beläuft sich die Zahl der in Deutschland in Anschlußnetzen von der DTAG insgesamt eingesetzten KVz auf ca. 90.000, wogegen die Zahl aller HVt etwa 5.000 bis 6.000 betragen dürfte.

[7] Diese Werte basieren – ebenso wie die in der vorhergehenden Fußnote 6 bzw. bzw. der nachfolgenden Fußnote 8 genannten Werte – auf einer vom Autor durchgeführten Analyse und Hochrechnung der HVt-, KVz- und Kundenanschlußzahlen von 80 DTAG-Ortsnetzen, die ca. 1,6 Mio. Kundenanschlüsse repräsentieren und für die durch die Software zum WIK-Modell für das Ortsnetz entsprechende Daten bereitgestellt wurden. Zum WIK-Modell für das Ortsnetz s. Kap. 6.3.1.

[8] Beispielsweise sind an *einem* Hauptverteiler in den deutschen TK-Ortsnetzen der DTAG im Mittel ca. 7.000 bis 8.000 Endnutzer angeschlossen.

der TAL für einen AC nicht erstrebenswert ist, da die jeweilige Anschlußleitung nicht sinnvoll teilbar ist. Andererseits kann eine „anteilig exklusive" Nutzung von Vermittlungseinrichtungen im Sinn einer Reservierung von Vermittlungskapazitäten dazu führen, daß zur Sicherstellung des Netzzugangs fast jeder IC-Nehmer für eine große Zahl von Vermittlungen entsprechende Kapazitäten reservieren bzw. kaufen müßte, was die Gefahr der völligen „Überbuchung" des IC-Geber-Netzes bei einer gleichzeitigen Nichtausnutzung der Kapazitäten mit sich bringen würde.

CFV werden jedoch in dieser Arbeit *nicht* weiter betrachtet, da sie in der einschlägigen Literatur durchweg nicht als Netzzugangsleistungen klassifiziert werden.[9]

5.1.3 Netzzusammenschaltung

Mit der NZS wird auf die fallweise nicht-exklusive Nutzung von Teilen des IC-Geber-Netzes durch den IC-Nehmer auf Zeitbasis abgehoben. In der Praxis ist der jeweilige AC ganz besonders auf diese Variante des BNZ angewiesen, da er im Gegensatz zum Incumbent eine TK-Verbindung zwischen zwei Endnutzern (a) i.d.R. *nicht* ausschließlich über sein eigenes TK-Netz abwickeln kann und (b) die vorsorgliche Sicherung der Nutzung *aller* möglicherweise notwendigen Netzelemente/Teilstrecken für *alle* denkbaren Verbindungen durch Formen des exklusiven entbündelten Netzzugangs einer Anmietung des fast kompletten Incumbent-Netzes gleichkommen würde und der AC dann ebensogut ein eigenes TK-Netz aufbauen könnte.

Bei der NZS ist weiter zu differenzieren, welche Teile einer TK-Verbindung vom IC-Nehmer selbst erbracht bzw. welche vom IC-Geber zugekauft werden.

Hierzu werden zunächst die beim Aufbau bzw. die Aufrechterhaltung einer TK-Verbindung (TKV) relevanten Prozesse kurz vereinfacht unter Rückgriff auf die Visualisierung in Abb. 5-3 skizziert. Dies sind im einzelnen:[10]

---

[9] Zudem existiert im deutschen TK-Markt für CFV *partiell* – und hierbei insbesondere für Fernverbindungsstrecken zwischen Ballungsräumen – bereits ein Wettbewerbsmarkt, in dem die Preise eine deutlich fallende Tendenz aufweisen. Zur Preisentwicklung von Standardfestverbindungen, die den allgemeinen Fall der CFV darstellen und deren Preistrends damit dem bei CFV weitgehend entsprechen s. z.B. OECD 1999: 187-188; Gerpott et al. 1998: 1281-1285; Gerpott/Walter 1998: 34-38. Dies gilt jedoch *nicht* für CFV zwischen den einzelnen HVt der DTAG, die i.d.R. noch immer eine Monopolleistung darstellen.

[10] Vgl. WIK 1999: 58-59; Vogelsang/Mitchell 1997: 44-49; Arranz/Hackbarth 1996: 16-18. Auf eine in der Literatur z.T. gebräuchliche explizite Unterscheidung zwischen einer „logischen" und einer

(a) Die Signalisierung einer TKV in der Anschlußleitung der TKV-Quelle (= Endkunde, der die TKV initiiert; Punkt 1 in Abb. 5-3);

(b) die Weiterleitung dieser TKV über die Netzverzweigungselemente (Punkt 2 in Abb. 5-3);

(c) die Annahme der TKV in einer lokalen Vermittlung in der Nähe des TKV-Initiators (Punkt 3 in Abb. 5-3);

(d) die Weiterleitung der Verbindung mittels Übertragungswegen und ggf. über eine/mehrere FVSt (Punkte 4 und 5 in Abb. 5-3) zur lokalen Vermittlung der TKV-Senke (=Endkunde, der die TKV annimmt);

(e) die Annahme der TKV in einer lokalen Vermittlung (Punkt 6 in Abb. 5-3) in der Nähe der TKV-Senke;

(f) die Weiterleitung der Verbindung über die Netzverzweigungselemente (Punkt 7 in Abb. 5-3);

(g) die Zustellung der TKV von einer lokalen Vermittlung zur TKV-Senke (Punkt 8 in Abb. 5-3).

Soweit TKV-Quelle und -Senke an der gleichen TVSt angeschlossen sind, entfallen die Punkte (d) und (e).

Im folgenden wird, wie in der Literatur vielfach gebräuchlich, statt *TK-Verbindung* auch synonym der englische Begriff *Call* (= Telefonanruf/-gespräch) verwendet, wenngleich eine solche TKV auch für andere Zwecke als für die Sprachübertragung genutzt werden kann. Da es jedoch für die beteiligten Netzbetreiber weitgehend unerheblich ist, wie die jeweiligen Endkunden eine bereitgestellte und zur Sprachübertragung geeignete TKV tatsächlich nutzen, ist diese Vereinfachung sinnvoll.

„physischen" Netzebene wird hier verzichtet. Vielmehr wird stattdessen implizit von einer logischen Netzstruktur, welche die hierarchischen Beziehungen zwischen den einzelnen Netzelementen widerspiegelt, ausgegangen, und die Frage, wie die Implementierung dieser Netzfunktionalitäten im Detail physisch erfolgt, als nachgelagerte *technische* Problemstellung ausgeklammert. Zu der Beziehung zwischen logischer und physischer Netzebene s. z.B. WIK 1999: 5-8 u. 28-31.

Abb. 5-3: Strukturen/Elemente einer TK-Verbindung in einem öffentlichen TK-Netz

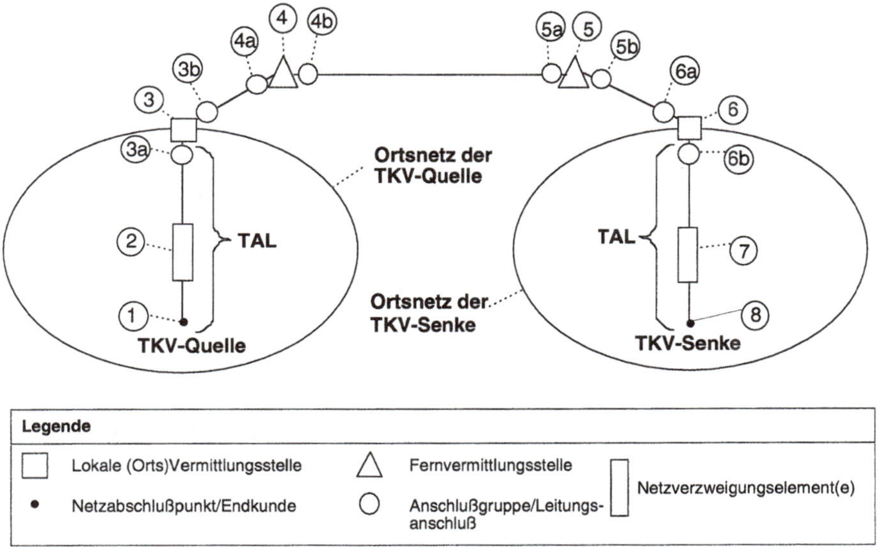

Bei den auf Basis von TKV erbrachten NZS-Leistungen sind diese Leistungen in zweierlei Hinsicht zu differenzieren:

(1) Zunächst sind diese danach zu unterscheiden, ob der AC die Annahme, Weiterleitung und/oder Zustellung der TKV vom Incumbent als NZS-Leistung nutzt.

(2) Weiterhin ist zu differenzieren, in welchem Umfang bei der jeweiligen NZS-Leistung (Annahme, Weiterleitung, Zustellung) auf das Netz des IC-Gebers zurückgegriffen wird; d.h. welche Netzelemente involviert sind bzw. über welche Strecken die TKV im IC-Geber-Netz geführt wird.

Ad (1): Hierbei gibt es grundsätzlich vier Formen der Inanspruchnahme von NZS-Leistungen durch den AC bzw. der Erbringung von NZS-Leistungen durch den Incumbent. Diese vier Arten von „Standard-NZS-Leistungen", welche in Abb. 5-4 visualisiert werden, kann man wie folgt charakterisieren:[11]

---

[11] Vgl. auch Wacker 1998: 6; Papandrea/Street 1997: 49-50; Telia 1997: 3 u. 7-8; Lewin/Kitchen 1994: 25-26.

(a) TKV-Zustellung oder „Call Termination"

Der AC nimmt eine TKV von seinem Kunden, der die Quelle der TKV darstellt und direkt an das TK-Netz des AC angeschlossenen ist, an und übergibt diese TKV an den Incumbent, der diese TKV zu dem an sein TK-Netz angeschlossenen Endnutzer (= Senke der TKV) durchschaltet (vgl. Teil (a) in Abb. 5-4).

(b) TKV-Annahme oder „Call Collection"

Der Incumbent nimmt von einem Endnutzer (= Quelle der TKV), der zumindest hinsichtlich dieser TK-Verbindung der Kunde des IC-Nehmers ist, jedoch an das Netz des Incumbent angeschlossen ist, eine TKV an und übergibt diese an den AC, der die TKV zum Ziel-Endkunden (= Senke der TKV) in seinem Netz weiterleitet (vgl. Teil (b) in Abb. 5-4).

(c) TKV-Annahme und -Zustellung

Verfügt der AC weder an der Quelle noch an der Senke der TKV, die von einem Endkunden bei ihm nachgefragt wird, über einen direkten Anschluß des jeweiligen Endnutzers an sein Netz, so muß der AC die beiden o.g. NZS-Leistungen (a) und (b) gleichzeitig für die Erbringung einer TKV vom Incumbent zukaufen (vgl. Teil (c) in Abb. 5-4). Dieser Fall hat wegen der in den meisten TK-Märkten zu beobachtenden Dominanz des jeweiligen Incumbent-Netzbetreibers im Anschlußnetz hohe praktische Relevanz.

(d) TKV-Durchleitung oder „Call Transit"

Hierbei erbringt der Incumbent umgekehrt nur eine NZS-Leistung, indem er eine TKV durch sein Netz leitet, ohne jedoch diese Verbindung bei einem der beteiligten Endkunden anzunehmen und/oder zuzustellen (vgl. Teil (d) in Abb. 5-4).

Bei den ersten beiden NZS-Varianten (a) und (b) erfolgt die Verbindung der TK-Netze von IC-Geber und -Nehmer an *einem* Punkt (= POI). In den beiden letztgenannten Fällen (c) und (d) sind jedoch zwei POI notwendig. Darüber hinaus kommen neben den zuvor genannten vier Standard-Varianten weitere Formen der Zusammenschaltung vor, die jedoch in der Praxis von festnetzgestützten

TKV innerhalb eines Staates nur von geringer Bedeutung sind und i.d.R. als Kombination dieser Standard-Varianten interpretiert werden können.[12]

Abb. 5-4: Prinzipdarstellung der von einem Incumbent für neue Netzbetreiber erbrachten Netzzusammenschaltungs-Leistungen

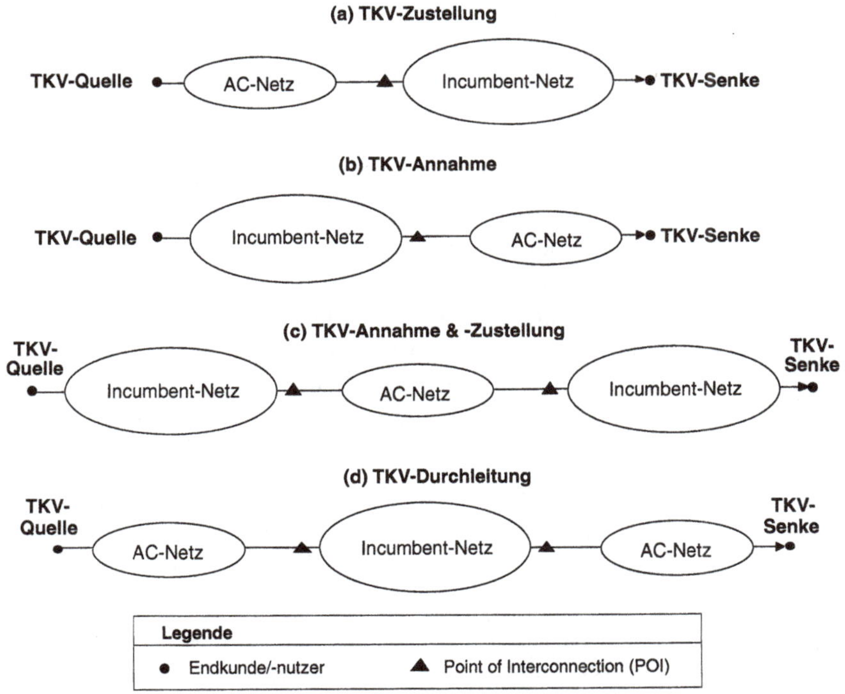

Ad (2): Schließlich ist zu differenzieren, an welchen Punkten bzw. auf welchen Netzebenen die zuvor beschriebene Zusammenschaltung zwischen dem Netz des IC-Gebers und IC-Nehmers jeweils erfolgt und welche Netzelemente dadurch genutzt werden bzw. welche TK-Verbindungsstrecke damit als NZS-Leistung erbracht wird.

Bezüglich der Netzebene ist *theoretisch* an jedem der in Abb. 5-3 dargestellten Elemente (s. Punkte 1 bis 8 in Abb. 5-3) eine Zusammenschaltung denkbar. Aller-

---

12 Beispielsweise ist es denkbar, daß der Call-Transit nacheinander durch zwei unterschiedliche TK-Netzbetreiber erfolgt und dementsprechend innerhalb der TKV drei POI's notwendig sind.

dings kommt in der *Praxis* den Netzelementen im Anschlußnetz (d.h. den „unterhalb" der jeweiligen TVSt liegenden Elementen, s. Punkte 1, 2, 7 und 8 in Abb. 5-3) als POI für NZS-Leistungen insofern *keine* Bedeutung zu, da hier, wie weiter oben für den völlig exklusiven entbündelten Netzzugang bereits diskutiert wurde, eine Zusammenschaltung auf der Ebene des Endkunden bzw. der Verzweigungselemente i.d.R. ökonomisch nicht sinnvoll ist. Hierbei wären nämlich seitens des IC-Nehmers noch immer eine Vielzahl von Endkunden bzw. Verzweigungselementen *ohne* Nutzung der Bündelungsvorteile des Zugangsnetzes des IC-Gebers anzuschließen. Vielmehr erfolgt im Regelfall die physische Anbindung des IC-Nehmers an das Netz des IC-Gebers für die Nutzung von NZS-Leistungen an den Vermittlungseinrichtungen des IC-Gebers bzw. genauer an deren Anschlußgruppen. Dies ist erstens darin begründet, daß die richtige Weitergabe der TKV an den IC-Nehmer im Fall der NZS-Leistung TKV-Annahme bzw. deren korrekte Zustellung an die TKV-Senke im Fall der NZS-Leistung TKV-Zustellung auch eine Vermittlungsleistung beinhaltet. Zweitens ist der IC-Nehmer – mangels einer ausreichenden eigenen Netzinfrastruktur in mindestens einem der beiden an der TKV beteiligten Ortsnetze und/oder in Teilen des Verbindungsnetzes – i.d.R. gerade auf die Übertragungs- *und* Vermittlungsleistung des IC-Gebers angewiesen.

Daher werden in der Praxis der Netzzusammenschaltung die o.g. vier Leistungen lediglich weiter danach differenziert, über welche Distanzen/Entfernungszonen diese erbracht werden bzw. welche Netzelemente zur Überbrückung dieser Entfernungen notwendig sind. Hierbei werden in den meisten TK-Märkten die drei Entfernungsklassen Ortsbereich („Local"), Regionalbereich („Single Transit") und Überregional-/Fernbereich („Double Transit") unterschieden, die auch die EU für Vergleichszwecke und Empfehlungen verwendet.[13] Damit ergeben sich zunächst theoretisch die in Abb. 5-5 visualisierten zwölf Leistungsvarianten für die NZS.

---

[13] S. auch. Kap. 2.3.3 sowie Anhang zur Empfehlung 98/195/EG. Abweichend hiervon galten jedoch in Deutschland Ende 1999 vier Entfernungsklassen.

Abb. 5-5: Differenzierung von Leistungsvarianten der Netzzusammenschaltung

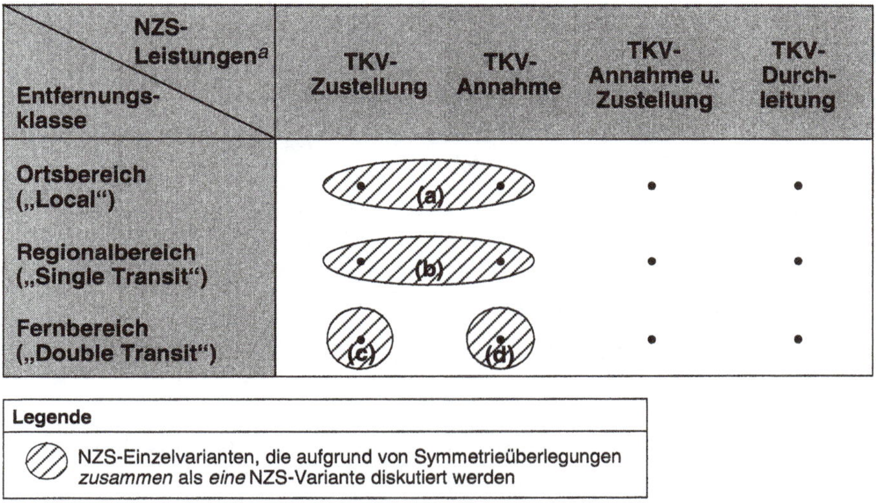

a) Vgl. auch Abb. 5-4.

Da jedoch die NZS-Leistungen TKV-Annahme und -Zustellung weitgehend symmetrisch sind, indem jeweils eine *prinzipiell identische* Leistung entweder zwischen der TKV-Quelle und dem Netz des IC-Nehmers (= TKV-Annahme) oder zwischen dem Netz des IC-Nehmers und der TKV-Senke erbracht wird, kann auf eine getrennte Betrachtung beider Kategorien in fast allen Fällen verzichtet werden. Eine partielle Ausnahme hiervon bildet allerdings der „Double Transit"-Fall, auf den weiter unter noch eingegangen wird. Ebenso kann die kombinierte NZS-Leistung TKV-Annahme und -Zustellung insofern ausgeklammert werden, als daß sie sich jeweils aus zwei Einzelleistungen zusammensetzt. Auch auf eine genauere Betrachtung der Leistung TKV-Durchleitung soll an dieser Stelle verzichtet werden, da für die Nutzung dieser Leistung, bei der ein oder zwei verschiedene AC gleichzeitig über einen direkten Anschluß zur TKV-Quelle und -Senke verfügen müssen, aufgrund der Bottleneckeigenschaft des Ortsnetzes ein in der Praxis eher selten vorkommender Einzelfall sein dürfte. Somit verbleiben vier NZS-Leistungsvarianten (vgl. auch Abb. 5-5), für welche die jeweils genutzten Netzelemente im folgenden kurz erläutert werden:

(a) Lokale TKV-Zustellung bzw. -Annahme („Local Level");

(b) Regionale TKV-Zustellung bzw. -Annahme („Single Transit");

(c) Überregionale TKV-Zustellung („Double Transit");

(d) Überregionale TKV-Annahme („Double Transit").

Ad (a): Lokale Netzzusammenschaltung

Hierbei erfolgt die Zusammenschaltung zwischen dem IC-Geber- und -Nehmernetz an der TVSt (= POI), an welche die TKV-Senke im Fall der TKV-Zustellung bzw. die TKV-Quelle im Fall der TKV-Annahme angeschlossen ist. Dabei werden folgende TK-Netzelemente genutzt:

- die TAL (Punkte 1+2 bzw. 7+8 in Abb. 5-3);
- die TVSt[14] (Punkt 3 bzw. 6 in Abb. 5-3);
- die verbindungsnetzseitige Anschlußgruppe bzw. der Leitungsanschluß dieser Gruppe (Punkt 3b bzw. 6a in Abb. 5-3).

Ad (b): Regionale Netzzusammenschaltung

In diesem Fall erfolgt die Zusammenschaltung zwischen dem IC-Geber- und -Nehmernetz an einer regionalen FVSt (= POI), der die TVSt der TKV-Senke im Fall der TKV-Zustellung bzw. der TKV-Quelle im Fall der TKV-Annahme zugeordnet ist und die im Großraum des Anschlußnetzes von TKV-Senke bzw. -Quelle liegt. Dabei werden folgende TK-Netzelemente genutzt:

- die zuvor unter (a) genannten Elemente der lokalen TKV-Zustellung bzw. -Annahme;
- die Übertragungsleitung zwischen TVSt und FVSt (Strecke zwischen Punkt 3b und 4a bzw. 5b und 6a in Abb. 5-3);
- der Leitungsanschluß der FVSt, welcher der TVSt „zugewandt" ist (Punkt 4a bzw. 5b in Abb. 5-3);
- die FVSt (Punkt 4 bzw. 5 in Abb. 5-3);
- der Leitungsanschluß der FVSt zum IC-Nehmer (Punkt 4b bzw. 5a in Abb. 5-3).

[14] Die Nutzung einer Vermittlungsstelle beinhaltet insbesondere das sogenannte Koppelfeld-/netz sowie die Steuerung(seinheit). Zum Aufbau und zur Funktionsweise einer Vermittlungsstelle s. z.B. Siegmund 1999: 19-21; WIK 1999: 43-44.

Ad (c): Überregionale Netzzusammenschaltung (TKV-Zustellung)

Bei dieser NZS-Leistungsvariante erfolgt die Zusammenschaltung zwischen dem IC-Geber- und -Nehmernetz an einer überregionalen FVSt (= POI) außerhalb des Großraumes des Ortsnetzes der TKV-Senke. Hierbei werden folgende TK-Netzelemente genutzt:

- die zuvor unter (b) genannten und auf das Ortsnetz/den Großraum der TKV-Senke bezogenen Elemente der Leistung regionale NZS;
- die Übertragungsstrecke zwischen der regionalen FVSt (Punkt 5 in Abb. 5-3) und der überregionalen FVSt (Punkt 4 Abb. 5-3), die jedoch in diesem Fall nicht notwendigerweise in der Region der TKV-Quelle liegen muß, sondern vielmehr einen geeigneten POI zum Netz des IC-Nehmers darstellt;
- den Leitungsanschluß der überregionalen FVSt, welcher der FVSt zugewandt ist (Punkt 4b in Abb. 5-3);
- die überregionale FVSt (Punkt 4 in Abb. 5-3);
- den Leitungsanschluß der FVSt zum IC-Nehmer (Punkt 4a in Abb. 5-3).

Ad (d): Überregionale Netzzusammenschaltung (TKV-Annahme)

Diese NZS-Leistung beinhaltet zunächst *theoretisch* die Nutzung der gleichen Netzelemente, wie im Fall der TKV-Zustellung, bzw. die diesen auf der Seite der TKV-Quelle entsprechenden Netzelemente. Allerdings ist zu beachten, daß dies nur im Fall einer streng hierarchischen Verkehrsführung gilt und daß in der Realität bei hohem Verkehrsaufkommen für TKV bzw. im NZS-Fall der TKV-Annahme häufig soweit technisch möglich eine *direkte* Verbindung zwischen der TVSt der TKV-Quelle und der überregionalen FVSt geschaltet wird und dadurch eine TKV, die hinsichtlich ihrer Entfernung eigentlich einen „Double Transit"-Fall darstellt, mit einer gewissen Wahrscheinlichkeit de facto als „Single Transit"-Fall abgewickelt wird.[15] Dieser Zusammenhang wird in Abb. 5-6 kurz dargestellt.

Daher ist ein Teil der NZS-Leistungen vom Typ überregionale TKV-Annahme in der Praxis hinsichtlich der genutzten TK-Netzelemente wie die entsprechende, zuvor unter (c) beschriebene NZS-Leistung überregionale TKV-Zustellung, und ein anderer Teil wie die oben unter (b) dargestellte Leistung regionale NZS zu behandeln.

---

[15] S. WIK 1999: 4-5 u. 59.

Abb. 5-6: Grobstruktur der Nutzung von Netzelementen durch Leistungsvarianten der Netzzusammenschaltung

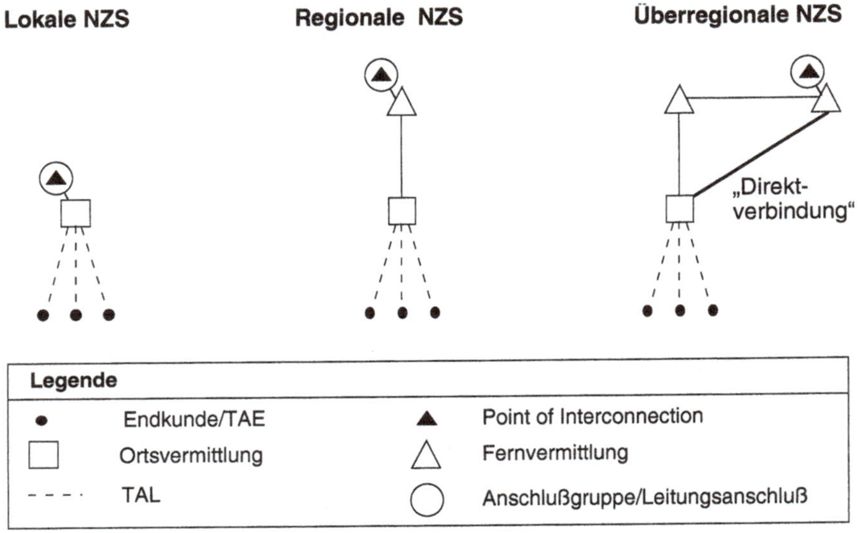

Quelle: WIK 1999: 4.

Abb. 5-7: Nutzungsumfang der TK-Netzelemente durch Leistungsvarianten der Netzzusammenschaltung

NZS-Leistung / Genutzte Netzelemente	Lokale NZS (TKV-Zustellung oder -Annahme)	Regionale NZS (TKV-Zustellung oder -Annahme)	Überregionale NZS (TKV-Zustellung)
	Zahl der durch die NZS-Leistung genutzten Netzelemente		
• TAL	1	1	1
• Leitungsanschluß [a]	1	3	5
• TVSt	1	1	1
• FVSt	0	1	2
• Verbindung TVSt – FVSt	0	1	1
• Verbindung FVSt – FVSt	0	0	1

a) Ohne die teilnehmerseitigen Anschlüsse der TVSt, welche Bestandteil der TAL sind.

Quelle: In Anlehnung an WIK 1999: 60.

In welchem Umfang die drei NZS-Leistungsvarianten lokale, regionale und überregionale NZS (TKV-Zustellung) die einzelnen Netzelemente jeweils nutzen, wird in Abb. 5-7 zusammenfassend dargestellt. Beispielsweise werden durch die NZS-Leistung lokale NZS die TAL sowie eine TVSt inklusive des verbindungsnetzseitigen Leitungsanschlusses genutzt, jedoch weder Verbindungen zwischen Vermittlungseinrichtungen noch eine FVSt.[16]

5.1.4 Fazit

In dieser Untersuchung werden unter dem Terminus *besonderer Netzzugang* bzw. unter dem synonym verwandten Begriff *Interconnection* die folgenden zwei Leistungsvarianten verstanden:

(1) Der Fall der völlig exklusiven Überlassung von Netzelementen, wobei dieser hier auf die Nutzung der TAL reduziert wird, da der Nutzung dieses Netzteils durch IC-Nehmer, aufgrund seiner mit hoher Wahrscheinlichkeit noch lange Zeit fortdauernden Bottleneckeigenschaft, in der Praxis der IC-Nutzung und -Regulierung von solch exklusiven IC-Leistungsvarianten bei weitem die höchste Bedeutung zukommt. Dabei kann dieser BNZ zur TAL anhand technischer Spezifikationen der genutzten Netztechnik – wie z.B. Leitungstyp (Kupferleiter vs. LWL), Anzahl der Drähte/Fasern, mögliche Übertragungsbandbreite/-geschwindigkeit (= „Bitrate") – noch weiter differenziert werden. Beispielsweise unterscheidet der Regulierer im deutschen TK-Markt zwischen acht entbündelten und elf gebündelten Varianten der Nutzung der TAL durch IC-Nehmer.[17] In dieser Arbeit soll unter dem Begriff TAL die TAL-Variante der entbündelten Nutzung einer einfachen, d.h. *nicht* hochbitratigen Kupferdoppelader verstanden werden,[18] da dieser TAL-Variante in der Praxis für die Anbindung von privaten Endnutzern sowie von kleinen bis mittleren Geschäftskunden die weitaus größte Bedeutung zukommt.

(2) NZS-Leistungen, d.h. die fallweise Nutzung bestimmter Teilkapazitäten von Netzelementen zur Erbringung von TK-Diensten.

Im folgenden bezieht sich die Diskussion von IC-Kosten und -Preisen, soweit keine explizite Eingrenzung erfolgt, immer auf *beide* vorgenannten Leistungsvarianten.

---

[16] Der teilnehmerseitige Leitungsanschluß der TVSt ist als Bestandteil der TAL bereits berücksichtigt.

[17] S. Regulierungsbehörde für Telekommunikation und Post 1999e: 511-521.

[18] In Deutschland bezeichnet man diese TAL-Variante als „Kupferdoppelader 2 Draht".

5.2 Kostenkategorien der Bereitstellung und Inanspruchnahme des besonderen Netzzugangs

Im Rahmen der Diskussion von IC-Kosten werden diese in Literatur und Praxis oftmals implizit auf eine oder wenige Kostenkategorien der Bereitstellung und Inanspruchnahme des BNZ reduziert, ohne daß diese Reduktion erläutert oder begründet wird. In diesem Abschnitt wird daher zunächst präzisiert, welche Kosten dem IC-Geber durch die Bereitstellung und Inanspruchnahme des BNZ entstehen und welche betriebswirtschaftliche Bedeutung diesen Kosten zukommt bzw. inwiefern eine Reduzierung der IC-Kostenproblematik auf einzelne Kostenkategorien zweckmäßig ist.[19]

Die Kosten, welche dem IC-Geber im Zusammenhang mit der Bereitstellung und Inanspruchnahme des BNZ entstehen, sind zunächst zu unterscheiden in Einzelkosten (s. Kasten 1 in Abb. 5-8), Gemeinkosten der gesamten IC-Bereitstellung für verschiedene IC-Nehmer (= Joint Cost der Produktgruppe IC-Leistungen; s. Kasten 2 in Abb. 5-8) und Gemeinkosten für das Gesamtunternehmen bzw. den Bereich TK-Netzbetrieb des IC-Gebers (s. Kasten 3 in Abb. 5-8). Innerhalb der Einzelkosten ist wiederum zu differenzieren zwischen fixen Einzelkosten, die je IC-Nehmer/-Vereinbarung anfallen, sich jedoch i.d.R. nicht kontinuierlich mit dem Umfang der in Anspruch genommenen IC-Leistungseinheiten verändern (z.B. Zahl der Anschlußleitungen bzw. Menge der TK-Verbindungsminuten; Kasten 1a in Abb. 5-8) und variablen, von der Zahl/dem Umfang der genutzten IC-Leistungen abhängigen, Kosten (Kasten 1b in Abb. 5-8).[20] Diese, in Abb. 5-8 dargestellten Kategorien von IC-Kosten werden in den folgenden Kap. 5.2.1 bis 5.2.4 kurz erläutert sowie im Hinblick auf ihre Berücksichtigung im Rahmen der IC-Preisfindung diskutiert.

---

[19] Hierbei wird auf die Fragestellung, inwieweit diese Kosten im steuerrechtlichen Sinne abzugsfähige Betriebsausgaben darstellen, *nicht* genauer eingegangen, da (a) eine solche Analyse von Steuereffekten den Rahmen dieser Untersuchung deutlich sprengen würde sowie (b) die Frage der Berücksichtigung steuerlicher Auswirkungen für die Kosten von IC-Leistungen nur für das konkrete Steuerrecht *eines* Staates – jedoch *nicht allgemein* für verschiedene Incumbent-Netzbetreiber – sinnvoll zu analysieren ist. Vielmehr wird zur Vereinfachung davon ausgegangen, daß alle Kosten die steuerliche Bemessungsgrundlage in gleichem Umfang mindern.

[20] Vgl. zu den folgenden Punkten und deren Diskussion in den Kap. 5.2.1 bis 5.2.4 auch Papandrea/Street 1997: 21-23; Vogelsang 1996a: 9; Coudert Brothers 1995: 72-74; Cuthbertson 1995: 2; Katz et al. 1995: 329; WIK/EAC 1994: 86-88. Zudem beruhen die in diesen Kapiteln sowie in den Kap. 5.3 bis 5.5 dargestellten Zusammenhänge z.T. auch auf vom Autor mit verschiedenen TK-Netzbetreibern und TK-Infrastrukturherstellern durchgeführten Projekten und Interviews.

Abb. 5-8: Systematisierung von Kostenkategorien für die Bereitstellung und Inanspruchnahme von Interconnection-Leistungen

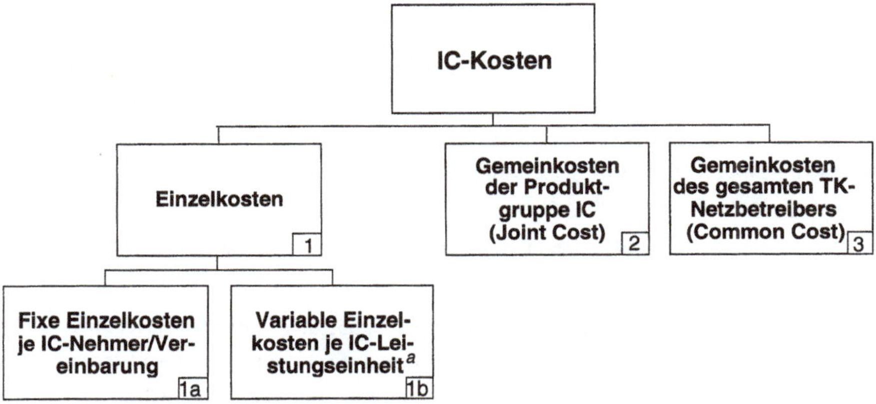

a) Die variablen Einzelkosten sind i.d.R. nur für den Fall der NZS relevant.

Im Anschluß daran werden in den Kap. 5.3 bis 5.5 die in Theorie und Praxis intensiv diskutierte *Kernfragen* der Preisfindung für Leistungen des BNZ, nämlich wie die (Gemein)Kosten des TK-Netzbetreibers (vgl. Kasten 3 in Abb. 5-8) zu quantifizieren sind und welche Anteile dieser Kosten anhand welcher Systematik den IC-Leistungen zuzurechnen sind, ausführlich analysiert.

5.2.1 Fixe Einzelkosten

5.2.1.1 Kostenerläuterung

Einmalige Fixe Einzelkosten

Diese Kosten können (a) als Set-up-Kosten zum Zeitpunkt der erstmaligen Bereitstellung des BNZ an einem bestimmten POI bzw. im Fall einer deutlichen Erweiterung des nachgefragten Volumens an IC-Leistungen als Erweiterungs-Set-up-Kosten auftreten. Hierzu zählen alle Kosten, die dem IC-Geber im Zusammenhang mit der Ermöglichung des BNZ für den jeweiligen IC-Nehmer und hierbei insbesondere in Verbindung mit der Zusammenschaltung der TK-Netze entstehen. Dies sind insbesondere:

(1) Kosten für Umstellung/(Neu)Konfiguration der Steuersoftware (a) der Netzelemente/Vermittlungseinrichtungen, in denen die Zusammenschaltung erfolgt sowie (b) der übergeordneten Netzkomponenten.[21]

(2) Kosten für Einrichtung der physischen Verbindung zwischen dem Netz des IC-Gebers und -Nehmers; d.h. vor allem Kosten für (a) die Schaffung von Schnittstellen am POI-Netzelement (d.h. am HVt oder der TVSt/FVSt) und (b) die Kabelwege vom IC-Nehmer- zum IC-Geber-Netz (bzw. umgekehrt), soweit diese nicht durch den IC-Nehmer bereitgestellt werden.

(3) Kosten für Kompatibilitätstests, die zur Gewährleistung einer einwandfreien Funktion der Zusammenschaltung notwendig sind.

(4) Kosten für sonstige, durch die Zusammenschaltung mit den jeweiligen IC-Nehmer verursachte bauliche oder andere Infrastrukturanpassungsmaßnahmen, soweit diese Leistungen nicht vom IC-Nehmer selbst erbracht werden.

(5) Kosten für die administrative Abwicklung der unter (1) bis (4) genannten Maßnahmen.

Laufende fixe Einzelkosten

Diese Kosten entstehen dem IC-Geber i.d.R. laufend, unabhängig von der tatsächlichen Nutzung des BNZ durch den IC-Nehmer. Es handelt sich hierbei insbesondere um (a) Kosten der Wartung/Instandhaltung der jeweils (mit)benutzten Räumlichkeiten und Leitungswege sowie (b) um die Kosten des Kapitals, das durch diese Infrastrukturelemente gebunden wird.[22]

Speziell im Hinblick auf die Räumlichkeiten und Leitungswege sind Kosten (a) der Mitbenutzung der Gebäudeteile am Ort der Zusammenschaltung (d.h. die Nutzung sogenannter Kollokationsräume[23], die dem IC-Nehmer vom IC-Geber zur Unterbringung der Technik, die für die Herstellung der Netzverbindung notwendig ist, zur Verfügung gestellt werden), (b) der Kabelwege zur Verbindung beider Netze sowie (c) der Nutzung von Signalisierungseinrichtungen (d.h. die Überlassung von sogenannten Zeichengabekanälen) zu diferenzieren.

---

[21] Auch wenn z.B. ein AC/IC-Nehmer nur über einige wenige eigene Vermittlungseinrichtungen und POI's zum Netz des Incumbent verfügt, muß die Netzsteuerungssoftware des Incumbent-Netzes trotzdem die – i.d.R. durch eine sogenannte Verbindungsnetzbetreiberkennzahl – als TKV dieses AC gekennzeichneten Gespräche der Kunden des AC in *allen* (Orts)Vermittlungsstellen erkennen und korrekt weiterleiten können.

[22] Zur Problematik der Kosten des Kapitaleinsatzes s. ausführlicher Kap. 5.3.5.

[23] Die Nutzung dieser Kollokationsräume ist lediglich im Fall der physischen Kollokation relevant. Zum Begriff der physischen Kollokation s. Kap. 2.3.1.2.

5.2.1.2 Kostenberücksichtigung bei der Preisfindung für Leistungen des besonderen Netzzugangs

Kostenberücksichtigung einmaliger fixer Einzelkosten

Die Kosten der Einrichtung der physischen Verbindung zwischen dem Netz des IC-Gebers und dem Netz des jeweiligen IC-Nehmers sowie die entsprechenden Kosten für die notwendigen Softwarekonfigurationsmaßnahmen fallen i.d.R. einmalig an und stellen (sprung)fixe Kosten dar, die – innerhalb bestimmter Grenzen – vom Umfang der in Anspruch genommenen IC-Leistungen unabhängig sind. Gleiches gilt für die in diesem Zusammenhang entstehenden administrativen Kosten. Daher liegt es nahe, diese Leistungen durch einmalige Entgelte (je POI), die nach dem Umfang der durchzuführenden Arbeiten (z.B. einfache Leitweglenkung für normale Telefongespräche vs. Leitweglenkung für spezielle vom IC-Nehmer seinen Kunden angebotene Mehrwertdienste[24]) zu differenzieren sind, zu bepreisen. Dies entspricht auch der in den meisten Staaten (z.B. Deutschland, USA, Frankreich) gängigen Praxis.

Kostenberücksichtigung laufender fixer Einzelkosten

Die Kosten für die laufende (Mit)Nutzung von Gebäudeteilen und hierbei insbesondere der Kollokationsräume sowie der zugehörigen, zum Betrieb von TK-Netztechnikkomponenten notwendigen Infrastruktur (z.B. Klimatisierungstechnik oder Systeme zur Gewährleistung einer unterbrechungsfreien Spannungsversorgung bei Stromausfall), werden – wie bei der Überlassung von Immobilien üblich – i.d.R. mittels monatlicher oder jährlicher Mietzahlungen erhoben. Gleiches gilt für die Nutzung von Leitungen innerhalb der Gebäude, in denen die Zusammenschaltung erfolgt (sogenannter Intra-Building-Abschnitt) sowie im Fall der *virtuellen Kollokation*[25] zwischen den Netzknotenpunkten von IC-Geber und -Nehmer (sogenannter Inter-Building-Abschnitt).

Ebenso ist die Überlassung/Nutzung von Netzelementen zur Signalisierung und zum Transport von Informationen *über* die TKV (sogenannte Zeichengabekanä-

[24] Beispielsweise erfordert die Konfiguration der Software zur Steuerung der einzelnen Vermittlungseinrichtungen für sogenannte „Freephone"-Dienste des IC-Nehmers weitere über die Konfiguration für „normale" TK-Verbindungen hinausgehende Eingriffe, die für den deutschen TK-Markt in den entsprechenden, von der RegTP genehmigten Preislisten der DTAG ausgewiesen werden.

[25] Zum Begriff der virtuellen Kollokation vgl. Kap. 2.3.1.2 sowie die dort angegebene Literatur.

le) auf Basis eines solchen jährlichen oder monatlichen pauschalen Nutzungsentgeltes pro Zeichengabekanal üblich.[26]

Konfliktpotential bei der Kostenberücksichtigung

Die Bestimmung der Höhe dieser Kosten bzw. der hieraus resultierenden Preise birgt insofern i.d.R. nur geringes Konfliktpotential zwischen IC-Geber und -Nehmer, als daß (a) diese Kosten eindeutig der Bereitstellung des BNZ zuzurechnen sind und (b) der IC-Nehmer einen großen Teil der durch den IC-Geber berechneten Leistungen (wie z.B. Durchführung von Kompatibilitätstest, Bereitstellung von Netzschnittstellentechnik) theoretisch selbst erbringen oder zumindest mit für solche Leistungen üblichen Marktpreisen vergleichen kann. Allerdings ist dieses Konfliktpotential höher einzuschätzen, wenn der IC-Nehmer auf die Nutzung von Vermögensgegenständen, die sich im Besitz oder unter der exklusiven Kontrolle des IC-Gebers befinden, zwingend angewiesen ist und der IC-Geber die sich hieraus ergebende Verhandlungsmacht zur Durchsetzung von deutlich über Marktpreisen liegenden Entgelten zu nutzen versucht. In der Praxis konnte dieses höhere Konfliktpotential in Deutschland beispielsweise 1997/98 bei der Diskussion zwischen AC und DTAG über die Höhe der Miete für Kollokationsräumen beobachtet werden.

5.2.2 Variable Einzelkosten

5.2.2.1 Kostenerläuterung

Die variablen Einzelkosten von IC-Leistungen lassen sich unterscheiden in:

(1) Kosten, die in Abhängigkeit von der Inanspruchnahme der IC-Leistung je TKV bzw. je TKV-Zeiteinheit anfallen. Diese Kosten sind nur für NZS-Leistungen relevant, da im Fall der TAL die IC-Leistung ohnehin dauerhaft und nicht nutzungsorientiert bereitgestellt und entsprechend durch feste (monatliche) Preise entgolten wird.[27] Zu dieser Kostenkategorie zählen insbesondere die Kosten der Verbindungssignalisierung und -abrechnung.[28] Die Verbindungssignalisierung und -steuerung einer TKV erfolgt mittels sogenannter

---

[26] Vgl. hierzu auch Kap. 5.2.2.1.

[27] Daher wird nachfolgend im Kap. 5.2.2 auch explizit von diesen NZS-Leistungen gesprochen.

[28] Die Kosten der (Mit)Nutzung des TK-Netzes des IC-Gebers sind als Gemeinkosten zu klassifizieren und werden dementsprechend in den Kap. 5.2.4, 5.3 und 5.4 diskutiert.

„Meta-Daten".[29] Diese „Meta-Daten" der TKV werden im TK-Netz in einem separaten Zeichengabekanal übertragen. Insofern setzen sich diese Kosten (a) aus den Kosten für die Bereitstellung solcher Zeichengabekanäle und (b) ggf. aus den Kosten im Zuge der Nutzung dieser Kanäle (z.B. Kosten für elektrische Energie) zusammen. Hinzu kommen die Kosten der Abrechnung von NZS-Leistungen, soweit diese vom Umfang der genutzten NZS-Leistungen abhängen.

(2) Kosten, die für bestimmte vom IC-Geber erbrachte Einzelleistungen – wie Wartungs- und Entstörungsarbeiten – anfallen, soweit diese (a) vom IC-Nehmer zu verantworten *und* (b) nicht Bestandteil der Überlassungsvereinbarung bzw. dem hierfür zu entrichtenden festen Entgelt sind.

5.2.2.2 Kostenberücksichtigung bei der Preisfindung für Leistungen des besonderen Netzzugangs

Variable Kosten der Inanspruchnahme von IC-Leistungen

Die Kosten der Verbindungssignalisierung und -abrechnung stellen hinsichtlich der Anzahl der in Anspruch genommenen NZS-Leistungen, d.h. der Zahl der TK-Verbindungen bzw. der TK-Verbindungsaufbauversuche, variable Kosten dar. Sie sind jedoch keine variablen Kosten hinsichtlich der Dauer der einzelnen NZS-Leistung/TK-Verbindung. Insofern können diese Kosten (a) als fester Preis je TK-Verbindung(saufbauversuch) berechnet werden oder (b), da die absolute Höhe dieser Kosten vergleichsweise gering ist und insbesondere die Kosten der Verbindungssignalisierung letztendlich auch auf den Kosten der Nutzung von Netzkapazitäten beruhen, auch zusammen mit diesen Kapazitätsnutzungskosten erhoben werden. In der Praxis der Regulierung von NZS-Preisen sind beide Formen der Berechnung von Kosten der Verbindungssignalisierung und -abrechnung zu beobachten.[30] Als ein Beleg dafür, daß die absolute Höhe der Kosten für die Verbindungssignalisierung vergleichsweise gering ist, kann die diesbezüg-

---

[29] Unter „Meta-Daten" sind hierbei Daten über andere Daten bzw. zur Steuerung anderer Daten zu verstehen. Im Fall einer TKV zählen hierzu alle Daten, die zum Auf- und Abbau der jeweiligen TKV ausgetauscht werden, wie z.B. Wahlinformationen, Rufsignalübermittlung oder Meldeanzeige. Für eine genauere Darstellung der Prozesse beim Auf- und Abbau von TKV sowie der entsprechenden Signalisierungsfunktionen s. z.B. Siegmund 1999: 10-12.

[30] So wurde Mitte 1998 z.B. in Belgien, Dänemark, Finnland, den Niederlanden und Schweden ein fixer, von der Verbindungsdauer unabhängiger Preis je IC-Verbindungsversuch erhoben. Demgegenüber wurden zum genannten Zeitpunkt z.B. in Deutschland, Frankreich, Großbritannien, Österreich und Spanien solche fixen Verbindungsentgelte nicht berechnet. S. Anhang zur Empfehlung 98/195/EG.

liche Preispolitik der DTAG im deutschen TK-Markt angesehen werden. So belief sich das von der DTAG für die Überlassung eines sogenannten Zeichengabekanals (Fachterminus der DTAG: ZZK7) im Rahmen von ersten NZS-Verhandlungen Mitte 1997 *geforderte* Entgelt auf weniger als DM 100,- pro Monat. Das nach den Verhandlungen zwischen der DTAG und AC sowie der Überprüfung seitens der RegTP in den einzelnen NZS-Verträgen tatsächlich vereinbarte Entgelt für diese Leistung dürfte demnach tendenziell noch unter diesem Betrag liegen. Berücksichtigt man dabei, daß von der DTAG *keine* zusätzlichen variablen Entgelte für die Nutzung des Zeichengabekanals gefordert/erhoben werden und daß ein Zeichengabekanal die Signalisierungsfunktion für eine Übertragungskapazität von mindestens 60 MBit/s[31] übernehmen kann, und zieht gleichzeitig die insgesamt von den größeren AC im Jahr 1998 im britischen TK-Markt für NZS-Verbindungen in nationale Festnetze gezahlten Entgelte zwischen ca. 8 und 142 Mio. £[32] zum Vergleich heran, so sind die Kosten/Entgelte für die Verbindungssignalisierung als relativ unbedeutend einzustufen.[33]

Die *Abrechnung* der Verbindungen dürfte insbesondere dann *variable* Kosten in bedeutendem Umfang verursachen, wenn für alle erbrachten NZS-Leistungen der jeweilige AC einen auf Papier gedruckten Nachweis der einzelnen Verbindungsdaten (ähnlich wie der einem Endkunden zur Verfügung gestellte sogenannte Einzelverbindungsnachweis) erhalten würde. Dies ist jedoch in aller Regel nicht der Fall. Vielmehr ist es bei der Abrechnung und dem Nachweis von TKV-Daten für NZS-Leistungen zwischen Carriern – im deutschen TK-Markt – üblich, daß der jeweilige IC-Nehmer zunächst Umfang und Plausibilität der vom IC-Geber geforderten IC-Entgelte mittels seiner eigenen Aufzeichnungen über seine TKV und die hierfür genutzten NZS-Leistungen überprüft und ggf. – soweit er nennenswerte Abweichungen feststellt – diese Daten mit den entsprechenden Daten des IC-Gebers vergleicht.[34]

---

31 Bei einer Realisierung mittels 30 E1 (= 2-MBit/s)-Leitungen.

32 Vgl. Abb. 2-6.

33 Allerdings wird z.B. seitens des WIK darauf hingewiesen, daß das Signalisierungs-/Zeichengabenetz infolge der schnell wachsenden Nachfrage nach intelligenten Diensten (wie z.B. „Freephone"- oder „Televotum"-Dienste), die dieses Netz stark nutzen, zunehmen wird. S. hierzu sowie für eine genauere Darstellung der Funktionsweise des Signalisierungs-/Zeichengabenetzes WIK 1999: 51-53.

34 Vgl. Göttinger 1998: 9.

Kosten für Einzelleistungen des IC-Gebers

Die Kostenberücksichtigung sogenannter Einzelleistungen wie temporäre Änderungen der Leitung des TK-Verkehrs oder Entstörungsmaßnahmen erfolgt i.d.R. einzelfall- und aufwandsbezogen auf der Basis von marktüblichen oder in der jeweiligen IC-Vereinbarung festgeschriebenen Material- und Arbeitswerten für entsprechend qualifiziertes Fachpersonal.

Konfliktpotential bei der Kostenberücksichtigung

Aufgrund des zuvor beschriebenen relativ geringen Anteils der Kosten der Verbindungssignalisierung auf der einen Seite und der großen Marktnähe/Transparenz der Kosten für Einzelleistungen auf der anderen Seite, beinhaltet die Bestimmung für *diese* Preiselemente von IC-Leistungen i.d.R. ein nur geringes Konfliktpotential zwischen IC-Geber und -Nehmer.

5.2.3 Gemeinkosten der Produktgruppe besonderer Netzzugang

5.2.3.1 Kostenerläuterung

Zu den Gemeinkosten der Produktgruppe IC (= Joint Cost) zählen vor allem (a) die Kosten, die durch die prinzipielle Öffnung des bisher nur durch den Incumbent selbst genutzten TK-Netzes für andere TK-Netzbetreiber entstehen – insbesondere Kosten von Netzsteuerungselementen und für deren Neukonfiguration –, sowie (b) die Kosten, die durch administrative Prozesse der Produktgruppe IC hervorgerufen werden.

Wichtige, in der Netzkonfiguration und -steuerung zu implementierende oder zu ändernde Funktionen betreffen vor allem (a) die Netzsicherheit, (b) einheitliche Netzstandards, (c) das System der Endteilnehmer-Rufnummern („Numbering")[35] sowie (d) den gleichberechtigten Zugang zum Netz für AC und den Incumbent bzw. für deren jeweilige Endkunden („Equal Access").

Die administrativen Management- und Verwaltungskosten *der Produktgruppe Interconnection*[36] beinhalten vor allem die Kosten des Personaleinsatzes sowie der für dieses Personal notwendigen Infrastrukturkomponenten (wie z.B. Büro-

35 Vgl. zum Begriff des Numbering auch Kap. 2.3.1.4.

36 Typische administrative Aufgaben, welche zur Produktgruppe IC gehören sind z.B. Ausgestaltung und Verhandlung von IC-Vereinbarungen oder durch die IC-Nachfrage induzierte technische Netzplanung sowie diverse betriebswirtschaftliche und technische Beratungsleistungen im Zusammenhang mit der IC-Bereitstellung.

gebäude), soweit dieses Personal entweder ausschließlich oder ein abgrenzbarer Anteil dieses Personaleinsatzes der Produktgruppe IC zuzurechnen sind.

5.2.3.2 Kostenberücksichtigung bei der Preisfindung für Leistungen des besonderen Netzzugangs

Netzkonfigurationskosten

Das Kernproblem bei der Kostenberücksichtigung von Netzkonfigurationskosten besteht in der Abgrenzung, welche Netzkonfigurationsmaßnahmen jeweils (a) dem einzelnen IC-Nehmer, (b) der prinzipiellen Öffnung des IC-Geber-Netzes für Interconnection und (c) dem gesamten TK-Netz des IC-Gebers *ohne* einen Bezug zum Angebot von IC-Leistungen zuzurechnen sind.[37]

In der Praxis der IC-Preisfindung erfolgt die Berücksichtigung von Netzkonfigurationskosten daher i.d.R. in Form von dem einzelnen IC-Nehmer berechneten Entgelten für direkt diesem zurechenbare Konfigurationsleistungen[38] oder aber als Bestandteil von Gemeinkosten(zuschlägen), welche alle Netzbetriebs- und sonstige Overheadkosten des IC-Gebers (d.h. die Joint Cost *und* die Common Cost) umfassen.[39] Teilweise werden jedoch auch bestimmte Joint Cost (Netzkonfigurationskosten), die einer bestimmten Gruppe von IC-Nehmern zugeordnet werden können, diesen gemeinsam in Rechnung gestellt. So berechnet z.B. die DTAG dem ersten IC-Nehmer, mit dem an einem bestimmten POI mittels *physischer Kollokation* eine Verbindung der Netze erfolgt, zunächst die *vollen* Kosten der Infrastrukturbereitstellung, wie z.B. Einrichten von Schnittstellen oder Verlegen von Kabel. Erfolgt jedoch die Verbindung der Netze an diesem POI *gleichzeitig* für mehrere IC-Nehmer oder aber werden innerhalb eines mehrjährigen Zeitfensters weitere IC-Nehmer an diesem POI mit dem DTAG-Netz zusammengeschaltet, so hat jeder IC-Nehmer die Kosten für die Infrastrukturbereitstellung nur anteilig zu tragen bzw. derjenige IC-Nehmer, der die Kosten zunächst voll getragen hatte, erhält eine entsprechende anteilige Kostenerstattung.

Administrative Kosten

Noch schwieriger als im zuvor diskutierten Fall der Netzkonfigurationskosten ist für den überwiegenden Teil der administrativen Tätigkeiten eine klare Abgren-

---

[37] So kommen etwa Maßnahmen zur Verbesserung der Netzsicherheit i.d.R. auch unabhängig von der IC-Bereitstellung dem allgemeinen Netzbetrieb des IC-Gebers zugute.

[38] Vgl. Kap. 5.2.1.

[39] S. auch Kap. 5.2.4, 5.3 und 5.4.

zung zwischen den administrativen Kosten der Produktgruppe IC sowie den administrativen Kosten des gesamten Netzbetriebs/Netzbetreibers. Insofern erfolgt die Berücksichtigung dieser Kosten in den IC-Preisen i.d.R. *zusammen* mit den Gesamt-Gemeinkosten des Netzbetreibers (Common Cost). Die Problematik der Quantifizierung von Netzbetriebs- und Gemeinkosten wird in den Kap. 5.3 und 5.4 ausführlicher diskutiert.

Konfliktpotential bei der Kostenberücksichtigung

Das Konfliktpotential bei der Berücksichtigung von *Joint Cost* der Produktgruppe IC ist aufgrund der zuvor skizzierten Kostenzurechnungsprobleme aus theoretischer Sicht tendenziell als hoch einzustufen. Da jedoch in der Praxis der IC-Preisfindung diese Joint Cost kaum separat erfaßt bzw. diskutiert werden, sondern entweder (a) als einzelne bzw. einer Gruppe von IC-Nehmern zurechenbare Kosten ausgewiesen und entsprechend in den IC-Preisen berücksichtigt werden oder aber (b) den Common Cost zugeschlagen und zusammen mit diesen verteilt werden, wird das Konfliktpotential hinsichtlich der Joint-Cost-Zurechnung letztlich zur Problematik der Berücksichtigung von Common Cost hin verschoben und tritt i.d.R. nicht isoliert auf.

5.2.4 Gemeinkosten eines TK-Netzes

5.2.4.1 Kostenerläuterung

Die Kosten für den Aufbau und Betrieb des TK-Netzes (kurz: TK-Netzkosten) stellen für einen TK-Netzbetreiber i.d.R. den weitaus größten Kostenblock innerhalb seiner Gesamtkosten dar.[40] Aus Perspektive der IC-Bereitstellung sind dies Gemeinkosten des TK-Netzes, welches durch IC-Leistungen mittels der Inanspruchnahme von Netzelementen bzw. von -teilkapazitäten genutzt wird. Dadurch steht die Frage der Bestimmung der TK-Netzkosten bzw. welche Teile dieser Kosten mittels welcher Zurechnungssystematik den einzelnen IC-Leistungen zuzuordnen sind, in Wissenschaft und Praxis im Mittelpunkt der Diskussion der kostenorientierten Preisfindung für IC-Leistungen.

---

[40] S. hierzu sowie zu den folgenden Ausführungen in Kap. 5.2.4.1 Vogelsang 1996a: 6; Lawton 1995: 143-145; Lewin/Kitchen 1994: 55; WIK/EAC 1994: 90-94; Rabe 1989: 147.

Die TK-Netzkosten sind zunächst zu differenzieren in (a) Kosten für Einsatz der Gegenstände des Anlagevermögens des TK-Netzes,[41] (b) laufende Kosten des Netzbetreibers und sonstige mit dem Netzbetrieb zusammenhängende administrative Aufgaben sowie (c) Sonderkosten für sogenannte „Altlasten" (s. Abb. 5-9).[42]

Abb. 5-9: Wichtige Kategorien von und Treiber der Gemeinkosten eines TK-Netzes im Überblick

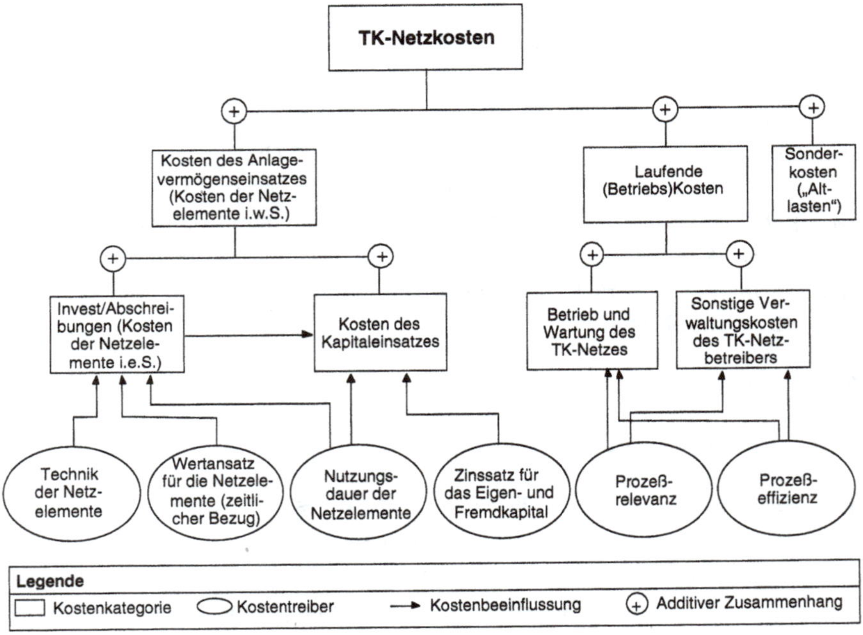

---

41 Dabei sollen im folgenden unter den Gegenständen des Anlagevermögens eines TK-Netzes nur die TK-Netz-spezifischen Elemente – wie z.B. Vermittlungseinrichtungen oder Übertragungswege – verstanden werden. Neben diesen sind zudem noch nicht netzbezogene Anlagegegenstände wie z.B. Gebäude oder Kraftfahrzeuge zu berücksichtigen. Die Nutzung dieser Gegenstände soll jedoch, soweit sie nicht in Form von (perioden)fixen IC-Entgelten wie z.B. Kollokationsraummieten bereits enthalten ist, separat mit den Netzbetriebskosten, auf deren Bestimmung weiter unten in Kap. 5.4 noch eingegangen wird, erfaßt werden. Für eine detaillierte Darstellung der für ein TK-Netz relevanten Anlagegegenstände s. z.B. Tabelle 4.1. Empfehlung 98/322/EG.

42 Eine ausführliche Diskussion der bedeutendsten dieser Kostenkategorien und Treiber erfolgt in den Kap. 5.3 und 5.4 .

Unter *Altlasten* sind Verpflichtungen bzw. Kosten des Incumbent zu verstehen, die aus dessen Status *vor* der Liberalisierung des jeweiligen TK-Marktes resultieren und seine aktuelle Kostensituation beeinflussen. Hierzu zählen insbesondere:[43]

- im Vergleich zu anderen Unternehmen, die *nicht* wie der Incumbent ehemals öffentliche Monopolunternehmen darstellen, hohe Personalkosten, die durch (a) einen relativ hohen Personalbestand, (b) die sehr eingeschränkten Möglichkeiten weniger leistungsfähiges Personal zu entlassen bzw. schlechter zu entlohnen sowie (c) vergleichsweise hohe Pensionszahlungen an ehemalige Mitarbeiter mit Beamtenstatus bedingt sind.
- der Einsatz von TK-Netzelementen, die zu im internationalen Vergleich überhöhten Preisen beschafft wurden, da z.B. zum Zeitpunkt ihrer Anschaffung industriepolitische Vorgaben oder fehlende internationale technische Normen dazu führten, daß etablierte TK-Netzbetreiber bei der Beschaffung von TK-Ausrüstung an *einen* nationalen Zulieferer gebunden waren.
- Kosten für Strukturen, die noch auf ein früher bestehendes Verbundunternehmen, welches in vielen Staaten als Monopolist gleichzeitig für die Erstellung von TK- *und* Postdienstleistungen verantwortlich war, zurückzuführen sind.
- „pfadabhängige" Kosten beim Ausbau der TK-Netzinfrastruktur. Unter „Pfadabhängigkeit" ist zu verstehen, daß ein Incumbent im Rahmen seiner aktuellen Netzplanung von einem historisch gewachsenem Netz ausgehen muß, das in der Vergangenheit aufgrund politischer Vorgaben nicht primär unter wirtschaftlichen Effizienzgesichtspunkten optimiert wurde.

5.2.4.2 Kostenberücksichtigung bei der Preisfindung für Leistungen des besonderen Netzzugangs

Kosten des Anlagevermögenseinsatzes

Die Bestimmung der Kosten für das Anlagevermögen des TK-Netzbetreibers (= Kosten der Netzelemente i.w.S.), welche weiter in die Anschaffungs- und Installationskosten der Netzelemente bzw. die hierauf vorzunehmenden Abschrei-

---

[43] Vgl. auch Doll/Wieck 1998a: 285; Gerpott 1998a: 82 u. 102; Knieps 1998b: 600; Albach et al. 1997: 17-18 sowie §3, Abs. 4, Satz 2 TentgV.

bungen (= Kosten[44] der Netzelemente i.e.S.) und in die Kosten des Kapitaleinsatzes zu unterscheiden sind (vgl. auch Abb. 5-9), sowie deren Zurechnung auf IC-Leistungen stehen als Kernprobleme der IC-Kostenermittlung im Mittelpunkt der einschlägigen Diskussion in Wissenschaft und Praxis. Daher wird diese Problematik in Kap. 5.3 ausführlicher diskutiert.

Laufende Betriebskosten des TK-Netzes

Ebenso sollen die Quantifizierung der laufenden Betriebskosten sowie deren Berücksichtigung bei der Preisfindung für IC-Leistungen mittels einer Analyse der hierfür anfallenden bzw. notwendigen Prozesse nachfolgend in Kap. 5.4 genauer betrachtet werden.

Altlasten/Sonderkosten

Die in Kap. 5.2.4.1 skizzierten sogenannten Altlasten des Incumbent-Netzbetreibers sind m.E. bei der Preisfindung für IC-Leistungen *nicht* zu berücksichtigen. Dies ergibt sich aus:

- der in den einschlägigen TK-Gesetzeswerken vieler Staaten verankerten Forderung, daß bei der Preisfindung für IC-Leistungen die Kosten der *effizienten* Leistungserstellung anzusetzen sind.[45]
- der in vielen Fällen nicht oder kaum möglichen Abgrenzung und Quantifizierung der Altlasten.
- der Überlegung, daß nicht ersichtlich ist, warum AC als IC-Nehmer für – wie auch immer verursachte – Ineffizienzen des Incumbent höhere IC-Preise bezahlen sollen.
- der Tatsache, daß diese Altlasten z.T. auch durch entsprechende Transferzahlungen oder Kostenübernahmeverpflichtungen der ehemaligen Eigentümer

---

[44] In der strengen steuer- und handelsrechtlichen Terminologie stellen Abschreibungen natürlich Aufwendungen dar. Da im Rahmen dieser Untersuchung aber durchweg mittels Kosten- und Leistungstermini argumentiert wird, soll dies auch weiterhin beibehalten werden. Folglich werden Abschreibungen z.T. etwas „unscharf" auch als Kosten bezeichnet.

[45] Allerdings beinhaltet das *deutsche* Gesetzeswerk explizit die Möglichkeit zur Berücksichtigung solcher „Altlasten" in den IC-Preisen, wenn für diese Aufwendungen „... eine rechtliche Verpflichtung besteht ..." oder „... eine sonstige sachliche Rechtfertigung ..." nachgewiesen wird. § 3, Absatz 4, Satz 2, TEntgV.

des Incumbent (d.h. in den meisten Fällen des jeweiligen Staates) abgedeckt werden.[46]

- dem Umstand, daß der jeweilige Incumbent i.d.R. über mehrere Jahrzehnte als Monopolanbieter für TK-Dienste die Gelegenheit hatte und nutzte, durch Preise, welche vielfach deutlich über den Kosten der effizienten Leistungserstellung lagen, die Kosten für solche besonderen Belastungen/Altlasten zu decken bzw. entsprechende Rücklagen zu bilden.[47]

Daher werden in der vorliegenden Untersuchung die Kosten für diese Altlasten, als bei der Preisfindung für IC-Leistungen *nicht* berücksichtigungsfähige Kosten, nicht weiter betrachtet.[48]

Konfliktpotentiale bei der Kostenberücksichtigung

Aufgrund des hohen Anteils der TK-Netzkosten an den IC-Kosten und der hohen Komplexität der Kostenzurechnung auf einzelne Dienste, die durch das meist umfangreiche und heterogene Angebot von auf diesem Netz basierenden TK-Diensten für Endkunden und IC-Leistungen bedingt wird, ist das Konfliktpotential beim Einbezug dieser Kosten in die Preisfindung für IC-Leistungen als sehr hoch einzustufen. Diese Einschätzung wird auch durch die in vielen Staaten in Form von öffentlichen Diskussionen oder gerichtlichen Verfahren zwischen dem Incumbent, den neuen Netzbetreibern und dem jeweiligen Regulierer ausgetragene Auseinandersetzung über die „richtige" Bestimmung und Zurechnung der TK-Netzkosten untermauert.

5.2.5 Fazit

Im Rahmen der Kostenbestimmung für Leistungen des BNZ kommt den Gemeinkosten des TK-Netzes bzw. den Treibern dieser Kosten eine überragende Bedeutung zu. Die Bedeutung der Einzelkosten ist gegenüber den Gemeinkosten für

---

46 So besteht z.B. eine Vereinbarung zwischen der DTAG und dem Bund, in der eine für die DTAG verläßliche Kalkulationsbasis hinsichtlich der Höhe der von ihr zu leistenden Zahlungen für Pensionsansprüche ihrer Beamten festgelegt wurde, indem der Bund die Verpflichtung zur Zahlung aller über eine bestimmte Obergrenze hinausgehenden Pensionsverpflichtungen übernommen hat. Vgl. Gerpott 1998a: 102.

47 S. auch Gerpott 1998a: 82-83. Indizien, die diese These bestätigen, sind die nach der Marktliberalisierung und in bestimmten TK-Dienste-Kategorien auch vom Incumbent durchgeführten teilweise drastischen Preissenkungen. So senkte z.B. die DTAG ihre Preise für nationale TK-Fernverbindungen zwischen Ende 1997 und April 1999 je nach Tarifzeit (mit Ausnahme des nachfrageschwächsten Zeitfensters zwischen 2.00 und 5.00 Uhr) um mindestens 60%.

48 Abweichend hiervon sprechen sich jedoch einzelne Autoren *für* die Berücksichtigung solcher Altlasten aus. S. z.B. Albach et al. 1997: 9-10.

die Bestimmung von IC-Preisen nur vergleichsweise gering, da (a) deren absolute Höhe recht niedrig ist und (b) die eindeutige Zuordnung dieser Kosten auf einzelne IC-Nehmer bzw. -Leistungen relativ unproblematisch ist. Deshalb stehen im weiteren Verlauf dieser Untersuchung die Kosten des Anlagevermögenseinsatzes sowie die zugehörigen Netzbetriebskosten im Zentrum der Diskussion. Entsprechend werden im folgenden unter IC-Kosten – soweit nicht explizit etwas Abweichendes angemerkt ist – nur diese Kosten verstanden.

In Abb. 5-10 werden die zuvor diskutierten IC-Kostenkategorien nochmals zusammenfassend hinsichtlich ihrer relativen Bedeutung im Vergleich zu den gesamten IC-Kosten und der Komplexität ihrer Bestimmung sowie dem damit einhergehenden Konfliktpotential bei der Kostenzurechnung klassifiziert.

Abb. 5-10: Klassifizierung der Kostenkategorien des besonderen Netzzugangs hinsichtlich ihrer Bedeutung und ihres Konfliktpotentials

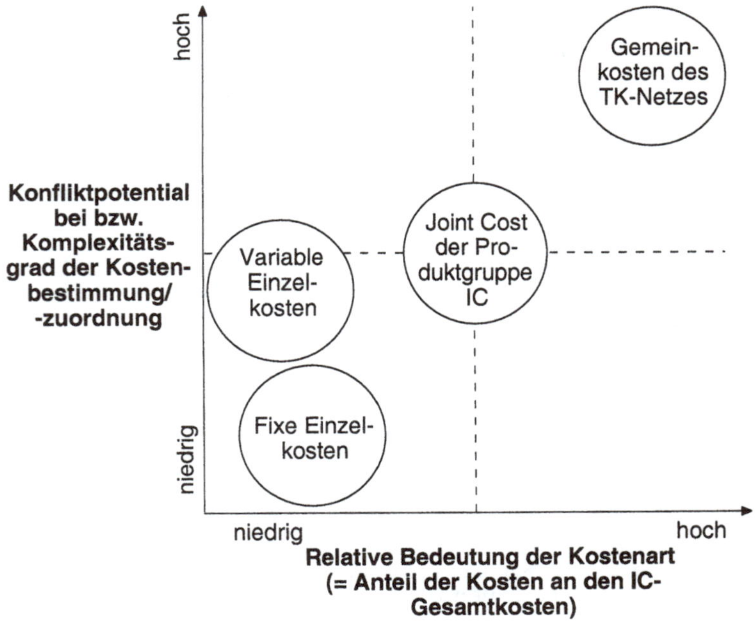

5.3 Quantifizierung der Kosten des Anlagevermögenseinsatzes in TK-Netzen

Bei der Quantifizierung der Kosten des Anlagevermögenseinsatzes (KAV) ist zu unterscheiden zwischen (a) den Investitionen für die Anschaffung und Installation der Netzelemente bzw. den pro Periode vorzunehmenden Abschreibungen für diese Investitionen und (b) den Kosten, die durch die Kapitalbindung in diesen Netzelementen entstehen (vgl. auch Abb. 5-9). Diese beiden Kostenkomponenten bilden zusammen die KAV bzw. die Kosten der Netzelemente i.w.S. (s. Kap. 5.3.1). Die Höhe dieser beiden Kostenblöcke wird wiederum im wesentlichen von vier Kostentreibern beeinflußt (vgl. Abb. 5-9). Im einzelnen sind dies:[49]

- die Technik der Netzelemente (s. Kap. 5.3.2),
- der zeitliche Bezug des Wertansatzes für die Netzelemente (s. Kap. 5.3.3),
- die Nutzungsdauer der Netzelemente (s. Kap. 5.3.4) sowie
- die Zinssätze für das Eigen- und Fremdkapital des Netzbetreibers (s. Kap. 5.3.5).

Dabei werden die Investitionen/Abschreibungen von den ersten drei oben genannten Kostentreibern beeinflußt (vgl. auch Kap. 5.3.1). Die Kosten des Kapitaleinsatzes hängen (a) von der Höhe der Investitionen für die Netzelemente, (b) von der Nutzungsdauer der Netzelemente sowie (c) von den Eigen-/Fremdkapitalzinssätzen des Netzbetreibers und damit direkt oder indirekt letztlich von allen vier o.g. Kostentreibern ab.

5.3.1 Ansätze zur Bestimmung der Kosten des Anlagevermögenseinsatzes

Zur Bestimmung der KAV werden in der betriebswirtschaftlichen Theorie und Praxis alternativ zwei unterschiedliche Systematiken verwandt:

(1) Die periodischen Nutzungskosten (= Abschreibungen) und die Kosten des Kapitaleinsatzes für die Netzelemente werden *separat* ermittelt und addiert. Dieser Ansatz wird im folgenden als *buchhalterische Methode* bezeichnet.

(2) Die Kosten des Kapitaleinsatzes werden im Verbund mit den periodischen Nutzungskosten des jeweiligen TK-Netzelementes mittels sogenannter *Annuitäten- oder Wiedergewinnungsfaktoren* bestimmt.

---

[49] Vgl. hierzu sowie zu den folgenden Ausführungen in Kap. 5.3.2 bis 5.3.4 auch Papandrea/Street 1997: 23-29; OFTEL 1996a: 4-5; Vogelsang 1996a: 9-13; OFTEL 1992: 4-7.

Ad (1): Buchhalterische Methode

Hier wird i.d.R. davon ausgegangen, daß der Werteverzehr durch die Nutzung des jeweiligen Anlagegegenstandes/TK-Netzelementes *linear* über die gesamte Nutzungsdauer erfolgt. Dieses Vorgehen läßt sich damit begründen, daß (a) die physische Abnutzung der meisten TK-Netzelemente (wie Vermittlungsstellen, LWL etc.) nur sehr gering sein dürfte und (b) die lineare Abschreibungsmethode das durchgängig aufgrund steuer- und handelsrechtlicher Vorschriften in den meisten Staaten gebräuchlichste Verfahren zur Abbildung des Werteverzehrs von Gegenständen des Anlagevermögens in TK-Netzen darstellt.[50] Zudem wird im folgenden zur Vereinfachung der mathematischen Darstellung, jedoch ohne Beschränkung der Allgemeinheit, unterstellt, daß der Restwert des jeweiligen Anlagegegenstandes am Ende der Abschreibungsdauer Null beträgt.

Damit ergeben sich die Abschreibungen pro Periode (d.h. normalerweise pro Jahr) als:

$$Afa_t = \frac{I}{N}$$

Mit t: Periode, t = 1, 2, ... N;
Afa_t: Abschreibung in der Periode t;
I: Investment für den Anlagegegenstand (= TK-Netzelement);
N: Nutzungs-/Abschreibungsdauer.

Die Kosten des Kapitaleinsatzes sind zu ermitteln als die Höhe des in einer Periode durchschnittlich gebundenen Kapitals (= V^g) multipliziert mit den für dieses Kapital anzusetzenden Zinsen (= r):

$$K_t = V_t^g \cdot r_t$$

Mit K_t: Kosten des Kapitaleinsatzes in der Periode t;
V_t^g: Durchschnittlich gebundenes Kapital in der Periode t;
r_t: Zinssatz der Periode t.

Das durchschnittlich gebundene Kapital kann dabei entweder als der Mittelwert des über die gesamte Nutzungsdauer gebundenen Kapitals oder als der Mittelwert des jeweils in der einzelnen Periode gebundenen Kapitals bestimmt werden.

Das im Mittel über *alle* Perioden gebundene Kapital ergibt sich zu:[51]

---

[50] Vgl. hierzu auch Kap. 5.3.4, insbesondere Fußnote 68.

[51] Für eine Diskussion der Thematik des durchschnittlich gebundenen Kapitals s. z.B. Perridon/ Steiner 1997: 40-42.

$$V^g_{MW} = \frac{(V^a_1 + V^e_N)}{2} = \frac{V^a_1}{2} = \frac{I}{2}$$

Mit V^g_{MW}: Mittelwert des über alle Perioden gebundenen Kapitals;
V_t^a: (Rest)Wert des Anlagegegenstandes zum Anfang der Periode t;
V_t^e: (Rest)Wert des Anlagegegenstandes zum Ende der Periode t.

Für die genauere Bestimmung des in der *einzelnen* Periode gebundenen Kapitals wird der Restwert des Investitionsobjektes zu Beginn und zum Ende einer Periode ermittelt. Das in der jeweiligen Periode gebundene Kapital ergibt sich im Fall einer linearen Abschreibung als der Mittelwert zwischen diesen beiden Restwertgrößen. Formal läßt sich dieser Zusammenhang wie folgt darstellen:[52]

$$V^g_t = \frac{(V^a_t + V^e_t)}{2}$$

Bei linearer Abschreibung ist zur Bestimmung des Restwertes am Ende einer Periode (= V_t^e), der dem Restwert am Anfang der Folgeperiode (= V^a_{t+1}) entspricht, das Anfangsinvestment I (= V_1^a) pro Periode um I/N zu reduzieren:

$$V^e_t = V^a_{t+1} = I - \frac{t}{N} \cdot I = I \cdot (1 - \frac{t}{N})$$

Damit ergibt sich für das in der Periode t durchschnittlich gebundene Kapital:

$$V^g_t = \frac{I \cdot \left(1 - \frac{(t-1)}{N}\right) + I \cdot \left(1 - \frac{t}{N}\right)}{2} = \frac{I}{2}\left(\frac{N - t + 1 + N - t}{N}\right) = \frac{I}{2 \cdot N}(2N - 2t + 1) = I - \frac{I}{N}(t - \frac{1}{2})$$

Für die Kosten des Anlagevermögenseinsatzes der Periode t (KAV_t) gilt damit:

$$KAV_t = \frac{I}{N} + \left(I - \frac{I}{N}\left(t - \frac{1}{2}\right)\right) \cdot r_t = \frac{I}{N} + \left(I - \frac{I \cdot t}{N} - \frac{I}{2 \cdot N}\right) \cdot r_t$$

d.h. die KAV sinken aufgrund der abnehmenden Kapitalbindung von Periode zu Periode.

Ad (2): Annuitätenmethode

Bei diesem Ansatz werden mit Hilfe der *Kapitalwert-* oder *Barwertmethode*[53] die über die gesamte Nutzungsdauer anfallenden KAV in einem konstanten Betrag

---

[52] Im folgenden soll hier nur diese periodengenaue Betrachtung des gebundenen Kapitals weiter diskutiert und verwendet werden.

[53] Vgl. zur Kapitalwert-/Barwertmethodik z.B. Haberstock/Breithecker 1998: 197-199; Perridon/Steiner 1997: 212-213; Sach 1995: 8-12 u. 20-29.

je Periode, der sogenannten Annuität, ausgedrückt und damit gleichmäßig über alle Perioden verteilt.

Zur Erläuterung dieser Methodik ist zunächst der Kapitalwertbegriff kurz zu skizzieren: Der Kapitalwert (synonym: Barwert) einer Investition bzw. einer aus dieser Investition resultierenden Zahlungsreihe bestimmt sich durch die Summe der auf das Jahr der Investition (d.h. das erste bzw. Null-Jahr der Zahlungsreihe) abdiskontierten Ein- und Auszahlungen:

$$C_0 = \sum_{t=0}^{N} (E_t - A_t) \cdot (1+r)^{-t}$$

Mit C_0: Kapital-/Barwert;
t: Periode (i.d.R. Jahr);
N: Nutzungsdauer;
E_t: Einzahlungen der Periode t;
A_t: Auszahlungen der Periode t;
r: Kapital-/Diskontierungszinssatz.

Dabei wird eine Investition dann als vorteilhaft angesehen, wenn der Barwert ihrer Zahlungsreihe, unter Berücksichtigung des Zinssatzes i, der die Kapitalkosten bzw. die geforderte Mindestrendite ausdrückt, positiv ist.

Im Rahmen der sogenannten Annuitätenmethode wird nun für eine Investition (im Jahr „0“) diejenige konstante jährliche Einzahlung gesucht, die bei einer Zahlungsreihe in der Länge der Nutzungsdauer der Investition gerade zu einem Barwert von Null führt:

$$A_0 \cdot (1+r)^0 + E^* \cdot (1+r)^{-1} + \ldots + E^* \cdot (1+r)^{-N} = A_0 + \sum_{t=1}^{N} E^* \cdot (1+r)^{-t} \equiv 0$$

Mit A_0: Auszahlung in der Periode 0;
E^*: Fixe Einzahlung in den Perioden t = 1 bis N.

E* wird hierbei als *Annuität* bezeichnet. Dabei beinhalten N Zahlungen von E* (bei einer Nutzungsdauer von N Perioden) gerade die „Wiedergewinnung“ des Investments *und* die durch den Diskontierungsfaktor ausgedrückten Kosten der Kapitalbindung. Daher ist für den Faktor, anhand dessen die Annuität E* aus dem Investment I (mit $I = -A_0$) bestimmt wird, auch die Bezeichnung „Wiedergewinnungsfaktor“ (W) gebräuchlich.[54]

---

[54] Für eine genauere Herleitung des Faktors *W* s. z.B. Perridon/Steiner 1997: 59-60; Homburg 1991: 236-237.

$$E^* = W \cdot I$$

Mit $$W = \frac{(1+r)^N \cdot r}{(1+r)^N - 1}$$

Somit ergeben sich die Kosten des Anlagevermögenseinsatzes (je Periode) als:

$$KAV_t = E^* = I \cdot \frac{(1+r)^N \cdot r}{(1+r)^N - 1} = I \cdot \frac{r}{1 - \frac{1}{(1+r)^N}} \quad \text{für alle t.}$$

Beispiel

Die wesentlichen Unterschiede zwischen den zuvor dargestellten zwei Methoden zur Bestimmung der KAV sollen nachfolgend mit einem einfachen Zahlenbeispiel illustriert werden:

Abb. 5-11: Jährliche Kosten des Anlagevermögenseinsatzes (Zahlenbeispiel)

Periode / Parameter	1	2	3	4	5	Gesamt (G)/ Mittelwert (M)
V_t^a	100.000	80.000	60.000	40.000	20.000	60.000 (M)
V_t^e	80.000	60.000	40.000	20.000	0	50.000 (M)
V_t^g	90.000	70.000	50.000	30.000	10.000	50.000 (M)
K_t	9.000	7.000	5.000	3.000	1.000	5.000 (M)
Afa_t	20.000	20.000	20.000	20.000	20.000	100.000 (G)
KAV_t (1) (Buchhalterische Methode)	29.000	27.000	25.000	23.000	21.000	125.000 (G)
KAV_t (2) (Annuitätenmethode)	26.380	26.380	26.380	26.380	26.380	131.900 (G)

Alle Zahlengaben in Geldeinheiten (z.B. DM).

Gegeben sei ein Investment für ein TK-Netzelement in Höhe von 100.000 Geldeinheiten (z.B. DM), welches zum Ende des Jahres 0 erfolgt. Dieses Netzelement wird über 5 Jahre genutzt und dabei (bis zum Ende des Jahres 5) linear auf einen Restwert von 0 Geldeinheiten abgeschrieben. Der die Kosten des Kapitaleinsatzes reflektierende Diskontierungszinssatz sei 10% (= 0,1). Unter diesen Annahmen ergeben sich die folgenden in Abb. 5-11 dargestellten jährlichen Kosten des Anlagevermögenseinsatzes für die beiden Alternativen.Zunächst ist festzustellen, daß die mittels der Annuitätenmethode ermittelten KAV in den Jahren 1 bis 2 unter, ab dem dritten Jahr jedoch über den Kosten der buchhalterischen Methode liegen. Dies ist insofern plausibel, als die buchhalterische Methode wie oben gezeigt über die Nutzungsdauer fallende KAV aufweist, wogegen die Annuitätenmethode (per Definition) mit konstanten KAV arbeitet. Zudem ist festzustellen, daß die Summe der KAV bei der Annuitätenmethode (im Beispiel 131.900 Geldeinheiten) über der entsprechenden Summe der buchhalterischen Methode liegt (im Beispiel 125.000 Geldeinheiten). Dies ist dadurch bedingt, daß das bei der Annuitätenmethode zur Anwendung kommende Kapitalwertprinzip, welches alle Zahlungsströme auf das Jahr des Investments aufdiskontiert, implizit auch durchgängig Zinseszinseffekte berücksichtigt. Bei der buchhalterischen Methode werden zwar die Kapitalbindungskosten für das ursprüngliche Investment durch die Zinsen der jeweiligen Periode berücksichtigt, jedoch erfolgt *keine* Berücksichtigung von Zinseszinseffekten.

Fazit

Von den beiden prinzipiell zur Bestimmung der KAV anwendbaren Ansätzen weist die Annuitätenmethode gegenüber der buchhalterischen Methode eine Reihe von Vorteilen auf:

(1) Sie berücksichtigt automatisch alle durch die Kapitalbindung verursachten Zins- und Zinseszinseffekte.

(2) Sie liefert für alle Perioden der Nutzungsdauer (des jeweiligen TK-Netzelementes) konstante KAV.[55]

(3) Diese KAV sind auf Basis der Inputgrößen (a) Höhe des Investments, (b) Nutzungsdauer und (c) Zinssatz mittels des Wiedergewinnungsfaktors, d.h. *ohne* detaillierte Berechnungen von Restbuchwerten für einzelne Perioden, vergleichsweise einfach zu bestimmen.

Zwar erfordert die Anwendung dieser Methode auch einen konstanten Zinssatz über die gesamte Nutzungsdauer, jedoch ist es bei einer *zukunftsorientierten* Ko-

---

[55] Über mehrere Perioden konstante Netzelementekosten sind als Vorteil zu interpretieren, da hierdurch (a) die Kostenplanung erleichtert wird und (b) bei der Verwendung der Kosten zur Preisbestimmung *keine* ständigen Preisanpassungen notwendig sind.

stenbestimmung ohnehin äußerst fragwürdig, ob für die Zukunft für einzelne Perioden differenziert prognostizierte Zinssätze eine höhere Genauigkeit aufweisen als ein durchschnittlicher Zinssatz.

Daher erscheint die Annuitätenmethode als am vergleichsweise besten geeignet zur Bestimmung der KAV und soll im folgenden hierzu herangezogen werden.[56]

5.3.2 Technik der Netzelemente

Da in TK-Netzen durch laufende Investitionen zum Ersatz defekter oder alter Netzkomponenten und zur Erweiterung der Netzkapazität i.d.R. mehrere verschiedene Techniken zeitgleich zur Anwendung kommen und zudem für unterschiedliche Einsatzzwecke auch verschiedene Techniken eher geeignet sind,[57] stellt sich die Frage, wie bei heterogenen Technik-Mischungen in einem TK-Netz dessen Kosten bestimmt werden sollen. Hierbei ist grundsätzlich zu differenzieren zwischen:[58]

(1) der im jeweiligen TK-Netz installierten („*Current in Place*") Technik bzw. dem Technik-Mix, der über einen gewichteten Durchschnittswert, der alle in dem jeweiligen Netz bzw. Netzteilbereich in Gebrauch befindlichen Techniken entsprechend berücksichtigt, näherungsweise abgebildet werden kann.

(2) der besten (im Sinne von ökonomisch effizienten) im jeweiligen TK-Netz genutzten („*Best in Use*") Technik, die zu einer Kalkulation der Kosten des Netzes unter der Annahme führt, daß dieses Netz ausschließlich diese Technik verwenden würde.

(3) der besten verfügbaren („*Best Available*") Technik unabhängig davon, ob der jeweilige Netzbetreiber diese tatsächlich nutzt oder nicht.

---

[56] Die Annuitätenmethode wird beispielsweise auch von der RegTP bzw. von dem WIK-Kostenmodell für das Ortsnetz verwandt, das im Auftrag der RegTP erstellt und von der RegTP zur Berechnung/Abschätzung der KAV im Rahmen der Überprüfung/Festlegung von Preisen für IC-Leistungen herangezogen wurde. S. WIK 1998: 47.

[57] Z.B. ist Glasfasertechnik für die schnelle Übertragung großer Datenmengen über lange Strecken und damit als Übertragungstechnik im Verbindungsnetz geeignet. Die Kupferdoppeladertechnik hingegen bietet sich eher für den Transport von im Vergleich zur Glasfasertechnik kleineren Datenmengen in Anschlußnetzen an.

[58] S. Papandrea/Street 1997: 24-26. Ähnlich zu dieser Differenzierung unterscheiden Albach, Knieps und Panzar die drei Netzentwicklungsszenarien: (1) Szenario „New", bei dem ein Netz „Bottom-Up" völlig neu errichtet wird; (2) Szenario „Rebuild", wobei die grundlegende Netztopologie erhalten bleibt, jedoch die Netzelemente *weitestgehend* durch neue ersetzt werden; (3) Szenario „Upgrade", bei dem nur einzelne ausgewählte Netzelemente ausgetauscht werden; s. Albach et al. 1997: 16-17.

Ad (1): Die Kalkulation der Kosten des TK-Netzes auf Basis der „Current in Place" Technik birgt die Gefahr eines „unfairen" bzw. ungleichen „Routings" von TKV durch den IC-Geber. D.h. dieser könnte einerseits TKV, die er eigenen Endkunden anbietet, tendenziell über auf effizienterer Technik basierende Netzteilbereiche abwickeln und diese TKV damit zu möglichst geringen Kosten/Preisen erbringen sowie andererseits zur Erstellung von IC-Leistungen tendenziell Bereiche seines Netzes verwenden, die auf relativ wenig effizienten Techniken beruhen und somit für IC-Leistungen vergleichsweise hohe Kosten ausweisen. Insofern ist die „Current in Place" Methode aus der Perspektive des IC-Nehmers nur dann als Kalkulationsgrundlage zu akzeptieren, wenn die Kosten *aller* TK-Dienste auf der Basis von über das gesamte Netz des IC-Gebers und alle darin enthaltenen Technikvarianten gebildeten Durchschnittswerten ermittelt werden. Allerdings bietet die Verwendung dieser Kalkulationsmethode für den IC-Geber nur wenig Anreize zur Verbesserung der Effizienz seiner Netzinfrastruktur. Für die IC-Nehmer können so allerdings Anreize entstehen, möglichst schnell eigene effiziente TK-Netze aufzubauen.

Ad (2): Die Bestimmung der Netzkosten mittels der „Best in Use" Technik hat gegenüber der vorgenannten „Current in Place" Methode die zwei Vorteile, daß (a) hierdurch eindeutig für alle TK-Dienste eine einheitliche Technikbasis festgelegt wird und (b) für den IC-Geber, soweit er in nennenswertem Umfang auch noch weniger effiziente Techniken als die „Best in Use" Technik verwendet, deutliche Anreize geschaffen werden, diese weniger wirtschaftliche Technik möglichst schnell zu ersetzen. Für den IC-Nehmer verbleiben dennoch zumindest in Teilbereichen (z.B. für stark genutzte Fernverbindungsstrecken) Anreize, auf Grundlage der besten verfügbaren Technik eigene Netze zu errichten.

Ad (3): Die Verwendung der „Best Available" Technik als Basis zur Kostenbestimmung impliziert die völlige Neukonstruktion des IC-Geber-Netzes mittels dieser Technik. Damit stellt diese Methode zwar den am weitesten in die Zukunft gerichteten, aber auch am wenigsten an den praktischen aktuellen Gegebenheiten orientierten Ansatz dar. Insbesondere müßte der IC-Geber, um tatsächlich zu auf der „Best Available" Technik basierenden Kosten produzieren zu können, das volle Risiko dieser neuen Investition tragen. Der einzelne IC-Nehmer würde dagegen, ohne an diesem Risiko beteiligt zu sein, von den niedrigeren Kosten dieser Technik in Form geringerer IC-Preise profitieren und hätte kaum noch Anreize für den Aufbau eigener TK-Netze.

Fazit

Unter dem Aspekt „fairer" (d.h. diskriminierungsfreier) kostenbasierter IC-Entgelte sind zunächst alle drei eben diskutierten Verfahren zur Bewertung der Technik der Netzelemente mögliche Ansätze. Aus volkswirtschaftlicher Sicht ist m.E. die „Best in Use" Methode vorzuziehen, da diese für IC-Geber *und* -Nehmer Anreize zur Verbesserung der Effizienz bestehender bzw. zur Errichtung neuer effizienter Netze schafft. Aus der Perspektive des IC-Gebers ist die „Current in Place" Methode zu präferieren, da diese für den IC-Geber den größten Spielraum für eine Preisdiskrimierung zwischen von IC-Nehmern in Anspruch genommenen und intern für die Bereitstellung eigener TK-Dienste für Endkunden genutzten Leistungen bietet. Der „Best Available" Ansatz reflektiert theoretisch am besten die Kostenbasis einer effizienten Leistungserstellung, wie diese in den meisten einschlägigen TK-Gesetzen gefordert wird[59] und ist aus Sicht des IC-Nehmers vorzuziehen, da dieser hierdurch Zugriff auf die bestmögliche Netz-Technik erhält, ohne das unternehmerische Risiko des entsprechenden Investments zu tragen.

5.3.3 Zeitlicher Bezug des Wertansatzes für die Netzelemente

In engem Zusammenhang mit der vorgenannten Frage, welche Technik zur Kostenbestimmung zugrunde zu legen ist, steht auch die Problematik, welche Kosten für die Anschaffung und Installation der einzelnen Elemente des TK-Netzes anzusetzen sind. Hierbei sind vor allem die folgenden zwei Facetten von Bedeutung:

(1) Die Grundfrage, auf welchen Zeitpunkt die jeweiligen Kosten/Preise zu beziehen sind. D.h., ob für wichtige Netzelemente, wie z.B. Vermittlungseinrichtungen, Multiplexer, Übertragungsleitungen und deren Einrichtung oder Verlegung, historische, zum Zeitpunkt der Anschaffung gezahlte Preise oder aktuelle, zum Zeitpunkt der Erbringung der IC-Leistung gültige Preise oder sogar in den nächsten Jahren erwartete Preise, die prognostizierte Preissenkungen (z.B. für Vermittlungstechnik) bzw. Preissteigerungen (z.B. für Verlegearbeiten von Übertragungsleitungen) beinhalten, zu verwenden sind. Diese Unterscheidung entspricht inhaltlich der in Kap. 4.1.2 bereits analysierten Differenzierung zwischen vergangenheits- und zukunftsorientierten Kosten-

---

[59] Vgl. z.B. § 24, Absatz 1, Satz 1, TKG; § 3, Absatz 2, TEntgV; Xavier 1997b: 216.

rechnungssystemen und ist insofern bereits Bestandteil der Auswahl des jeweils anzuwendenden Kostenrechnungssystems.

Zur Beurteilung der unterschiedlichen Wertansätze ist zumindest zwischen (a) Netzelementen, die als Netzknoten im TK-Netz eingesetzt werden, und (b) solchen Netzelementen, welche die Verbindung dieser Netzknoten gewährleisten, zu unterscheiden. Da die Funktionen von Netzknoten, die auch für die Steuerung und Verkehrsleitung im TK-Netz verantwortlich sind, zu einem großen Teil auf Computertechnik basieren, sind die auf die Leistungsfähigkeit bezogenen Preise für solche Netzelemente im Zuge der gesunkenen Preise von Computerhard- und -software insbesondere innerhalb der letzten Dekade stark gefallen.[60]

Zwar dürften gleichzeitig die Kosten für die Installation dieser Netzelemente, da diese weitgehend Personalkosten darstellen, tendenziell gestiegen sein. Jedoch stellen die Installationskosten für diese Netzelemente im Vergleich zu den Investitionen für das Netzelement ohne Installation nur einen relativ geringen Kostenfaktor dar.[61]

Insofern führen historische Wertansätze für *diese* Netzelemente tendenziell zu höheren Kosten als aktuelle oder zukunftsgerichtete weitere Preissenkungen einkalkulierende Wertansätze.

Für die Verbindungs- oder Linientechnik zwischen Netzknoten gilt hingegen, daß die Preise für diese Technik keine derart klare, durch die Entwicklung der Computertechnik getriebene Tendenz aufweisen wie im Fall der Vermittlungseinrichtungen. Vielmehr hängen die Preise der Linientechnik, insbesondere bei den in Ortsnetzen noch zum überwiegenden Teil eingesetzten Kupferkabeln, stark vom Preis der Rohmaterialien (d.h. vor allem vom Kupferpreis) ab. Von weit größerer Bedeutung ist jedoch, daß für Kabelverbindungen bzw. die Kosten der Leitungsverlegung (d.h. insbesondere die hierfür i.d.R. notwendigen Erdarbeiten) bei weitem den größten Anteil der Gesamtko-

---

60 S. z.B. Vogelsang 1996a: 10; Gabel 1995: 460-463; Taylor 1993: 23.

61 Branchenübliche Richtwerte für die Installation von Vermittlungseinrichtungen u.ä. Netzelementen gehen von Installationskosten in Höhe von ca. 10% der Anschaffungskosten aus. Telefoninterview, Nokia Telecommunications GmbH, 1998.

sten einer TK-Leitungsinstallation ausmachen.[62] Da diese Kosten im wesentlichen durch den Arbeitseinsatz des Kabelverlegepersonals verursacht werden, sind diese in den letzten Jahren – etwa in der Größenordnung der Zunahme der Personalkosten[63] – gestiegen.

Daher impliziert die Verwendung historischer Wertansätze für die Kosten der Netzverbindungselemente inklusive deren Verlegung insgesamt geringere Kosten als der Rückgriff auf aktuelle bzw. zukunftsgerichtete Wertansätze. Somit kann *nicht* allgemeingültig bestimmt werden, ob die Verwendung historischer Wertansätze für das Anlagevermögen eines TK-Netzes (d.h. insbesondere die TK-Netzelemente einschließlich der Installation) im Vergleich zu aktuellen/zukunftsbezogenen Wertansätzen zu einer geringeren oder höheren Bewertung der Summe dieser Vermögensgegenstände führt.[64] Dies hängt vielmehr davon ab, in welchem Umfang im jeweiligen Netz Leitungen/Kabel im Vergleich zu sonstigen Netzelementen Verwendung finden.

(2) Die nachgelagerte Frage, wie die „richtigen" Kosten für die Netzelemente und deren Installation zu bestimmen sind. D.h. insbesondere im Falle historischer Preise/Kosten, ob tatsächlich gezahlte Preise heranzuziehen, ob Marktpreise anzusetzen bzw. wie diese Marktpreise genau zu ermitteln sind. Dabei können die historisch gezahlten Preise sowohl über als auch unter den zum jeweiligen Zeitpunkt relevanten Marktpreisen liegen. Für unter Marktpreisen liegende Anschaffungspreise spricht, daß der jeweilige Incumbent durch seine Nachfragemacht als z.T. einziger Nachfrager für bestimmte Netztechnikkomponenten sowie durch das absolute Gesamtvolumen seiner Nachfrage ggf. vergleichsweise geringe Preise durchsetzen konnte.

---

62 So lagen die Preise für LWL Ende 1999 mit 10 bis 30 Fasern je nach Ausführung bei ca. DM 5 bis 15 pro Meter; Kupferkabel mit 10 bis 100 Doppeladern kosten etwa DM 2 bis 13 pro Meter. Vgl. Siemens 1998a: 10-35; Siemens 1998b: 19-23. Die Kosten für die Verlegung von TK-Leitungen divergieren stark in Abhängigkeit von der Oberflächenbeschaffenheit. Sie sind jedoch – abgesehen von wenigen Idealfällen, die ein Unterpflügen des Kabel „in der grünen Wiese" ermöglichen – mit mindestens DM 50 bis 100 anzusetzen und können in Innenstadtlagen auch deutlich darüber liegen. Telefoninterview, Bosch Telecom GmbH, 1998. Zur Struktur der Kosten für die LWL-Verlegung s. Duda/Hönel 1999: 63-64.

63 So sind z.B. zwischen 1996 und 1998 die nominalen Bruttoeinkommen von Elektroinstallateuren in Westdeutschland um durchschnittlich 2,8% pro Jahr gestiegen. Vgl. Statistisches Bundesamt 1999: o.S.

64 Allerdings prognostiziert z.B. das OFTEL für den Zeitraum 1998 bis 2002 folgende mittlere jährliche Änderungsraten für die Preise von Netzelementen: Kabelkanäle (Erdarbeiten) 0%; Kabel –6,3%; Übertragungstechnik (z.B. Leitungsverstärker) –4,5%; Vermittlungstechnik –6,6%. S. OFTEL 1997b: 48.

Umgekehrt können auch (a) dadurch, daß es für bestimmte Netzelemente eines Technikstandards, auf den sich der Incumbent mit seiner Netztechnik einmal festgelegt hatte, nur einen oder wenige Zulieferer gab/gibt, und (b) durch möglicherweise nur geringe Anreize zum kosteneffizienten Einkauf bei einem zum Zeitpunkt der Anschaffung des jeweiligen TK-Netzelementes als Behörde geführten Incumbent relativ hohe, über normalen Marktpreisen liegende Preise für die Anschaffung von TK-Netzelementen gezahlt worden sein.

Fazit

Zukunftsgerichtete bzw. wiederbeschaffungswertorientierte Kosten sind als Wertansatzbasis m.E. tendenziell den vergangenheitsorientierten Ansätzen vorzuziehen, da die Verwendung dieser Wertansätze die Realität eines TK-Netzbetreibers, der in der aktuellen Marktsituation agiert und entsprechend Ersatzinvestitionen vornimmt, am besten widerspiegeln.[65] Allerdings ist im Einzelfall, wenn bestimmte Netzelemente – aus ökonomischen oder anderen Gründen – über viele Jahre nicht durch Ersatz- oder Erweiterungsinvestitionen verändert wurden, ggf. ein historischer Wertansatz als geeigneter einzustufen, da dieser dann der technischen Realität entspricht – und die Kosten der effizienten Leistungsbereitstellung besser abbildet.[66] In jedem Falle ist im Sinne einer konsistenten ökonomischen Argumentation sicherzustellen, daß der Wertansatz für die Bestimmung der Kosten des Anlagevermögens konsistent zu anderen Ansätzen/Annahmen ist.[67]

Bezüglich der Bestimmung der „richtigen" Preise für TK-Netzelemente sind m.E. grundsätzlich (z.B. anhand internationaler Vergleiche bestimmte) Marktpreise unter Berücksichtigung von bei Großabnehmern üblichen Rabatten anzusetzen, da diese im Vergleich zu tatsächlich gezahlten Preisen einigermaßen objek-

---

[65] So impliziert die regulative Vorgabe der Verwendung von *langfristigen zusätzlichen Kosten der (effizienten) Leistungserstellung* in Großbritannien und den USA ebenfalls den Rückgriff auf zukunftsgerichtete bzw. wiederbeschaffungswertorientierte Wertansätze, indem auch z.T. von „Foreward Looking" Average Long Run Incremental Cost gesprochen wird. S. auch Kap. 4.3 sowie die dort angegebene Literatur.

[66] Dies kann z.B. in bestimmten kleinen Ortsnetzen der Fall sein, wenn dort aufgrund der geringen Teilnehmerdichte der Einsatz neuerer Übertragungs- oder Vermittlungstechnik keine wesentliche Effizienzverbesserung bewirken würde.

[67] Beispielsweise ist ein Ansatz, der bei der Kostenermittlung eines TK-Ortsnetzes die Standorte bestimmter Netzelemente (wie z.B. Vermittlungsstellen, Konzentratoren oder Hauptverteiler) als *historisch* gegeben annimmt und *gleichzeitig* bei den Wertansätzen auf aktuelle/zukunftsgerichtete Werte zurückgreift (wie dies im sogenannten WIK-Kostenmodell für das Ortsnetz der Fall ist), m.E. *nicht* konsistent. Vgl. hierzu auch Kap. 6.3.1 sowie die dort angegebene Literatur.

tiv/transparent zu ermitteln sind und nur solche Preise auch die Kosten eines effizienten Netzbetreibers repräsentieren.

5.3.4 Nutzungsdauer der Netzelemente

Ein zentraler Faktor, der die Kosten eines TK-Netzes stark beeinflußt, ist die Zeitspanne, während der einzelne Netzelemente genutzt werden. Diese Nutzungsdauer findet ihre ökonomische Entsprechung in der Abschreibung, die den ursprünglichen Wert einer Investition bzw. deren Verzehr über die Zeitdauer der Nutzung (d.h. über mehrere Zeitperioden/Jahre) verteilt.[68]

Die Nutzungsdauer bzw. der Zeitpunkt, zu dem eine TK-Komponente zu ersetzen ist, wird dabei i.d.R. durch die zwei Determinanten physische Abnutzung und „Veralterung" der eingesetzten Technik beeinflußt. Die physische Abnutzung dürfte bei den meisten Komponenten eines TK-Netzes kaum meßbar und somit nur von sehr geringer Bedeutung sein, so daß die Ersatzzeitpunkte für einzelne Netzelemente und damit deren Nutzungsdauer primär von Geschwindigkeit und Ausmaß des technischen Fortschritts sowie ökonomischen und/oder langfristigen strategischen Überlegungen bestimmt werden.

Eine bestimmte Netzkomponente/Produktionstechnik sollte dann durch eine neue Komponente/Technik ersetzt werden, wenn die Durchschnittskosten (je produzierter Einheit) der neuen unter den variablen Kosten der alten Komponente liegen, sofern die mittels der neuen Komponente zu erzielenden Erlöse *nicht unter* den entsprechenden Erlösmöglichkeiten der alten Komponente liegen.[69] Letztendlich ergibt sich der ökonomisch optimale Ersatzzeitpunkt für ein TK-Netzelement jedoch aus einer Analyse, welche die durch das Netzelement verursachten Kosten mit den entsprechenden durch dieses Element zu erzielenden Erlösen vergleicht. Daneben können jedoch strategische Ziele bzw. angestrebte Verbundvorteile, z.B. durch die vollständige Digitalisierung eines TK-Netzes, andere/frühere Ersatzzeitpunkte geeignet erscheinen lassen. Von dieser ökonomischen Nutzungs- oder Abschreibungsdauer sind noch die teilweise durch (steuer)rechtliche Rahmenbedingungen vorgegebenen buchhalterischen bzw. bilanziellen Abschreibungszeiten zu unterscheiden. Diese sollten sich zwar prinzi-

---

68 Hierbei ist noch zwischen der linearen Abschreibung, die für jede Periode einen Werteverzehr in gleiche Höhe unterstellt, sowie der degressiven Abschreibung, die den Werteverzehr als festen Prozentsatz vom Restwert der Vorperiode bestimmt und damit den in Geldeinheiten bewerteten Abschreibungsbetrag zunehmend reduziert, zu unterscheiden.

69 Vgl. hierzu auch Abb. 4-6 in Kap. 4.

piell an der zu erwartenden mittleren ökonomischen Nutzungsdauer eines Investitionsgegenstandes orientieren, können jedoch aufgrund eines zu schnellen, von der Gesetzgebung nicht entsprechend reflektierten, technischen Wandels und/oder der Berücksichtigung übergeordneter (steuer)rechtlicher Prinzipien von der tatsächlichen wirtschaftlichen Nutzungsdauer abweichen.

Konkret wurden Ende der 90er Jahre im Rahmen der bilanziellen Erfassung der Nutzungsdauern für Gegenstände des Anlagevermögens in den Jahresabschlüssen von TK-Netzbetreibern in westlichen Industriestaaten, deren TK-Märkte bereits liberalisiert sind, die in Abb. 5-12 dargestellten Abschreibungszeitspannen verwendet.

Abb. 5-12: Abschreibungs-/Nutzungsdauer von Anlagegegenständen zum Betrieb von TK-Netzen in ausgewählten Staaten

Anlagegegenstand / Staat (Incumbent)	Dänemark (Tele Danmark)	Deutschland (DTAG)	Frankreich (France Telecom)	Großbritannien (BT)	Neuseeland (Telecom New Zealand)	Spanien (Telefonica)	Schweden (Telia)	Mittelwert [b]
• Vermittlungstechnik	10	5–20 [a]	10	2–13	3-15	7–17	10	**10,1**
• Übertragungstechnik (Leitungsverstärker)	k.A.	5–20	9	2–25	10–50	5–14	10	**14,1**
• Kabel	10–15	15–20	15	3–25	10–50	7–25	7–20	**16,9**
• Kabelkanäle	10–15	15–20	15-20	25	10–50	7–25	k.A.	**19,8**

a) Zahlenangaben sind Zeiten/Zeitspannen in Jahren.

b) Bei Zeitspannen fließt der Mittelwert zwischen der Ober- und Untergrenze der jeweiligen Zeitspanne in die Berechnung des Mittelwertes aller Incumbent-Netzbetreiber ein.

Stand: Geschäftsjahr 1998.

Quelle: Geschäftsberichte, eigene Analyse.

Hierbei fällt zunächst auf, daß innerhalb einer Kategorie von Anlagegegenständen (a) zwischen den verschiedenen Incumbent-Netzbetreibern z.T. erhebliche Unterschiede der Abschreibungsdauern vorliegen sowie (b) auch innerhalb eines Netzbetreibers für eine Klasse von Anlagegegenständen eine sehr große Bandbreite möglicher Abschreibungszeiten angegeben wird. Die letztgenannte Varianz von Nutzungsdauern innerhalb einer Klasse von Anlagegegenständen *eines* Netzbetreibers erscheint plausibel, da zu vermuten ist, daß dieser Netzbetreiber i.d.R. unterschiedliche Arten von Anlagegütern innerhalb einer Kategorie verwendet (z.B. digitale vs. analoge Vermittlungstechnik oder Kupferkabel vs. LWL). Daß jedoch zwischen den unterschiedlichen Netzbetreibern z.T. derart unterschiedliche Abschreibungsdauern/-zeitspannen Anwendung finden, ist aus *technischer* Perspektive *nicht* unmittelbar einsichtig, da allen TK-Netzbetreibern in westlichen Industriestaaten am Weltmarkt die prinzipiell gleiche Netztechnik zur Verfügung stehen dürfte und da zu vermuten ist, daß diese Netzbetreiber auch durchweg verschiedene Techniken nebeneinander (z.B. Kupferkabel vs. LWL) einsetzen. Insofern dürften diese Unterschiede vor allem auch darauf zurückzuführen sein, daß in den verschieden Staaten die TK-Netzbetreiber in unterschiedlichem Maße frei in der Festlegung der Abschreibungsdauern sind bzw. daß unterschiedliche handels- und steuerrechtliche Rahmenbedingungen gelten.

Die Mittelwerte der Nutzungsdauern aller untersuchten Netzbetreiber zeigen jedoch, daß für Netzelemente, die den TK-Verkehr „aktiv" vermitteln und dabei weitgehend auf Computertechnik zurückgreifen (wie insbesondere Vermittlungs- und z.T. auch Übertragungstechnik), tendenziell kürzere, durch die hohe Entwicklungsgeschwindigkeit der Computertechnik bedingte Abschreibungsdauern angesetzt werden als im Fall von sogenannten „passiven" Netzelementen wie Kabel oder Kabelkanäle. Grundsätzlich sind jedoch die in Abb. 5-12 ausgewiesenen Werte aus der Perspektive der technischen Nutzungsdauer - ohne die Berücksichtigung der hier wahrscheinlich vorliegenden Ausnutzung von bilanziellen Interpretationsspielräumen zur Optimierung des zu versteuernden Gewinns - und hierbei besonders die unteren Extremwerte in Neuseeland (3 Jahre für Vermittlungstechnik), Großbritannien (2 Jahre für Vermittlungstechnik und 3 Jahre für Kabel), Spanien (7 Jahre für Kabel) und Deutschland (5 Jahre für Vermittlungstechnik), als sehr niedrig einzustufen. Dies gilt auch für die Mittelwerte der passiven Netzkomponenten (16,9 Jahre für Kabel und 19,8 Jahre für Kabelkanäle), da aufgrund der sehr hohen Kosten für Kabelverlege- und Erdarbeiten[70] vor allem in Ortsnetzen zu vermuten ist, daß diese Netzelemente in der Praxis deutlich länger genutzt werden.

Fazit

Die Nutzungsdauer bzw. der Ersatzzeitpunkt für Anlagegegenstände beeinflußt die Kosten des Anlagevermögens in zweierlei Hinsicht:

---

[70] S. hierzu Fußnote 62 in Kap. 5.

(1) Je kürzer (länger) die Nutzungsdauer eines TK-Netzelementes ist, umso höher (geringer) sind die auf eine einzelne Periode (bzw. auf eine Nutzungseinheit) entfallenden Netzelementkosten (i.e.S.). Damit hat – aus dieser sehr grundlegenden/„trivialen" ökonomischen Perspektive betrachtet – eine möglichst lange Nutzungsdauer das niedrigste Kostenniveau zur Folge.

(2) Gleichzeitig verlängert sich mit der Nutzungsdauer der Kapitalbindungszeitraum, was insbesondere dann, wenn (a) für das betreffende TK-Netzelement bei einer kürzeren Nutzungsdauer am Markt noch ein nennenswerter Restwert als Verkaufserlös erzielt werden kann und (b) eine entsprechende Ersatzinvestition aufgrund der technischen Fortschritte und/oder des auf die Leistungsfähigkeit des Netzelementes bezogenen Preisverfalls eine deutlich geringere Kapitalbindung verursacht, für geringere Kosten einer kürzeren Nutzungsdauer sprechen *kann*. Allerdings ist die Gültigkeit der unter (a) angesprochenen Prämisse der Möglichkeit zur Erzielung eines attraktiven Restwerterlöses bei einer gleichzeitig unter (b) unterstellten hohen Geschwindigkeit der technischen Entwicklung und der damit einhergehenden Preisniveauabsenkung eher unwahrscheinlich. Auch die Tatsache, daß die Höhe des durchschnittlich gebundenen Kapitals einer Investition bei linearem Werteverzehr *unabhängig* von der Nutzungs-/Abschreibungsdauer immer die Hälfte der Investition darstellt,[71] spricht dafür, eine kürzere Nutzungsdauer *nicht* mit geringeren KAV gleichzusetzen.

5.3.5 Kapitalkosten

Da der Begriff der Kapitalkosten in der Literatur z.T. in unterschiedlicher Weise verwendet wird,[72] soll er hier kurz präzisiert werden. Zunächst wird der Begriff Kapitalkosten für die gesamten Kosten des Kapitaleinsatzes, d.h. für die in *Geldeinheiten* bewerteten Kapitalbeschaffungs- und -bindungskosten verwandt (vgl. Kap. 5.3.5.1). Dieser Kapitalkostenbegriff i.w.S. wird im folgenden kurz als *Kapitalkosten* (Symbol: K) bezeichnet. Außerdem wird häufig auch der für das gebundene Kapital zu entrichtende *Zinssatz* als Kapitalkosten bezeichnet. Für diesen Kapitalkostenbegriff i.e.S. werden in dieser Arbeit synonym die Begriffe *Kapital-* oder *Diskontierungszinssatz* sowie *Kapitalkosten-* oder *Diskontierungsfaktor* (Symbol: r) verwendet (vgl. hierzu auch Kap. 5.3.5.2).

---

71 S. hierzu Kap. 5.3.1.

72 Vgl. z.B. Hax 1998: 213-214; Sach 1995: 103; Schulze 1994: 10-15 sowie die jeweils dort angegebene Literatur.

5.3.5.1 Kosten des Kapitaleinsatzes

Kapitalkosten sind dadurch begründet, daß das für die Investitionen in die TK-Netzelemente verwandte und damit i.d.R. über mehrere Jahre gebundene Kapital ebensogut für eine andere alternative Investition eingesetzt werden könnte bzw. nicht ohne Kosten am Kapitalmarkt beschafft werden kann. Dabei ist der Kostencharakter der Zinsen für Fremdkapital unbestritten, da diese Zinsen im Normalfall auch tatsächlich an die Fremdkapitalgeber ausgezahlt werden. Im Gegensatz hierzu führt die Verzinsung des Eigenkapitals nicht notwendigerweise zu Auszahlungen. Der Kostencharakter des Eigenkapitals ergibt sich demnach vielmehr aus der oben beschriebenen entgangenen Verzinsung für eine mögliche alternative Anlageform (sogenannte *Opportunitätskosten*).[73] Hinzu kommt, daß (a) die tatsächlich (z.B. in Form einer Dividende auf Aktien) gezahlten Zinsen auf das Eigenkapital über oder unter der kalkulatorischen Eigenkapitalverzinsung liegen können[74] und (b) diese Zahlungen an die Eigenkapitalgeber unter steuer- und handelsrechtlichen Gesichtspunkten ausgeschüttete Gewinne und *keine* Kosten darstellen. Daher wird in der betriebswirtschaftlichen Literatur vereinzelt der Kostencharakter der kalkulatorischen Eigenkapitalverzinsung verneint.[75] Allerdings hat sich in der Betriebswirtschaftslehre der wertmäßige Kostenbegriff weitgehend durchgesetzt, der die kalkulatorische Eigenkapitalverzinsung als Opportunitätskosten in die Kosten einbezieht[76] und der auch dieser Arbeit zugrundeliegt.[77]

Die Kosten des Kapitaleinsatzes werden unmittelbar von den drei folgenden Einflußfaktoren bestimmt (vgl. auch Kap. 5.3.1 und Abb. 5-9):

(1) der Höhe des Investments, für das jeweilige Objekt/TK-Netzelement, die wiederum vom zeitlichen und technischen Bezug der Vermögensbewertung abhängt (s. auch Kap. 5.3.2 und 5.3.3).

---

73 Zum Opportunitätskostenbegriff allgemein vgl. z.B. Dellmann 1998: 653-654; Hax 1998: 215-216; Djanani/Schöb 1997: 17; Kilger 1993: 3.

74 Diese Abweichung der Dividendenzahlungen von der kalkulatorischen Eigenkapitalverzinsung, die meist eine mit Hilfe von Kapitalmarktmodellen ermittelte Renditeerwartung der Eigenkapitalgeber darstellt, kann sich daraus ergeben, daß die Dividendenzahlungen (a) z.B. aufgrund einer aktuell schlechten wirtschaftlichen Situation des Unternehmens unter den Erwartungen der Eigenkapitalgeber liegen oder (b) durch Sonderzahlungen (wie z.B. Jubiläumsdividenden) diese übertreffen. Hinzu kommt, daß i.d.R. ein Großteil der Rendite der Eigenkapitalgeber aus Kursgewinnen der Eigenkapitalanteile und nicht aus Dividendenzahlungen entsteht.

75 S. z.B. Männel 1998: 83-85 sowie die dort angegebene Literatur.

76 Vgl. Djanani/Schöb 1997: 17; Busse von Colbe 1995: 161 sowie Fußnote 3 in Kap. 4.

77 Würden nämlich die Dividenden/Eigenkapitalzinsen keine kalkulatorischen Kosten darstellen, hätte dies die ökonomisch unsinnige Konsequenz, daß beim Verzicht auf Fremdkapital auch keinerlei Kapitalkosten entstünden.

(2) dem Zeitraum, über den das Kapital für das entsprechende Objekt/TK-Netzelement gebunden ist, d.h. der Nutzungsdauer des Netzelementes (s. auch Kap. 5.3.4).

(3) dem Kapitalzinssatz, der für das gebundene Kapital zu zahlen bzw. kalkulatorisch anzusetzen ist.

Nachdem auf die Probleme bei der Bestimmung der *Höhe* und *Nutzungsdauer* der Investition bereits in Kap. 5.3.2 bis 5.3.4 eingegangen wurde, wird im folgenden der Themenkomplex der Bestimmung *von Kapitalzinssätzen* diskutiert.

5.3.5.2 Grundlagen der Kapitalzinsenbestimmung

Der *Kapitalzinssatz* ist, da er als Diskontierungsfaktor in die Berechnung der Kapitalkosten einfließt, neben der Höhe des Investment und der Länge der Nutzungsdauer/Kapitalbindungsdauer *der* entscheidende Kostentreiber der Kapitalkosten. Da i.d.R. kein Unternehmen, Unternehmensteilbereich oder Investitionsprojekt ausschließlich mit Eigenkapital oder nur mit Fremdkapital finanziert ist, sind bei der Bestimmung der gesamten Kapitalkosten sowohl die Kosten des Eigenkapitals als auch die Fremdkapitalkosten zu berücksichtigen.

In diesem Zusammenhang stellen sich neben der Kernfrage der Bestimmung der Höhe von Eigen- und Fremdkapitalzinsen zunächst zwei grundsätzliche Fragen:

(1) Welches ist die relevante Organisationseinheit (Gesamtunternehmen vs. Unternehmensteilbereich vs. Projekt), deren Kapitalkosten zu bestimmen sind?[78]

(2) Auf Basis welcher Systematik (d.h. insbesondere mit welchen „Gewichtungsfaktoren") soll aus den Eigen- und Fremdkapitalzinsen ein Gesamtkapitalzinssatz bestimmt werden?

Ad (1): Hinsichtlich der Frage der Zuordnung des Kapitalzinssatzes zu einem Investitionsgegenstand (z.B. TVSt), zu einer (Teil)Produktionseinheit des Unternehmens (z.B. TK-Ortsnetz), zu einem Unternehmensteilbereich (z.B. dem Bereich TK-Netz[betrieb]) oder zu dem Gesamtunternehmen ist zu fragen, ob (a) differenzierte Kapitalkostenfaktoren für möglichst kleine Teileinheiten oder (b) einheitliche Kapitalzinssätze für größere Einheiten vorzuziehen sind. Für die Verwendung von Kapitalkostenfaktoren der jeweils „kleinsten" möglichen Unterorganisationseinheit (d.h. im Idealfall des einzelnen Investitionsprojektes) spricht,

---

78 Für eine ausführliche Diskussion der Problematik der Bestimmung projektbezogener Kapitalkosten s. Sach 1995: 141-167.

daß hierdurch am ehesten eine verursachungsgerechte Zuordnung der Kosten des Kapitals erfolgt. Gegen diese Vorgehensweise und damit für den Rückgriff auf Kapitalkosten von größeren Unternehmenseinheiten bzw. des gesamten Unternehmens sprechen vor allem drei Gründe. Erstens erfolgt in der Praxis von Unternehmen (TK-Netzbetreibern) die Finanz- und Liquiditätsplanung sowie die Beschaffung von Eigen- und Fremdkapital i.d.R. auf der Ebene des Gesamtunternehmens, so daß kleinere Organisationseinheiten ihre Kapitalkosten meist gar nicht beeinflussen können. Zweitens würde, selbst wenn eine Zuordnung von Kapitalkosten zu kleinen Einheiten möglich wäre, dies einen hohen Aufwand für die Erhebung der entsprechenden Daten implizieren. Drittens dürften die Kapitalkosten der kleinen Einheiten deutlich stärkeren Schwankungen unterliegen, als die aufgrund der Größe und Mischung des Kapitalvolumens weniger sensitiven Kapitalkosten des Gesamtunternehmens bzw. größerer Unternehmenseinheiten.

Daher basieren die für TK-Netze bzw. -Netzelemente in Wissenschaft und Praxis verwandten Kapitalkostenzinssätze nahezu ausschließlich auf solchen für das jeweilige TK-Gesamtunternehmen bestimmten Zinssätzen, die jedoch z.T. hinsichtlich des unternehmerischen Risikos, das der jeweilige Unternehmensteilbereich zu tragen hat, mittels Risikozu- oder -abschlagsfaktoren zu variieren bzw. anzupassen sind.[79]

Ad (2): Bei der Frage der Bestimmung der Gesamtkapitalzinssätze aus den Zinsen für Eigenkapital und Fremdkapital wird in Literatur und Praxis überwiegend das „Weighted Average Cost of Capital" (WACC)-Modell herangezogen, nach dem die Kapitalzinssätze für das Eigenkapital (Fremdkapital) jeweils mit den Anteilen des Eigenkapitals (Fremdkapitals) am Gesamtkapital zu gewichten sind:[80]

$$r = r_{FK} \cdot x_{FK} + r_{EK} \cdot x_{EK}$$

Mit r: Zinssatz (für Eigen- *und* Fremdkapital);
r_{FK}: Zinssatz für das Fremdkapital;
x_{FK}: Anteil des Fremdkapitals am Gesamtkapital;
r_{EK}: Zinssatz für das Eigenkapital;
x_{EK}: Anteil des Eigenkapitals am Gesamtkapital.

---

79 Vgl. hierzu auch unten Kap. 5.3.5.4.

80 Vgl. zur WACC-Systematik Ballwieser 1998: 84-85; Anhang zur Empfehlung 98/322/EG; Arbeitskreis Finanzierung 1996: 563; Richter/Simon-Keuenhof 1996: 700; Sach 1995: 105-107; Copeland et al. 1993: 192-194.

Neben der zentralen Frage der Höhe der Eigen- und Fremdkapitalzinsen bzw. deren Bestimmung, die weiter unten in diesem Kapitel diskutiert wird, ist hierbei insbesondere von Relevanz, welche *Wertansätze* und welcher *zeitliche Bezug* für die Bestimmung des Eigen- und Fremdkapitals bzw. deren Anteile am Gesamtkapital heranzuziehen sind.

Bezüglich der *Wertansätze* kann alternativ auf (a) die jeweiligen *Buchwerte* (= Bilanzwerte), die durch die aktuellen Jahresabschlüsse veröffentlicht und damit allgemein zugänglich sind, oder (b) die *Marktwerte* zurückgegriffen werden. Welche Aspekte bei welchem der beiden vorgenannten Ansätze zu beachten sind, wird weiter unten in diesem Kapitel differenziert in den jeweiligen Abschnitten zur Bestimmung der Eigen- und Fremdkapitalzinssätze noch diskutiert. In jedem Fall ist im Sinne einer konsistenten Argumentation sicherzustellen, daß für das Eigen- und Fremdkapital jeweils die gleiche Bewertungsmethode anzuwenden ist.

Hinsichtlich des *zeitlichen Bezugs* ist die Verwendung (a) der aktuellen Ist-Vermögensstruktur oder (b) einer Plan-Vermögensstruktur, welche insbesondere zum Zeitpunkt der Analyse bereits feststehende bzw. planbare Änderungen des Eigen- und Fremdkapitals (z.B. durch die Emission neuer Aktien oder Anleihen/Schuldverschreibungen) berücksichtigt, möglich.

Für die Verwendung der *Ist*-Vermögensstruktur spricht, daß diese durch den aktuellen Geschäftsbericht bzw. den aktuellen Marktwert der Eigen- und Fremdkapitalanteile auch ohne Kenntnis der internen Planungen des betreffenden Unternehmens, hinsichtlich der Emission von neuem Kapital zu bestimmen ist. Für die Verwendung der *zukünftigen* Vermögensstruktur spricht hingegen die inhaltliche Konsistenz dieser Vorgehensweise mit dem FL LRIC-Ansatz. Zukünftige Vermögensstrukturen beinhalten jedoch für externe Analysten immer eine Unsicherheit, ob das betreffende Unternehmen alle geplanten Änderungen der Vermögensstruktur zum Zeitpunkt der Betrachtung veröffentlicht hat und ob die entsprechenden Planungen auch tatsächlich umgesetzt werden, da letztendlich das Unternehmen, dessen Kapitalkosten zu bestimmen sind, in hohem Maße selbst die Kontrolle über diese zukünftige Kapitalstruktur hat.

Daher wird in dieser Arbeit als Standard-Ansatz bei der Kapitalkostenbestimmung der Rückgriff auf die Ist-Vermögensstruktur empfohlen. Eine Berücksichtigung geplanter Änderungen dieser Struktur ist nur dann in Betracht zu ziehen, wenn diese Änderungspläne (a) vom Unternehmen rechtzeitig transparent gemacht wurden und (b) die Wahrscheinlichkeit, daß die Änderungen auch tatsächlich umgesetzt werden sehr hoch ist.

5.3.5.3 Zinssätze für das Fremdkapital

Da die Fremdkapitalbeschaffung i.d.R. zentral für das Gesamtunternehmen und nicht separat für einzelne Unternehmensteilbereiche bzw. einzelne Investitionsprojekte erfolgt, sind die Fremdkapitalzinskosten als mittlere Zinskosten für das gesamte Fremdkapital des Unternehmens zu bestimmen.

Formal läßt sich dies wie folgt darstellen:[81]

$$r_{FK} = \sum_{i=1}^{m} r_{FK}^{i} \cdot x^{i}$$

Mit r_{FK}: (Mittlerer) Zinssatz für das Fremdkapital;
m: Anzahl der Fremdkapitaltitel;
r^{i}_{FK}: Zinssatz für den i-ten Fremdkapitaltitel;
x^{i}: Anteil des i-ten Fremdkapitaltitels am gesamten Fremdkapital.

Die Ermittlung des Fremdkapitals und des Fremdkapitalzinssatzes zu Buchwerten ist i.d.R. anhand der im Jahresabschluß des jeweiligen (Incumbent-)Netzbetreibers veröffentlichten Bilanzdaten möglich. Allerdings sind zunächst nur die Zinsen solcher Fremdkapitalpositionen, für die tatsächlich Zinsauszahlungen erfolgen und die auch als „offen verzinsliches" Fremdkapital bezeichnet werden, zweifelsfrei zu bestimmen und diesem zuzuordnen. Schwieriger gestaltet sich hingegen die Kalkulation der Zinsen auf nicht bzw. nicht offen verzinsliche Fremdkapitalpositionen. Hierzu zählen vor allem:[82]

(1) Verbindlichkeiten aus Lieferungen und Leistungen sowie Verbindlichkeiten aus Miet- und Leasingverträgen, die i.d.R. bereits seitens des Zulieferers in den Preis eingerechnete Zinsen für die Zahlungsfrist der Rechnung enthalten. Da die Charakterisierung dieser Preisanteile als Fremdkapitalzinsen jedoch strittig ist und diese Zinsen zudem kaum zu erfassen sind, wird auf ihre Bestimmung meist verzichtet und das zu verzinsende Vermögen um den Betrag dieser Verbindlichkeiten, die daher auch als Abzugskapital bezeichnet werden, gekürzt.

---

[81] Vgl. hierzu sowie zu den folgenden Ausführungen in Kap. 5.3.5.3 z.B. Sach 1995: 108; Herter 1994: 90-95; Schulze 1994: 61-63.

[82] S. hierzu z.B. Schwetzler 1998: 678-702; Arbeitskreis Finanzierung 1996: 558-562.

(2) Langfristige Rückstellungen für Pensionsverpflichtungen, die üblicherweise als diskontierte Kapitalwerte der zu erwartenden Zahlungsverpflichtungen gebildet und deren Fremdkapitalzinsanteile damit bereits als Personalkosten erfaßt werden. Insofern sind auch diese vom zu verzinsenden Fremdkapitalvermögen abzuziehen.

(3) Kurzfristige/sonstige Rückstellungen, die i.d.R. ebenfalls als Abzugskapital behandelt werden. Teilweise ist dieser Ansatz jedoch kritisch zu bewerten, da solche Rückstellungen seitens der Unternehmen zur Reduzierung des steuerpflichtigen Gewinns oftmals sehr hoch angesetzt werden und damit eigentlich eher stille Reserven (= verdecktes Eigenkapital) darstellen.

Die Bestimmung des Fremdkapitals bzw. der Fremdkapitalzinsen zu gegenwärtigen oder historischen Marktwerten ist nur insofern ohne weiteres möglich, soweit dieses Fremdkapital z.B. in Form von Schuldverschreibungen, Anleihen oder ähnlichen Wertpapieren auch an der Börse gehandelt und bewertet wird, was Voraussetzung für eine präzise Bestimmung des Fremdkapitalwertes am jeweiligen Stichtag ist.[83] Da jedoch i.d.R. auch ein bedeutender Anteil des Fremdkapitals auf andere Bilanzpositionen wie z.B. Verbindlichkeiten gegenüber Kreditinstituten oder Verbindlichkeiten gegenüber verbundenen Unternehmen entfällt, ist eine Ermittlung des Marktwertes des Fremdkapitals nur mit Hilfe von geschätzten Größen für diese nicht am Markt bewerteten Fremdkapitalpositionen möglich. Zur Schätzung zukünftiger marktorientierter Zinssätze für das Fremdkapital bietet sich die Fortschreibung der aktuellen Fremdkapitalzinsen unter Berücksichtigung von (a) Zinsprognosen im Hinblick auf das allgemeine Zinsniveau der Kapitalmärkte und/oder (b) möglichen Änderungen der Risikoeinstufung des Fremdkapitalgebers an.[84]

Eine weitere Alternative zur marktnahen Bestimmung von Fremdkapitalzinsen ist die Verwendung eines am Markt beobachteten bzw. zu erwartenden risikolosen Zinssatzes (z.B. für Staatsanleihen) als Basiszinssatz und die Addition eines Risikozuschlages, der das branchen- und unternehmensspezifische Risiko, das insbesondere von der Wettbewerbsintensität in der TK-Branche im jeweiligen Markt und von der Marktposition des einzelnen TK-Netzbetreibers abhängig sein dürfte, widerspiegelt. Ein solcher Risikozuschlag kann für die Vergangenheit als

---

83 Dann stellt nämlich der Börsenwert des Fremdkapitals den Marktwert dar und die Fremdkapitalzinsen lassen sich als die Rendite dieser Fremdkapitaltitel, d.h. als der interne Zins der Zahlungsreihe, deren Barwert der Marktwert ist, bestimmen.

84 Vgl. auch Arbeitskreis Finanzierung 1996: 558-559 sowie die dort genannte Literatur.

Differenz aus den vom jeweiligen Incumbent für Fremdkapital gezahlten Zinsen und den Zinsen für entsprechende Staatsanleihen ermittelt werden. Soweit der durch diese Differenz ausgedrückte Risikozuschlag weitgehend konstant ist oder eine klare Tendenz aufweist, die fortgeschrieben werden kann, können damit auf Basis des risikolosen Zinssatzes die Fremdkapitalzinsen abgeschätzt werden.[85]

5.3.5.4 Eigenkapitalverzinsung

Eigenkapitalzinsen werden im Gegensatz zu Fremdkapitalzinsen nicht unmittelbar durch tatsächliche Zinszahlungen abgebildet, sondern treten in Form von erwarteten Renditen der Eigenkapitalgeber nur als Opportunitätskosten bzw. als kalkulatorische Eigenkapitalverzinsung in Erscheinung. Deshalb ist die Bestimmung dieser Eigenkapitalzinsen als deutlich komplexer einzustufen als die Ermittlung der Fremdkapitalzinsen. Eigenkapitalzinsen stellen daher letztendlich *immer* aufgrund geeigneter Methoden gewonnene Schätzwerte dar. Dabei haben sich zur Ermittlung der Eigenkapitalkosten im wesentlichen zwei Systematiken herausgebildet:[86]

(1) *Ertragswertverfahren*, die auf der Basis von Renditeerwartungen der (potentiellen) Eigenkapitalgeber in Verbindung mit dem aktuellen Aktienkurs/Börsenwert des Unternehmens die Eigenkapitalzinsen bestimmen.

(2) *Theoretische Verfahren/Kapitalmarktmodelle* (und hierbei namentlich das *Capital Asset Pricing Model*),[87] welche unter der Annahme eines vollkommenen Kapitalmarktes[88] die erwartete Eigenkapitalverzinsung durch die modellhafte Nachbildung der am Kapitalmarkt ablaufenden Preisbildungsprozesse ermitteln.

---

85 Zur Problematik der Bestimmung und Prognose eines risikolosen Zinssatzes s. auch unten Kap. 5.3.5.4.

86 Vgl. Schuster/Stürmer 1997: 340-341; Vogelsang 1996a: 11-12; Sach 1995: 113-120; Schulze 1994: 64-75; OFTEL 1992: 5-7 u.15.

87 S. zur Diskussion weiterer Kapitalmarktmodelle wie der „Arbitrage Pricing Theory" (APT) Perridon/Steiner 1997: 273-277; Zimmermann 1997: 35-39; Sach 1995: 121-122; Herter 1994: 115; Copeland/Weston 1993: 217-235. Solche weiteren Modelle werden hier wegen ihrer im Vergleich zum CAPM eher seltenen Verwendung in der Unternehmenspraxis, welche in der relativ hoher Modellkomplexität und der Schwierigkeit der Beschaffung von Input-Daten begründet sein dürfte, nicht weiter betrachtet.

88 Zur Präzisierung der Merkmale eines „vollkommenen Kapitalmarkts" s. unten Fußnote 96 in diesem Abschnitt.

Ad (1): Ertragswertverfahren oder „Dividend Growth Method"

Nach dem *Ertragswertverfahren*[89] wird der Eigenkapitalzins als der Diskontzinssatz bestimmt, bei dem der Barwert der zukünftig erwarteten Gewinnausschüttungen/Dividenden dem aktuellen Börsenwert des Unternehmens entspricht.[90] D.h. es ist der Diskontzinssatz r_{EK} zu bestimmen, der folgende Gleichung (näherungsweise) löst:[91]

$$UW = \sum_{t=0}^{\infty} \frac{D_t}{(1+r_{EK})^t}$$

Mit UW: Börsenwert des Unternehmens;
t: Periode/Jahr;
D_t: Gewinnausschüttung/Dividende der Periode t;
r_{EK}: Diskont-/Eigenkapitalzinssatz.

Auch wenn es zur Bestimmung des relevanten Zinssatzes auf der Ermittlungssystematik des sogenannten internen Zinses aufbauende mathematische Näherungsverfahren gibt, bleibt als kritische inhaltliche Frage, wie die zukünftige Entwicklung der Dividenden zu prognostizieren ist. Für kleinere oder jüngere Aktiengesellschaften mit stark schwankenden Gewinnen dürften diese kaum mit hinreichender Sicherheit abzuschätzen sein. Jedoch zeigt die Erfahrung, daß große Aktiengesellschaften, die im „Blue-Chip"-Index[92] des jeweiligen Aktienmarktes vertreten sind und damit i.d.R. über viele Jahrzehnte erfolgreich am Markt agierende Unternehmen darstellen, meist über mehrere Jahre vergleichsweise stabile Gewinne/Gewinnausschüttungen aufweisen, aus denen sich entsprechende Trends und damit einigermaßen gesicherte Prognosewerte für zukünftige *Dividenden* ableiten lassen. Dabei sind jedoch oft ab einem gewissen Zeitpunkt die Dividenden nicht mehr für die *einzelnen* Perioden (= Geschäftsjahre) sinnvoll

---

89 Dieses Verfahren wird zudem in Deutschland meist als Kalkulationsgrundlage für die Bewertung von Unternehmen verwandt. Vgl. Ballwieser 1998: 81.

90 In der Praxis wird im Regelfall ein Großteil der Rendite des Eigenkapitalgebers durch Aktienkursgewinne erzielt. Da jedoch solche Aktienkursgewinne aus fundamentalanalytischer Perspektive insbesondere auch erzielte und vom Unternehmen noch nicht ausgeschüttete Gewinne sowie Ertragserwartungen über zukünftige Ausschüttungen aus den mit einbehaltenen Gewinnen durchgeführten Investitionen reflektieren, sind vom Eigenkapitalgeber realisierte Aktienkursgewinne letztendlich mit der Vorwegnahme der in diesem Aktienkurs reflektierten zukünftigen Gewinnausschüttungserwartungen gleichzusetzen.

91 Vgl. Vogelsang 1996a: 11; Sach 1995: 113.

92 Hierunter soll jeweils der Aktienindex verstanden werden, der – unter Berücksichtigung gewisser Branchenparitäten – die größten Aktiengesellschaften des jeweiligen Kapitalmarktes beinhaltet. Beispiele hierfür sind der Deutsche Aktienindex (DAX) oder für den US-amerikanischen Markt der Dow Jones Index.

abzuschätzen, sondern über einen sogenannten Rest- oder Endwert für den verbleibenden Zeitraum zu bestimmen.[93] Da die jeweiligen Incumbent-Netzbetreiber in den westlichen Industriestaaten, soweit es sich bei diesen um zumindest teilprivatisierte börsennotierte Aktiengesellschaften handelt, durchweg solche großen „Blue-Chip"-Unternehmen darstellen, kann für diese i.d.R. eine solche Dividenden(trend)prognose erfolgen. Abb. 5-13 zeigt die Dividendenentwicklung für ausgewählte Incumbent-Netzbetreiber von 1993 bis 1998.

Abb. 5-13: Dividendenentwicklung ausgewählter Incumbents 1993 bis 1998

Jahr / Staat (Incumbent)	Von Incumbents pro Aktie gezahlte Dividenden					
	1993	1994	1995	1996	1997	1998
Großbritannien (BT) [in £]	0,156	0,167 (+7%)[a]	0,177 (+6%)	0,187 (+6%)	0,1985[b] (+6%)	0,19 (–4%)
Neuseeland (Telecom New Zealand) [in NZ$]	0,114	0,251 (+120%)	0,3 (+20%)	0,35 (+17%)	0,39 (+11%)	0,43 (+10%)
Spanien (Telefonica) [in Pts]	62	66 (+6%)	76 (+15%)	89 (+17%)	102 (+15%)	85,5[c] (-16%)
Deutschland (DTAG) [in DM]	–	–	0,60	0,60 (+0%)	1,20 (+100%)	1,20 (+0%)

a) Zahlenangaben in Klammern sind prozentuale Dividendenänderungen im Vergleich zum Vorjahr.

b) Ohne die 1997 von der BT gezahlte „Sonderdividende" in Höhe von £ 0,35.

c) Telefonica gibt ab dem Geschäftsjahr 1998 anstelle von Dividendenzahlungen Gratisaktien aus. Der angegebene Wert entspricht dem rechnerischen Wert des Bezugsrechtes je Aktie am Tag der Abgabe des Angebotes zum Bezug der Dividenden-Gratisaktien für das Geschäftsjahr 1998 durch Telefonica (16.04.1999).

Quelle: Geschäftsberichte, eigene Analysen.

Hierbei ist festzustellen, daß mit BT und Telefonica lediglich zwei der betrachteten vier Incumbents eine einigermaßen konstante Dividendenentwicklung aufweisen. Dieser Trend gilt zudem auch nur für die Zeitspanne von 1993 bis 1997, da diese beiden Netzbetreiber im Geschäftsjahr 1998 gegenüber 1997 geringere Divi-

---

93 Zur Prognose dieses Endwertes werden in der Literatur vor allem die folgenden zwei Methoden genannt: (a) Methode des ewigen konstanten Wertes des Cash Flow/der Dividende (= sogenannte „ewige Rente"), die davon ausgeht, daß der Cash Flow/die Dividende der letzten prognostizierten Periode in unveränderter Höhe in die Zukunft fortzuschreiben ist; (b) Methode des kontinuierlichen Wachstums des Cash Flow/der Dividende, die ein konstantes Wachstum des Cash Flow/der Dividende annimmt. Vgl. z.B. Herter 1994: 68-71 sowie zum Begriff der „ewigen Rente" Wöhe 1996: 892; Kruschwitz 1995: 73-74. In einem stark wachsenden Markt wie der TK-Branche ist m.E. die letztgenannte Methode zu präferieren.

denden ausschütteten und den relativ konstanten Wachstumstrend der Vorjahre durchbrachen. Die Dividendenzahlungen von Telecom New Zealand weisen dagegen für den gesamten untersuchten Zeitraum durchweg jährliche Zuwächse auf, wobei diese jedoch deutlich größeren Schwankungen unterliegen als die Werte von BT und Telefonica für das o.g. Zeitfenster. Bei den von der DTAG gezahlten Dividenden sind für die ersten Jahre des Bestehens der Aktiengesellschaft sehr große Dividendensprünge im Wechsel mit einem Verzicht auf Dividendenerhöhungen festzustellen. Insgesamt ist damit die Prognose von Dividendenzahlungen als schwierig einzustufen. Dies gilt insbesondere für solche Incumbent-Netzbetreiber, die erst seit vergleichsweise kurzer Zeit als Aktiengesellschaften geführt werden.

Da zudem eine zuverlässige Vorhersage der zukünftigen Aktienkursentwicklung als dem zweiten wichtigen Parameter der Aktienrendite kaum möglich sein dürfte, ist die Ertragswertmethode nur eher nicht zur Bestimmung der Eigenkapitalkosten von Incumbents geeignet.[94]

Ad (2): Kapitalmarktmodelle/Capital Asset Pricing Model (CAPM)

An dieser Stelle wird nur das *Capital Asset Pricing Model* (CAPM) erläutert,[95] da es *das* in der betriebswirtschaftlichen Literatur bei weitem am häufigsten diskutierte und zur Abschätzung der Eigenkapitalzinsen angewandte Kapitalmarktmodell darstellt.[96] Die Kernaussage des CAPM ist, daß in einem vollkommenen Kapitalmarkt im Marktgleichgewicht eine lineare Beziehung zwischen der zu erwartenden Rendite und dem Risiko eines Wertpapiers bzw. einer Aktie besteht, die sich darin ausdrückt, daß sich die geforderte Eigenkapitalverzinsung als Summe

---

94 Eine Eignung wäre dann ansatzweise gegeben, wenn angenommen werden könnte, daß der jeweilige Incumbent keine den Aktienkurs erhöhenden Reserven bildet sondern jeweils den maximal möglichen Gewinn ausweisen und ausschütten würde. Davon ist jedoch realistischerweise nicht auszugehen. Vgl. auch Fußnote 90 in Kap. 5.

95 Das CAPM wurde in den 60er Jahren von Lintner, Mossin und Sharpe entwickelt und basiert im wesentlichen auf der Portefeuilletheorie von Markowitz und Tobin. Vgl. Mossin 1966; Lintner 1965; Sharpe 1964; Tobin 1958; Markowitz 1952.

96 Obgleich die Bedingungen für einen vollkommenen Kapitalmarkt, wie insbesondere (a) risikoaverse Anleger, die ihre Anlageentscheidungen anhand der Kriterien Erwartungswert und Varianz der Rendite treffen und durchweg über homogene Erwartungen verfügen, (b) Unbeeinflußbarkeit der Marktpreise durch die Investitionsentscheidungen des einzelnen Anlegers, (c) Existenz eines uneingeschränkt am Markt verfügbaren risikofreien Wertpapiers sowie (d) Betrachtungs-/ Entscheidungshorizont von *einer* Periode, in der Realität kaum anzutreffen sein dürften, hat das CAPM – wohl auch mangels einer besseren Alternative – die betriebswirtschaftliche Diskussion der Eigenkapitalzinsbestimmung in den letzten drei bis vier Jahrzehnten geprägt. S. z.B. Ballwieser 1998: 83; Sach 1995: 115.

des Zinses einer risikofreien Anlage und einer Risikoprämie ergibt.[97] Diese Risikoprämie hängt wiederum von der Relation des unternehmensspezifischen Risikos zum Risiko des gesamten Kapitalmarktes ab. Die entsprechende Grundgleichung des CAPM lautet:

$$r_i = \frac{s_i}{s_m} cor_{im} \cdot (r_m - r_f) + r_f = \beta_i \cdot (r_m - r_f) + r_f \qquad \text{für} \qquad \frac{s_i}{s_m} cor_{im} = \beta_i$$

Mit r_i: Erwartete Aktienrendite/Eigenkapitalzinssatz des Unternehmens i;
s_i: Standardabweichung der Rendite des Unternehmens i;
s_m: Standardabweichung der Marktrendite;
cor_{im}: Korrelation der Rendite des Unternehmens i mit der Marktrendite;
r_m: Marktzinssatz;
r_f: Rendite/Zinssatz einer risikofreien Anlage (z.B. für Staatspapiere);
β_i: Kovariation der Rendite des Unternehmens i mit der Marktrendite.

Danach wird die über den Zinssatz r_f einer risikofreien Anlage hinausgehende Risikoprämie nur durch nicht wegdiversifizierbare Renditeschwankungen, dem sogenannten *systematischen* Risiko, bestimmt, welches durch den o.g. β-Faktor ausgedrückt wird. Dieses β spiegelt die mittlere Reagibilität einer Aktie im Vergleich zur Marktentwicklung wider und stellt damit eine Maßzahl für die Risikoklasse dieser Aktie bzw. dieses Unternehmens dar.

Die Verwendung des CAPM zur Bestimmung der Eigenkapitalzinssätze für Unternehmen im allgemeinen und besonders für (Incumbent-)Netzbetreiber wirft neben der grundsätzlichen Problematik der Anwendbarkeit/Gültigkeit dieses Modells[98] trotz des Nichtvorliegens der Voraussetzungen eines vollkommenen Kapitalmarktes[99] vor allem die Frage auf, wie die Modellinputparameter r_m, r_f und β am besten zu bestimmen sind:

- Hinsichtlich der Ermittlung der *Marktrendite* r_m ist insbesondere zu hinterfragen, (a) die Rendite welches Portefeuilles bzw. welches Marktindexes hierfür

---

97 S. hierzu sowie zu den folgenden Ausführungen zum CAPM neben der in Fußnote 86 in diesem Abschnitt genannten Literatur Brealey et al. 1999: 268-285; Kruschwitz 1999: 155-207; Ballwieser 1998: 82-83; Lammerskitten et al. 1997: 224-225 u. 230-231; Zimmermann 1997: 16-35 u. 39-48; Perridon/Steiner 1997: 258-273; Arbeitskreis Finanzierung 1996: 547-558; Brealey/Myers 1996: 173-195; Nippel 1996: 106-108; Richter/Simon-Keuenhof 1996: 700-701; Herter 1994: 96-115; Copeland/Weston 1993: 194-205; Sharpe 1991: 212-223; Steiner/Kleeberg 1991: 172-173; Radcliffe 1990: 265-306.

98 Vgl. zur Kritik am CAPM bzw. zum Nachweis der nur sehr eingeschränkten Modellgültigkeit neben der in der vorangehenden Fußnote 97 genannten Literatur insbesondere auch Fama/French 1992: 432-452.

99 S. hierzu Fußnote 96 in diesem Abschnitt sowie die dort aufgeführte Literatur.

zu verwenden ist und (b) welches der relevante Zeitraum für die Bestimmung der (mittleren) Rendite ist.

Bezüglich der *Auswahl des Portefeuilles* wäre hier idealerweise ein Index bzw. eine gewichtete Mischung aus Indizes, die den Kapitalmarkt, welcher dem Anleger (= potentiellen Eigenkapitalgeber) zur Verfügung steht, möglichst gut widerspiegelt, heranzuziehen. Aus Perspektive eines institutionellen Anlegers ist hierbei theoretisch ein hinsichtlich der Art und der regionalen Herkunft der Kapitalanlagen diversifiziertes Marktportefeuille heranzuziehen, das neben Aktien z.B. auch festverzinsliche Wertpapiere und Immobilien aller international relevanten regionalen Märkte – d.h. insbesondere der europäischen, nordamerikanischen und der asiatischen Kapitalmärkte – berücksichtigt.[100] Gegen die Verwendung eines solchen umfassenden Marktportefeuilles sprechen insbesondere:

- die große Komplexität und der damit verbundene hohe *praktische* Datenerhebungsaufwand zur Definition und Berechnung eines entsprechenden, den Weltmarkt für Kapitalanlagen repräsentierenden Indexes.[101]
- die Problematik der Konsistenz der einzelnen Inputparameter des CAPM, da die Bestimmung des risikolosen Zinses i.d.R. nicht mittels einer breiten Mischung/Gewichtung von internationalen Staatspapieren, sondern durch den Rückgriff auf die eines oder weniger Staaten mit hoher Bonität erfolgt.[102]
- die Überlegung, daß angesichts der Tatsache, daß relativ große Anteile der am freien Kapitalmarkt gehandelten Aktien von Incumbents sich im Besitz von privaten nicht-institutionellen Anlegern befinden, aus Sicht privater Kleinaktionäre der weltweite Kapitalmarkt nicht der tatsächlich relevante Vergleichsmarkt ist.[103]
- die Beobachtung, daß in der *Praxis* der Ermittlung von β-Faktoren gemeinhin nicht ein diversifiziertes internationales Portefeuille zur Bestimmung

---

[100] Vgl. Steiner/Kleeberg 1991: 174-179.

[101] Hierzu gehören z.B. Probleme der Berücksichtigung von Schwankungen der Wechselkurse und/ oder Kaufkraftparitäten im Rahmen der Ermittlung langfristiger Renditen.

[102] S. zum risikolosen Zins auch die entsprechenden Ausführungen weiter unten in diesem Abschnitt.

[103] So gingen z.B. bei der ersten Aktienemission der DTAG (im November 1996) 44% der ausgegebenen Aktien an Privatpersonen. S. Deutsche Telekom AG 1999b: o.S.

der Marktrendite verwandt wird sondern der nationale „Blue-Chip"-Index[104] des jeweiligen *Aktien*marktes.[105]

Aufgrund dieser Argumente und da letztendlich jeder Index nur den Versuch einer möglichst guten Abbildung des für einen Eigenkapitalgeber relevanten Kapitalmarktes darstellt, wird trotz der theoretisch-konzeptionellen „Überlegenheit" des „gemischten Weltindex" auch in der vorliegenden Arbeit für Berechnungen im deutschen Markt auf den DAX als den relevanten und als Kapitalmarktmaßstab akzeptierten „Blue-Chip"-Index zurückgegriffen.

Bezüglich des *Zeithorizontes* der Marktrendite r_m ist zunächst grundsätzlich wegen der zum Teil starken Volatilität, der die Aktienkurse/-renditen kurzfristig unterliegen können, ein möglichst langer (mehrere Jahre umfassender Zeitraum) zu fordern.[106] Da sich jedoch die Marktrendite empirisch immer nur für *historische* Zeiträume ermitteln läßt, ist für die Bestimmung *zukunftsgerichteter* Eigenkapitalzinssätze mittels des CAPM eine Schätzung der zukünftigen Marktrendite auf Basis der Vergangenheitsdaten notwendig. Zwar beinhaltet eine solche Prognose immer auch ein hohes Maß an Subjektivität, doch liegt es auch hier z.B. im Falle einer Trendfortschreibung mittels linearer Regression nahe, zur Vermeidung von Verzerrungen durch Ausreißer eine möglichst lange historische Zeitreihe als Basis zu verwenden. Entsprechende empirische Untersuchungen langfristiger Aktienrenditen im deutschen und US-amerikanischen Markt weisen über Zeiträume von 4 bis 40 Jahren Renditen aus, die im Mittel zwischen 10% und 12% liegen und eine Risikoprämie von etwa 5% bis 6% enthalten.[107]

- Zur *Rendite einer risikofreien Anlage* r_f ist zunächst festzustellen, daß es streng betrachtet eine solche risikolose Anlage am Markt nicht gibt, da jeder Schuldner letztendlich einem, wenn z.T. auch geringen Risiko der Zahlungsunfähigkeit unterliegt. Dennoch erscheint die Verwendung der Rendite von Staatspapieren, die zur Quantifizierung dieses Zinssatzes gemeinhin herangezogen wird, für den Fall von Wertpapieren, die durch westliche Industriestaa-

---

[104] Vgl. hierzu auch Fußnote 92 in Kap. 5.

[105] So wird beispielsweise die Rendite des DAX auch von der Frankfurter Wertpapierbörse als Marktrendite zur Berechnung von β-Faktoren deutscher Aktien verwendet. S. Steiner/Kleeberg 1991: 181.

[106] S. auch Stehle 1997: 243-248; Bimberg 1991: 113-116, 123-128 u.169; Stehle/Hartmond 1991: 386-392.

[107] S. z.B. Ballwieser 1998: 82; Arbeitskreis Finanzierung 1996: 546; Stehle 1997: 244; Richter/Simon-Keuenhof 1996: 701; Swoboda 1996: 377; Bimberg 1991: 136 u.164; Stehle/Hartmond 1991: 398-403.

ten mit hoher Bonität emitiert werden, sinnvoll. Deren „Konkursrisiko" dürfte nämlich vernachlässigbar gering sein. Zudem gibt es auch keine Alternative zur Bestimmung des risikolosen Zinssatzes. Hinsichtlich der Abgrenzung des Zeithorizontes von r_f ist zunächst im Sinne einer konsistenten Argumentation wichtig, daß der Zeitraum, für den dieser Zinssatz historisch bestimmt oder für die Zukunft geschätzt wird, mit dem für den Marktzins r_m herangezogenen Zeithorizont übereinstimmt. Die Prognose der Höhe des zukünftigen risikolosen Zinssatzes sollte m.E. – wie auch im vorgenannten Fall der Aktienrenditen – mittels einer Trendfortschreibung auf Basis einer längeren mehrjährigen Zeitreihe erfolgen. Der Zinstrend bzw. das zukünftige Zinsniveau kann außerdem ergänzend mittels des aktuellen risikolosen Zinssatzes und der von Kreditinstituten erwarteten Zinsänderungen, die sich in den unterschiedlichen Zinssätzen für Hypothekendarlehen verschiedener Laufzeiten widerspiegeln, abgeschätzt werden.

- Der Risikofaktor β läßt sich empirisch unter der Voraussetzung, daß ein Index für die Marktrendite festgelegt ist und für den relevanten Zeitraum Aktienkurse des Unternehmens vorliegen, regressionsanalytisch bestimmen.[108] Auch hier stellen sich die Fragen, welcher Referenzzeitraum heranzuziehen ist und wie zukünftige β-Faktoren zu prognostizieren sind. Hinsichtlich des relevanten Zeitraumes zur Bestimmung historischer β-Faktoren bietet sich zunächst zur Eliminierung eventueller Schwankungen die Verwendung einer möglichst langen Periode bzw., wenn β´s für einzelne Jahre vorliegen, die Durchschnittsbildung über mehrere Jahre an. Außerdem sollten zu Gewährleistung einer konsistenten Argumentation innerhalb des CAPM sinnvollerweise die Betrachtungszeiträume für die verschiedenen Inputparameter übereinstimmen. Hier tritt jedoch das Problem auf, daß viele Incumbent-Netzbetreiber (wie z.B. die DTAG) erst kurz vor der Liberalisierung des jeweiligen TK-Marktes in Aktiengesellschaften umgewandelt und/oder an der Börse eingeführt wurden. Folglich ist der Zeitrahmen für eine empirische Ermittlung des β-Faktors naturgemäß auf den relativ kurzen Zeitraum seit Beginn der Börsennotierung beschränkt.

  Letztlich sollten im Sinne der Zukunftsorientierung der Eigenkapitalkosten auch für das β des jeweiligen Incumbent Prognosewerte ermittelt werden. Hierzu bietet sich als Basis der β-Wert seit Börseneinführung des Unterneh-

---

[108] S. für eine ausführliche Diskussion der Problematik der Bestimmung von β-Werten Zimmermann 1997: 79-208.

mens an. Ob dieser einfach als Prognosewert verwendet werden sollte oder ob große Änderungen dieses Wertes zu erwarten sind, könnte beispielsweise mittels eines Vergleiches der Entwicklung des β-Faktors des betreffenden Incumbent mit der Entwicklung der β-Faktoren von Incumbents in den Staaten, die im TK-Liberalisierungsprozeß weiter fortgeschrittenen sind, überprüft werden. Abb. 5-14 zeigt *aktuelle* β-Faktoren ausgewählter Incumbent-Netzbetreiber bezogen auf zwei Jahre.

Abb. 5-14: β-Faktoren ausgewählter Incumbents

	Staat (Incumbent)			
	Großbritannien (BT)	Deutschland (DTAG)	Dänemark (Tele Danmark)	Spanien (Telefonica)
β-Faktor[a]	0,95	0,93	1,28	1,14

a) Stand: Oktober 1999. Berechnungen basieren auf den Veränderungsraten der wöchentlichen Schlußkurse im Zeitraum 07.11.1997 bis 29.10.1999.

Quelle: Telefoninterview, WestLB.

Hierbei fällt auf, daß die für die Incumbents in den ausgewählten anderen europäischen Staaten berechneten β-Faktoren alle über dem β-Wert der DTAG liegen. Im Fall von BT und Tele Danmark dürfte dieses höhere unternehmerische Risiko des Incumbent darauf zurückzuführen sein, daß im britischen bzw. dänischen TK-Markt im untersuchten Zeitraum der jeweilige Incumbent tendenziell bereits in höherem Maße dem Wettbewerb ausgesetzt war als die DTAG, da in diesen beiden Auslandsmärkten der Liberalisierungsprozeß bereits früher begonnen hatte, als im deutschen Markt. Im höheren β-Faktor der Telefonica spiegeln sich hingegen m.E. die umfangreichen internationalen Beteiligungen der Telefonica (insbesondere in Südamerika) und die damit verbundenen Risiken wieder.

Weitere wichtige Fragen bei der β-Bestimmung im Rahmen der Verwendung des CAPM zur Eigenkapitalzinsermittlung für die Kosten/Preise von Leistungen des BNZ sind jedoch, welche Teilbereiche des Incumbent-Netzbetreibers diese IC-Leistungen erbringen und inwieweit der β-Faktor des Gesamtunternehmens auch das Risiko dieser Unternehmensteilbereiche reflektiert. Beispielsweise dürfte das Betreiben von TK-Anschlußnetzen und damit die Bereitstellung der TAL aufgrund des nur in Einzelfällen ansatzweise vorhandenen Wettbewerbs mit einem deutlich geringeren unternehmerischen Risiko behaftet sein als das im β-Faktor des gesamten Unternehmens reflektierte Risiko, das i.d.R. auch Geschäftsfelder mit einem deutlich höheren unternehmerischen Risiko (z.B. Endgeräte) enthält. Idealerweise sollten hierzu β-Faktoren für die jeweiligen relevanten Teilbereiche des TK-Netzbetreibers, wie z.B. das Verbindungsnetz oder (für den Fall der TAL) einzelne Ortsnetze, bestimmt werden. Da diese Teilbereiche jedoch normalerweise nicht als Einzelunternehmen an der Börse notiert werden und es für den Betrieb von TK-Netzen zu Beginn der Marktliberalisierung im gleichen TK-Markt i.d.R. gerade *keine* anderen börsennotierten Unternehmen gibt, die nur als TK-Anschluß- und/oder Verbindungsnetzbetreiber tätig sind und damit als Vergleichsmaßstab zur Schätzung der entsprechenden β-Werte herangezogen werden könnten, sind die ermittelten/prognostizierten Gesamtunternehmens-β-Werte tendenziell ggf. zu korrigieren. Praktische Hinweise, wie β-Faktoren reiner TK-Anschluß- oder Verbindungsnetzbetreiber abzuschätzen sind, können durch den Rückgriff auf entsprechende Daten von börsennotierten Regionalnetzbetreibern bzw. Verbindungsnetzbetreibern in internationalen Vergleichsmärkten – wie z.B. den „Bell Operating Companies" bzw. den „Long Distance Carriern" in den USA – unter Berücksichtigung der Unterschiede zwischen dem US-amerikanischen Kapitalmarkt und dem Kapitalmarkt im jeweils relevanten Land gewonnen werden. Zudem können für den Fall von Anschlußnetzen bzw. der IC-Leistung TAL die β-Faktoren von Unternehmen, deren *Kerngeschäft* der Betrieb von Kabel-TV-Anschlußnetzen ist, als Benchmark herangezogen werden, da diese i.d.R. wie der Incumbent im TK-Bereich auch über entsprechende regionale Monopole als Anschlußnetzbetreiber im Kabel-TV-Bereich verfügen.[109]

5.3.5.5 Berücksichtigung von Inflation, Steuern und Nebenkosten

In der bisherigen Diskussion zur Bestimmung von Eigen- und Fremdkapitalzinssätzen wurden die Problemkomplexe, ob bzw. wie (a) die Preisänderungsrate (synonym: Inflation[srate]), (b) Steuern sowie (c) Nebenkosten der Kapitalbeschaffung zu berücksichtigen sind, ausgeklammert. Hierauf wird im folgenden kurz eingegangen.

---

[109] Hierzu bieten sich solche Kabel-TV-Netzbetreiber an, die *nicht* zugleich auch Eigentümer herkömmlicher leitungsvermittelnder Telefonnetze sind.

Berücksichtigung von Inflation

Die Frage, ob und wie Änderungen des Preisniveaus in den Kapitalzinssätzen Berücksichtigung finden sollen, steht in engem Zusammenhang mit dem gewählten zeitlichen Bezug bei der Bewertung des Anlagevermögens.[110] Hierbei sind zwei grundsätzlich unterschiedliche, in sich konsistente, aber sich gegenseitig ausschließende, Ansätze zu differenzieren:[111]

(1) der *reale Ansatz*, nach dem ein realer (um die Preissteigerungsrate bereinigter) Kapitalzinssatz heranzuziehen ist und gleichzeitig die Bewertung des Anlagevermögens mit aktuellen Wiederbeschaffungswerten erfolgt.

(2) die Verwendung nomineller, *nicht* inflationsbereinigter Zinssätze und die Bewertung des Anlagevermögens zu historischen Anschaffungswerten im Rahmen des *nominellen Ansatzes*.

Unter bestimmten Modellannahmen, wie z.B. Reinvestition der periodischen Abschreibungswerte und gleiche steuerliche Rahmenbedingungen für beide Verfahren (s.u.) sowie insbesondere der Identität der Preisänderungsrate der Anschaffungswerte, mit der die Differenz zwischen realen und nominellen Zinsen reflektierenden Inflationsrate,[112] führen beide Ansätze zu identischen Kapitalkosten. Da jedoch m.E. ein Rückgriff auf aktuelle bzw. zukünftige Wiederbeschaffungswerte bei der Kapitalkostenermittlung sinnvoll ist,[113] ist zur Konsistenzsicherung der *reale* Ansatz zur Berücksichtigung von Inflation zu verwenden.

Dieser Ansatz ist so zu erweitern, daß er im Sinn der Ermittlung zukunftsgerichteter Kapitalkosten zukünftige Wiederbeschaffungswerte in Verbindung mit entsprechenden zukünftigen Zinssätzen zu berücksichtigen hat. Damit stellt sich die Frage, welche Inflationsrate für die Ermittlung der *realen* Zinssätze heranzuziehen bzw. wie diese zu bestimmen ist. Grundsätzlich kann dabei entweder (a) die allgemeine Inflationsrate, die gemäß eines bestimmten Warenkorbes/Preisindex die mittlere Preisänderung unterschiedlicher, für die jeweilige Volkswirtschaft möglichst repräsentativer Waren/Dienstleistungen ermittelt, oder aber (b) eine spezielle Inflationsrate, welche die Preisänderung der für TK-Netzbetreiber relevanten Gegenstände des Anlagevermögens beinhaltet, verwandt werden. Für den

---

110 Vgl. zur Diskussion der Bewertung des Anlagevermögens auch Kap. 5.3.3.

111 Vgl. auch Swoboda 1996: 365-369 u. 381; Busse von Colbe 1995: 162 sowie unter Verwendung einer abweichenden Terminologie Sach 1995: 58-66.

112 Nach der sogenannten Fisher-Separations-These ergibt sich der nominelle Zinssatz – nach Abzug einer eventuellen Risikoprämie – als Summe des realen Zinssatzes und der Inflationsrate. Vgl. Fisher 1932: 35-38.

113 S. Kap. 5.3.3.

Rückgriff auf die erstgenannte allgemeine Inflationsrate spricht m.E. lediglich deren gute Verfügbarkeit in Form eines in allen westlichen Industriestaaten regelmäßig publizierten Preisänderungsindex für vergangene Perioden. Methodisch sinnvoller für die Bestimmung der Kapitalkosten von TK-Netzbetreibern ist jedoch die Verwendung einer netzbetreiber- oder zumindest branchenspezifischen Inflationsrate. Diese ist als gewichtetes Mittel der Preisänderungsraten aller im relevanten (Teil)Netz des jeweiligen TK-Netzbetreibers zur Anwendung kommenden Anlagegüter zu bestimmen:

$$i_{Ges} = \sum_{j=1}^{Z} i_j \cdot x_j$$

Mit i_{Ges}: Gesamte gewichtete Inflationsrate für einen TK-Netzbetreiber;
i_j: Inflationsrate für die j-te Anlagegüterkategorie;
x_j: Anteil der j-ten Güterkategorie am relevanten Anlagevermögen.

Zur Bestimmung der zukünftigen Inflationsraten der einzelnen Güterkategorien bietet sich – mangels einer besseren Alternative – die Trendfortschreibung auf Basis der historischen oder aktuellen Werte an.[114]

Berücksichtigung von Steuern

Da die genauere Untersuchung der Frage, welche Kosten steuerlichen Aufwand darstellen sowie weitere steuerliche Aspekte *nicht* Bestandteil dieser Arbeit sind,[115] ist lediglich zu fragen, inwiefern die mittels der in den Kap. 5.3.5.3 und 5.3.5.4 skizzierten Methoden ermittelten Kapitalzinssätze bzw. die sich hieraus

[114] Da die beiden bedeutendsten Kategorien von Anlagegütern in TK-Netzen, nämlich (a) die Vermittlungseinrichtungen und (b) die Übertragungseinrichtungen, hinsichtlich der Entwicklung ihrer Anschaffungs- und Installationskosten eine gegenläufige Tendenz aufweisen (vgl. Kap. 5.3.3), bei der nicht allgemeingültig und eindeutig festzustellen ist, welche Entwicklungsrichtung (Preissenkungen für Vermittlungstechnik vs. Preissteigerungen für [die Installation der] Übertragungstechnik) überwiegt, kann m.E. – wenn keinerlei verwertbare Informationen zur Bestimmung einer netzbetreiber- oder branchenspezifischen Inflationsrate verfügbar sind – für eine grobe Schätzung zunächst angenommen werden, daß sich die beiden zuvor genannten Preisentwicklungstendenzen näherungsweise ausgleichen und somit eine Inflationsrate von 0% zu berücksichtigen ist.

[115] Vgl. auch Fußnote 19 in Kap. 5.

ergebenden Kapitalkosten unter Berücksichtigung von Steuern[116] mit den sonstigen Kosten des Netzbetreibers (wie Personalkosten, Energiekosten etc.) *vergleichbar* sind.

Die *Fremdkapitalzinssätze/-kosten* sind in den meisten westlichen Industriestaaten Aufwendungen, die den zu versteuernden Gewinn in voller Höhe mindern. Insofern sind die Fremdkapitalkosten mit anderen Kosten *vergleichbar*.

Die *Eigenkapitalzinssätze*, die durch das CAPM oder einen anderen marktbezogenen Ansatz empirisch ermittelt werden, stellen *aus Perspektive des Marktes/der Eigenkapitalgeber* jeweils Werte *vor* Steuern - in den Termini des deutschen Steuerrechtes Bruttodividenden inklusive Körperschaftsteuergutschrift - dar, soweit die Modellinputparameter (r_m und r_f) auf Basis von am Kapitalmarkt gezahlten Renditen bestimmt bzw. geschätzt werden, die dann beim Kapitalgeber noch der individuellen Einkommensbesteuerung unterliegen. Die *aus Perspektive des jeweiligen Unternehmens* als Eigenkapitalkosten abfließende und insofern mit den Fremdkapital- oder sonstigen Kosten *vergleichbare* Größe entspricht gerade der Bardividende *plus* der darauf vom Unternehmen gezahlten Körperschaftsteuer und damit den mittels CAPM bestimmten Eigenkapitalkosten.[117] Dabei wird zunächst davon ausgegangen, daß die Eigenkapitalrendite nur aus Dividenden erzielt wird und keine Aktienkursschwankungen vorliegen. Da jedoch ökonomisch betrachtet Aktienkurssteigerungen (Aktienkurssenkungen) - in einer idealisierten Unendlichkeitsbetrachtung - nur die Erwartung des Kapitalmarktes/der Eigenkapitalgeber reflektieren, daß einbehaltene Gewinne zu höheren (geringeren) zukünftigen Bruttodividenden führen, gilt dies auch, wenn die Kursgewinne/-änderungen in die Renditebestimmung einbezogenen werden.

---

[116] Unter dem Begriff Steuern sollen hierbei lediglich die sogenannten Ertragsteuern, die sich in Abhängigkeit vom Gewinn/Einkommen ergeben, und *nicht* die sogenannten Kostensteuern (wie z.B. Grundsteuer, Mineralölsteuer), welche unabhängig von diesem anfallen, verstanden werden, da diese Kostensteuern den relevanten Diskontierungs*zinssatz nicht* beinflussen. Bei den Ertragsteuern sollen zudem die deutsche Gewerbeertragsteuer sowie die für diese Steuer geltenden Besonderheiten - wie z.B. die Tatsache, daß Zinsaufwendungen für Dauerschulden die Bemessungsgrundlage der Gewerbeertragsteuer nur zur Hälfte mindern oder die Abzugsfähigkeit der Gewerbeertragsteuer bei sich selbst und bei der Körperschaftsteuer - *nicht* berücksichtigt werden, da die Gewerbeertragsteuer bzw. ähnlich komplexe Ertragsteuern im internationalen Vergleich eher die Ausnahme darstellen und auch in Deutschland eine Abschaffung/Reduzierung der Gewerbeertragsteuer seit Anfang 1999 intensiv diskutiert wird. Zur Berücksichtigung von Kostensteuern bei der Kapitalwertbestimmung sowie zur Gewerbeertragsteuer s. für andere Haberstock/Breithecker 1998: 80-91 u. 200-203.

[117] Hierbei wird zur Vereinfachung das Vorliegen nur *eines* Steuersatzes für (a) alle einbehaltenen Gewinne sowie (b) eines einheitlichen - u.U. vom zuvor bei (a) genannten Satz abweichenden - Steuersatzes für ausgeschüttete Gewinne unterstellt. D.h. unterschiedliche Steuertarife sowie steuerfreie Einkünfte werden *nicht* berücksichtigt.

Damit sind sowohl die Eigen- als auch die Fremdkapitalzinssätze-/kosten *ohne* eine weitere Berücksichtigung von Steuern vergleichbar mit den sonstigen zuvor in dieser Arbeit diskutierten Kostenkategorien.[118]

Berücksichtigung von Nebenkosten der Kapitalbeschaffung

Unter den Nebenkosten der Kapitalbeschaffung sollen hier die Emissionskosten für Eigenkapitalanteile und Fremdkapitaltitel verstanden werden. Diese treten überwiegend als einmalige Bankprovisionen auf. Bei Anleihen liegen diese Kosten etwa bei 0,5 bis 1,0% des Emissionsbetrages. Bei einer Laufzeit von Anleihen in der Größenordnung von 5 bis 10 Jahren ergeben sich hieraus zusätzliche jährliche Fremdkapitalkosten von im Mittel ca. 0,05 bis 0,2% pro Jahr, die damit zu vernachlässigen sind. Eigenkapitalanteile/Aktien werden i.d.R. für weitaus längere Zeiträume ausgegeben, so daß deren einmalige Emissionskosten, obwohl sie mit ca. 2 bis 5% deutlich über denen von Fremdkapitaltiteln liegen, pro Periode ebenfalls vernachlässigbar sind.[119]

5.3.5.6 Exemplarische Kapitalkostenschätzung für die Deutsche Telekom AG

Auf Basis der bisherigen Ergebnisse in Kap. 5.3.5 werden jetzt exemplarisch die Kapitalkosten für einen konkreten Incumbent-Netzbetreiber am Beispiel der DTAG geschätzt.

Hierzu wird zur Bestimmung der *Vermögensstruktur* auf aktuelle Buchwerte zurückgegriffen, da sich diese konsistent aus dem aktuellen Geschäftsbericht des Jahres 1998 ermitteln lassen. Damit ergeben sich Anteile von ca. 37% (63%) für das Eigenkapital (Fremdkapital), wenn auf der Fremdkapitalseite nur das verzinsliche Fremdkapital berücksichtigt wird. Da sich jedoch im Rahmen der im ersten Halbjahr 1999 durchgeführten Kapitalerhöhung die Zahl der DTAG-Aktien und damit auch der Buchwert des Eigenkapitals um 10% erhöhte, ist die Eigenkapitalquote im Sinne einer zukunftsorientierten Betrachtung entsprechend hochzurechnen.

---

[118] So ist auch in der amerikanischen Literatur eine Hochrechnung der mittels Kapitalmarktmodellen ermittelten Gesamtkapitalkostenfaktoren um die „Corporate Income Tax" *nicht* üblich. Dort werden lediglich die Fremdkapitalkosten – genauso wie alle anderen Kosten die gleichzeitig im steuerlichen Sinne Aufwendungen darstellen – im Falle der Bestimmung des *Nachsteuereffektes* dieser Kosten um die Steuerqoute korrigiert. Vgl. z.B. Brealey et al. 1999: 301-302. Im Rahmen der vorliegenden Untersuchung erfolgt jedoch konsistent eine Betrachtung von Kosten *ohne* deren Nachsteuereffekte.

[119] S. zur Höhe von Bankprovisionen bei der Beschaffung von Eigen- und Fremdkapital z.B. Schmitz 1995: 514.

Daraus ergibt sich eine aktuelle/zukunftsorientierte Eigenkapitalquote von ca. 39% bzw. eine Fremdkapitalquote von 61%.

$$EKQ = \frac{EK}{GK} = \frac{37\% \cdot 1{,}1}{100\% + 37\% \cdot 0{,}1} = 39\%$$

Mit EKQ: Eigenkapitalquote;
EK: Eigenkapital;
GK: Gesamtkapital.

Die *Fremdkapitalzinsen* für kurzfristige Kredite der DTAG bei Banken lagen im Jahr 1998 bei etwa 5,5% bis 6%,[120] so daß hierfür ein Mittelwert von 5,75% angesetzt werden kann. Zudem ist die von der DTAG 1998 emittierte zehnjährige Anleihe mit 5,25% verzinst.[121] Auf Basis dieser Zinssätze und unter Zugrundelegung der relativen Anteile von Anleihen in Höhe von 90% und Bankverbindlichkeiten in Höhe von 10% an den gesamten Finanzschulden der DTAG ergibt sich ein aktueller Fremdkapitalzinssatz von *5,3%*. Da auch der Ende 1999 zu beobachtende Zinstrend *nicht* für eine *deutliche* Erhöhung des aktuellen Zinsniveaus spricht, wird dieser im folgenden auch als zukünftiger Fremdkapitalzinssatz der DTAG angesetzt.

Zur Ermittlung des *Eigenkapitalzinssatzes* wird das CAPM herangezogen. Für die CAPM-Inputparameter ergeben sich für den Fall des deutschen Marktes bzw. der DTAG folgende zukunftsorientierten Schätzwerte:

- Für die Marktrendite r_m wird *11%* als der Mittelwert der weiter oben (in Kap. 5.3.5.4) genannten Bandbreite langfristiger Aktienrenditen (10% bis 12%) angenommen.
- Der risikolose Zinssatz r_f wird im deutschen Kapitalmarkt durch die Renditen von aktuellen Bundesanleihen abgeschätzt. Diese Rendite für solche 1999 emittierten Anleihen mit einer Laufzeit von zehn Jahren lag Ende 1999 etwa bei 4,7 bis 4,8 %,[122] so daß für r_f ein Wert von *4,75%* unterstellt wird.

---

[120] Deutsche Telekom 1999a: 100.

[121] Vgl. hierzu die Kursteile der großen deutschen überregionalen Tages-/Wirtschaftszeitungen Handelsblatt, Frankfurter Allgemeine Zeitung und Süddeutsche Zeitung.

[122] S. die entsprechenden Kursübersichten in den Zeitungen, die in der vorhergehenden Fußnote genannt wurden.

- Der aktuelle für einen Zeitraum von zwei Jahren (November 1997 bis Oktober 1999) gegenüber dem DAX ermittelte β-Faktor der DTAG beträgt 0,93.[123] Dieser soll im folgenden als Schätzwert für den mittleren zukunftsorientierten β-Faktor und damit als Berechnungsgrundlage herangezogen werden.[124]

Mit den vorgenannten Annahmen ergibt sich ein Eigenkapitalzinssatz der DTAG von etwa *10,56%*:

$$r_{EK} = 0,93 \cdot (11\% - 4,75\%) + 4,75\% = 10,56\%$$

Unter Zugrundelegung der o.g. Vermögensstruktur von 39% Eigen- und 61% Fremdkapital und dem Fremdkapitalzinssatz von 5,3% ermitteln sich Gesamtkapitalzinsen der DTAG in Höhe von *7,35%*:[125]

$$r = 5,3\% \cdot 0,61 + 10,56\% \cdot 0,39 = 7,35\%$$

Vergleicht man dieses Ergebnis mit den Kapitalkostenzinssätzen, die von Gutachtern im Verfahren zur Festlegung der Kosten und Preise für die TAL in Deutschland im Laufe des Jahres 1998 für die DTAG geschätzt wurden (s. Abb. 5-15), so ergeben sich deutliche Unterschiede:

---

123 Ergänzend ist anzumerken, daß dieser β-Faktor das Risiko des Gesamtunternehmens DTAG repräsentiert. Da die IC-Leistungen jedoch primär auf Basis von TK-Festnetzen und hier wiederum in hohem Umfang (im Falle der NZS) oder ausschließlich (im Falle der TAL) mittels der Ortsnetze der DTAG erbracht werden, welche aufgrund des kaum vorhandenen Wettbewerbs im Vergleich zu anderen Geschäftsfeldern der DTAG (wie z.B. Mobilfunk) einem geringeren unternehmerischen Risiko unterliegen, werden die Kapitalkosten für den Unternehmensbereich Ortsnetze und damit auch für die IC-Leistungen auf Basis des Gesamtunternehmens-β tendenziell eher zu hoch ausgewiesen.

124 Dabei stellt der Zweijahreszeitraum insofern einen Kompromiß dar, daß hierdurch zum einen auf einen längeren Zeitraum zurückgegriffen wird, der zur Schätzung eines langfristigen zukünftigen β-Wertes tendenziell geeigneter erscheint als ein kürzerer Zeitraum. Zum anderen wird damit das erste Jahr nach der Erstemission der DTAG Aktie (November 1996 bis Oktober 1997) bewußt ausgeklammert, da in diesem Zeitraum die Liberalisierung des deutschen TK-Marktes für festnetzgestützte Sprachtelefondienste noch nicht begonnen hatte und insofern diese Periode für eine zukunftsorientierte β-Schätzung nur bedingt geeignet erscheint.

125 Aufgrund der in der obigen Fußnote 123 (in diesem Abschnitt) angesprochenen Gefahr, daß mit diesem Kapitalkostenzinssatz des Gesamtunternehmens DTAG der Kapitalzinssatz des für die Bereitstellung von IC-Leistungen primär relevanten Bereiches *terrestrische TK-Netze* der DTAG tendenziell zu *hoch* geschätzt wird, wird der berechnete Kapitalzinssatz von 7,35% abgerundet und in den weiter unten vorgenommen Berechnungen von TK-Netzkosten bzw. Kosten von IC-Leistungen ein Kapitalzinssatz von 7% zugrunde gelegt. Diese oder andere Nominalzinssätze sind, soweit entsprechende zuverlässige Prognosen über die erwartete Preisentwicklung des jeweiligen Netzelementes vorliegen, noch zu korrigieren und damit in inflationsbereinigte Realzinssätze zu transformieren.

Abb. 5-15: Eigene Berechnungen und Schätzungen von vier Gutachtern für die Kapitalzinssätze der Deutschen Telekom AG

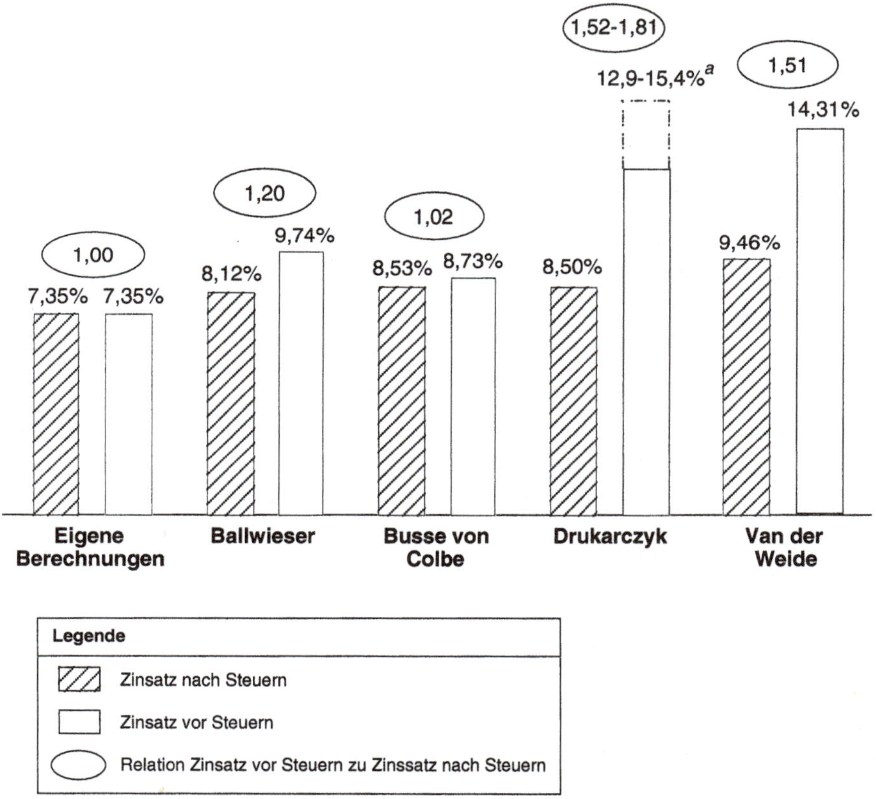

a) Drukarczyk differnziert bei der Berechnung des Zinssatzes vor Steuern zwischen verschiedenen Steuersätzen.

Quelle: In Anlehnung an Hohenadel 1999: 9.

(1) Die Gutachterschätzungen für den Kapitalzinssatz *nach Steuern* liegen durchweg über den hier ermittelten Ergebnissen und unterscheiden sich von diesen um 0,77 bis 2,11 Prozentpunkte.[126]

(2) Alle Gutachten nehmen eine Hochrechnung auf Kapitalkosten *vor Steuern* vor. Dabei sind die durch *Ballwieser* und *Busse von Colbe* vorgenommenen

---

[126] Eine Analyse der Ursachen für diese Differenzen ist nicht möglich, da die den Gutachterschätzungen zugrunde liegenden Berechnungen nicht veröffentlicht wurden.

Hochrechnungen im Sinne einer *gegenwartsorientierten* Kapitalkostenbestimmung m.E. sinnvoll, da die hierbei verwendeten „Hochrechnungsfaktoren" von 1,2 bei Ballwieser bzw. 1,02 bei Busse von Colbe darauf schließen lassen, daß lediglich die Gewerbeertragsteuer bzw. nur Teile dieser berücksichtigt wurden. Die von *Drukarczyk* und *Van der Weide* für die Hochrechnung auf Kapitalzinssätze vor Steuern benutzten Faktoren zwischen 1,51 und 1,81 sind jedoch vor dem Hintergrund der in Kap. 5.3.5.5 geführten Argumentation als deutlich zu hoch abzulehnen.

Auch ein Vergleich der eigenen Berechnungsergebnisse mit den von der DTAG veröffentlichten Kapitalzinssätzen zeigt deutliche Differenzen:[127]

So basieren die Berechnungen der DTAG zunächst auf einem risikolosen Zinssatz in Höhe von 7,6%, der als langfristiger historischer Durchschnitt der Zinssätze der öffentlichen Hand ermittelt wurde.

Der Eigenkapitalzins von 10,3% ergibt sich durch Addition dieses risikolosen Zinssatzes mit einem Zuschlag in Höhe von 2,7%, der das Risiko der DTAG darstellt.[128] Dieser Verzinsungsanspruch der Aktionäre wird durch die DTAG als Zinssatz *nach* Steuern interpretiert und mittels eines durchschnittlichen Unternehmenssteuersatzes von 33,9% auf einen Eigenkapitalzins *vor* Steuern (= r_{EKVS}) in Höhe von 15,58% „hochgerechnet":

$$r_{EKVS} = \frac{10{,}3\%}{(1-0{,}339)} = 15{,}58\%$$

Den Fremdkapitalzinssatz ermittelt die DTAG anhand eines Risikozuschlages in Höhe von 0,5% auf den risikolosen Zins und kommt so zu 8,1%.

Zur Gewichtung dieser Eigen- und Fremdkapitalzinssätze geht die DTAG von einer Vermögensstruktur mit DM 121 Mrd. Eigenkapital und DM 79 Mrd. Fremdkapital aus.[129] Hieraus ergeben sich Anteile von 60,5% (39,5%) für das Eigenkapital (Fremdkapital) und schließlich ein Gesamtkapitalzinssatz von:

$$r = 8{,}1\% \cdot 0{,}395 + 15{,}58\% \cdot 0{,}605 = 12{,}6\%$$

---

[127] Vgl. Hohenadel 1999: 8.

[128] Dies impliziert, daß der Term $\beta \cdot (r_m - 7{,}6\%)$ des CAPM den Wert 2,7% liefert, was die Verwendung plausibler β und r_m -Werte vermuten läßt, da sich dieser Wert durch die Kombination verschiedener β's zwischen 0,5 und 1,0 mit den entsprechenden r_m-Werten von 10 bis 13% ergibt.

[129] Diese von der DTAG verwendeten Zahlen deuten darauf hin, daß im Falle des Eigenkapitals zumindest teilweise Marktwertansätze verwendet wurden, da der Buchwert des Eigenkapitals im Geschäftsjahr 1998 nur etwa 49 Mrd. DM betrug. Beim Fremdkapital wurde dagegen offensichtlich größtenteils auf Buchwerte zurückgegriffen, da die im Geschäftsbericht 1998 ausgewiesenen Finanzschulden ca. 78 Mrd. DM betragen.

Diese Vorgehensweise der DTAG ist aus verschiedenen Gründen zu kritisieren und daher m.E. im Ergebnis abzulehnen:

(1) Die DTAG legt einen auf langfristigen *historischen* Durchschnittswerten basierenden risikolosen Zinssatz in Höhe von 7,6% zugrunde, der deutlich über den Ende der 90er Jahre aktuell am Markt zu beobachtenden und in den nächsten Jahren zu erwartenden risikolosen Zinsen für Bundeswertpapiere von ca. 4,5 bis 5,0% liegt.

(2) Es erfolgt eine Hochrechnung der mittels CAPM bestimmten Eigenkapitalzinssätze auf Zinsen vor Steuern, obgleich, wie in Kap. 5.3.5.5 gezeigt wurde, die durch das CAPM ermittelten Zinssätze bereits mit den Fremdkapitalzinsen und allen anderen Kosten vergleichbare Kostensätze *vor* Steuern darstellen.[130]

(3) Die Vermögensstruktur wird anhand *inkonsistenter* Methoden bestimmt, indem einerseits die Höhe des Fremdkapitals mittels Buchwerten und anderseits der Wert des Eigenkapitals unter Verwendung von Marktwerten ermittelt wird.

Ebenso ist m.E. angesichts der hier entwickelten Berechnungsergebnisse der von der RegTP im Zusammenhang mit der Entscheidung über die Höhe der Entgelte für die TAL im Februar 1999 angesetzte DTAG-Gesamtkapitalzinssatz in Höhe von 10%,[131] der z.T. auch in der Literatur[132] ohne weitere Begründung verwandt wird, als deutlich zu hoch einzustufen.

5.3.6 Fazit

Die KAV stellen für TK-Netzbetreiber und damit auch für die Kostenermittlung von IC-Leistungen *den* entscheidenden Kostenblock dar. Insofern kommt auch den Treibern dieser Kosten eine hohe Bedeutung zu. Hinsichtlich der Methodik der KAV-Bestimmung ist das Annuitätenverfahren, welches das Investment für das jeweilige TK-Netzelement unter Berücksichtigung sämtlicher Zins- und Zin-

---

[130] Dies impliziert jedoch eine Vernachlässigung der Gewerbeertragsteuer, deren Abschaffung in Deutschland zwar intensiv diskutiert wird aber bis jetzt nicht erfolgt ist (vgl. Fußnote 116 in Kap. 5). Selbst wenn jedoch die Gewerbeertragsteuer bei einer zukunftsorientierten Betrachtung als deutscher Sonderfall zu berücksichtigen wäre, ergäbe sich aus dieser lediglich ein Steuersatz von ca. 15 bis 20%, der damit nur etwa die Hälfte des von der DTAG berücksichtigten Steuersatzes ausmachen würde.

[131] S. zur Ermittlungsmethodik für diesen Zinssatz Groebel 1999: 22.

[132] Vgl. Sondhof/Hofmann 1999: 150.

seszinseffekte in für alle Perioden/Jahre der Nutzungsdauer identische Kosten aufteilt, gegenüber anderen Verfahren tendenziell vorzuziehen. Gemäß dieser Methodik werden die KAV durch die drei Inputparameter (1) Höhe der Investitionen, (2) Nutzungsdauer des TK-Netzelementes und (3) für das gebundene Kapital anzusetzender Zinssatz bestimmt.

Ad (1): Da die KAV im Sinne von zukunftsgerichteten Kosten eines effizienten TK-Netzbetreibers ermittelt werden sollen, sind hinsichtlich der Höhe des Investment zukunftsgerichtete Wiederbeschaffungspreise anzusetzen, wobei die Verwendung von aktuellen Marktpreisen – sofern diese einen guten Schätzwert für zukünftige Preise darstellen – ebenso in Betracht zu ziehen ist. Zur Bewertung der Technikbasis ist die „Best in Use" Technik heranzuziehen, da hierdurch tendenziell am ehesten Anreize für IC-Geber *und* -Nehmer zur Verbesserung der Netzeffizienz bzw. zum Aufbau eigener effizienter Netzstrukturen geschaffen werden.

Ad (2): Zur Bestimmung der Nutzungsdauer von einzelnen TK-Netzkomponenten bieten sich zunächst internationale Vergleichswerte an. Allerdings ist hinsichtlich der in den Jahresabschlüssen von Netzbetreibern veröffentlichten Abschreibungsdauern zu bedenken, daß diese vielfach durch die Nutzung von bilanziellen Gestaltungsmöglichkeiten in Verbindung mit dem Ziel des jeweiligen Unternehmens, den ausgewiesenen und zu versteuernden Bilanzgewinn zu gestalten, geprägt sein dürften. Vor diesem Hintergrund sollten m.E. tendenziell die im internationalen Vergleich längsten Abschreibungszeiträume herangezogen werden und u.U. auch nur als Richtgröße bzw. Untergrenze dienen. Diese Nutzungsdauern könnten zudem auch anhand von Angaben der verschiedenen Hersteller/Zulieferer des jeweiligen Netzelementes überprüft werden. Konkret bieten sich daher für „aktive" vermittelnde Netzelemente Zeiträume von ca. 20 Jahren, für Elemente der Übertragungstechnik (wie z.B. Leitungsverstärker) von ca. 25 Jahren sowie für „passive" Komponenten (z.B. Kabel[kanäle] oder Anschlußtechnik) Abschreibungszeiten von ca. 30 Jahren an. Allerdings können vor dem Hintergrund des weiter oben angesprochen schnellen technischen Fortschritts vor allem im Bereich der Vermittlungstechnik für „aktive" Netzelemente u.U. auch kürzere Nutzungsdauern angesetzt werden.

Ad (3): Der Kapitalzinssatz ist als das mit der Höhe der Eigen- und Fremdkapitalanteile des TK-Netzbetreibers gewichtete Mittel der entsprechenden Zinssätze zu bestimmen. Bei der Ermittlung dieser Eigen- und Fremdkapitalanteile sowie der Fremdkapitalzinssätze kommen sowohl Markt- als auch Buchwerte in Betracht. Hier ist im Einzelfall zu untersuchen, (a) welcher der beiden Ansätze vermutlich ein besseres Bild der aktuellen und zukünftigen Zinssätze und Vermögensstruktur liefert und (b) angesichts der Verfügbarkeit entsprechender Daten auch tatsächlich anwendbar ist. Zur Bestimmung der Eigenkapitalzinsen ist vorzugsweise das CAPM zu verwenden, das einen in Wissenschaft und Praxis weitgehend akzeptierten sowie bereits in einer Vielzahl von Studien zum Einsatz kommenden Ansatz darstellt.

5.4 Problemkomplexe bei der Quantifizierung der laufenden Netzbetriebskosten

Im Zusammenhang mit der Quantifizierung der laufenden Betriebskosten eines TK-Netzes (synonym Netzbetriebskosten [NBK]) und deren Zurechnung zu Leistungen des BNZ sind insbesondere folgende Problemkomplexe näher zu untersuchen:

(1) die *Prozeßrelevanz*, d.h. die Fragestellungen, welche Tätigkeiten/Prozesse (a) für den laufenden Betrieb eines TK-Netzes notwendig und (b) welche dieser Prozesse direkt oder indirekt Leistungen des BNZ bzw. den verschiedenen IC-Leistungsvarianten zuzurechnen sind (s. Kap. 5.4.1).

(2) die *Prozeßeffizienz*, d.h. die Frage, inwiefern die relevanten Prozesse im Rahmen des Betriebes des jeweiligen Incumbent-Netzes effizient durchgeführt werden und inwieweit die sich aus diesen Prozessen ergebenden Kosten damit die Kosten der effizienten Leistungserstellung widerspiegeln (s. Kap. 5.4.2).

5.4.1 Relevanz von Prozessen für den Netzbetrieb

Zur Bestimmung von Prozessen mit hoher Relevanz für den Netzbetrieb bietet es sich an, zunächst die Organisationsstruktur eines TK-Netzbetreibers und damit auch die von den Organisationseinheiten auszuführenden Prozesse grob zu klassifizieren (vgl. Abb. 5-16):

Abb. 5-16: Schematische Organisationsstruktur eines TK-Netzbetreibers

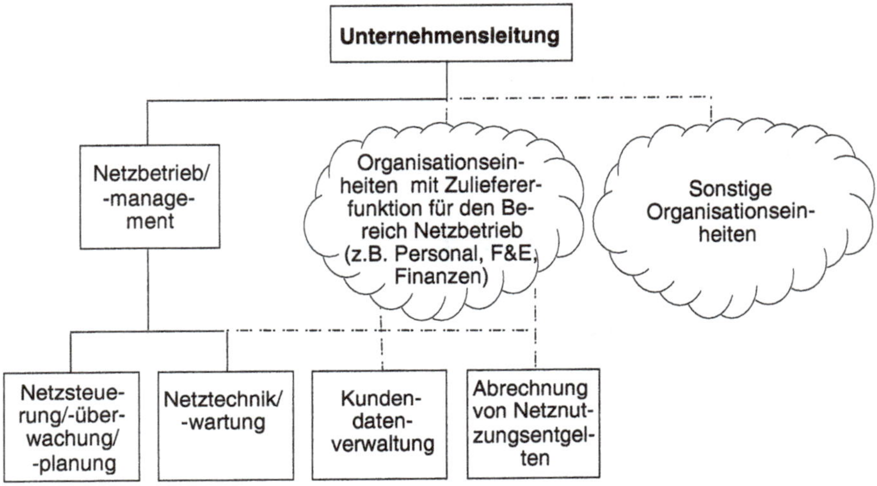

Quelle: In Anlehnung an Siegmund 1999: 645-646; Gerpott 1998a: 120, 143 u. 204.

Neben den unmittelbar mit dem Netzbetrieb befaßten Organisationseinheiten, die im folgenden kurz als *Netzbetrieb* bezeichnet werden sollen, werden zwei weitere Gruppen von Bereichen unterschieden. Dies sind zum einen solche Bereiche, die auf unterschiedlichste Weise in relevantem Umfang intern Zuliefer- oder Serviceleistungen für den Netzbetrieb erbringen. Hierunter sind insbesondere die Bereiche zu verstehen, die unternehmensübergreifende Gesamtfunktionen (= Querschnittsfunktionen) wahrnehmen (z.B. Personal, Forschung & Entwicklung oder auch die Unternehmensleitung selbst). Zum anderen sind das diejenigen Unternehmensbereiche mit Vermarktungsaufgaben, die nicht bzw. nicht in nennenswertem Umfang als interne Zulieferer, sondern eher als direkte Abnehmer des Bereichs Netzbetrieb auftreten. Als Prozesse mit erheblicher Relevanz für den Betrieb eines TK-Netzes sind dabei nur solche Bereiche bzw. in diesen Bereichen anfallende Prozesse anzusehen, die zur Erstellung der „Rohware" TK-Verbindung notwendig sind.

Hierbei handelt es sich vor allem um die folgenden Aufgabenbereiche:

(1) Laufende Netzsteuerung, -überwachung und -planung. Hierzu zählen (a) die *ständige* Kontrolle der Verkehrsflüsse im Netz, (b) die Optimierung dieser Verkehrsflüsse durch die Anpassung von Verkehrsleitungsvorgaben bei Be-

sonderheiten[133] zur Vermeidung der Überlastung einzelner Strecken/Netzelemente bzw. des Ausfalls derselben sowie (c) die rechtzeitige Veranlassung/Planung von Änderungen der Netztopologie und -dimensionierung zur Vermeidung von Engpässen.

(2) Regelmäßige *Wartung* und *Instandsetzung* von Netzelementen, d.h. alle Maßnahmen zur präventiven routinemäßigen Überprüfung und Wartung von Netzelementen sowie zur fallweisen i.d.R. durch akute Defekte bedingte oder zur Vermeidung solcher durchgeführte Reparatur- oder Austauschmaßnahmen an Netzelementen. Hierzu zählt auch die Bearbeitung, Analyse und Behebung von Netzfehler-/-alarmmeldungen durch die zentrale Netzsteuerung mittels Fernwartungs- und -analyseinstrumenten.

(3) *Verwaltung der Kundendaten.* Hierunter fallen die Einrichtung, Änderung und ggf. Löschung von Kundenanschlüssen in der Netzsteuerung bzw. den zugehörigen Datenbanken sowie insbesondere die Bereitstellung dieser Informationen in den einzelnen Vermittlungsstellen.

(4) *Ermittlung und Abrechnung der Netznutzungsentgelte* durch ein sogenanntes *„Billing"-System.* Dieses beinhaltet vor allem die Erfassung aller TKV im Hinblick auf deren Zeitpunkt, Dauer und Strecke sowie die TKV-Zuordnung auf Endkunden und schließlich, nach einer Bewertung der einzelnen TKV mit den jeweils gültigen Entgelten, die Erstellung von Rechnungen. Hierbei sind jedoch die Kosten der Nutzung des „Billing"-Systems als variable Einzelkosten bzw. Produktgruppengemeinkosten und *nicht* als Netzbetriebskosten zu klassifizieren.

Die unter (1) und (2) beschriebenen Aufgabenfelder sind dabei *ausschließlich* dem Netzbetrieb zuzuordnen. Hingegen sind die beiden zuletzt genannten Bereiche nur im weiteren Sinne als zum Netzbetrieb gehörig zu klassifizieren, da sie sowohl das Netzmanagement als auch die Betreuung der Endkunden betreffen.[134] Neben diesen zweifelsfrei für den Netzbetrieb direkt *relevanten* Prozessen bzw. den durch sie verursachten Kosten sind u.U. noch die Prozesse/Kosten anderer Organisationseinheiten zu berücksichtigen, welche als interne Zulieferer die Kosten des Bereiches Netzbetrieb indirekt beeinflussen. Hierzu zählen vor allem:

---

[133] Solche Besonderheiten können z.B. die Einführung neuer Dienste, ein erhöhtes regionales Verkehrsaufkommen bei Großereignissen oder Katastrophenfällen oder Sondertarife an Feiertagen sein.

[134] Vgl. auch Siegmund 1999: 645-646.

- Übergeordnete Managementfunktionen der Leitung des Gesamtunternehmens, die jedoch m.E. für die reine Produktionsleistung des Netzbetriebs nur insoweit relevant sind, als daß der Netzbetrieb ja auch alternativ als eigenständiges Tochterunternehmen oder als Profitcenter organisiert sein könnte und damit höchstens die Managementkosten des Bereiches, die im Falle einer solchen „Stand-Alone"-Lösung anfallen würden, als netzbetriebsbedingt angesehen werden können.
- Unterstützungsfunktionen anderer Bereiche, wie z.B. (a) die Vorbereitung von Dienstleistungsverträgen mit externen Wartungsfirmen durch die Rechtsabteilung oder (b) Personalauswahl-, -betreuungs- und -entwicklungsmaßnahmen durch den Personalbereich. Im Fall von eindeutig dem Bereich Netzbetrieb zuzuordnenden Tätigkeiten solcher Unterstützungsbereiche (wie bei den zuvor genannten Beispielen) können diese Tätigkeiten anhand von Prozeßkostensätzen unternehmensintern verrechnet werden, wodurch sich die zugehörigen Kosten im jeweiligen Teilbereich des Netzbetriebes entsprechend erhöhen. In diese Prozeßkostensätze können darüber hinaus auch die nicht unmittelbar einzelnen Abteilungen zuordenbaren Kosten, wie beispielsweise das gesamte Unternehmen betreffende Personalbeschaffungsmaßnahmen, anteilig eingerechnet werden.[135]

Da die Ermittlung von Prozeßkostensätzen für die vorgenannten „Support"-Bereiche ein prinzipielles Problem der Kostenrechnung ist, das schon ausführlich in Literatur und Praxis diskutiert wurde und sich für einen TK-Netzbetreiber nicht wesentlich anders darstellt als für andere große Unternehmen, wird darauf nicht weiter eingegangen.[136] Vielmehr ist davon auszugehen, daß die Kosten dieser „Support"-Bereiche mittels geeigneter Umlagefaktoren (wie z.B. Anzahl der Mitarbeiter für die Kosten der Personalabteilung) zu den Kosten des Bereichs Netzbetrieb hinzuzurechnen sind. Weitere Unternehmensbereiche, die sich mit dem Produktionsprozeß (d.h. der Bereitstellung von IC-Leistungen) nachgelagerten Tätigkeiten wie Marketing und Verkauf befassen, dürfen keine Berücksichtigung finden, da sie nicht durch die von AC nachgefragten IC-Leistungen verursacht werden.

---

135 Dies kann im genannten Beispiel von Personalbeschaffungsmaßnahmen z.B. dadurch erfolgen, daß diese Kosten zunächst anhand des Verteilschlüssels Abteilungsgröße den einzelnen Abteilungen zugerechnet wurden.

136 S. hierzu z.B. die in Fußnote 56 in Kap. 4 angegebene Literatur.

Das Kernproblem bei der Ermittlung der Prozesse und Prozeßkosten des Betriebs des TK-Netzes bzw. einzelner Netzelemente liegt in der hohen Komplexität und Unternehmensspezifität der entsprechenden Arbeitsabläufe.[137] Im Gegensatz zur Topologie eines TK-Netzes sowie zu den Netzelementen, die zur Umsetzung dieser Topologie zur Verfügung stehen bzw. sinnvollerweise einzusetzen sind und die, bedingt durch die Existenz von internationalen Infrastrukturzulieferern und entsprechenden technischen Standards, auch ohne spezifische interne Informationen des jeweiligen Unternehmens näherungsweise abzubilden sind, ist eine *externe* Analyse der Prozesse im Bereich Netzbetrieb des Incumbent i.d.R. *nicht* möglich. Da zudem bis Ende 1999 solche detaillierten Prozeßanalysen von keinem Incumbent-Netzbetreiber veröffentlicht wurden, kommen zur Ermittlung der Netzbetriebskosten alternativ zwei sich gegenseitig ergänzende Ansätze in Betracht, nämlich (a) externe Bottom-Up-Prozeßanalysen und (b) Top-Down-Ermittlungsmethoden. Beide Ansätze werden im folgenden skizziert.

Externe Bottom-Up-Prozeßanalysen

Bei dieser Methodik werden die für den Betrieb einzelner Netzelemente relevanten Prozesse anhand von allgemein zugänglichen Quellen sowie insbesondere auf der Basis von Interviews mit Experten, die bei anderen Netzbetreibern oder Infrastrukturzulieferern tätig sind, ermittelt.[138] Zunächst ist hierbei zu differenzieren in zentrale Aufgaben, die das gesamte TK-Netz betreffen und spezifische Tätigkeiten, die zum Betrieb einzelner TK-Netzelemente erforderlich sind. Die Leitungs- und Steuerungsfunktionen, die das gesamte TK-Netz betreffen und die meist von wenigen zentralen Verkehrsleitzentrale(n) wahrgenommen werden, sowie die administrativen Tätigkeiten des Bereichs Netzbetrieb, wie z.B. Netzplanung und Netzkostencontrolling, sind dabei als (sprung)fixe bzw. leistungsmengenneutrale Kosten des Netzbetriebs einzustufen. Sie können nicht verursachungsgerecht zugeordnet werden und sind somit mittels normaler Umlagesätze zu verteilen. Damit sind im Rahmen einer externen *Prozeß*kostenanalyse lediglich die laufenden Kosten des Betriebs einzelner Netzelemente genauer zu untersuchen (s. Abb. 5-17 linkes Drittel).

---

[137] Vgl. hierzu sowie zu den folgenden Ausführungen in Kap. 5.4.1 auch WIK 1999: 56-57.

[138] Weiterhin bietet sich zur Ermittlung von Prozeßkostensätzen, soweit die entsprechenden Leistungen (wie z.B. Wartung) auch von externen Dienstleistern angeboten werden, ein Vergleich mit deren Preisen an.

Abb. 5-17: Ermittlungssystematik von Prozeßkosten des Bereichs Netzbetrieb

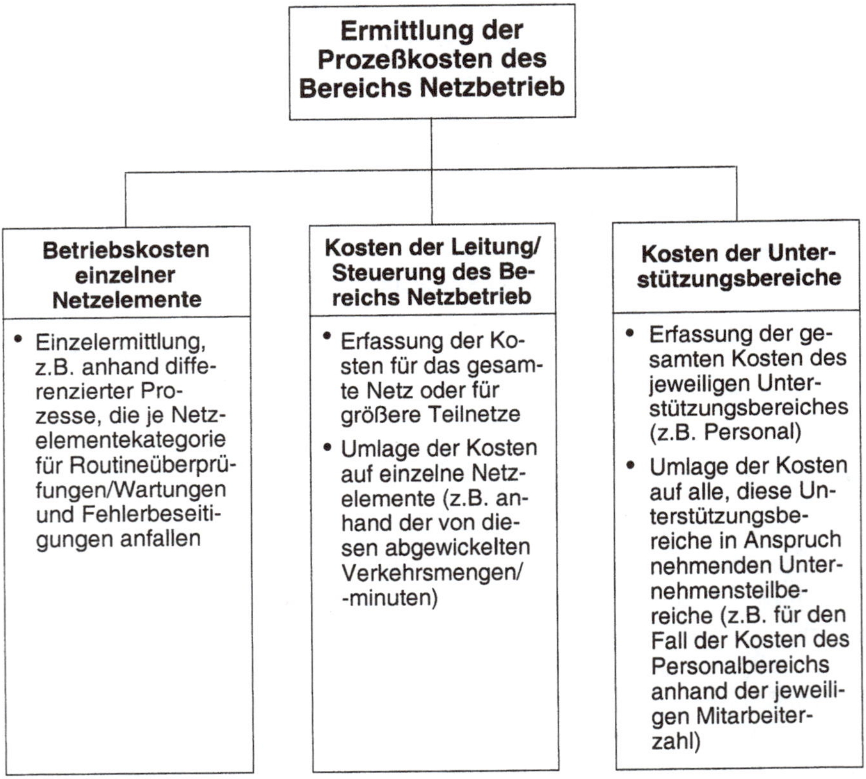

Diese prinzipielle Vorgehensweise zur Ermittlung konkreter Prozeßkostenfaktoren und Prozeßkosten wird nachfolgend kurz am Beispiel von ausgewählten Teilprozessen des Betriebs einer Vermittlungseinrichtung illustriert (s. Abb. 5-18). Die Bestimmung der Prozeßkosten gliedert sich dabei im wesentlichen in die folgenden sechs Schritte:[139]

[139] S. hierzu auch Kap. 4.4.3 sowie die dort angegebene Literatur.

Abb. 5-18: Ermittlung der Prozeßkosten ausgewählter Teilprozesse des Hauptprozesses „Betrieb einer Vermittlungseinrichtung" mit Beispielzahlen

Teilprozeß: Raumnutzung (je Monat)				
Aktivität/Tätigkeit	**Mittlerer Umfang**	**Kosten je Einheit**	**Häufigkeit im Teilprozeß**	**Mittlere Kosten im Teilprozeß**
Flächennutzung/Miete	15 qm	20,00 DM	100%	300,00 DM
Strom	400 kWh	0,25 DM	100%	100,00 DM
Heizung	15 qm	3,00 DM	100%	45,00 DM
Klimaanlage	15 qm	4,00 DM	100%	60,00 DM
Haus-/Sicherheitsdienst	15 qm	5,00 DM	100%	75,00 DM
				580,00 DM

Teilprozeß: Änderung der Verkehrsleitung (je Ereignis)				
Aktivität/Tätigkeit	**Mittlerer Umfang**	**Kosten je Einheit**	**Häufigkeit im Teilprozeß**	**Mittlere Kosten im Teilprozeß**
Schreiben Auftrag	5 Minuten	2,00 DM	100%	10,00 DM
Übermittlung Auftrag	2 Minuten	2,00 DM	100%	4,00 DM
Erfassung Auftrag	5 Minuten	1,50 DM	100%	7,50 DM
Rückfragen	10 Minuten	1,75 DM	50%	8,75 DM
Terminabstimmung	4 Minuten	1,50 DM	70%	4,20 DM
Fahrzeit	20 Minuten	1,50 DM	20%	6,00 DM
Fahrstrecke	10 km	0,52 DM	20%	1,04 DM
Ausführung der Änderung	15 Minuten	1,50 DM	100%	22,50 DM
Test/Überprüfung	10 Minuten	1,50 DM	100%	15,00 DM
Fahrzeit	20 Minuten	1,50 DM	20%	6,00 DM
Fahrstrecke	10 km	0,52 DM	20%	1,04 DM
Dokumentation	12 Minuten	1,50 DM	100%	18,00 DM
				104,03 DM

Teilprozeß: Routineüberprüfung/Wartung (je Ereignis)				
Aktivität/Tätigkeit	**Mittlerer Umfang**	**Kosten je Einheit**	**Häufigkeit im Teilprozeß**	**Mittlere Kosten im Teilprozeß**
Fahrtzeit	20 Minuten	1,50 DM	80%	24,00 DM
Fahrtstrecke	10 km	0,52 DM	80%	4,16 DM
Standard-Testlauf	20 Minuten	1,50 DM	100%	30,00 DM
Fehlererkennung	5 Minuten	1,50 DM	50%	3,75 DM
Fehleranalyse	10 Minuten	1,50 DM	50%	7,50 DM
Rückfragen	10 Minuten	1,75 DM	25%	4,38 DM
Fehlerbeseitigung	5 Minuten	1,50 DM	50%	3,75 DM
Test	10 Minuten	1,50 DM	50%	7,50 DM
Fahrzeit	20 Minuten	1,50 DM	80%	24,00 DM
Fahrstrecke	10 km	0,52 DM	80%	4,16 DM
Dokumentation	10 Minuten	1,50 DM	100%	15,00 DM
				128,20 DM

(1) Aufteilung des Hauptprozesses „Betrieb der Vermittlung" in Teilprozesse;

(2) Identifikation der einzelnen Tätigkeiten, die im Zusammenhang mit den Teilprozessen anfallen;

(3) Ermittlung des Umfangs/der Dauer dieser Einzeltätigkeiten;

(4) Bestimmung von Kosten(faktoren) je Tätigkeit(seinheit)/Zeiteinheit;

(5) Ermittlung der Wahrscheinlichkeit/mittleren Häufigkeit des Anfalls der jeweiligen Tätigkeit und Berechnung der Kosten für einen Teilprozeß;

(6) Bestimmung der Wahrscheinlichkeit/mittleren Häufigkeit, mit der ein Teilprozeß innerhalb eines bestimmten Zeitfensters im Rahmen des Hauptprozesses zu berücksichtigen ist, sowie Berechnung der Kosten für den Gesamtprozeß „Betrieb der Vermittlungseinrichtung".

Ad (1): Zunächst ist der Hauptprozeß „Betrieb der Vermittlungeinrichtung" in Teilprozesse wie z.B. (a) Infrastrukturnutzung, (b) Einrichtung/Änderung der Verkehrsleitung sowie (c) Wartung und Fehlerbeseitung zu untergliedern.

Ad (2): Innerhalb der Teilprozesse sind die einzelnen Tätigkeiten zwischen Prozeßbeginn und -ende zu identifizieren. Wie solche Einzeltätigkeiten *beispielhaft*[140] aussehen können, wird in Abb. 5-18 dargestellt.

Ad (3): Hierbei ist z.B. mittels REFA-Zeiterfassungsmethoden festzustellen, wie lange die jeweilige Einzeltätigkeit im Mittel dauert. Bei komplexeren, nicht eindeutig abgrenzbaren Tätigkeiten wie z.B. „Fehlersuche" ist möglichst auf Erfahrungswerte von Praktikern/Experten zurückzugreifen. Wenn für solche Tätigkeiten computergestützte Analysetools (z.B. Fehlersuchprogramme) verwandt werden, sollte deren mittlere Programmlaufzeit als Untergrenze angesetzt werden. Andere Tätigkeiten, wie z.B. die Nutzung von Gebäudeinfrastruktur durch die Vermittlungseinrichtung, erfordern keine weitere Analyse, da diese Nutzung ständig erfolgt und damit auch die dafür anfallenden Prozeßkosten(faktoren) wie z.B. Raummiete pro qm einfach und direkt zu bestimmen sind.

Ad (4): Hierbei sind im Falle von Personalkosten die gesamten, durch eine für die entsprechende Tätigkeit ausgebildete Fachkraft (z.B. Fernmeldetechniker) im Mit-

---

[140] Eine detaillierte und vollständige Erfassung aller Tätigkeiten ist jedoch nur auf der Basis einer *unternehmensinternen* Analyse möglich.

tel entstehenden Jahreskosten (inkl. Personalnebenkosten) zu bestimmen[141] und auf die durchschnittliche produktive Jahresarbeitszeit[142] eines solchen Mitarbeiters zu verteilen.

Ad (5): Da bestimmte Tätigkeiten, wie z.B. die Fehleranalyse/-beseitigung, innerhalb jedes Prozesses nicht immer bzw. nicht in vollem Umfang anfallen, sind mittlere Häufigkeiten der Einzeltätigkeit im Teilprozeß zu ermitteln. Hierzu können z.B. aus der Vergangenheit vorliegende Aufzeichnungen der Durchführung des Teilprozesses oder Erfahrungswerte des Fachpersonals herangezogen werden. Auch kann die konkrete Personaleinsatzplanung des TK-Netzbetreibers für das Wartungspersonal (z.B. Bündelung von Wartungsaufträgen vs. Einzelauftragsdurchführung) die mittlere Häufigkeit von Tätigkeiten (z.B. Anfahrt zur Vermittlungseinrichtung) stark beeinflussen. Aus den nunmehr vorliegenden Daten lassen sich die mittleren Prozeßkosten für den jeweiligen Teilprozeß ermitteln.

Ad (6): Letztlich sind aus den Prozeßkosten der Teilprozesse unter Berücksichtigung des mittleren Umfangs, in dem diese in einem bestimmten Zeitraum (z.B. innerhalb eines Jahres) anfallen, die mittleren Kosten des Betriebs der Vermittlungseinrichtung für diesen Zeitraum zu bestimmen.

Top-Down-Ermittlung von Betriebskostenfaktoren

Soweit entsprechende Netzbetriebskosten aus der Kostenrechnung bzw. aus einer entsprechend detaillierten Gewinn- und Verlustrechnung von Referenz-TK-Netzbetreibern vorliegen, können Betriebskostenfaktoren, welche die laufenden Betriebskosten mittels eines Prozentsatzes des Anschaffungs- oder Wiederbeschaffungswertes oder der Annuität des jeweiligen Netzelementes ausdrücken, relativ einfach ermittelt werden. Eine entsprechende Analyse von Kostendaten von 54 US-amerikanischen „Local Exchange" Carriern (LEC), deren Ergebnisse in

[141] Zur Ermittlung dieser Jahreskosten sind vorzugsweise marktübliche Gehälter heranzuziehen. Ersatzweise kann, soweit solche nicht verfügbar sind, auch auf tariflich für das Personal des jeweiligen Netzbetreibers festgelegte Gehälter zurückgegriffen werden. Dabei ist jedoch kritisch zu überprüfen, inwieweit diese Gehälter und deren Nebenkosten im Fall des Incumbent angesichts von Auswirkungen seiner früheren Zugehörigkeit zum öffentlichen Sektor tatsächlich den Kosten der effizienten Leistungserstellung entsprechen.

[142] Hierbei ist die tarifliche Soll-Arbeitszeit um alle Fehl- und Verteilzeiten zu reduzieren.

Abb. 5-19 dargestellt sind, liefert für das Jahr 1997 folgende Betriebskostenzuschlagsfaktoren:[143]

Unter der Annahme, daß die Netzelemente im statistischen Durchschnitt gerade die Hälfte der Nutzungsdauer im Gebrauch sein dürften, ergeben sich, bezogen auf die *Anschaffungswerte*, mittlere Betriebskosten von 2,9% für die Netztechnik sowie von 5,9% für sonstige Vermögensgegenstände des Anlagevermögens (wie z.B. Fahrzeuge, Gebäude). Hinzu kommen noch die Kategorien der anderen Betriebskosten (wie z.B. Energiekosten) mit im Mittel 1,2% und der allgemeinen Verwaltungskosten (wie z.B. Personalabteilung, Recht) in Höhe von durchschnittlich 1,7%, jeweils bezogen auf die Anschaffungswerte des Anlagevermögens. Dabei sind die beiden letztgenannten Kostenkategorien nicht notwendigerweise *vollständig* dem Betrieb des TK-Netzes zuzurechnen.

Zieht man als Basis anstelle von Anschaffungswerten *Wiederbeschaffungswerte* heran und unterstellt dabei (a) für die Vermittlungstechnik eine Nutzungsdauer von 20 Jahren sowie eine durchschnittliche jährlichen Preisänderung von –6%, (b) für die Übertragungswege und die Anschlußtechnik eine Nutzungsdauer von 30 Jahren sowie eine mittlere jährliche Preissteigerung in Höhe von 3%, (c) für die Übertragungstechnik eine Nutzungsdauer von 25 Jahren und eine mittlere Preisänderung p.a. von –4% sowie (d) für das sonstige Anlagevermögen eine Nutzungsdauer von 25 Jahren und eine jährliche Preisänderung von 1%, so ergeben sich wie in Abb. 5-18 dargestellt, leicht abweichende Betriebskostenfaktoren.[144]

---

[143] Die folgenden Ausführungen basieren auf der Analyse/Auswertung der Bilanz- und Kostenrechnungsinformationen der US-amerikanischen „Local Exchange Carrier" für das Jahr 1997. S. FCC 1998: 38-136.

[144] Hierzu werden für die Vermittlungs- und Übertragungstechnik sowie für die Übertragungswege die in den Kap. 5.3.4 und 5.3.6 begründeten Nutzungsdauern angenommen. Für die Nutzungsdauer des sonstigen Anlagevermögens werden 25 Jahre angesetzt. Diese ergeben sich als gewichtetes Mittel von ca. 40 Jahren Nutzungsdauer für Immobilien, welche 57% des sonstigen Anlagevermögens ausmachen und geschätzten 5 Jahren Nutzungsdauer für alle anderen darin enthaltenen Kategorien (wie Kraftfahrzeuge, Computer etc.). Die Preisänderungsraten für Vermittlungs- und Übertragungstechnik ergeben sich als auf volle Prozentpunkte (ab)gerundete Werte der vom OFTEL prognostizierten Zahlen (s. Fußnote 64 in Kap. 5). Für die Übertragungswege und die Anschlußtechnik wird, aufgrund der hohen Abhängigkeit der Kosten dieser installierten Netzelemente vom Lohnniveau, eine dementsprechende Preissteigerung angenommen (vgl. Fußnote 63 in Kap. 5). Beim sonstigen Anlagevermögen wird die Preisentwicklung aufgrund des hohen Immobilienanteils in dieser Kategorie auf +1% p.a. geschätzt.

Abb. 5-19: Ermittlung von TK-Netzbetriebskostenfaktoren für US-amerikanische Local Exchange Carrier

	Bezogen auf Anschaffungswerte[a]			Bezogen auf Wiederbeschaffungswerte[b]			Bezogen auf Annuitäten[c]		
	Mittelwert[d]	Minimum[e]	Maximum[f]	Mittelwert	Minimum	Maximum	Mittelwert	Minimum	Maximum
Netztechnik									
Vermittlungstechnik	2,7%	0,8%	9,0%	5,0%	1,5%	16,6%	52,9%	15,7%	176,3%
Anschlußtechnik[g]	35,2%	14,1%	155,7%	22,6%	9,0%	100,0%	280,6%	112,3%	1240,5%
Übertragungstechnik[h]	1,0%	0,4%	3,8%	1,6%	0,6%	6,3%	18,9%	7,4%	72,9%
Übertragungswege[i]	2,6%	1,2%	7,8%	1,7%	0,8%	5,0%	21,0%	9,5%	61,8%
Mittelwert Netztechnik	**2,9%**	**1,9%**	**10,5%**	**2,6%**	**1,6%**	**9,6%**	**31,7%**	**19,6%**	**115,9%**
Sonstiges Anlagevermögen[j]	5,9%	2,7%	26,9%	5,2%	2,3%	23,7%	60,5%	27,4%	276,6%
Mittelwert Anlagevermögen	**3,3%**	**2,4%**	**13,0%**	**3,0%**	**2,1%**	**11,5%**	**36,0%**	**25,3%**	**138,1%**
Andere Betriebskosten[k]	**1,2%**	**0,7%**	**4,3%**	**1,1%**	**0,6%**	**3,8%**	**13,1%**	**7,8%**	**45,9%**
Allgemeine Verwaltungskosten[l]	**1,7%**	**1,0%**	**5,6%**	**1,6%**	**0,9%**	**4,9%**	**18,8%**	**10,5%**	**59,0%**

a) Unter der Annahme, daß die Buchwerte im Mittel 50% der Anschaffungswerte darstellen.
b) Auf Basis der im Text genannten Nutzungsdauern und Preisänderungsraten.
c) Bei einem Kalkulationzinssatz von 7%.
d) Mittelwert = gewichtetes Mittel, d.h. Prozentsatz bezogen jeweils auf die kumulierten Werte aller "Local Exchange Carrier".
e) Minimaler Prozentsatz/Betriebskostenfaktor aller "Local Exchange Carrier".
f) Maximaler Prozentsatz/Betriebskostenfaktor aller "Local Exchange Carrier".
g) Z.B. Primärmultiplexer, TAE.
h) Z.B. Richtfunkendstellen, Leitungsverstärker.
i) Eine Differenzierung der Übertragungswege zwischen Anschluß- und Verbindungsnetz ist auf Basis der vorliegenden Daten nicht möglich.
j) Z.B. Kraftfahrzeuge, Gebäude.
k) Z.B. Energiekosten.
l) Z.B. Rechnungswesen, Personalabteilung, Vorstand/Geschäftsführung.

Quelle: Eigene Berechnungen und Darstellung auf Basis von FCC 1998: 38-136.

Bezieht man schließlich die Betriebskosten auf die *Annuität* der Wiederbeschaffungswerte und nimmt zusätzlich zu den zuvor genannten Nutzungsdauern und Preisänderungsraten einen Diskontierungszinssatz von 7% an,[145] so ergeben sich mittlere (minimale) Betriebskostenfaktoren über alle Netzelemente von 31,7% (19,6%). Unter Einbeziehung der Betriebskosten des sonstigen Anlagevermögens sowie der anderen Betriebskosten und allgemeinen Verwaltungskosten ergibt sich als Mittelwert (Minimalwert) des alle Leistungen umfassenden Betriebs- *und* Verwaltungskostenfaktors 67,9% (43,6%). Hierbei ist allerdings zu beachten, daß die Betriebskostenfaktoren für andere Betriebskosten und allgemeine Verwaltungskosten u.U. auch Unterstützungsleistungen für andere Bereiche als den Netzbetrieb enthalten können und somit eher als obere Grenze zu interpretieren sind.

Aufgrund der in Abb. 5-19 dargestellten Ergebnisse der Analyse von Betriebskosten US-amerikanischer „Local Exchange Carrier" und mangels Verfügbarkeit genauerer, nur mittels interner Prozeßkostenanalysen zu ermittelnder Betriebskosten bieten sich m.E. zur Abbildung der Betriebskosten eines *effizienten* Netzbetreibers nahe bei den *Minimalwerten* der amerikanischen Netzbetreiber liegende Betriebskosten an. Dabei sind differenzierte Betriebskostenfaktoren (s. Abb. 5-19) für die verschiedenen Typen von Netzelementen globalen Mittelwerten vorzuziehen. Welche Betriebskostenfaktoren bezogen auf die *Wiederbeschaffungswerte* der Netzelemente bzw. deren *Annuität* konkret heranzuziehen sind, hängt zudem auch von den im jeweiligen TK-Markt unterstellten Preisänderungsraten und dem zur Bestimmung der Annuität verwandten Diskontierungszinssatz ab. Jedoch liefern die auf Basis der US-amerikanischen Werte und der zuvor genannten Annahmen ermittelten Betriebskostenfaktoren in Abb. 5-19 auch hierfür einen ersten Anhaltspunkt.

Allerdings sind bei der Verwendung von solchen Top-Down ermittelten Betriebskostenfaktoren insbesondere folgende methodischen Schwächen dieses Ansatzes zu beachten bzw. die Faktoren entsprechend um die hierdurch verursachten Abweichungen zu korrigieren:[146]

- Es besteht *nicht notwendigerweise* ein über längere Zeiträume stabiler kausaler Zusammenhang zwischen dem Preis eines Netzelementes und den von diesem verursachten Betriebskosten. Vielmehr ist innerhalb einer Netzele-

---

[145] S. zur Herleitung dieses Diskontierungszinssatzes Kap. 5.3.5.6.
[146] S. auch WIK 1999: 57.

mentekategorie u.U. im Gegenteil zu erwarten, daß für Anlagegegenstände mit vergleichsweise geringem Wartungsbedarf/Betriebskosten aufgrund dieses Vorteils ein tendenziell höherer Preis zu bezahlen ist.[147]

- Die auf Basis *historischer* Kosteninformationen ermittelten Kostenfaktoren dürften (a) aufgrund eines durch den ehemaligen Status des TK-Netzbetreibers als Monopolist bedingten zu hohen Personalbestandes oftmals *nicht* die Kosten eines effizienten Netzbetriebs widerspiegeln sowie (b) für den Betrieb von Netzelementen der neuesten Technikgeneration, die vor dem Hintergrund einer zukunftsgerichteten Kostenermittlung heranzuziehen sind, vielfach gar nicht mehr in vollem Umfang relevant sein.
- Die Übertragbarkeit der in *internationalen* Vergleichsmärkten (hier dem US-amerikanischen Markt) ermittelten Kostenfaktoren auf den jeweils betrachteten nationalen Markt (hier den deutschen Markt) könnte aufgrund der z.T. unterschiedlichen Rahmenbedingungen in den einzelnen Märkten problematisch sein. Hierbei sind u.a. Unterschiede der Personalkosten, der Bevölkerungs-/Kundendichte, der Infrastruktur sowie der diversen einen TK-Netzbetreiber beeinflussenden Vorschriften (wie z.B. Umweltgesetze oder Bauvorschriften) zu beachten.[148]

5.4.2 Effizienz von Prozessen für den Netzbetrieb

In engem Zusammenhang mit dem zuvor diskutierten Problem der Bestimmung der für den Netzbetrieb relevanten Prozesse steht die Fragestellung, inwieweit die, in den Betriebskostenfaktoren ausgedrückten Kosten, die Kosten eines effizienten Netzbetreibers darstellen. Soweit diese mittels einer externen Bottom-Up-Prozeßkostenanalyse ermittelt wurden und für den jeweils analysierten Incumbent-Netzbetreiber keine besonderen Rahmenbedingungen – wie z.B. ein vergleichsweise hoher und teurer Personalbestand aus Monopolzeiten – relevant waren, sollten die so gewonnenen Betriebskostensätze näherungsweise denen eines effizienten TK-Netzbetreibers entsprechen. Werden die Netzbetriebskostenfaktoren jedoch Top-Down aus tatsächlich von TK-Netzbetreibern ausgewiesenen Netzbetriebskosten abgeleitet, ist kritisch zu hinterfragen, ob die als Vergleichsmaßstab verwandten Carrier als effiziente Netzbetreiber einzustufen sind. Hierzu können

---

[147] Beispielsweise sind wartungsfreie Batterien/Einrichtungen zur unterbrechungsfreien Spannungsversorgung eines TK-Netzelementes i.d.R. teurer als entsprechende nicht wartungsfreie Batterien.

[148] Vgl. Gerpott et al. 1998: 1286; Picot/Burr 1997: 266; Vogelsang 1996a: 46 sowie Kap. 3.3.2.

produktionsökonomische Verfahren (wie z.B. die Data Envelopment Analysis [DEA]) herangezogen werden.[149]

Als analytisch weitaus weniger anspruchsvolles Näherungsverfahren zur Ermittlung der Betriebskostensätze eines effizienten Netzbetreibers kann, soweit keine besseren Informationen vorliegen und falls eine ausreichende Anzahl von Vergleichsdaten für TK-Netzbetreiber zur Verfügung steht, vereinfachend angenommen werden, daß der Carrier mit den geringsten Betriebskostenfaktoren für eine bestimmte Kategorie von Netzelementen näherungsweise einen effizienten Netzbetreiber darstellt (vgl. auch Kap. 5.4.1). Ergänzend können zur Überprüfung des Effizienzgrades des als „Benchmark" herangezogenen besten Netzbetreibers von den Netzbetriebskosten unabhängige Effizienzkennziffern, die auch für eine noch größere Vergleichsgruppe von Carriern verfügbar sind (z.B. Hauptanschlüsse pro Mitarbeiter), verwendet werden.

5.5 Zurechnung von Gemeinkosten zu TK-Netzelementen und Leistungen des besonderen Netzzugangs

5.5.1 Grundprinzipien der Kostenzurechnung auf Leistungen des besonderen Netzzugangs

Zunächst wird in der Literatur und in der betriebswirtschaftlichen Praxis typischerweise gefordert, daß die Zurechnung von Gemeinkosten möglichst verursachungsgerecht erfolgen soll. Eine solche verursachungsgerechte Kostenzurechnung kann nach herrschender Meinung[150] am besten durch die Anwendung aktivitätenorientierter Kostenrechnungssysteme – i.S. der in Kap. 4.4.3 vorgestellten und in Kap. 5.4.1 für die Bottom-Up-Abschätzung von Netzbetriebskosten exemplarisch konkretisierten Prozeßkostenrechnung – erreicht werden. Außerdem liegt es nahe, die Kosten einer IC-Leistung danach zu bestimmen, in welchem Umfang bzw. zu welchem Anteil diese IC-Leistung (a) die gemeinsam mit anderen TK-Diensten genutzten Ressourcen/Netzelemente in Anspruch nimmt und (b) welche sonstigen Kosten im Zusammenhang mit der Erstellung der IC-Lei-

---

149 Für eine Diskussion der DEA und deren Anwendung zur Effizienzmessung s. z.B. Dinc et al. 1998: 542-550; Joro et al. 1998: 962-968; Majumdar 1998: 813-826 und 1997: 552-573; Schefczyk/Gerpott 1995: 337-343; Charnes et al. 1994: 3-61.

150 Vgl. z.B. Absatz 6 Empfehlung 98/195/EG sowie die umfangreiche in Fußnote 56 in Kap. 4 angegebene Literatur zur Prozeßkostenrechnung.

stung anfallen.[151] Demnach ergeben sich die *Gemeinkosten*, die einer *Nutzung* der einzelnen IC-Leistung zuzurechnen sind, als:

$$GKO = \sum_{i=1}^{Z} \left(\frac{U_i}{N_i} \right) \cdot \left(KAV_i + NBK_i \right)$$

Mit GKO: Gemeinkosten, die einer IC-Leistung zuzurechnen sind;
U_i: Nutzungsumfang des i-ten Netzelements durch die IC-Leistung;
KAV_i: Kosten des Anlagevermögenseinsatzes für das i-te Netzelement;
NBK_i: Netzbetriebskosten für das i-te Netzelement;
N_i: Mittlere genutzte Gesamtkapazität des i-ten Netzelements;
Z: Zahl der durch die IC-Leistung genutzten Netzelemente.

Konkret sind folgende Schritte zur Bestimmung der Kosten der Nutzung des IC-Geber-Netzes durch eine IC-Leistung zu durchlaufen:[152]

(1) Erfassung und ggf. Klassifizierung aller TK-Netzelemente, die für die Erbringung der IC-Leistung durch einen effizienten IC-Geber notwendig sind.

(2) Ermittlung der KAV für die einzelnen Klassen von TK-Netzelementen.

(3) Bestimmung der Betriebskosten für die einzelnen Klassen von TK-Netzelementen.

(4) Ermittlung des mittleren bei einem effizienten TK-Netzbetreiber vorliegenden oder zu vermutenden Nutzungsanteils jedes einzelnen TK-Netzelementes durch die jeweilige IC-Leistung sowie Aufteilung der dienstespezifischen anteiligen Netzelementekosten auf eine Bezugseinheit (Stückkostensätze).

(5) Addition der Stückkostensätze der einzelnen zur Erbringung der IC-Leistung verwendeten Netzelemente zur Bestimmung der Gesamtkosten je Nutzungseinheit für die jeweilige IC-Leistung.

---

[151] Diesem Grundprinzip der Kostenermittlung von IC-Leistungen anhand der anteiligen Kosten der von diesen genutzten Netzelementen kommt auch insofern eine hohe Bedeutung zu, da hierdurch gewährleistet wird, „... daß die Entgelthöhe mit dem Umfang der Netznutzung wächst, was dafür sorgt, daß Anreize in den Aufbau einer eigenen Verbindungsnetzinfrasruktur nicht verzerrt werden". WIK 1999: 3.

[152] Bei der hier skizzierten Vorgehensweise handelt es sich um eine *analytisch-induktive Methodik*, die *Bottom-Up* aus den Kosten der einzelnen TK-Netzelemente und der Nutzung dieser Elemente durch IC-Leistungen die Kosten dieser Leistungen ermittelt. Davon zu unterscheiden sind Methoden, die *summarisch-deduktiv* vorgehen und dabei *Top-Down* aus den Gesamtkosten eines TK-Netzes/-Netzbetreibers die Kosten der einzelnen Netzelemente und IC-Leistungen ableiten. S. für eine vergleichende Diskussion von Bottom-Up- und Top-Down-Methoden/-Modellen Kap. 6.2.

Ad (1): Hierbei sind die vom jeweiligen IC-Geber verwandten TK-Netzelemente, soweit diese die „Best in Use" Technik repräsentieren bzw. andernfalls ersatzweise entsprechende, diesen Technikstandard darstellende Netzelemente, zu erfassen und i.d.R. zur Reduzierung der Komplexität in verschiedene Klassen einzuteilen.[153] Beispielsweise können Vermittlungseinrichtungen in Orts- und Fernvermittlungen unterschieden werden. Zudem ist eine Klassifizierung jeweils innerhalb dieser Kategorien anhand der Kapazität z.B. in „kleine", „mittlere" und „große" Orts- bzw. Fernvermittlungen denkbar. Ähnlich sind die Übertragungstechnikelemente zu systematisieren. Hierbei sollte zumindest – soweit möglich – zwischen Übertragungswegen im Anschlußnetz und solchen im Verbindungsnetz unterschieden werden. Für Leitungen im Anschlußnetz wird i.d.R. auf Kupferdoppeladertechnik zurückgegriffen. Wegen der im Normalfall vergleichsweise geringen Distanzen im Anschlußnetz von einigen hundert Metern bis zu wenigen Kilometern kann zudem vereinfacht davon ausgegangen werden, daß hierzu keine weitere Übertragungstechnik (z.B. Leitungsverstärker) notwendig sind. Für die Leitungsverbindungen im Verbindungsnetz sowie zur Verbindung der TVSt untereinander und mit den abgesetzten Konzentratoren werden seit Beginn der 90er Jahre fast ausschließlich LWL eingesetzt, da diese für die Übertragung großer Datenmengen über weite Strecken die z.Zt. bei weitem effizienteste Technik darstellen. Beim Einsatz von LWL zur Überbrückung von größeren Distanzen sind u.U. Leitungsverstärker notwendig. Die wesentlichen im Rahmen der Kostenzurechnung zu berücksichtigenden Netzelemente wurden bereits weiter oben in Kap. 5.1 dargestellt.[154]

Ad (2): Für die einzelnen zuvor klassifizierten Netzelemente sind nunmehr unter Berücksichtigung ihrer Wiederbeschaffungskosten und ihrer Nutzungsdauer mittels der in Kap. 5.3.1 erläuterten Annuitätenmethode zunächst die jährlichen KAV zu bestimmen. Hierbei sind insbesondere zwei Aspekte zu beachten:

(a) Die von dem IC-Geber bei der Errichtung seines TK-Netzes ggf. genutzten oder zu vermutenden Synergieeffekte sind zu berücksichtigen. Solche können vor allem im Rahmen der Verlegung von Kabelkanälen auftreten, wenn bei den hierfür notwendigen Erdarbeiten gleichzeitig andere Infrastrukturleitungen verlegt werden und insofern die Kosten für diese Maßnahmen anteilig vom

---

[153] Konkret bedeutet dies Ende der 90er Jahre die Verwendung der sogenannten „Synchronen Digitalen Hierarchie"(SDH)-Technik statt der z.T. noch verwendeten „Plesiochronen Digitalen Hierarchie" (PDH)-Technik. Zur Beschreibung der unterschiedlichen Funktionsweise von SDH- vs. PDH-Technik s. z.B. WIK 1999: 28-29.

[154] S. insbesondere Abb. 5-2 und Abb. 5-3 sowie die entsprechenden Erläuterungen.

Betreiber dieser anderen Netzinfrastruktur zu tragen sind. Dies gilt unabhängig davon, ob die andere Infrastruktur von einem fremden Unternehmen (wie z.B. Energieversorger) oder aber von einem zum TK-Netzbetreiber gehörenden Anbieter anderer netzgebundener Dienste (wie z.B. das Kabel-TV-Angebot der DTAG) mitverlegt wird. Dabei ist nur im letztgenannten Fall der unternehmensinternen „Mitverlegung" die Gefahr einer Quersubventionierung durch nicht erfolgte verursachungsgerechte anteilige Kostenverrechnung der Erdarbeiten gegeben. Diese sich durch gemeinsame Kabelverlegung ergebenden Synergieeffekte sind beim Wertansatz für Übertragungswege und hierbei insbesondere im Ortsnetz durch sogenannte Mitbenutzungs- oder Beilauffaktoren zu berücksichtigen, so daß für das einzelne Netzelement und den einzelnen Übertragungsweg letztendlich nur ein Teil der Kosten seiner Erstellung anzusetzen ist.

(b) Zudem werden im Zusammenhang mit der Bewertung der Höhe der Kosten für TK-Netzelemente bzw. der Netztopologie des Incumbent auch der weiter oben schon angesprochene Aspekt der „Pfadabhängigkeit" der Investition/Netzstruktur genannt und hiermit begründet, warum der Incumbent kein effizientes TK-Netz erstellen konnte.[155] Wie in Kap. 5.2.4.2 erläutert, sind die Berücksichtigung dieser „Pfadabhängigkeit" ebenso wie der Einbezug anderer Altlasten und damit auch die Anrechnung der auf deren Basis z.T. geforderten höheren Kostenansätze m.E. aus *ökonomischer* Sicht *nicht* zu rechtfertigen.

Ad (3): Hierbei sind nunmehr für die verschiedenen TK-Netzelemente Betriebskosten zu ermitteln. Da in der Praxis genauere Prozeßkostenanalysen oft nicht vorliegen, wird stattdessen i.d.R. auf Betriebskostenfaktoren zurückgegriffen (vgl. auch Kap. 5.4.1). Auch im Fall der Betriebskosten ist kritisch zu hinterfragen, inwiefern alle im Rahmen einer Prozeßkostenanalyse erfaßten bzw. in Betriebskostenfaktoren reflektierten Kosten auch tatsächlich dem Betrieb des TK-Netzes zuzurechnen sind, oder ob diese nicht durch Synergie-/Mitbenutzungseffekte ggf. zu hoch ausgewiesen werden. Beispielsweise dürften in vielen Fällen die größeren Vermittlungseinrichtungen des Incumbent in Gebäuden lokalisiert sein, die er auch gleichzeitig für sonstige Administrationsaufgaben, welche u.U. in keinem unmittelbaren Zusammenhang zum Netzbetrieb stehen, nutzt, so daß die ent-

---

[155] S. Kap. 5.2.4 sowie die dort in den Fußnoten 40 und 43 angegebene Literatur.

sprechenden Raumnutzungskosten nur anteilig dem Netzbetrieb zuzurechnen sind.

Ad (4): Die Bestimmung der für die einzelnen Netzelemente relevanten Kapazitäten und des Nutzungsanteils durch eine IC-Leistung kann wie folgt vorgenommen werden:

- Zunächst sind Kapazitäten der Netzelemente im Sinne einer effizienten Leistungserstellung so zu ermitteln, daß sie mit einem gewissen „Puffer" etwa der Spitzenlastnachfrage zur Hauptverkehrsstunde[156] („Busy Hour") entsprechen. Hieraus sind die Kosten dieser Netzelemente abzuleiten.
- Diese Kapazitätskosten sind nunmehr den einzelnen TK-Diensten bzw. -Dienstegruppen – wie z.B. Festverbindungen vs. Wählverbindungen – proportional zu deren Kapazitätsanteil zuzurechnen.
- Die Kosten der einzelnen TK-Dienste(gruppe) sind durch die für diese Netznutzung relevante Bezugsgröße (z.B. Zeiteinheiten, für die eine Netzmitbenutzung abgerechnet wird) zu verteilen, so daß sich schließlich Stückkostensätze je Nutzungseinheit für die Mitbenutzung des jeweiligen TK-Netzelementes durch den einzelnen TK-Dienst bzw. die IC-Leistung ergeben.[157]

Ad (5): Abschließend sind zur Bestimmung der Kosten einer IC-Leistung diese Stückkostensätze (= Kosten pro Nutzungseinheit) für alle durch die IC-Leistung genutzten TK-Netzelemente mit der Zahl der Nutzungseinheiten zu multiplizieren und sodann zu summieren.

---

[156] Da die Verkehrsmengen in der Hauptverkehrsstunde von Tag zu Tag schwanken, ist zu deren Ermittlung z.B. der Durchschnitt der *N* verkehrsreichsten Hauptverkehrsstunden innerhalb einer bestimmten Periode (z.B. eines Jahres) heranzuziehen. Im Extremfall (N = 1) kann auch direkt *die* verkehrsreichste Hauptverkehrsstunde des relevanten Zeitraumes als Maßstab verwendet werden. S. für einen konkreten Vorschlag zur Bestimmung der Verkehrslast der Hauptverkehrsstunde WIK 1999: 10 sowie Fußnote 39 in Kap. 6.

[157] Hierbei wird im Falle der NZS-Leistungen implizit eine Preisbildung nach Nutzungsdauer unterstellt. Alternativ könnten die der einzelnen TK-Dienstegruppe zuzurechnenden Kosten auch nur auf die Inanspruchnahme des Netzelementes zur Spitzenlastzeit umgelegt werden, da die Nachfrage zu dieser Zeit letztlich die Kosten *verursacht*, und das Netzelement zu den übrigen Zeiten nahezu kostenlos genutzt wird. Im Extremfall (= Spitzenlastpreisbildung) würden dann die einzelnen IC-Nehmer bestimmte Kapazitätsanteile in der Spitzenlastzeit zu einem festen Preis mieten und in der übrigen Zeit das Netz des IC-Gebers quasi kostenfrei nutzen können. Da eine solche reine Kapazitätsbepreisung sich bisher in der *Praxis* der Bepreisung von NZS-Leistungen *nicht* durchgesetzt hat, sondern lediglich i.d.R. nach zwei bis drei Tarifzeiten differenzierte IC-Preise üblich sind, sollen in dieser Untersuchung auch jeweils nur solche nutzungsorientierten Preisformen dargestellt werden. Das hierbei angewandte Grundprinzip läßt sich jedoch auch auf eine stärker oder ganz kapazitätsorientierte Kosten-/Preisbestimmung übertragen.

Hiermit ist der Prozeß der Zurechnung der Gemeinkosten des IC-Geber-Netzes auf einzelne IC-Leistungen abgeschlossen. Zu diesen hinzu kommen noch die direkt der IC-Leistung zurechenbaren fixen Einzelkosten, die in Form von einmaligen und/oder laufenden Kosten auftreten können und dementsprechend seitens des IC-Gebers i.d.R. als Einmalentgelte oder als Kosten je Abrechnungsperiode und POI bzw. IC-Anschluß erhoben werden (vgl. Kap. 5.2.1). Schließlich sind im Falle der NZS gegebenenfalls noch die variablen Einzelkosten der NZS-Leistung zu berücksichtigen, die jedoch vielfach aufgrund ihrer vergleichsweise geringen Höhe zusammen mit den fixen Einzelkosten mittels Pauschalentgelten abgerechnet werden. (vgl. auch Kap. 5.2.2).

Die folgenden zwei Abschnitte beziehen sich lediglich auf die Kernproblematik der IC-Preisbestimmung, nämlich die Zurechnung der Gemeinkosten für die *laufende* Erbringung von IC-Leistungen.

5.5.2 Kostenzurechnung für die Nutzung der Teilnehmeranschlußleitung

Zur Ermittlung der Kosten der TAL sind lediglich die in Abb. 5-2 dargestellten Netzelemente mit Ausnahme der TVSt und Konzentratoren relevant, weil die TAL ja gerade durch Nutzung *dieser* Elemente definiert ist. Da im städtischen Bereich die Kosten der Verlegung von Leitungen aufgrund der weitgehend durch Bebauung bzw. durch Verkehrswege „versiegelten" Oberflächen sehr hoch sind, hat die Ermittlung einer mittleren Länge von TAL besondere Bedeutung. Somit stellt sich für die Bestimmung der Kosten der TAL die Frage, wie die Struktur des zu untersuchenden bzw. eines durchschnittlichen TK-Ortsnetzes am besten abgebildet werden kann. Im folgenden wird daher eine Vorgehensweise zur Zurechnung der Kosten für die TAL für durchschnittliche Ortsnetze (= DO) der DTAG im deutschen TK-Markt entwickelt.[158] Diese Vorgehensweise läßt sich in sieben Schritte unterteilen:

(1) Definition der Typen von DO.

(2) Ermittlung der von Privat- und Geschäftskunden bebauten bzw. genutzten *Fläche* je DO.

(3) Berechnung der *Zahl der anzuschließenden Gebäude* (= Wohnhäuser *und* betriebliche Arbeitsstätten) je DO.

---

[158] Zur Vorgehensweise zur Ermittlung der Kosten der TAL in *speziellen* TK-Ortsnetzen s. auch Kap. 6 sowie die dort angegebene Literatur.

(4) Bestimmung der Zahl der zur Versorgung der zuvor ermittelten Fläche und Zahl der Kunden/Gebäude notwendigen Netz(knoten)elemente (HVt, KVz, EVz und TAE).

(5) Ermittlung der Länge der Kabel-/Leitungswege zwischen den einzelnen unter (4) genannten Netzelementen.

(6) Bestimmung der KAV und der NBK für die unter (4) und (5) genannten Netzelemente.

(7) Anteilige Zurechnung der unter (6) bestimmten TK-Netzkosten auf eine durchschnittliche TAL.

Ad (1): Zunächst sind die TK-Ortsnetze des relevanten TK-Marktes (hier der Bundesrepublik Deutschland) grob zu klassifizieren. Hierzu wird eine Unterscheidung in *drei* Kategorien von durchschnittlichen Ortsnetzen („kleine Ortsnetze", „mittlere Ortsnetze" und „große Ortsnetze") vorgeschlagen.[159] Dies scheint ein angemessener Mittelweg zu sein zwischen einer Durchschnittsbildung über alle Ortsnetze, welche die Besonderheiten der Großstädte bzw. kleinen Städte/Gemeinden nur unzureichend berücksichtigen würde, und einer noch differenzierteren Betrachtung, welche letztendlich nur durch Detailuntersuchungen der *einzelnen* Ortsnetze geleistet werden kann.

Ad (2): Für diese drei Typen von DO ist näherungsweise die vom Anschlußnetz zu versorgende Fläche zu bestimmen. Hierzu können z.B. – unter Rückgriff auf entsprechende Flächennutzungsstatistiken des statistischen Bundesamtes – von der mittleren Gesamtfläche je Ortsnetztyp die Flächen, welche als Wald oder landwirtschaftliche Flächen ausgewiesen sind, abgezogen und die verbleibende Restfläche näherungsweise als zu versorgende Fläche interpretiert werden.

Ad (3): Aus der mittleren Einwohnerzahl des jeweiligen Ortsnetztyps wird die Zahl der privaten TK-Hauptanschlüsse abgeleitet, indem das gleiche Verhältnis dieser Zahl zur Einwohnerzahl wie für den gesamten deutschen TK-Markt unterstellt wird. Anhand der für Deutschland vorliegenden bzw. aus Daten des statistischen Bundesamtes ermittelbaren Faktoren für die durchschnittliche Zahl der Einwohner pro Wohnung und der mittleren Zahl von Wohnungen je Wohngebäude läßt sich die Anzahl der für den jeweiligen Ortsnetztyp an das TK-Ortsnetz anzuschließenden bzw. angeschlossenen Wohngebäude bestimmen. Weiterhin

---

[159] Vgl. ähnlich auch Arranz/Hackbarth 1996: 10-12; Vogelsang 1996a: 20-28 sowie die dort angegebene Literatur.

kann die Zahl der Geschäftskunden, die jeweils einen separaten Gebäudeanschluß benötigen, anhand der Arbeitsstättenzählungsdaten ermittelt werden. Hierzu wird angenommen, daß betriebliche Arbeitsstätten bis zu einem bestimmten Grenzwert von z.B. 5 Beschäftigten je Arbeitsstätte als kleinere Geschäftskunden (wie z.B. [kleinere] Arztpraxen und Einzelhändler) keinen eigenen Gebäudeanschluß benötigen, da diese Betriebsstätten i.d.R. in größeren Gebäudekomplexen integriert sind, und größere Betriebsstätten, deren Beschäftigtenzahl über diesem Grenzwert liegt, entsprechend einen eigenen Gebäudeanschluß nachfragen.

Ad (4): Anhand der Anzahl der anzuschließenden Gebäude und Hauptanschlüsse je Ortsnetztyp sowie der Maximalkapazitäten der Netzverzweigungselemente kann die mindestens zum Anschluß des jeweiligen Ortsnetztyps notwendige Zahl von Netzverzweigungselementen ermittelt werden. Allerdings impliziert die Minimierung der Zahl dieser Netzelemente längere Übertragungswege zwischen den einzelnen Netzverzweigungselementen.[160] Durch diesen „Trade Off" ergibt sich ein nur im konkreten Einzelfall zu lösendes Optimierungsproblem bei der Bestimmung der Ortsnetztopologie. Hier sind die Zahl und Standorte der Netzverzweigungselemente - unter Berücksichtigung der weiter unten (ad 5) skizzierten Annahmen - so zu bestimmen, daß die Summe der Kosten für Übertragungswege *und* Netzverzweigungselemente minimiert wird.

Ad (5): Zur Vereinfachung wird davon ausgegangen, daß innerhalb der zu versorgenden Fläche des jeweiligen Ortsnetztyps alle anzuschließenden Gebäude gleichmäßig verteilt sind. Dies entspricht zwar nicht der Realität, jedoch dürften sich die tatsächlich anzutreffenden deutlichen Unterschiede der Bebauungsdichte letztendlich im statistischen Mittel wieder ausgleichen. Ebenso wird unterstellt, daß sich die jeweiligen Netzelemente (HVt, KVz etc.) gleichmäßig über die Fläche verteilen. Wenn zudem idealisiert die relevante Fläche des Ortsnetzes sowie die von einem Netzelement zu versorgende Fläche als Kreise angenommen werden, kann die mittlere Luftlinienentfernung von einem Netzelement zu dem Netzelement der nächst höheren Netzhierarchieebene durch den halben Radius der

---

[160] So würden zum Anschluß der Anfang 1999 ca. 47 Mio. Endkundenanschlüsse (= Beschaltungseinheiten [BE]) im Netz der DTAG bei einer von der DTAG angegebenen Zielkapazitätsnutzung von ca. 80.000 BE je TVSt theoretisch knapp 600 TVSt ausreichen. Aktuell werden jedoch hierzu über 1.600 TVSt verwendet, was auf ein gewisses Rationalisierungspotential hindeutet. Darüber hinaus sind Ende 1999 schon TVSt mit deutlich höheren Kapazitäten von bis zu 220.000 BE verfügbar. Vgl. WIK 1999: 16 sowie Fußnote 81 in Kap. 6.

von dem letztgenannten Element versorgten Kreisfläche ausgedrückt werden (vgl. auch Abb. 5-20).

Abb. 5-20: Idealisierte Verteilung der Netzelemente im Ortsnetz

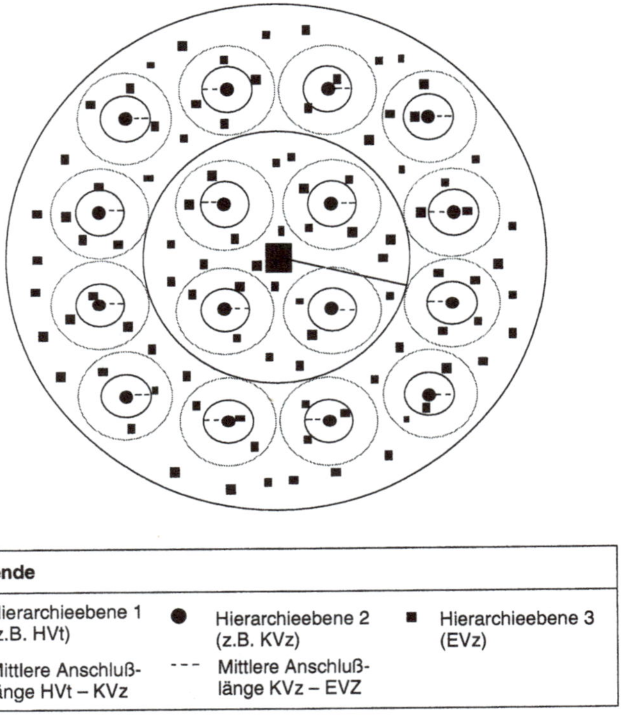

Hierbei ist für die Bestimmung tatsächlicher Leitungslängen noch zu beachten, daß die Übertragungswege im Ortsnetz kaum der idealen Luftlinie folgen können, sondern vielmehr i.d.R. entlang der näherungsweise rechtwinkligen Straßenführung verlegt werden. Insofern sind die Luftlinienentfernungen noch mit einem Umwegefaktor zu multiplizieren, der etwa einen Wert von 1,41 (= Quadratwurzel aus 2) haben dürfte. Dies ergibt sich aus der Überlegung, daß die Diagonale eines Quadrates mit der Kantenlänge „1" gerade eine Länge von 1,41 aufweist. Sieht man diese Diagonale als gegebene Luftlinienentfernung an, so ergibt sich die Länge des Umweges (= die Länge zweier Kanten) hieraus als 2/1,41 = 1,41.

Ad (6): Für die nunmehr bestimmte optimale Anzahl von Netzverzweigungselementen und die sich hieraus ergebenden Übertragungselemente und Kabellängen können anhand der Annuitätenmethode und unter Heranziehung von Betriebskostenfaktoren die KAV und NBK ermittelt werden.

Ad (7): Die mittleren Kosten einer TAL je Periode ergeben sich durch einfache Division der gesamten Kosten des Ortsnetzes durch die Zahl der Hauptanschlüsse.

5.5.3 Kostenzurechnung auf Netzzusammenschaltungs-Leistungen

Bei der Kostenzurechnung auf NZS-Leistungen sind neben entsprechenden Nutzungsanteilen an der TAL insbesondere auch die Nutzung der Netzelemente(gruppen) (a) TVSt, (b) FVSt, (c) an diesen Vermittlungen lokalisierten Leitungsanschlußgruppen sowie (d) Übertragungswege zwischen TVSt und FVST bzw. zwei FVSt relevant. Inwieweit diese Netzelemente durch die NZS-Leistungen genutzt werden, wurde bereits in Kap. 5.1.3 erläutert und in Abb. 5-7 visualisiert. Insofern ist die verbleibende Frage bei der Zurechnung der Netzkosten auf NZS-Leistungen, welche Bezugseinheiten der Netzelementnutzung zur Ermittlung der Stückkostensätze für das jeweilige Netzelement heranzuziehen sind.

Bei den *Vermittlungseinrichtungen* bzw. den entsprechenden Anschlußgruppen sind hierbei zwei verschiedene Bezugseinheiten gebräuchlich:

(1) Die *Zeiteinheiten* (z.B. Sekunden) der Nutzung der Vermittlungseinrichtung. Diese ergeben sich als die Summe aller TKV-Verbindungsminuten, welche über die jeweilige Vermittlungseinrichtung im Bezugszeitraum durchschnittlich abgewickelt werden.

(2) Die *Zahl der TKV*, welche die entsprechende Vermittlungseinrichtung bereitstellt. Hierbei ist weiter zu unterscheiden, ob zu diesen nur die erfolgreichen TKV gezählt werden, bei denen die TKV-Senke (= der gerufene Teilnehmer) das Gespräch auch annimmt, oder aber zusätzlich auch TK-Verbindungsaufbauversuche, bei denen letztendlich keine TKV zustande kommt, da z.B. der gerufene Teilnehmer „besetzt" ist oder aus anderen Gründen das Gespräch nicht annimmt.

Dabei wird die unter (1) genannte Bezugsgröße der Zeiteinheiten in der Praxis durchgängig zur Ermittlung von Stückkostensätzen für TK-Netzelemente bzw. zumindest für die Bildung entsprechender NZS-Entgelte herangezogen. Die Bezugsgröße *Zahl der TKV* findet jedoch nur zum Teil Eingang in die Kostenzurechnung für NZS-Leistungen.[161]

Insgesamt beruhen einige der in der EU Ende 1999 gültigen NZS-Preise *direkt* auf der Zahl der genutzten Vermittlungseinrichtungen, was aufgrund der damit einhergehenden Berücksichtigung des Verursacherprinzips aus ökonomischer Perspektive positiv zu bewerten ist.[162] In anderen EU-Staaten wird diese Nutzung der Vermittlungseinrichtungen durch die Bildung von Entfernungsklassen bisher nur indirekt berücksichtigt.

Bei den *Übertragungswegen* kommt neben den oben für die Vermittlungseinrichtungen genannten Bezugsgrößen noch die Länge des Übertragungsweges als weitere Bezugsgrößendimension hinzu. Diese Differenzierung der Übertragungsweglänge wird in stark vereinfachter Form z.T. dadurch berücksichtigt, daß zumindest zwischen zwei Übertragungswegeklassen, nämlich Verbindungen (a) zwischen einer TVSt und einer FVSt und (b) zwischen zwei FVSt, unterschieden wird.[163] Hierbei ist allerdings kritisch zu fragen, inwieweit diese relativ grobe Unterscheidung in lediglich zwei Kategorien die Nutzung dieser Übertragungswege adäquat abbildet oder, ob nicht eine stärker von der Länge dieser Wege abhängige Übertragungskostendifferenzierung vorzunehmen ist. Im Fall der Verbindung zwischen einer TVSt und einer FVSt erscheint diese Vereinfachung insofern akzeptabel, als daß sich die Entfernungen von TVSt zu den jeweils assoziierten FVSt in den meisten Fällen in einer ähnlichen Größenordnung bewegen dürften.[164] Die Länge der Verbindungen zwischen FVSt wird jedoch i.d.R. deutlich größere relative Unterschiede aufweisen, da sich in den meisten Staaten die Bevölkerung nicht weitgehend gleichmäßig auf die gesamte vom jeweiligen TK-Netz zu versorgende Fläche verteilt, sondern sich meist auf einige Ballungsräume konzentriert und damit auch die FVSt entsprechend ungleichmäßig verteilt sein dürften. So wurden z.B. im britischen TK-Markt durch das OFTEL (bis 1997) drei Klassen[165] („short", „medium", „long") von Übertragungswegelängen für die Strecke zwi-

---

[161] Vgl. hierzu auch WIK 1999: 58 sowie Fußnote 30 in Kap. 5.

[162] So werden in Dänemark, Frankreich, Irland, Schweden und Großbritannien die Zahl der genutzten Vermittlungseinrichtungen explizit berücksichtigt. Vgl. Anhang zur Empfehlung 98/195/EG.

[163] Vgl. auch Kap. 5.1.3 und die dort genannte Literatur.

[164] So befindet sich z.B. im Netz der DTAG in fast jedem Ortsnetz oder in dessen unmittelbarer Nähe auch eine FVSt. Vgl. auch Siegmund 1999: 246; WIK 1999: 16. u. 23; Arranz/Hackbarth 1996: 11.

[165] S. OFTEL 1997b: 54.

schen zwei FVSt mittels verschiedener Kostenfaktoren unterschieden.[166] Insbesondere in diesem, für die NZS-Leistungen überregionale TKV-Annahme und -Zustellung relevanten Fall erscheint eine solche Differenzierung in unterschiedliche Verbindungslängen oder ersatzweise auch Entfernungsklassen für eine analytische Bestimmung der Kosten einzelner NZS-Leistungen angebracht. Auf dieser Basis können dann, wenn eine solche Unterscheidung für die Praxis der Preisbildung zu komplex erscheint, entsprechende mittlere Kosten für die NZS-Leistungen überregionale TKV-Annahme und -Zustellung ermittelt werden.

Wie die Zurechnung der TK-Netzkosten zu IC-Leistungen in der Regulierungspraxis in den USA und in Großbritannien erfolgt, wird im folgenden Abschnitt kurz skizziert.[167]

5.6 Vorgehensweise von TK-Regulierungsinstitutionen ausgewählter Staaten bei der Kostenzurechnung

5.6.1 USA

Da im US-amerikanischen TK-Markt bereits seit Anfang der 80er Jahre Wettbewerb im Segment der Fernverbindungen herrscht, der bis Ende der 90er Jahre dazu geführt hat, daß der Incumbent AT&T über die Hälfte seiner Markanteile verlor und sich neben diesem mit MCI und Sprint zwei weitere große Fernverbindungsnetzbetreiber sowie eine Vielzahl kleinerer Anbieter etablieren konnte, kann in diesem „Long-Distance"-Marktsegment inzwischen von einem funktionsfähigen Wettbewerb ausgegangen werden.[168] Insofern konzentrieren sich die Regulierung des BNZ in den USA und damit auch die folgenden Ausführungen auf den Zugang zum Anschlußnetz. Hierzu wurde mit dem Telecommunications Act von 1996 und insbesondere den entsprechenden, von der FCC veröffentlichten Kommentaren und Ausführungsbestimmungen ein US-einheitlicher Regu-

---

[166] S. für konkrete im britischen TK-Markt zur Bestimmung von IC-Preisen zu verschiedenen Zeitpunkten relevanten Kostenfaktoren für TK-Netzelemente Macpherson 1997: 25; OFTEL 1997b: 54-56; OFTEL 1997c: 27-31; OFTEL 1997d: 5, OFTEL 1997e: 6; OFTEL 1996a: 16 u. 33 sowie Kap. 5.6.2.

[167] Die IC-spezifische Regulierung im deutschen TK-Markt wurde bereits in Kap. 2.3.4 erläutert.

[168] So sank der Marktanteil von AT&T im „Long Distance Carrier"-Markt bezogen auf die erzielten Umsätze von 90,1% im Jahr 1984 auf 44,5% im Jahr 1997. Im gleichen Zeitraum stiegen die Marktanteile der beiden größten Wettbewerber MCI und Sprint von 4,5% auf 19,4% (MCI) bzw. von 2,7% auf 9,7% (Sprint); vgl. FCC 1999: 11/7; Gerpott 1998a: 135.

lierungsrahmen geschaffen.[169] Demnach gelten für die Zurechnung der Kosten zu IC-Leistungen folgende Prinzipien:[170]

(1) Die Bestimmung der Netzelementkosten basiert auf zukunftsorientierten langfristigen Zusatzkosten.

(2) Die Zurechnung der Netzelementkosten auf einzelne IC-Leistungen erfolgt verursachungsgerecht gemäß der Nutzung dieser Elemente durch die jeweilige IC-Leistung.

(3) Die LEC müssen den Zugang zu ihrem Netz in hohem Maße entbündelt anbieten.

Ad (1): Die Kostenermittlungsmethode der zukunftsorientierten langfristigen Zusatzkosten wurde in den USA bis Mitte der 90er Jahre mit dem Begriff „Total Service Long Run Incremental Cost" (TSLRIC) charakterisiert. Mit der Umsetzung des Telecommunications Act von 1996 wurde durch die FCC hierfür jedoch der Begriff „Total Element Long Run Incremental Cost" (*TELRIC*) eingeführt,[171] der den aktuell in der US-amerikanischen Diskussion gebräuchlichen Terminus darstellt. Dabei wird durch die FCC explizit hervorgehoben, daß diese TELRIC zukunftsorientierte Kosten darstellen und somit *nicht* anhand der in der Buchhaltung/Kostenrechnung des jeweiligen Netzbetreibers vorliegenden historischen Ist-Kosten ermittelt werden dürfen. Gleichzeitig muß die Bestimmung der TELRIC auf Basis der effizientesten verfügbaren Technik („most efficient technology available") erfolgen. Die Zukunftsorientierung der TELRIC-Systematik beinhaltet jedoch keine völlige kalkulatorische Neukonzeption der Topologie des jeweiligen TK-Netzes. Vielmehr basiert die Kalkulation des TELRIC-Ansatzes auf den tatsächlich im jeweiligen Netz implementierten Standorten der Vermittlungsstellen.

Bestandteile der TELRIC sind die *KAV*, die von der FCC weiter in Abschreibungen und Kapitalkosten unterschieden werden und die *Betriebskosten* des TK-

---

[169] Allerdings erfolgt auch hier, wie im US-amerikanischen Rechtssystem üblich, eine ständige Interpretation und Weiterentwicklung der Rechtsauffassung durch „Court Cases". Vgl. Vogelsang/Mitchell 1997: 114.

[170] S. hierzu und zu den folgenden Ausführungen in Kap. 5.6.1 Economides 1998: 9-11; Kaserman/Mayo 1998: 15; Duesterberg/Gordon 1997: 35-40; Katz 1997: 685-689; Melody 1997a: 64-65; Melody 1997b: 241-246; Papandrea/Street 1997: 51-54; Canis/Soriano 1996: 149; FCC 1996: 70-345.

[171] „While we are adopting a version of the methodology commonly referred to as TSLRIC as the basis for pricing interconnection and unbundled elements, we are coining the term ´total element long run incremental cost´ (TELRIC) to describe our version of this methodology. The incumbent LEC offerings to be priced using this methodology generally will be ´network elements´, rather than ´telecommunications services´." FCC 1996: 320.

Netzbetreibers. Allerdings dürfen auf TELRIC basierende IC-Preise nach dem Verständnis der FCC auch einen angemessenen Anteil der sonstigen Gemeinkosten des jeweiligen TK-Netzbetreibers enthalten. Welche Gemeinkostenanteile jedoch als angemessen anzusehen und bei der Bestimmung der IC-Entgelte den „reinen" TELRIC zuzurechnen sind, ist in der US-amerikanischen Regulierungspraxis strittig. Grundsätzlich ist das Verständnis der FCC bezüglich der hierbei zu berücksichtigenden Kosten jedoch recht umfassend, indem z.B. gefordert wird: „The forward-looking costs directly attributable to local loops, for example, shall include not only the cost of the installed copper wire and telephone poles but also the cost of payroll and other back office operations relating to the line technicians, in addition to other attributable costs."[172] Ausdrücklich von einer Berücksichtigung bei der IC-Preisbestimmung ausgeschlossen sind aber alle Kosten, die den Marketing- und Vertriebsaktivitäten des TK-Netzbetreibers zuzurechnen sind.[173]

Ad (2): Die Zurechnung der Kosten der einzelnen Netzelemente zu IC-Leistungen erfolgt im Rahmen des TELRIC-Ansatzes, indem die durch diese IC-Leistung genutzten Elemente im größtmöglichen Ausmaß dieser Leistung verursachungsgerecht zugeordnet werden. Im Fall der TAL werden z.B. gemeinsam vom Anschluß- und Verbindungsnetz genutzte Kabelkanalanlagen diesen beiden Nutzern proportional zur Zahl der belegten Kabelrohre zugerechnet. Bei der NZS werden zukunftsorientierte Netzelementkosten je Nutzungseinheit dadurch bestimmt, daß für das jeweilige Netzelement angemessene „Fill-Factors" geschätzt werden, welche die vermutete zukünftige Gesamtauslastung des Netzelements mit TK-Verkehr repräsentieren. Die Kosten je Nutzungseinheit des TK-Netzelementes ergeben sich als Quotient der TK-Elementkosten und der Auslastung dieses Elements. Im Rahmen der Kostenzurechnung zu einzelnen Leistungen sind vor allem (a) die „richtige" Bestimmung der jeweiligen Nutzungsanteile von durch mehrere Leistungen genutzten Netzelementen, soweit diese nicht wie im o.g. Beispiel der Kabelkanalanlagen eindeutig festzulegen sind, und (b) die Ermittlung der Auslastung von TK-Netzelementen in Form von „Fill-Factors" strittige Punkte. Im letztgenannten Fall kann m.E. jedoch als Ersatz vergleichs-

---

[172] FCC 1996: 322.

[173] Da in den USA viele LEC die ECPR zur Preisfindung für IC-Leistungen favorisieren, weist die FCC ergänzend explizit darauf hin, „ ... that ECPR is an improper method for setting prices of interconnection and unbundled network elements because the existing retail prices that would be used to compute incremental opportunity costs under ECPR are not cost-based." FCC 1996: 333.

weise problemlos auf aktuelle bzw. jüngere historische Auslastungswerte zurückgegriffen werden.

Ad (3): Die FCC gibt vor, daß die LEC den IC-Nehmern mindestens zu den folgenden Netzelementen/Leistungen einen *entbündelten* Zugang anbieten müssen:[174]

- Teilnehmeranschlußleitungen,
- Netzabschlußelemente („Network Interface Device"),
- Teilnehmervermittlungsstellen,
- Fernvermittlungsstellen,
- Übertragungswege zwischen Vermittlungsstellen,
- Gesprächs- und Signalisierungsdatenbanken,
- Netzbetriebsunterstützungssysteme,
- Auskunfts-/Operator-Dienste.

Weiterhin nennt die FCC konkret fünf Punkte, an denen ein POI bereitgestellt werden muß:[175]

- Teilnehmerseitige Anschlußgruppe der TVSt,
- Verbindungsnetzseitige Anschlußgruppe der TVSt,
- Anschlußgruppe der FVSt,
- Verbindungspunkte zwischen TVSt („Cross-Connect Points"),
- Schnittstellen zu Gesprächs- und Signalisierungsdatenbanken.

Damit ist gewährleistet, daß die IC-Nehmer ein Recht auf den entbündelten Zugang zu allen für IC-Leistungen wesentlichen Netzelementen haben. Darüber hinaus können die Regulierungsinstanzen der Bundesstaaten weitergehende Entbündelungsvorgaben machen sowie die Netzbetreiber untereinander stärker entbündelte andere Netzzugänge vereinbaren.

Auf Basis dieser Rahmenvorgaben der FCC obliegt es der Regulierungsinstanz des einzelnen Staates die IC-Entgelte für den Zugang zum Netz des jeweiligen LEC

---

[174] FCC 1999: 170-254; Gerpott 1997: 5. Demnach sind die Kostenermittlungsanforderungen der FCC TELRIC-Systematik hoch: „The TELRIC methodology requires extremely detailed network cost studies ...". Melody 1997b: 246.

[175] Gerpott 1997: 5; Melody 1997a: 65.

festzulegen.[176] Da jedoch die detaillierte Darstellung der Bestimmungssystematik der Kosten einzelner TK-Netzelemente und deren Zurechnung zu den IC-Leistungen für *alle* US-Bundesstaaten den Rahmen der vorliegenden Untersuchung bei weitem überschreiten würde, werden in Abb. 5-21 nur beispielhaft die von der Regulierungsinstitution des Staates Oregon für die Nutzung des Netzes der „Regional Bell Operating Company" US West festgelegten Entgelte für einzelne Netzelemente dargestellt und diskutiert.[177]

Abb. 5-21: Entgelte für die Nutzung von TK-Netzelementen im US-Bundesstaat Oregon

IC-Entgelt / Netzelement	Preis pro Monat (in US $)	Preis pro Minute (in US Cent)	Preis pro Meile und Minute (in US Cent)
• TAL	15,00		
• FVSt		0,1596	
• TVSt (TKV-Annahme)		0,1463	
• TVSt (TKV-Zustellung)		0,1330	
• Übertragungswege		0,0372	
– bis zu 8 Meilen			0,0005
– 9 bis 25 Meilen			0,0007
– 25 bis 50 Meilen			0,0008
– über 50 Meilen			0,0012

Stand: 1997.

Quelle: US West Communications 1996: 109-115.

---

176 Allerdings wurden von der FCC für die im Rahmen der NZS besonders wichtige Nutzung der TVSt und FVSt Höchstwerte bzw. Bandbreiten vorgeschlagen, um den staatlichen Regulierungsinstanzen zu Beginn der Liberalisierung der Anschlußnetze einen ersten Anhaltspunkt bezüglich der Höhe der Entgelte für die Nutzung dieser Elemente zu geben. Die entsprechenden Werte sind US$ 0,002 bis 0,004 für die Nutzung der TVSt sowie US$ 0,0015 für die Inanspruchnahme der FVSt. S. FCC 1996: 16.

177 S. zu Kosten von Anschlußnetzelementen sowie TAL in ausgewählten US-Bundesstaaten, die mittels des HAI-Modells geschätzt wurden, unten Kap. 6.5.2.

Hierbei fällt zunächst auf, daß das monatliche Entgelt für die TAL mit US$ 15,00 (= DM 27,00)[178] im Vergleich zu dem Ende 1999 in Deutschland gültigen TAL-Preis von DM 25,40 sowie insbesondere relativ zu den weiter unten im Kap. 6.5 dieser Arbeit mittels des HAI-Modells exemplarisch für einzelne US-Bundesstaaten bestimmten TAL-Kosten hoch erscheint. Diese Preishöhe dürfte jedoch primär darin begründet sein, daß der US-Bundesstaat Oregon mit ca. 12 Einwohnern/km^2 eine sehr geringe Bevölkerungsdichte aufweist. Da bei weitem nicht jeder Einwohner über einen eigenen TK-Anschluß verfügt, liegt die TK-Anschlußdichte damit wohl unter 10 Anschlüssen/km^2. Diese Anschlußdichte ist somit deutlich geringer als die mittlere Anschlußdichte in Deutschland (ca. 127 Anschlüsse/km^2) und die Anschlußdichten in den US-Bundesstaaten, für die in Kap. 6.5.2 TAL-Kosten bestimmt werden (26 bis 6.006 Anschlüsse/km^2).

Bei den IC-Entgelten, welche für NZS relevant sind (= mittlere und rechte Spalte in Abb. 5-21), ist zunächst festzustellen, daß hier keine Preisdifferenzierung im Hinblick auf das Zeitfenster der Netznutzung erfolgt. Insofern unterscheidet sich die Struktur der NZS-Entgelte von der im deutschen bzw. britischen Markt, wo es zwei bzw. drei verschiedene solche NZS-Zeitfenster gibt, welche zwischen Zeiten mit stärkerem und schwächerem TK-Verkehrsaufkommen unterscheiden. Das deutet darauf hin, daß die Ermittlung der Minutenpreise in Oregon auf Basis *einer* durchschnittlichen Auslastung der Netzelemente erfolgte und hierbei *nicht* zwischen „Peak" und „Off-Peak" Zeiten unterschieden wurde, was als recht grobe Kostenzurechnungssytematik zu klassifizieren ist.

Die NZS-Entgelte für die Nutzung der FVSt liegen mit 0,1596 Cent/Minute über dem von der FCC für diese Leistung vorgeschlagenen Höchstwert von 0,15 Cent/Minute. Auch im Vergleich zu dem vom OFTEL 1997 im Rahmen der Festlegung für NZS-Startpreise[179] für die Nutzung einer FVSt festgelegten Basispreis[180] (s. Abb. 5-26) von 0,068 Pence/Minute (= 0,1156 Cent/Minute)[181] erscheint dieser Preis hoch. Dieser vergleichsweise hohe Wert könnte wiederum in der in Oregon im Vergleich zu den meisten anderen US-Staaten und zu Großbritannien geringen Bevölkerungs-/Anschlußdichte begründet sein,[182] indem hierdurch eine FVSt

---

178 Umrechnungskurs: US$ 1,00 = DM 1,80 (Stand: 15.10.1999).

179 Vgl. zur genaueren Bedeutung dieser Startpreise Kap. 5.6.2.

180 Dieser Basispreis stellt einen Preis *vor* der Berücksichtigung des Zeitfensters der Leistungserbringung dar und ist somit am besten mit den Preisen in Oregon vergleichbar.

181 Umrechnungskurs: £ 1,00 = US$ 1,70 (Stand: 15.10.1999).

182 So beträgt die mittlere Bevölkerungsdichte der USA bzw. Großbritanniens ca. 27 bzw. 242 Einwohner/km^2.

im Mittel weniger TK-Verkehr abwickelt als in anderen dichter besiedelten Regionen und insofern der durchschnittliche Preis pro Minute relativ hoch ausfällt. Allerdings liegen die entsprechenden in Oregon gültigen Entgelte für die Nutzung der TVSt mit 0,133 bis 0,1463 Cent/Minute deutlich unter der von der FCC vorgegeben Höchstwertbandbreite von 0,2 bis 0,4 Cent/Minute und auch unter dem entsprechenden britischen Wert von 0,2 Pence/Minute (= 0,34 Cent/Minute). Dies ist zunächst vor dem Hintergrund der zuvor im Hinblick auf den Zusammenhang zwischen Bevölkerungsdichte und Minutenkosten der FVSt angestellten Überlegungen wenig plausibel. Jedoch dürften bei der Versorgung eines Gebietes der Größe Oregons, dessen Fläche etwa der Großbritanniens bzw. Westdeutschlands entspricht, mit TK-Verbindungen immer eine gewisse Mindestzahl von FVSt notwendig sein. Hingegen werden – soweit die Bevölkerung nicht gleichmäßig über dieses Gebiet verteilt angesiedelt ist, sondern sich größtenteils in einigen Zentren konzentriert – mit abnehmender Zahl der TK-Anschlüsse ebenfalls weniger TVSt benötigt. Dies bedeutet aber, daß eine vergleichsweise geringe Einwohner-/Anschlußzahl bei ähnlicher Fläche (d.h. eine geringere Bevölkerungsdichte) die mittlere Auslastung der FVSt tendenziell stärker negativ beeinflußt als die durchschnittliche TVSt-Auslastung.

Die Preisunterschiede zwischen den NZS-Leistungen TKV-Annahme und -Zustellung sind wahrscheinlich dadurch bedingt, daß bei der TKV-Zustellung neben der reinen Vermittlungsleistung i.d.R. keine weiteren Leistungen in Anspruch genommen werden (können), wogegen im Fall der TKV-Annahme zumindest z.T. besondere Verzweigungen (z.B. zu Operator-Diensten) möglich sind, welche die mittleren Vermittlungskosten leicht erhöhen.

Bezüglich der Preise für die Nutzung der Übertragungswege fällt auf, daß diese Entgelte (pro Meile und Minute) mit steigender Verbindungslänge zunehmen. Diese Systematik ist m.E. wenig plausibel, da bei der Nutzung längerer Übertragungswegen durch Bündelungsvorteile tendenziell geringere Kosten pro Entfernungseinheit anfallen dürften. „US West remains a puzzle, however, because of its largely rural service territory."[183]

Neben diesen nutzungsabhängigen Preisen für NZS-Leistungen gibt es im US-amerikanischen TK-Markt insofern eine Besonderheit, als daß die „Long Distance Carrier" bei den LEC für die Möglichkeit der Mitbenutzung des Anschlußnetzes ein fixes (monatliches) Entgelt („Subscriber Line Usage" [SLU]) zu entrichten ha-

[183] Vogelsang/Mitchell 1997: 107.

ben. Der mittlere SLU-Preis über alle US-Bundesstaaten betrug im ersten Halbjahr 1999 US$ 0,49.[184] Dieses Entgelt ist darin begründet, daß der vom jeweiligen Endkunden zu zahlende Grundpreis („Subscriber Line Charges" [SLC]), der im Mittel für einen Hauptanschluß mit einer Rufnummer US$ 3,50 betrug, i.d.R. unter den Kosten der TAL liegt.[185] Das SLU-Entgelt stellt damit eine Beteiligung der „Long Distance Carrier" an den nicht durch die SLC gedeckten Fixkosten der TAL dar und ist insofern *nicht* als ein nach dem Verursachungsprinzip begründeter Preis für eine IC-Leistung, sondern als eine Universaldienstabgabe[186] zu klassifizieren.

Ergänzend ist darauf hinzuweisen, daß die Regulierer der einzelnen US-Bundesstaaten zur Bestimmung der Netzelementkosten vielfach auf Kostenmodelle zurückgreifen. Daher geht aus der in Kap. 6.4 diskutierten Methodik der US-amerikanischen Kostenmodelle auch genauer die Vorgehensweise der staatlichen Regulierungsinstanzen bei der Kostenermittlung von TK-Netzen und der Zurechnung dieser Kosten auf IC-Leistungen hervor.

5.6.2 Großbritannien

Die britische TK-Politik und -Regulierung unterschied sich bis etwa zum Herbst 1998 insofern grundlegend von der im deutschen und US-amerikanischen TK-Markt jeweils verfolgten Vorgehensweise, als daß die weitgehend exklusive Nutzung von TK-Netzelementen des Incumbent BT auf Mietbasis in Form des entbündelten Netzzugangs – namentlich die Nutzung der TAL – *nicht* vorgesehen war.[187] Vielmehr zielte die britische Regulierungspolitik bis dahin darauf ab, AC Anreize zum Aufbau eigener Netzinfrastrukturen zu geben und beschränkte sich daher im Rahmen der IC-Regulierung auf NZS-Leistungen sowie einige ergänzende Leistungen, wie z.B. die Nutzung diverser Mehrwertdienste. Erst mit der im Laufe des Jahres 1998 angestoßenen und bis zum Zeitpunkt der Fertigstellung dieser Arbeit (d.h. Ende 1999) noch nicht abgeschlossenen Diskussion um die Nutzung sogenannter xDSL-Techniken und dem damit möglichen breitbandigen Endkundenzugang wurde die Notwendigkeit des entbündelten Zugangs für AC zur TAL (im BT-Netz) mittels BNZ durch das OFTEL erstmals thematisiert.[188] Be-

---

[184] S. FCC 1999: 1/3.

[185] Vgl. Noll 1998: 48; Vogelsang/Mitchell 1997: 115. Diese niedrigen monatlichen Grundpreise für Endkunden sind durch die FCC mittels „Price-Cap" politisch vorgegeben.

[186] Zum Begriff der Universaldienstverpflichtung/-abgabe s. Kap. 2.3.1.2, 2.3.3 und 2.3.4.1 sowie die dort genannte Literatur.

[187] Vgl. z.B. Myers 1997: 3.

[188] Vgl. hierzu OFTEL 1999c: o.S. und OFTEL 1998: o.S.

züglich der Preisbestimmung für die TAL lagen außer dem OFTEL-Vorschlag, daß diese auf Basis der zukunftsorientierten langfristigen Zusatzkosten plus eines Gemeinkostenzuschlages zu ermitteln seien, Ende 1999 noch keine konkreten Informationen vor. Insofern beziehen sich die folgenden Ausführungen lediglich auf die Kostenermittlung und -zurechnung von NZS-Leistungen.

Bei der Diskussion der Ermittlung und Regulierung von IC-Entgelten in Großbritannien können primär drei Perioden unterschieden werden:[189]

(1) Die Zeitspanne von 1985 bis etwa 1994/95, in der die Preisfindung für NZS-Leistungen auf Basis historischer Vollkosten erfolgte;

(2) die Periode von etwa 1994/95 bis zum September 1997, während der in einer Übergangsphase die Methode der langfristigen Zusatzkosten (LRIC) entwickelt und neben der Vollkostenmethode eingesetzt wurde;[190]

(3) die Periode ab Oktober 1997, in der auf der Basis von durch LRIC ermittelten Startpreisen eine Price-Cap-Regulierung der NZS-Entgelte erfolgt.[191]

In dieser Arbeit wird nur auf die beiden letztgenannten aktuelleren Perioden eingegangen.[192]

Bis zum September 1997 erfolgte die Ermittlung der Kosten der TK-Netzelemente grundsätzlich auf der Basis von *Vollkosten*, wobei ergänzend das Verfahren der LRIC (zuzüglich eines Gemeinkostenzuschlags [= Mark Up]) zur Anwendung kam. Die Zurechnung der so ermittelten TK-Netzelementekosten auf einzelne NZS-Leistungen erfolgte auf Basis der Nutzung dieser Elemente durch die jeweilige NZS-Leistung. Die letztmalig für den Zeitraum von April 1997 bis September 1997 ermittelten NZS-Basispreise[193] werden in Abb. 5-22 hergeleitet.[194]

---

[189] S. auch Peard 1999: 3; Cave 1997: 152-158.

[190] Zudem wurde BT ab 1994/95 im Rahmen einer „Accounting Separation" zur getrennten Kostenrechnung/Buchführung für die Bereiche Netzwerk- und Endkundendienste verpflichtet.

[191] Diese Form der Regulierung ist zunächst bis September 2001 befristet.

[192] Vgl. für eine Diskussion von Interconnection-Regimes in Großbritannien vor 1995 Butler 1997: 1-3; Cave 1997: 151-154; Curwen 1997: 139-140; Vogelsang 1995: 10-73; OFTEL 1993: 6-27; Beesley/Laidlaw 1992: 290-318; Hartley/Culham 1998: 13-14.

[193] Diese stellen gleichzeitig die letzten vom OFTEL in absoluter Höhe festgesetzten NZS-Entgelte dar.

[194] Bei diesen Preisen handelt es sich um *nach* Ablauf der betreffenden Periode auf Basis der Istkosten festgelegte Entgelte. Insofern ersetzten diese NZS-Preise im Nachhinein die für den Zeitraum verwandten vorläufigen Entgelte. Dementsprechend müssen mit Bekanntgabe dieser endgültigen Preise die Unterschiede zwischen den vorläufigen gezahlten und letztendlich festgelegten NZS-Preisen durch entsprechende Zahlungen zwischen IC-Geber und -Nehmer ausgeglichen werden.

Abb. 5-22: Ermittlung von Netzzusammenschaltungs-Entgelten im britischen Markt 1997

	Netzelementekosten			NZS-Leistung				
	Gesamtkosten (in £ Mio.)	Gesamtvolumen (in Mio. Minuten/Einheit)	Stückkosten (je Minute in Pence)	Lokale NZS	Regionale NZS	Überregionale NZS „Short"	Überregionale NZS „Medium"	Überregionale NZS „Long"
Netzelemente				**Nutzungsfaktoren**				
Konzentrator	122,9	121.244	0,1014	0,936	0,936	0,936	0,936	0,936
TVSt	272,3	126.909	0,2145	1,002	1,114	1,168	1,168	1,168
FVSt	62,2	73.500	0,0846	–	0,888	1,881	1,881	1,881
Anschluß TVSt	51,6	90.100	0,0573	0,688	0,688	0,688	0,688	0,688
Leitungsverbindung zur TVSt	74,0	1.419.630	0,0052	10,579	10,579	10,579	10,579	10,579
Anschluß FVSt (von TVSt)	37,8	67.396	0,0561	–	0,741	0,741	0,741	0,741
Leitungsverbindung TVSt - FVSt (pro Km)	37,6	1.794.870	0,0021	–	19,742	19,742	19,742	19,742
Anschluß FVSt (von FVSt)	11,5	21.397	0,0535	–	–	1,002	1,002	1,002
Leitungsverbin dung FVSt-FVSt (pro km)	22,8	2.842.120	0,0008	–	–	44,040	144,575	316,382
"Policy ,Planning & Product Management"	10,7	28.568	0,0374	1,000	1,000	1,000	1,000	1,000
Operator-Dienste	n.v.	n.v.	0,0321	0,813	0,813	0,813	0,813	0,813
				Basispreise (in Pence je Minute)				
Gesamt (exkl. Operator-Dienste)				**0,442**	**0,624**	**0,809**	**0,889**	**1,027**
Gesamt (incl. Operator-Dienste)				**0,468**	**0,650**	**0,835**	**0,915**	**1,053**

Quelle: Eigene Darstellung auf Basis von OFTEL 1999d: 22-23.

Im einzelnen werden diese Entgelte auf Basis des von BT für den relevanten Zeitraum (hier: April bis September 1997) veröffentlichten „Financial Statement" mittels der folgenden Systematik ermittelt:[195]

(1) Die für eine Kategorie von TK-Netzelementen ausgewiesenen Gesamtkosten werden durch die von allen Elementen dieser Kategorie abgewickelten Leistungseinheiten (d.h. Minuten bzw. Minuten und Kilometer) dividiert.

(2) Die durchschnittliche Nutzung der einzelnen Netzelemente durch die jeweilige NZS-Leistung wird basierend auf statischen Mittelwerten bestimmt und als Nutzungsfaktor dargestellt. Beispielsweise beträgt die mittlere Länge des Übertragungsweges zwischen zwei FVSt im Fall der „Medium"-Distanz 144,575 km.

(3) Die Kosten einer NZS-Leistung ergeben sich durch die Multiplikation der für diese NZS-Leistung relevanten Nutzungsfaktoren mit den Stückkostensätzen des den jeweiligen Nutzungsfaktor betreffenden Netzelementes und der anschließenden Addition dieser Nutzungskosten der einzelnen Netzelemente.

Abb. 5-23: Ermittlung der Istkosten für die lokale Netzzusammenschaltung in Großbritannien 1997

Netzelement	Nutzungsfaktor		Stückkostensatz		Nutzungskosten
• Konzentrator	0,936 [a]	•	0,1014	=	0,0949
• TVSt	1,002	•	0,2145	=	0,2149
• Anschluß TVSt	0,688	•	0,0573	=	0,0394
• Übertragungswege zur TVSt	10,579	•	0,0052	=	0,0550
• "Policy, Planning & Product Management"	1,000	•	0,0373	=	0,0373
• Gesamtnutzungskosten					**0,4415**

a) Alle Zahlenangaben mit Ausnahme der Nutzungsfaktoren in Pence pro Minute.

[195] Vgl. OFTEL 1999d: 22-23.

Abb. 5-24: Zeitliche Differenzierung der Netzzusammenschaltungs-Entgelte im britischen TK-Markt 1997

		Tarifzeitfenster [a]		
		Werktag tagsüber	Werktag abends	Wochen-ende
NZS-Leistungs-variante	**Basispreis**	**1,340** [b]	**0,725**	**0,574**
• Lokale NZS	0,442 [c] [0,468]	0,592 [0,627]	0,320 [0,339]	0,254 [0,269]
• Regionale NZS	0,624 [0,650]	0,836 [0,871]	0,452 [0,471]	0,358 [0,373]
• Überregionale NZS („Short“) [d]	0,809 [0,835]	1,083 [1,118]	0,586 [0,605]	0,464 [0,479]
• Überregionale NZS („Medium“)	0,889 [0,915]	1,192 [1,227]	0,645 [0,664]	0,510 [0,525]
• Überregionale NZS („Long“)	1,027 [1,053]	1,376 [1,411]	0,745 [0,764]	0,590 [0,605]

a) Tarifzeitfenster: Werktag tagsüber = Montag bis Freitag 8.00 bis 18.00 Uhr; Werktag abends = Montag bis Freitag 18.00 bis 8.00 Uhr; Wochende = Samstag und Sonntag ganztägig.

b) Faktor/Gradient mit dem der Basispreis multipliziert wird, um das Entgelt in dem jeweils betrachteten Zeitfenster zu ermitteln.

c) Preisangaben in Pence pro Minute. Die Preise außerhalb (innerhalb) der Klammern stellen jeweils Entgelte ohne (mit) anteilige(r) Operatorunterstützung dar. Die Preise für die einzelnen Tarifzeitfenster ergeben sich durch Multiplikation des Basispreises mit dem Gradienten für das jeweilige Zeitfenster.

d) Entfernungszonen: „Short“ = bis zu 99 km; „Medium“ = 100 bis 199 km; „Long“ = ab 200 km.

Quelle: OFTEL 1999d: 12.

Diese Vorgehensweise ist in Abb. 5-23 beispielhaft für die Bestimmung der Kosten der *lokalen NZS* (ohne Operator-Leistungen) dargestellt.Die sich so ergebenden und in den beiden letzten Zeilen von Abb. 5-22 aufgeführten Entgelte sind als „Basispreise“ anzusehen, da sie noch keine Preisdifferenzierung zwischen verschiedenen Zeitfenstern berücksichtigen, in denen die Netznutzung erfolgt. Die Unterscheidung zwischen einem „Peak“-Tarif, der an Werktagen tagsüber gültig ist, und zwei „Off-Peak“-Tarifen, die an Werktagen abends bzw. am Wochenende gelten, erfolgt mit Hilfe eines Faktors, der als *Gradient*[196] bezeichnet wird. Wie Abb. 5-24 zu entnehmen ist, ergibt sich der NZS-Preis für ein Zeitfenster dann durch Multiplikation des Basispreises für die NZS-Leistung mit dem Gradienten für dieses Zeitfenster.

Die vom OFTEL genutzte *Methodik* zur Bestimmung von NZS-Entgelten ist aus ökonomischer Sicht grundsätzlich positiv zu bewerten, da sie

(a) die Kosten der Netzelemente den einzelnen NZS-Leistungen auf Basis der mittleren Nutzung dieser Elemente und damit annähernd verursachungsgerecht zuordnet;

(b) die Bestimmung der Stückkostensätze der Netzelemente transparent macht;

(c) die unterschiedliche Auslastung der TK-Netzelemente zu verschiedenen Tageszeiten berücksichtigt.

Kritisch zu beurteilen ist hingegen, daß die Ermittlung

(a) der Stückkostensätze auf der Basis von Vollkosten erfolgt und damit durch die NZS-Entgelte für den Incumbent BT kaum Anreize zur Verbesserung seiner Effizienz geschaffen werden;[197]

(b) der zur Kostenzurechnung verwandten Nutzungsfaktoren nicht transparent gemacht wird.

Vergleicht man die Höhe der in Großbritannien im genannten Zeitraum gültigen NZS-Entgelte mit den im Herbst 1997 festgelegten und Ende 1999 in Deutschland relevanten NZS-Preisen, so ergibt sich das in Abb. 5-25 dargestellte Bild.

Damit liegen die in Deutschland Ende 1999 gültigen NZS-Preise durchweg – und mit Ausnahme der lokalen NZS zur Hauptzeit um mehr als 20% – über den entsprechenden in Großbritannien Mitte 1997 geltenden Preisen. Dies läßt den Schluß zu, daß sich die deutschen Preise *nicht* an den Kosten der effizienten Lei-

---

[196] Dieser Gradient, der für die „Peak"-Zeit über 1 und für die „Off-Peak"-Zeiten einen Wert unter 1 hat, wird durch das OFTEL festgelegt. Hierbei orientiert sich das OFTEL jedoch i.d.R. an den von BT bei der Gestaltung seiner Endkundentarife praktizierten Preisunterschieden zwischen den verschiedenen Zeitfenstern. S. OFTEL 1999d: 18.

[197] Allerdings ist durch die parallele Verwendung der LRIC-Methode anhand derer die Vollkosten überprüft werden, ein Korrektiv gegeben.

stungserstellung orientieren.[198] Umso mehr gilt diese Schlußfolgerung vor dem Hintergrund, daß die auf Basis des aktuellen britischen Regulierungsregimes festgelegten NZS-Entgelte – wie weiter unten dargestellt – nochmals deutlich unter den Preisen von 1997 liegen.

Abb. 5-25: Vergleich der NZS-Entgelte in Großbritannien und Deutschland

	NZS-Preise[a]		
NZS-Leistungs-variante	**Großbritannien (GB)**	**Deutschland (D)**	**Differenz (D vs. GB)**
• Lokale NZS	1,81 [0,88] [b]	1,97 [1,24]	+9% [+41%]
• Regionale NZS	2,56 [1,24]	3,36 [2,02]	+31% [+63%]
• Überregionale NZS[c] (bis 200 km)	3,48 [1,74]	4,25 [2,35]	+22% [+35%]
• Überregionale NZS (über 200 km)	4,21 [2,04]	5,14 [3,16]	+22% [+55%]

a) Alle Zahlenangaben (außer %) in Pfennig pro Minute. Umrechnungskurs: £ 1,00 = DM 3,06 (Stand: 15.10.1999). Die britischen (deutschen) Preise galten im Zeitraum 4/1997 bis 9/1997 (1/1998 bis 12/1999).

b) Zahlen in Klammern beziehen sich auf die Nebenzeit, Zahlen außerhalb der Klammern entsprechend auf die Hauptzeit. Für Großbritannien wurden die Preise in der Nebenzeit als einfacher Mittelwert der Entgelte in den Zeitfenstern *Wochenende* und *Werktag abends* ermittelt.

c) Für Großbritannien wurden die Preise einer *überregionalen NZS bis 200 km* als einfacher Mittelwert der Entgelte der beiden Entfernungszonen „Short" und „Medium" bestimmt.

---

198 Hierbei ist darauf hinzuweisen, daß ein AC mittels der lokalen NZS in Deutschland im Durchschnitt mehr Endkunden erreichen kann als in Großbritannien und insofern die Leistung lokale NZS zwischen den beiden Staaten nur bedingt vergleichbar ist. Das ergibt sich daraus, daß in Großbritannien die lokale NZS als die Nutzung *einer* TVSt definiert ist, in Deutschland jedoch die lokale NZS die Zustellung bzw. Annahme einer TK-Verbindung innerhalb der Tarifzone „City" der DTAG beinhaltet. Diese „City"-Zone umfaßt nämlich einen Radius von ca. 20 km und damit z.T. auch zum POI unmittelbar benachbarter Orts-/Anschlußnetze.

Im Rahmen des *neuen* in Großbritannien seit Oktober 1997 gültigen und zunächst bis September 2001 befristeten Regulierungsregimes wird zwischen drei Kategorien von IC-Leistungen unterschieden:[199]

(1) *„Competitive Services"*, d.h. IC-Leistungen, für die bereits Wettbewerb besteht. Hierzu zählt zunächst nur der Zugang zu Operator-Leistungen des IC-Gebers.[200] Bei der Preisbildung für diese Leistungen gibt es keine IC-spezifischen regulativen Eingriffe mehr.[201]

(2) *„Prospectively Competitive Services"*, d.h. IC-Leistungen, für die eine Entwicklung hin zu einem weitgehend funktionierenden Wettbewerb im „Kontrollzeitraum" (= Oktober 1997 bis September 2001) erwartet wird. Hierzu gehören (a) die *Nutzung von FVSt* und der Verbindungsstrecken zwischen diesen, (b) der Zugang zu internationalen TK-Verbindungen sowie (c) der Rückgriff auf Operator-/Mehrwertdienste (z.B. Telefonauskunft). Für die Entgelte dieser Leistungen erfolgt nur noch eine sehr eingeschränkte Regulierung, indem hier mittels einer Price-Cap-Vorgabe[202] sichergestellt wird, daß diese Preise nicht stärker als die Inflationsrate steigen.[203]

(3) *„Bottleneck and Non-Competitive Services"*, d.h. IC-Leistungen, für die innerhalb der Kontrollperiode kein funktionsfähiger Wettbewerb zu erwarten ist. Hierbei wird noch zwischen drei Unterkategorien differenziert, die in Leistungskörben zusammengefaßt werden:

    (a) Der erste Korb beinhaltet die *lokale TKV-Annahme*, die *TKV-Durchleitung* sowie die *Verbindung zu einer „lokalen FVSt"*[204] und damit IC-Leistungen, für die z.T. bereits ansatzweise Wettbewerb existiert und somit in absehbarer Zeit *nach* der Kontrollperiode auch ein funktionierender Wettbewerb möglich scheint.

---

[199] S. hierzu sowie zu den nachfolgenden Ausführungen in Kap. 5.6.2 OFTEL 1999e: o.S.; Peard 1999: 12-26; Myers 1997: 4-14; OFTEL 1997c: 6; OFTEL 1997f: 3-8.

[200] Zwar handelt es sich bei dieser Leistung nach dem Verständnis der vorliegenden Arbeit nicht um eine NZS-Leistung. Jedoch ist im britischen TK-Markt eine solche (scharfe) Trennung zwischen entbündeltem Netzzugang und NZS-Leistungen bisher nicht üblich gewesen.

[201] D.h. BT unterliegt hierbei lediglich den Bestimmungen seiner Lizenz und denen des allgemeinen Wettbewerbsrechtes.

[202] Zum Prinzip der Price-Cap-Regulierung s. Kap. 3.2.4 sowie die dort genannte Literatur.

[203] D.h. der Price-Cap-Faktor X ist 0%.

[204] In der Terminologie des OFTEL/britischen Marktes werden Verbindungen zu FVSt danach differenziert, ob diese zum Aufbau (a) einer lokalen/regionalen Verbindung oder (b) einer überregionalen Fernverbindung genutzt werden. Im erstgenannten Fall (a) spricht man von einer „Local-Tandem Conveyance" oder Verbindung zur „lokalen FVSt".

(b) Der zweite Korb wird durch die *lokale TKV-Zustellung* repräsentiert. Diese IC-Leistung unterscheidet sich insofern von der lokalen TKV-Annahme, als daß ein AC i.d.R. nicht beeinflussen kann, zu welchen anderen TK-Anschlüssen/Teilnehmern seine Kunden eine TKV aufbauen wollen. Hier wird angenommen, daß ein flächendeckender Wettbewerb, der alle potentiellen Senken einer TKV und damit alle TK-Anschlüsse umfaßt, in absehbarer Zeit nicht zu erwarten ist, d.h. die lokale TKV-Zustellung wird auch noch mittel- bis langfristig ein „Non-Competitive Service" bleiben.

(c) Der dritte Korb umfaßt sogenannte „Interconnection-spezifische" Leistungen, zu denen gemäß dem Verständnis des OFTEL z.B. Verbindungen vom Netz des AC zum POI oder die Weiterleitung von „Emergency Calls" im Netz von BT gehören. Da die Leistungen i.d.R. nur von BT selbst erbracht werden können, sind sie ebenfalls als „Non-Competitive Service" zu klassifizieren.

Für Leistungen dieser drei Körbe wurden vom OFTEL per Oktober 1997 Startpreise festgelegt. Dabei unterliegen diese Entgelte einer korbspezifischen Price-Cap-Regulierung. Der entsprechende Price-Cap-Faktor *X* beträgt für alle Körbe –8%. Dieser Faktor beruht auf den tatsächlich zwischen 1996 und 1997 beobachteten Kosten-/Preisänderungen für NZS-Entgelte in Höhe von –8% p.a.. Damit wird implizit unterstellt, daß der in diesem Zeitraum erzielte Produktivitätsfortschritt in gleichen Maße auch in den Folgejahren zu vermuten ist. Dies ist m.E. vor dem Hintergrund von deutlich höheren Kostenreduktionsraten in den Vorjahren als eine eher konservative Prognose einzustufen.[205]

Die Bestimmung der Startpreise für die Price-Cap-Regulierung erfolgte mittels der oben (in Abb. 5-22) dargestellten element- und nutzungsorientierten Kostenzurechnungssystematik. Der wesentliche Unterschied zu der bisherigen Vorgehensweise liegt darin, daß die Ermittlung der Kosten der einzelnen Netzelemente grundsätzlich auf der Basis von LRIC erfolgte. Hierzu wurden vom OFTEL die Ergebnisse von zwei Kostenmodellen herangezogen. Zum einen wurde ein von BT entworfenes Top-Down-Modell verwandt. Zum anderen wurde auf ein im Auftrag des OFTEL entwickeltes Bottom-Up-Modell zurückgegriffen.[206] Mit Hilfe

[205] So betrug der durchschnittliche Kostenrückgang der NZS-Entgelte von 1995 bis 1996 z.B. 20%. S. OFTEL 1999d: 13.

[206] S. für eine Diskussion von Top-Down- vs. Bottom-Up-Kostenmodellen Kap. 6.2 sowie die dort genannte Literatur.

dieser beiden Modelle wurden für die einzelnen Netzelemente Preisunter- und -obergrenzen („Floors“ und „Ceilings“) ermittelt, aus denen das OFTEL schließlich die endgültigen Netzelementkosten und damit die Startpreise bestimmte.

Die sich hieraus ergebenden Stückkosten für die Nutzung einzelner Netzelemente sowie die auf deren Basis bestimmten Startpreise werden in Abb. 5-26 exemplarisch für die NZS-Leistungen lokale TKV-Zustellung, lokale TKV-Annahme mit versus ohne Operator-Service sowie Verbindung zu einer „lokalen FVSt“ dargestellt.

Abb. 5-26: Ermittlung von Netzelement- und Netzzusammenschaltungskosten im britischen Markt für den Zeitraum Oktober 1997 bis September 2001

	Netzelemente								Gesamtbasispreis (Pence/ Minute)
	TVSt	FVSt	Anschluß-gruppe TVSt	Leitungs-verbindung zur TVSt	An-schluß-gruppe FVSt	Lei-tungs-verbindung zur FVSt	Operator Service (inkl. "Emergency")	"Emergency" Service	
Komponentenkosten (Pence/ Minute)	0,2000	0,0680	0,0550	0,0055	0,0640	0,0012	0,0570	0,005	
NZS-Leistung	Nutzungsintensitätsfaktoren für Netzkomponenten nach Leistungsart								
Lokale TKV-Zustellung	1,004		0,658	10,105					**0,292**
Lokale TKV-Annahme (inkl. Operator und "Emergency" Service)	1,004		0,658	10,105			0,742		**0,335**
Lokale TKV-Annahme (inkl. "Emergency" Service)	1,004		0,658	10,105				1,000	**0,297**
Verbindung zu "lokaler" FVSt		1,000	0,399	3,830	0,224	12,859			**0,140**

Quelle: Eigene Darstellung auf Basis von OFTEL 1997f: 42-43.

Hierbei fällt auf, daß die Stückkostensätze der Netzelemente größtenteils unter den entsprechenden für den Zeitraum von April bis September 1997 gültigen (in Abb. 5-22 dargestellten) Werten liegen. Auch der Basispreis für die lokale NZS (ohne Operator-Leistungen) liegt – wie Abb. 5-27 dargestellt – um 34% unter dem entsprechenden 1997 gültigen Preis.

Dies ist jedoch nur zu einem geringen Maße durch die niedrigere Stückkostensätze zu erklären. Hauptgrund für die ab Oktober 1997 deutlich niedrigeren NZS-Entgelte ist, daß im Rahmen der Zusatzkosten offensichtlich bestimmte Netzelemente, namentlich die Konzentratoren und die Leistungen des „Policy, Planning & Product Management", *keine* Berücksichtigung mehr fanden. Dabei ist die Nicht-Berücksichtigung der letztgenannten Planungs- und Marketingleistungen im Rahmen einer Zusatzkostenpreisfindung als ökonomisch sinnvoll einzustufen. Die Ausklammerung von Konzentratoren bei der Bestimmung der NZS-Entgelte, ohne eine entsprechende transparente Begründung, ist jedoch m.E. als nicht mit den Prinzipien einer verursachungsgerechten Kostenermittlung und -zurechnung vereinbar abzulehnen.

Abb. 5-27: Vergleich der Basispreise für die lokale NZS im britischen TK-Markt

Netzelement	Nutzungskosten "alt" [a]	Nutzungskosten "neu" [b]	Differenz
• Konzentrator	0,0949 [c]	–	– 0,0949
• TVSt	0,2149	0,2008	– 0,0141
• Anschluß TVSt	0,0394	0,0362	– 0,0032
• Übertragungswege zur TVSt	0,0550	0,0555	+ 0,0005
• "Policy, Planning & Product Management"	0,0373	–	– 0,0373
• Gesamtnutzungskosten	**0,4415** (100%)	**0,2920** (66%)	**– 0,1495** (– 34%)

a) Nutzungskosten „alt": Im Zeitraum 4/1997 bis 9/1997 relevante Nutzungskosten.

b) Nutzungskosten „neu": Zur Bestimmung der Startpreise für den Zeitraum 10/1997 bis 9/2001 relevante Nutzungskosten.

c) Alle Zahlenangaben (außer %) in Pence pro Minute.

Insgesamt zeigen die von den Regulierungsinstanzen in Großbritannien bei der Zurechnung der Kosten von TK-Netzelementen auf NZS-Leistungen anwandten Prinzipien, daß eine verursachungsgerechte Kostenzurechnung und NZS-Preisbestimmung zu deutlich niedrigere Entgelten führen als andere nicht direkt kostenorientierte Methoden, wie etwa die in Deutschland im Herbst 1997 praktizierte Preisbestimmung auf Basis des Vergleichsmarktkonzeptes.

6. Kostenmodelle zur Unterstützung der Preisfindung für Leistungen des besonderen Netzzugangs

In diesem Kapitel werden nach einer einführenden Darstellung der Ziele und Anwendungsfelder (s. Kap. 6.1) sowie der Grundtypen (s. Kap. 6.2) von Kostenmodellen ausgewählte, in Deutschland und den USA in den 90er Jahren entwikkelte und in der Regulierungspraxis zum Einsatz kommende Modelle zur Abschätzung von TK-Netzkosten und Kosten für IC-Leistungen diskutiert (s. Kap. 6.3 u. 6.4). Zwei dieser Kostenmodelle, für die eine lauffähige Modellsoftware zur Verfügung steht, werden dann exemplarisch zur Ermittlung der Kosten für die TAL eingesetzt (s. Kap. 6.5). Abschließend erfolgt eine vergleichende Bewertung der Kostenmodelle (s. Kap 6.6).

6.1 Ziele und Anwendungsfelder von Kostenmodellen

Die primäre *Motivation* zur Entwicklung der meisten Kostenmodelle ist es, Instrumente bereitzustellen, anhand derer (a) die Kosten von *konkreten* TK-Netzen bzw. -Netzelementen und damit auch die Kosten für die Nutzung dieser Netze/Netzelemente zur Produktion von TK-Leistungen *ohne* den Zugriff auf interne Kostenrechnungsinformationen des jeweiligen Betreibers des TK-Netzes näherungsweise bestimmt werden können und (b) die Kosten eines effizienten TK-Netzbetreibers zu ermitteln sind.[1]

Die *Abschätzung* von TK-Netzkosten mittels Modellen ist deshalb von so hohem Interesse, weil der Incumbent i.d.R. keine entsprechenden Kosteninformationen veröffentlicht und damit genauere Abschätzungen seiner TK-Netzkosten nur über ihre modellhafte Abbildung gewonnen werden können. Solche Kostenmodelle werden dabei meist von Regulierern oder IC-Nehmern direkt oder in deren Auftrag entwickelt.[2] Seitens des Regulierers besteht die gesetzlich begründete Notwendigkeit und seitens der AC ein starkes wirtschaftliches Interesse, beurteilen zu können, inwieweit die vom Incumbent-Netzbetreiber für IC-Leistungen geforderten Entgelte den Kosten der effizienten Erstellung dieser Leistungen entsprechen. Neben diesem IC-spezifischen Einsatzzweck können TK-Kostenmodelle auch verwendet werden für

---

1 Vgl. Doll/Wieck 1998a: 280-281; Mellewigt/Theissen 1998: 590; Schuster/Stürmer 1997: 347; Vogelsang 1998: 594.

2 S. auch WIK 1999: 1-2; Doll/Wieck 1998a: 281-283.

(a) die interne Kostenzurechnung von TK-Netzkosten auf andere TK-Dienste zur Ableitung von kostenorientierten Preisen,

(b) die Überprüfung von bestehenden TK-Netzstrukturen auf ihre Effizienz,

(c) die Planung von kostengünstigen Netztopologien beim Aufbau bzw. der Erweiterung von TK-Netzen.

Damit Kostenmodelle für diese Anwendungsfelder geeignet sind, sollten sie gewisse Mindestanforderungen erfüllen:[3]

(1) Vereinfachte, aber *strukturäquivalente Erfassung/Abbildung* aller relevanten Kostenarten, wobei einzelne Kosten (a) zur Gewährleistung der „Handhabbarkeit" des Modells i.d.R. zu aggregieren oder (b) in Abhängigkeit davon, welche Kosten (z.B. Voll- vs. Zusatz- vs. Grenzkosten) mit dem Modell bestimmt werden sollen, u.U. nicht zu berücksichtigen sind.

(2) *Differenzierte* und *möglichst detaillierte* Berücksichtigung von *Kostentreibern.*

(3) *Transparenz/Nachprüfbarkeit* des Funktionsprinzips und der Input-Parameter/-daten des Modells, die idealerweise durch eine ausreichend detaillierte Modelldokumentation sowie die durch Vorgabe von begründeten „Default"-Inputwerten zu gewährleisten ist.[4]

(4) *Einfache Handhabbarkeit* der Softwareversion des Modells, damit dieses auch tatsächlich von einem größeren Kreis interessierter Personen bzw. Institutionen genutzt werden kann.

---

[3] Vgl. auch Doll/Wieck 1998a: 285; Doll/Wieck 1998b: 660; Mellewigt/Theissen 1998: 592-593.

[4] Die von Doll und Wieck (1998a: 285) vertretene Ansicht, daß diese Transparenz am besten durch den Rückgriff auf Daten aus dem Rechnungswesen eines konkreten TK-Netzbetreibers (namentlich der DTAG) sicherzustellen sei, ist m.E. nicht haltbar, da bis Ende 1999 solche Rechnungswesendaten eben gerade *nicht* für Externe zugänglich waren. Zudem ist hier kritisch zu fragen, inwiefern die Kosten des entsprechenden Netzbetreibers auch die Kosten der *effizienten Leistungsbereitstellung* widerspiegeln.

6.2 Grundtypen von Kostenmodellen

In Literatur und Praxis werden primär zwei[5] grundlegend verschiedene Typen von Modellen zur Ermittlung der Kosten eines TK-Netzes bzw. von TK-Netzelementen und deren Zurechnung zu einzelnen TK-/IC-Diensten diskutiert:[6]

(1) *Top-Down-Modelle* bestimmen die TK-Netzkosten mittels einer Verteilung/Zuordnung der Kosten des TK-Netzbetreibers in mehreren Stufen über die einzelnen Teilnetze bis auf die jeweiligen TK-Netzelemente bzw. TK-Dienste. Dabei bedienen sich die Top-Down-Modelle i.d.R. der Informationen aus der Kostenrechnung/Buchhaltung[7] des jeweiligen Netzbetreibers und greifen zunächst vom Grundsatz her auf vergangenheitsorientierte bzw. bestenfalls aktuelle Kosten zurück. Hierbei wird die vorhandene Netzarchitektur eines Incumbent - einschließlich aller ggf. vorliegenden, historisch gewachsenen Ineffizienzen - als gegeben angenommen.

(2) *Bottom-Up-Modelle*, die teilweise auch als *Analytische Kostenmodelle* oder *Ingenieuransätze* bezeichnet werden,[8] ermitteln die Kosten eines TK-Netzes, indem sie die Kosten der einzelnen Netzelemente summarisch erfassen und insbesondere die Netzbetriebs- sowie ggf. noch allgemeine Administrationskosten des Netzbetreibers (z.B. mittels geeigneter Faktoren) zu diesen hinzurechnen.[9] Dabei sind die Bottom-Up-Modelle i.d.R. nicht auf die Topologie eines schon bestehenden Netzes festgelegt, sondern können aus den einzelnen Netzkomponenten eine für den jeweiligen Einsatzzweck möglichst effiziente Netzstruktur entwerfen. Aufgrund dieser hierbei implizit durchgeführten Neuplanung des TK-Netzes, die häufig auch als „Greenfield-Ansatz" bezeichnet wird, verwenden die Ingenieuransätze aktuelle und/oder zu-

---

5 Neben diesen zwei Modellvarianten werden z.T. auch vereinzelt sogenannte *ökonometrische Methoden/Modelle* zur Ermittlung der Kosten von TK-Netzen in der Literatur diskutiert. S. Vogelsang 1996a: 7-8. Da mit diesem Begriff jedoch primär Analysemethoden, wie die Schätzung/Ermittlung von Daten mittels statistischer Verfahren (wie z.B. lineare oder polynomiale Regressionsanalyse), charakterisiert werden, sind diese ökonometrischen Methoden *nicht* als *eigenständiger Modellansatz,* sondern vielmehr als *Instrument*, das neben anderen Daten/Informationen für Top-Down- und Bottom-Up-Modelle liefern kann, zu klassifizieren.

6 Vgl. hierzu sowie zu den nachfolgenden Ausführungen Macpherson 1999: 8-18; Doll/Wieck 1998a: 281-287; Gerpott et al. 1998: 1278; Vogelsang 1998: 594-598; Albach/Knieps 1997: 19-29; Knieps 1997b: 7-8; Macpherson 1997: 27-28; OFTEL 1996b: i–vii; Vogelsang 1996a: 6-9 u. 91-96; Lewin/Kitchen 1994: 55; Taylor 1993: 22-23.

7 Sie werden daher z.T. auch als *Buchhalterische Modelle/Methoden* bezeichnet. S. Vogelsang 1996a: 6-7.

8 Vgl. Doll/Wieck 1998a: 280-281; Vogelsang 1998: 596-597; Schuster/Stürmer 1997: 346-347; Vogelsang 1996a: 8-9.

9 Zur Systematik der Bestimmung solcher Netzbetriebskostenfaktoren vgl. Kap. 5.4.

kunftsgerichtete Kosteninformationen. Die in der neueren Literatur und Praxis zur IC-Preisfindung und -Regulierung diskutierten Kostenmodellierungsansätze stellen fast durchweg solche Bottom-Up-Modelle dar.[10]

Zusammenfassend sprechen insbesondere folgende Aspekte für bzw. gegen den jeweiligen Modelltyp:

Top-Down-Modelle

Für Top-Down-Modelle spricht, daß

- die Anpassung der Kostenallokation bei Änderung des Output-Volumens „automatisch" erfolgt, da Volumen-Kosten-Beziehungen im Modell implizit berücksichtigt sind;
- Auswirkungen der Änderung einer Kostenart auf andere Kostenarten ebenfalls durch die Modellsystematik abgebildet werden.

Gegen den Einsatz von Top-Down-Modellen sprechen

- die ohne unternehmensinterne Informationen i.d.R. nicht nachvollziehbare und z.T. willkürlich erscheinende Kostenallokation auf bestimmte Netzteile/-elemente und/oder TK-Dienste;
- die Tendenz zur Verteilung aller Kosten, auch wenn Leistungen/Netzelemente u.U. entbehrlich wären und somit keine effiziente Leistungserstellung vorliegt;
- die Kostenüberschätzungsmöglichkeit infolge nicht eliminierter „Altlasten"[11] eines etablierten Netzbetreibers.

Bottom-Up-Modelle

Für Bottom-Up-Modelle sprechen insbesondere

- die aufgrund ihrer logischen Modellstruktur und der transparenten technischen Annahmen hinsichtlich der kostentreibenden Parameter auch für Unternehmensexterne eher gegebene Nachvollziehbarkeit der Kostenbestimmung und -zurechnung;

---

[10] Lediglich in Großbritannien wurde bis 1997 im Rahmen der IC-Preisfindung durch den Regulierer neben einem Bottom-Up- auch ein Top-Down-Modellierungsansatz verfolgt. Die Ergebnisse beider Methoden wurden dann systematisch miteinander verglichen. Vgl. OFTEL 1997d; OFTEL 1997e; OFTEL 1996a.

[11] S. hierzu auch Kap. 5.2.4.

- die vor allem im Vergleich zu den Top-Down-Modellen vergleichsweise leichte Übertragbarkeit auf andere TK-Netze/-Netzbetreiber.

Gegen die Verwendung von Bottom-Up-Modellen sprechen z.T.

- die möglichen Probleme der Kalkulation von voneinander abhängigen Parametern;
- die Abgrenzungs- und Festlegungsprobleme für Netzbetriebskosten und sonstige Verwaltungskosten;
- die oftmals implizit unterstellte vereinfachte Annahme von Punkt-zu-Punkt-Verbindungen (z.B. ohne Berücksichtigung von Multiplex-Technologien und Synergieeffekten verschiedener TK-Netzelemente/-Dienste).

Aufgrund (a) der hohen Bedeutung von Bottom-Up-Modellen in der Regulierungspraxis, (b) ihrer logisch-analytischen Modellstruktur sowie (c) des Fehlens einer ausreichenden Dokumentation von Top-Down-Modellen werden in den folgenden Kap. 6.3 u. 6.4 ausgewählte, in Deutschland oder den USA Mitte bis Ende der 90er Jahre zur Abschätzung von TK-Netzkosten und IC-Preisen verwandte *Bottom-Up-Modelle* näher untersucht.

6.3 Kostenmodelle im deutschen TK-Markt

Die erstmalige Festlegung von Entgelten für NZS-Leistungen durch den Regulierer im deutschen TK-Markt erfolgte im Herbst 1997 unter Rückgriff auf internationale Vergleichsmarktdaten.[12] Da diese Preisermittlungssystematik aus analytischer Sicht natürlich bestenfalls eine temporäre „Behelfslösung" darstellt und zudem die so ermittelten Entgelte seit ihrer Festlegung einer intensiven öffentlichen Diskussion einschließlich gerichtlicher Anfechtungen durch die DTAG unterliegen, wurden im Auftrag der RegTP durch das Wissenschaftliche Institut für Kommunikationsdienste (WIK) bis Ende 1999 zwei analytische Bottom-Up-Kostenmodelle entwickelt. Dabei handelt es sich zum einen um das sogenannte *analytische Kostenmodell für das Ortsnetz,*[13] das in Form eines sogenannten „Referenzdokumentes" im März 1998 vorgestellt wurde und dessen primärer Zweck die Ermittlung der Kosten für die TAL ist (s. Kap. 6.3.1).[14] Zum anderen geht es

---

[12] Vgl. zur Erläuterung der angewandten Preisfindungssystematik und zum Vergleichsmarktkonzept Kap. 3.3.2 sowie zur Entgelthöhe Kap. 2.3.4.

[13] Das analytische Kostenmodell für das Ortsnetz wird im folgenden auch kurz als WIK-Ortsnetzmodell (WIK-ON-Modell) bezeichnet.

[14] Eine entsprechende Umsetzung des WIK-ON-Modells in ein Softwaremodell wurde im April 1999 veröffentlicht.

um das *analytische Kostenmodell für das nationale Verbindungsnetz*,[15] für welches eine Beschreibung im April 1999 veröffentlicht wurde und das insbesondere für die näherungsweise Bestimmung der Kosten für NZS-Leistungen konzipiert ist (s. Kap. 6.3.2).

6.3.1 WIK-Modell für das Ortsnetz

6.3.1.1 Funktionsprinzip

Das WIK-ON-Modell ist ein Bottom-Up-Modell, das die Netztopologie *einzelner konkreter* Städte/Ortsnetze in Deutschland abbildet und damit die langfristigen Zusatzkosten dieses Ortsnetzes bzw. einzelner Netzelemente sowie insbesondere der TAL ermittelt.[16] Die Systematik der Ortsnetzmodellierung/Kostenermittlung umfaßt sieben Schritte (vgl. auch Abb. 6-1):[17]

(1) Bestimmung der Nachfrage nach TK-Diensten für das jeweilige Ortsnetz bzw. dessen Teilbereiche.

(2) Ermittlung der zur Befriedigung der unter (1) ermittelten Nachfrage notwendigen Struktur/Topologie des einzelnen Ortsnetz(teilbereich)es.[18]

(3) Dimensionierung der einzelnen TK-Netzelemente auf der Basis der zuvor unter (1) und (2) ermittelten TK-Nachfrage und der zugrundeliegenden Ortsnetztopologie.

(4) Ermittlung der zur Errichtung der zuvor „modellierten" Netzstruktur notwendigen Investitionen unter Rückgriff auf eine Vielzahl von Investitionsparametern.

(5) Transformation der Investitionen in annualisierte KAV unter Verwendung der Annuitätenmethode.

(6) Bestimmung von Betriebskostenfaktoren für die TK-Netzelemente.

---

[15] Für das *analytische Kostenmodell für das nationale Verbindungsnetz* wird im folgenden synonym die Bezeichnung WIK-Verbindungsnetzmodell (WIK-VN-Modell) verwandt.

[16] Das Funktionsprinzip des WIK-ON-Modells wird im Rahmen dieser Arbeit lediglich in wichtigen ausgewählten Grundzügen dargestellt. S. zu den folgenden Ausführungen sowie für eine detaillierte Beschreibung des WIK-ON-Modells WIK 1998.

[17] Allerdings wurden in der Modellsoftware nur die Punkte (1) bis (4) sowie z.T. Punkt (7) umgesetzt, indem diese Software insbesondere die Investitionen pro Anschlußnetz und die mittleren Investitionen pro TAL liefert.

[18] Da jedoch einzelne TK-Netzelemente bzw. deren Standorte im WIK-ON-Modell als gegeben angenommen werden, erfolgt die Durchführung der Punkte/Schritte (1) und (2) nicht „streng" nacheinander, sondern vielmehr simultan/interaktiv. S. hierzu unten in Kap. 6 Fußnote 21.

(7) Zurechnung der sich aus (5) und (6) ergebenden Kosten der Elemente des TK-Ortsnetzes zu einzelnen TK-/IC-Diensten gemäß des Umfangs der Nutzung dieser Elemente durch den einzelnen Dienst.

Da das WIK-ON-Modell hinsichtlich der in den zuvor genannten Punkten (3), (4), (5) und (7) angesprochenen Systematik der Netzdimensionierung und Annualisierung der Investitionen sowie der Zurechnung der Kosten der TK-Netzelemente im wesentlichen auf die bereits in Kap. 5.3 und 5.5 skizzierten Methoden zurückgreift, sollen diese Schritte des WIK-ON-Modells hier *nicht* weiter diskutiert werden. Insofern wird im folgenden lediglich auf die Punkte (1), (2) und (6), d.h. die Bestimmung der *Ortsnetzstruktur* auf Basis *der TK-Nachfrage* sowie die Ermittlung von Betriebskostenfaktoren genauer eingegangen, da diese letztendlich *die* Kostentreiber für das Ortsnetz bzw. der TAL sind.

Abb. 6-1: Funktionsprinzip des WIK-Ortsnetzmodells zur Bestimmung der Kosten von TK-Diensten

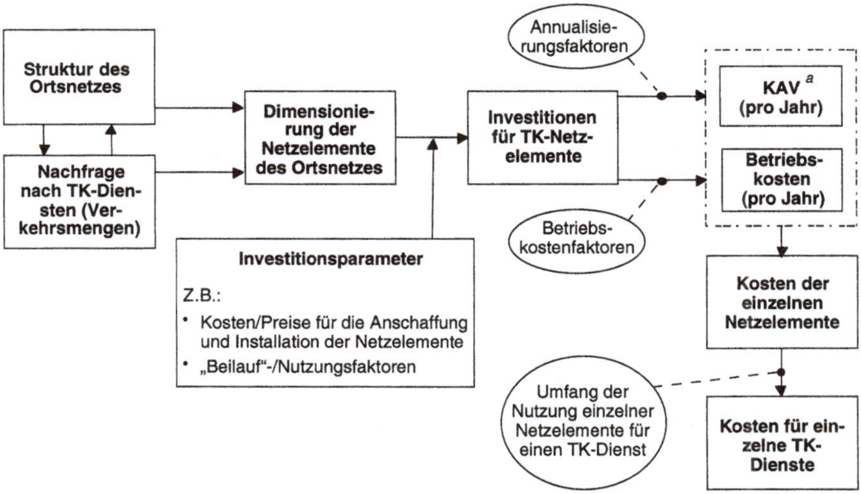

a) KAV = Kosten des Anlagevermögenseinsatzes.

Nachfrageermittlung und Netztopologiemodellierung

Das WIK-ON-Modell unterscheidet zunächst drei Formen der Nachfrage nach TK-Diensten: (1) Die Nachfrage nach TK-Anschlüssen, d.h. die Nachfrage nach der *Möglichkeit*, Telefongespräche (bzw. TKV) empfangen und selbst initiieren zu können, (b) die Nachfrage nach Festverbindungen sowie (c) die Nachfrage nach Wählverbindungen zur Hauptverkehrsstunde (inklusive der Verbindungsaufbauversuche und der im Rahmen von IC-Leistungen geschalteten Verbindungen). Dabei determiniert die Anzahl und räumliche Verteilung der *TK-Anschlüsse* bzw. die TK-Anschlußnachfrage nach solchen weitgehend die Zahl und Lage der Netzknotenelemente im Ortsnetz. Die durch Festverbindungen nachgefragte Bandbreite und der Umfang der Wählverbindungen bestimmen die Dimensionierung der Netzelemente und hierbei insbesondere der Übertragungswege.[19]

Die primäre Modellierungsleistung des WIK-ON-Modells besteht jedoch darin, für die jeweilige Stadt/das jeweilige TK-Ortsnetz die Zahl und ungefähre räumliche Konzentration der einen TK-Anschluß nachfragenden/nutzenden Endkunden zu bestimmen und hieraus die Standorte der Netzknoten sowie die Länge der TAL abzuleiten.[20]

Im folgenden werden die drei Hauptschritte dieses Kernmodellierungsprozesses des WIK-ON-Modells zur Abbildung der Strukturen zwischen dem HVt und dem Endkunden bzw. der TAE näher beschrieben.[21] Diese Modellierungsschritte sind im einzelnen:

(1) Die Einteilung der Fläche der jeweiligen Stadt/des Ortsnetzes in sogenannte Verzweigerbereiche[22] sowie die Ermittlung der Nachfrage nach TK-Anschlüssen in diesen Verzweigerbereichen.

(2) Die Zuordnung der Verzweigerbereiche (1) zu HVt-Standorten zur Festlegung der sogenannten Anschlußbereiche sowie (2) zu sogenannten Hauptkabelbereichen eines Anschlußbereiches zur Ermittlung der Hauptkabellänge.

---

19 Dabei ist zudem zu beachten, daß bei der Dimensionierung der Netzelemente gewisse „Reservefaktoren“ zu berücksichtigen sind, bezüglich deren Höhe jedoch im WIK-ON-Modell keine Hinweise erfolgen.

20 Die Ermittlung der von Endkunden nachgefragten Wähl- und Festverbindungen erfolgt (a) auf Basis der Zahl und Struktur (Privat- vs. Geschäftskunden) der TK-Anschlüsse anhand von für alle Ortsnetze gleichen Verkehrsmengen- und -verteilungsannahmen sowie (b) durch Zuschlagsfaktoren, die Festverbindungen reflektieren. S. für eine genauere Diskussion dieser Vorgehensweise WIK 1998: 39-46.

21 Zwar erfolgt im Referenzdokument zum WIK-ON-Modell (aber *nicht* in der Modellsoftware) auch eine Abbildung der Verkehrsbeziehungen „oberhalb“ der HVt, d.h. zwischen dem jeweiligen abgesetzten Konzentrator und der TVSt bzw. zwischen verschiedenen TVSt. Jedoch werden die Standorte der HVt (und damit der TVSt und Konzentratoren) vom WIK-ON-Modell als gegeben angenommen, indem hierfür die im jeweiligen Ortsnetz durch die DTAG tatsächlich genutzten HVt-Standorte herangezogen werden. Insofern erfolgt die eigentliche Modellierung nur für die Strecke/Netzstruktur zwischen HVt und TAE (d.h. für die TAL).

22 Im WIK-ON-Modell werden die KVz kurz als Verzweiger bezeichnet.

(3) Die Bestimmung der Anschlußlänge zwischen Kabelverzweiger und Endkunde/TAE.

Ad (1): Das WIK-ON-Modell teilt die bekannte Fläche der jeweiligen Stadt/des Ortsnetzes, die anhand von detailliertem Kartenmaterial zu ermitteln ist, zunächst in Planquadrate mit einer Kantenlänge von 600 Metern ein (vgl. auch Abb. 6-2). Aus der Wohnplatzstatistik der jeweiligen Stadt wird die Zahl der Privathaushalte in den einzelnen Stadtteilen entnommen und zunächst gleichmäßig auf die diesem Stadtteil näherungsweise entsprechenden Planquadrate verteilt. Hierbei wird unterstellt, daß jeder Privathaushalt im Mittel über *einen* TK-Anschluß verfügt bzw. einen solchen nachfragt. Abb. 6-2 stellt diese Systematik am Beispiel der Stadt Meckenheim dar, die auch zur beispielhaften Erläuterung der weiteren Schritte verwendet werden soll.

Abb. 6-2: Zuordnung von privaten TK-Anschlüssen zu Planquadraten am Beispiel der Stadt Meckenheim im WIK-Ortsnetzmodell

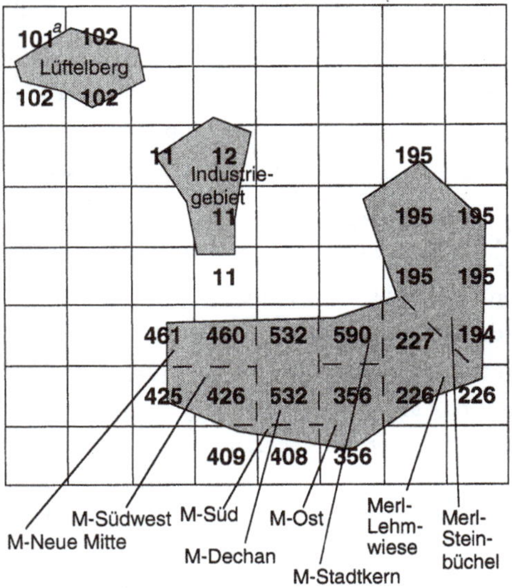

Auszug aus der Wohnplatzstatistik
(Beispiel: Meckenheim [=M])

Verwaltungsbezirk	Privathaushalte
Lüftelberg	407
Merl-Steinbüchel	1.169
Merl-Lehmwiese	679
Meckenheim-Stadtkern	590
Meckenheim-Südwest	851
Meckenheim-Süd	817
Meckenheim-Dechan	1.064
Meckenheim-Neue Mitte	921
Meckenheim-Ost	712
Meckenheim-Industriegebiet	45
Meckenheim, Stadt (gesamt)	**7.255**

a) Angabe in jedem Planquadrat = Anzahl der Privathaushalte.

Quelle: In enger Anlehnung an WIK 1998: 26-27.

Auf der Basis der so ermittelten Privatkundenanschlüsse je Planquadrat wird die Zahl der Geschäftskundenanschlüsse mittels eines auf die Privatkundenzahl anzuwendenden Zuschlagsfaktors geschätzt. Dieser beträgt für Planquadrate mit weniger als 250 Privatkunden 10%. Bei Planquadraten mit bis zu 500 Privatkundenanschlüssen wird dieser Faktor auf 30% geschätzt. Im Falle von Planquadraten mit mehr als 500 Privatkunden werden schließlich pauschal 250 Geschäftskunden hinzugerechnet. Durch diese Zuschlagssystematik soll der höhere relative Anteil von Geschäftskunden in Bereichen mit hoher Bevölkerungsdichte näherungsweise geschätzt werden. Die Planquadrate werden dann als von einem KVz zu versorgende Verzweigerbereiche interpretiert, soweit die Gesamtzahl der für das jeweilige Planquadrat geschätzten Privat- und Geschäftskundenanschlüsse nicht über 600 liegt. Bei einer Gesamtanzahl zwischen 601 und 1200 wird das Planquadrat in zwei Rechtecke gleicher Größe (Kantenlänge 600 mal 300 Meter) geteilt, die jeweils einen Verzweigerbereich darstellen und denen je die Hälfte der Kunden zugeordnet wird. Liegt die Gesamtanschlußzahl im Planquadrat über 1200, so erfolgt die Teilung des Planquadrates und der TK-Anschlüsse in *vier* gleich große Quadrate (Kantenlänge je 300 Meter). Mit dieser Vorgehensweise werden die beschränkten Kapazitäten der KVz bzw. die Tatsache, daß bei höherer Anschlußdichte der Einsatz mehrerer Verzweiger je Planquadrat sinnvoll ist, berücksichtigt.

Die sich für das Beispiel der Stadt Meckenheim aus (a) der Schätzung der Geschäftskundenanschlüsse und (b) der entsprechenden anschlußzahlbedingten Teilung der Planquadrate ergebenden Verzweigerbereiche sind in Abb. 6-3 dargestellt.

Ad (2): Die unter (1) ermittelten Verzweigerbereiche werden nun einem vorgegebenen HVt-Standort zugeordnet, und zwar dem HVt, von dem der Mittelpunkt des jeweiligen Verzweigerbereichs, gemessen über rechtwinklige Verbindungen entlang des von den Planquadraten/Verzweigerbereichen gebildeten Rasters, den minimalen Abstand hat. Diese Zuordnung der Verzweigerbereiche zu den HVt wird in Abb. 6-3 visualisiert. Das Gebiet, das alle einem HVt zugeordneten Verzweigerbereiche umfaßt, wird als Anschlußbereich bezeichnet. Dieser Anschlußbereich wird idealisiert als Quadrat angenommen, in dessen Mitte sich der HVt befindet. Ausgehend vom HVt wird der Anschlußbereich in vier Quadranten eingeteilt und jeder Verzweigerbereich gemäß der Lage seines Mittelpunktes einem dieser Quadranten zugeordnet. In der Mitte jedes Quadranten soll je eine Hauptkabeltrasse verlaufen. Rechtwinklig von der Hauptkabeltrasse gehen Abzweigungen zu den einzelnen Verzweigerbereichen ab. Diese Abzweigungen verbinden die Hauptkabeltrasse mit dem KVz, der in der Mitte der Kante des Verzweigerbereichs, die der Hauptkabeltrasse zugewandt ist, angenommenen wird.[23]

Abb. 6-3: Zuordnung der Verzweigerbereiche zu Hauptverteilerstandorten am Beispiel der Stadt Meckenheim im WIK-Ortsnetzmodell

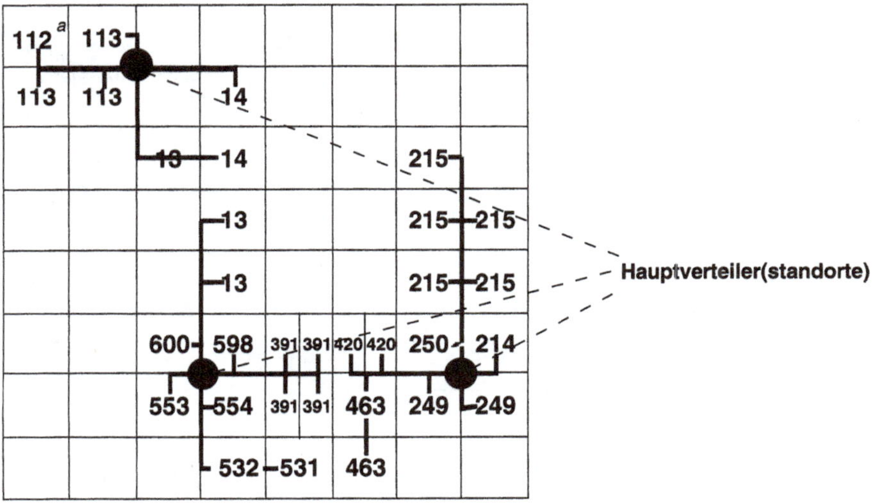

a) Angabe in jedem Planquadrat = Anzahl der Anschlüsse von Privat- *und* Geschäftskunden.

Quelle: WIK 1998: 31.

Somit läßt sich die Anschlußlänge zwischen HVt und KVz aus der Länge der Hauptkabeltrasse bis zum Abzweigungspunkt plus der Länge der Verbindung von diesen bis zum Verzweigerbereich bestimmen. Diese Systematik/Struktur wird in Abb. 6-4 beispielhaft für einen Quadranten (Q1) eines fiktiven Anschlußbereichs dargestellt.

[23] Hier wird durch das WIK-ON-Modell implizit unterstellt, daß die Leitungsverbindungen zwischen dem HVt und dem jeweiligen KVz *gebündelt* entlang der skizzierten Trasse verlaufen. Vgl. hierzu auch Kap. 6.3.1.2.

Abb. 6-4: Struktur eines Anschlußbereiches im WIK-Ortsnetzmodell

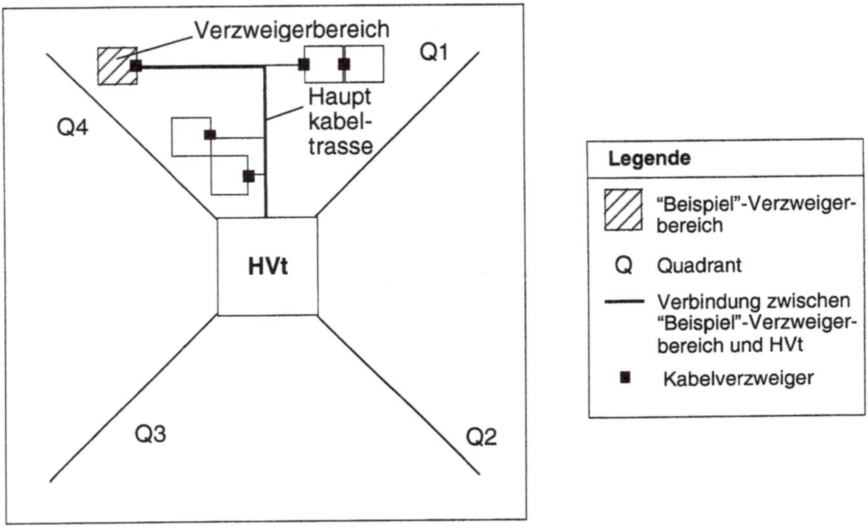

Quelle: WIK 1998: 32.

Ad (3): Zur Bestimmung der Anschlußlänge zwischen dem jeweiligen KVz und dem an diesem angeschlossenen EVz/Endkunden[24] wird durch das WIK-ON-Modell unter dem Hinweis, daß keine genaueren Daten über die Standorte der Endkunden vorliegen bzw. mit vertretbarem Aufwand zu ermitteln sind, von einer gleichmäßigen Verteilung der Endkunden im jeweiligen Verzweigerbereich ausgegangen. Damit ist der Standort eines Endkunden im Mittel gerade die Hälfte des orthogonalen Abstandes zwischen dem Mittelpunkt des Verzweigerbereichs und der Außenkante desselben von diesem Mittelpunkt entfernt. Hieraus wird unter der Annahme, daß die Kabelführung entlang der näherungsweise rechtwinkligen Straßenführung erfolgt, je nach Verzweigerbereichstyp eine mittlere Anschlußlänge zwischen KVz und Endkunde zwischen 225 und 450 Meter abgeleitet.

[24] Dabei wird in der gewählten Darstellung der Standort des einzelnen Endkunden näherungsweise mit dem sich i.d.R. in seiner unmittelbaren Nähe befindlichen Endverzweiger gleichgesetzt. In der Detailkalkulation des WIK-ON-Modells werden jedoch die einzelnen, zwischen KVz und TAE des Endkunden verwendeten Elemente (wie Montagestelle/Muffe, Endkabel, EVz), genauer berücksichtigt. S. WIK 1998: 53-57.

Abb. 6-5: Mittlere Anschlußlängen zwischen Kabelverzweiger und Endkunden nach Verzweigerbereichsklassen im WIK-Ortsnetzmodell

Verzweiger-bereichstyp I (Kantenlänge 600 x 600 m)	**Verzweiger-bereichstyp II** (Kantenlänge 600 x 300 m)	**Verzweiger-bereichstyp III** (Kantenlänge 300 x 300 m)

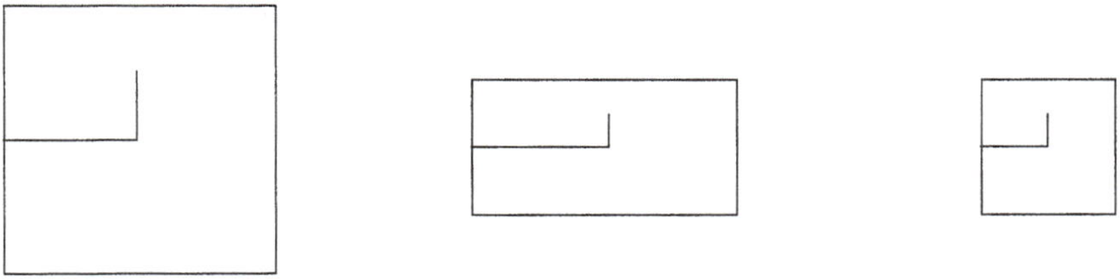

Anschlußlänge	**Anschlußlänge**	**Anschlußlänge**
300 m + 150 m = **450 m**	300 m + 75 m = **375 m**	150 m + 75 m = **225 m**

Quelle: WIK 1998: 35.

Dabei wird seitens des WIK-ON-Modells implizit unterstellt, daß die Leitungsführung zwischen KVz und Endkunde für jeden TK-Anschluß separat, d.h. ohne die Nutzung von Bündelungsvorteilen, erfolgt. Die Ermittlungssystematik der Anschlußlänge wird für die drei weiter oben angeführten Typen von Verzweigerbereichen in Abb. 6-5 dargestellt.

Die Länge der TAL ergibt sich nunmehr als Summe der Anschlußlängen zwischen HVt und KVz (vgl. Abb. 6-4) sowie zwischen KVz und Endkundenanschluß/TAE (vgl. Abb. 6-5).[25]

Ermittlung von Betriebskostenfaktoren

Im Referenzdokument zum WIK-ON-Modell werden die Betriebskosten nur insofern berücksichtigt, als daß die beiden prinzipiell möglichen Methoden zur Abbildung dieser, nämlich (a) Bottom-Up-Prozeßanalysen und (b) Top-Down-Bestimmung von Betriebskostenfaktoren auf der Basis historischer Kostenrech-

[25] Auf weitere im WIK-ON-Modell erfolgende Berechnungen, z.B. zur Dimensionierung der Übertragungswege, soll an dieser Stelle nicht näher eingegangen werden, da es sich hierbei m.E. um dem „eigentlichen" Modellierungsprozeß nachgelagerte Fragestellungen handelt. S. zur ausführlichen Darstellung dieser Berechnungssystematik WIK 1998: 36-40.

nungsdaten kurz angesprochen werden.[26] Jedoch wird *nicht* deutlich, welche Methodik im WIK-ON-Modell zur Anwendung kommt bzw. kommen soll. In der Modellsoftware erfolgt schließlich keine Berücksichtigung von Betriebskosten.

6.3.1.2 Modellkritik

Das WIK-ON-Modell ist ein Bottom-Up-Modell, das recht detailliert die Standorte der privaten Haushalte in einzelnen Ortsnetzen abbildet und darauf aufbauend, (a) die Zahl der Geschäftskunden, (b) die Lage und Größe der Verzweigerbereiche sowie (c) die Struktur und Dimensionierung des TK-Ortsnetzes zwischen den HVt des jeweiligen Ortsnetzes und den Netzabschlußpunkten der Endkunden modelliert.[27] Dabei verfolgt das Modell über weite Strecken einen analytisch nachvollziehbaren Weg zur Bestimmung der Ortsnetzstruktur „unterhalb" des HVt, der m.E. einen akzeptablen Kompromiß zwischen möglichst detailgetreuer Realitätsabbildung auf der einen Seite und Strukturabschätzung auf der anderen Seite darstellt. Zwar erscheinen einige Annahmen, wie z.B. die *vollständige* Bündelung aller Leitungen zwischen HVt und dem jeweiligen KVz im Hauptkabelnetz, zunächst nicht sehr realistisch. Jedoch überzeugt die vom WIK vertretene Argumentation, daß gleichzeitig im Verzweigernetz bei den Leitungswegen zwischen KVz und Netzabschlußpunkten/TAE *keinerlei* Bündelung erfolgt und der sich damit über das Hauptkabel- *und* das Verzweigernetz ergebende mittlere Bündelungsgrad insgesamt eine über die Summe bzw. den Durchschnitt beider Leitungsabschnitte einigermaßen realistische Kostenabbildung gewährleistet.

Allerdings weist das WIK-ON-Modell bzw. das Referenzdokument und die Modellsoftware auch einige Schwächen im Hinblick auf (1) die Modellsystematik, (2) die Transparenz/Dokumentation sowie (3) die praktische Anwendbarkeit des Modells zur Kostenbestimmung auf:[28]

(1) Im Hinblick auf die Modellsystematik sind hier primär (a) der sehr heterogene Detaillierungsgrad bzw. Modellierungsaufwand für verschiedene Modellmodule-/parameter sowie (b) die teilweise Ausklammerung wichtiger Komponenten/Facetten aus dem Modellierungsprozeß zu nennen.[29]

---

[26] S. WIK 1998: 15-17. Für eine ausführlichere Diskussion dieser Methoden s. Kap. 5.4.

[27] Allerdings sind die Daten für die ausgewählten, im WIK-ON-Modell zu modellierenden 80 Ortsnetze in der Modellsoftware nur in anonymisierter Form abrufbar, indem die einzelnen Ortsnetze nur mit Nummern und *nicht* mit Namen bezeichnet sind.

[28] Vgl. für eine ausführliche Diskussion der Stärken und Schwächen des WIK-ON-Modells auch Regulierungsbehörde für Telekommunikation und Post 1998.

[29] Zu weiteren Kritikpunkten am WIK-ON-Modell s. Knieps 1998b: 599-601.

Ad (a): Beispielsweise wird die Zahl der Haushalte/Privatanschlüsse (je Verzweigerbereich) recht detailliert aus der Wohnplatzstatistik abgeleitet, wogegen die Zahl der Geschäftskunden(anschlüsse) nur vergleichsweise grob über Zuschlagsfaktoren geschätzt wird. Hier ist zu fragen, ob durch den Rückgriff auf statistische Arbeitsstättenzählungen oder entsprechende, von den örtlichen Industrie- und Handelskammern bzw. Berufsverbänden zu beschaffenden bzw. aus Branchentelefonbüchern zu entnehmenden Angaben nicht ein höheres, dem bei der Bestimmung der Privatkundenanschlüsse angewandten Detaillierungsgrad entsprechendes Maß an Genauigkeit zu erzielen ist.

Ad (b): Hierbei ist zu kritisieren, daß die Standorte der HVt im Modell als gegeben angenommen werden und daß damit *keine* Bestimmung von *optimalen* HVt-Standorten in Abhängigkeit von der Zahl und Verteilung der Teilnehmeranschlüsse im jeweils betrachteten Ortsnetz erfolgt. Dieses Vorgehen ist mit der Forderung nach der Modellierung eines möglichst effizienten TK-Ortsnetzes nur bedingt vereinbar,[30] da so auf der Ebene der HVt und TVSt im Netz der DTAG vorhandene Ineffizienzen nicht durch das Modell neutralisiert werden.[31] Zudem ist die weiter oben angesprochene Tatsache, daß nicht klar wird, ob bzw. in welcher Form die Netzbetriebskosten im Modell Berücksichtigung finden, als wichtige *Modellschwachstelle* hervorzuheben.

(2) Hinsichtlich der Modelltransparenz ist anzumerken, daß im Referenzdokument zwar viele grundlegende Formeln und Definitionen, welche die Zusammenhänge einiger Modellparameter beschreiben, enthalten sind. Jedoch sind weder anhand dieses Referenzdokuments noch mittels der Modellsoftware die zur Anwendung kommenden Rechenalgorithmen vollständig nachzuvollziehen. Deshalb trifft einer der weiter oben (in Kap. 6.2) genannten Vorteile von Bottom-Up-Kostenmodellen, nämlich die hohe Transparenz für Externe, nur mit Einschränkungen auf das WIK-ON-Modell zu.

---

[30] Vgl. auch Fußnote 21 in Kap. 6.

[31] Beispielsweise liegt die Zahl der von der DTAG installierten/verwendeten TVSt mit einem Faktor von drei deutlich über der – bei einer vollen Auslastung der von der DTAG definierten Zielkapazität je TVSt – rechnerisch notwendigen Anzahl von TVSt. S. auch Fußnote 160 in Kap. 5 sowie die dort angegebene Literatur. Zudem basieren die Kalkulationen des WIK-ON-Modell (für diese Vernetzung auf der Ebene der HVt, Konzentratoren und TVSt) *nicht* auf der SDH-Technik, die Ende der 90er Jahre als die effizienteste hierfür eingesetzte Technologie anzusehen ist.

(3) In Bezug auf die praktische Anwendbarkeit des Softwaremodells[32] zur Bestimmung der Kosten eines bestimmten TK-Ortsnetzes ist festzustellen, daß (a) bedingt durch die große Zahl der – den hohen Realitätsgrad des Modells widerspiegelnden – Input-Parameter[33] sowie (b) bedingt durch die Tatsache, daß für diese weder „Default-Werte" vorgeschlagen noch realistische Ober-/Untergrenzen als zulässiger Eingaberahmen vorgegeben werden,[34] die *praktische* Kostenermittlung anhand dieses Modells vergleichsweise komplex ist und ein hohes Fehlerrisiko in sich birgt.[35]

6.3.2 WIK-Modell für das Verbindungsnetz

Das WIK-VN-Modell befand sich zum Zeitpunkt der Fertigstellung dieser Arbeit (d.h. Ende 1999) im sogenannten „öffentlichen Kommentierungsprozeß"; d.h. die RegTP hatte alle TK-Netzbetreiber im deutschen TK-Markt zu Stellungnahmen/Kommentaren zu einem Referenzdokument aufgefordert, das dieses Modell beschreibt. Eine Umsetzung der Modellsystematik in eine *veröffentlichte* Modellsoftware war bis zu diesem Zeitpunkt noch nicht erfolgt.

Weiterhin wurde eine Vielzahl von Modellparametern/-strukturen in diesem Referenzdokument seitens des WIK bewußt noch nicht festgelegt, sondern die Marktteilnehmer explizit zur aktiven Mitarbeit bei der endgültigen Modellgestaltung aufgefordert.[36] Aufgrund dieses vorläufigen Modellstatus werden nachfolgend nur kurz einige grundlegende Aspekte des WIK-VN-Modells skizziert.[37]

---

32 Hier wird nur auf die praktische Verwendbarkeit der *Modellsoftware* eingegangen, da (a) die *praktische* Anwendbarkeit des Referenzdokumentes *alleine* – ohne einen sehr hohen Programmierungsaufwand – nur sehr begrenzt ist und (b) die Modellsoftware – soweit dies ohne Einblick in die „innere" Softwarestruktur zu beurteilen ist – sich eng an das Referenzdokument anlehnt.

33 So erfordert die aktuelle Ende 1999 vorliegende Modellsoftware die Eingabe von knapp 50 Parametern zur Bestimmung der Kosten des jeweiligen TK-Anschlußnetzes bzw. der TAL, die zudem noch größtenteils für drei verschiedene Typen von Verzweigerbereichen differenziert werden, so daß letztendlich über 100 Einzelwerte anzugeben sind.

34 Insbesondere gilt dies für Parameter, die nicht „selbsterklärend" sind und außerdem nicht hinreichend beschrieben werden, wie z.B. diverse Beilauf-/Mitnutzungsfaktoren für die Verlegung von Leitungen, bei denen nicht ersichtlich ist, welche Bedeutung Extremwerte wie „1" oder „0" haben.

35 Beispielsweise werden vom sogenannten HAI-Modell (Version 5.0a) solche „Default"-Werte für die Input-Parameter vorgegeben/erläutert. Vgl. hierzu auch Kap. 6.4.1.

36 Zwar war auch beim Referenzdokument zum WIK-ON-Modell ein solche Gestaltungsoffenheit implizit enthalten. Jedoch wurden bei diesem vergleichsweise viele Strukturen von vornherein festgelegt bzw. letztlich wie im Referenzdokument vorgeschlagen in die Softwareumsetzung übernommen.

37 Vgl. zu den folgenden Ausführungen in Kap. 6.3.2.1 WIK 1999.

6.3.2.1 Funktionsprinzip

Das WIK-VN-Modell stellt ebenso wie das WIK-ON-Modell ein Bottom-Up-Modell dar und verfolgt insofern auch eine streng elementorientierte Kostenermittlungs- und Zuordnungssystematik. Hauptziel des WIK-VN-Modell ist die Bestimmung der Kosten für die NZS-Leistungen „Local Interconnection", „Single Transit Interconnection" und „Double Transit Interconnection".[38]

Die Vorgehensweise des WIK-VN-Modell beinhaltet im wesentlichen drei Schritte:

(1) Die Ermittlung der Nachfrage nach TK-Verbindungen im nationalen Verbindungsnetz sowie die sich aus dieser Nachfrage ergebende Netzstruktur und -dimensionierung.

(2) Die Bestimmung der hierfür notwendigen Investitionen und Betriebskosten sowie deren Annualisierung.

(3) Die Umrechnung dieser Kosten auf Nutzungseinheiten/NZS-Leistungen.

Dabei unterscheidet sich das WIK-VN-Modell hinsichtlich der Vorgehensweise bei den Punkten (2) und (3) nicht wesentlich von der schon in den Kap. 5.3 bis 5.5 skizzierten grundlegenden Systematik zur Bestimmung und Annualisierung von Investitionen für Netzelemente und deren Betriebskosten sowie ihrer Zurechnung auf NZS-Leistungen, so daß hier auf eine Diskussion dieser Punkte verzichtet wird. Somit wird im folgenden der oben unter (1) kurz umrissene Kernmodellierungsprozeß des WIK-VN-Modell skizziert.

Nachfrageermittlung

Hierzu ist zunächst die von einem durchschnittlichen TK-Anschluß in seiner Funktion als TKV-Quelle zur Spitzenlastzeit generierte Verbindungsnachfrage (gemessen in der Zahl und Länge der TKV/TKV-Aufbauversuche) anhand von Teilnehmerverkehrsdaten zu ermitteln.[39] Die Berücksichtigung von paketvermittelten Diensten (wie z.B. Datex-P) bei der Nachfrageermittlung wird beim WIK-VN-Modell explizit ausgeklammert, da deren Integration sich auf die Teilnehmeranschlußleitung sowie auf die physische Ebene des Verbindungsnetzes beschränkt, während ansonsten innerhalb des Netzes eine eigene logische Ebene

---

[38] S. hierzu auch Kap. 5.1.

[39] Zur Ermittlung der Spitzenlastzeit/Hauptverkehrsstunde wird vom WIK-VN-Modell der Durchschnitt der Hauptverkehrsstunden der 20 verkehrsreichsten Tage des Jahres herangezogen bzw. vorgeschlagen. S. WIK 1999: 10.

mit zugehörigen Paketvermittlungseinrichtungen implementiert wird.[40] Ebenso wird die Verbindungsnachfrage zum Zweck der Nutzung von Internet/Online-providern mittels Modem, die einen zunehmenden Anteil der Verkehrsmenge ausmachen dürfte, bei der Ermittlung der Verkehrsflüsse/-matrix im Verbindungsnetz nicht berücksichtigt, da diese aufgrund der meist regionalen Einwahlknoten der Internet-Service-Provider (ISP) lediglich das Zugangsnetz beeinflußt und im Verbindungsnetz nur in Form von durch diese ISP als Festverbindungen genutzte Leitungen in Erscheinung tritt. Schließlich werden durch das WIK-VN-Modell auch diese Festverbindungen von der Nachfrageermittlung ausgenommen, da erklärtes Ziel des Modells die Bestimmung der Kosten für auf Leitungsvermittlung basierenden NZS-Leistungen ist.

Unter Beachtung dieser Einschränkungen wird schließlich der Verkehr im nationalen Verbindungsnetz abgebildet, indem

- zunächst der von einer TVSt ausgehende Verkehr mittels Aggregation aller an diese Vermittlung angeschlossenen Endkunden – über Verkehrswerte von durchschnittlichen Kunden – bestimmt wird, und dann
- die „gerichteten Verkehrsbeziehungen" zwischen allen Knoten des nationalen Verbindungsnetzes unter Verwendung einer Verkehrsverteilungsfunktion[41] ermittelt werden.

Netzstruktur- und Dimensionierung

Bei der Bestimmung der Zahl und Lage der Netzknoten wird seitens des WIK-VN-Modells noch offen gelassen, ob diese, wie die HVt im Falle des WIK-ON-Modells, als fest vorgegeben bzw. wie im Netz der DTAG tatsächlich implementiert anzunehmen sind oder ob diese im Sinne einer echten Bottom-up-Methodik unter Minimierung der Kosten neu zu bestimmen sind.[42]

Hinsichtlich der Struktur des *Zugangsnetzes* stützt sich das WIK-VN-Modell im wesentlichen auf die Annahmen/Ergebnisse des WIK-ON-Modells und nimmt

---

[40] WIK 1999: 10.

[41] Diese Verkehrsverteilungsfunktion geht davon aus, daß jeder Endkunde und damit auch jede TVSt einen symmetrischen Verkehrsfluß mit identischem ausgehenden und eingehenden Verkehr aufweist und berücksichtigt als Parameter (a) die von der TVSt der TKV-Quelle insgesamt ausgehende Verkehrsmenge und (b) die Entfernung zwischen dieser und der Zielvermittlungsstelle.

[42] Allerdings enthält das WIK-VN-Modell *keinen* entsprechenden globalen Optimierungsalgorithmus. Vielmehr wird vorgeschlagen, die optimale (= kosteneffiziente) Netzstruktur mittels der Analyse verschiedener alternativer Szenarien einzugrenzen und damit näherungsweise zu ermitteln.

ergänzend an, daß jeder HVt/Anschlußbereich an die nächstgelegene TVSt angeschlossen ist.[43] Insofern soll hierauf an dieser Stelle nicht weiter eingegangen werden.

Bei der Modellierung des *Verbindungsnetzes* werden zunächst zwei Funktionen/Kategorien von Vermittlungseinrichtungen unterschieden. Zum einen die Transitvermittlung/-funktion (= FVSt), welche die obere Hierarchieebene des Backbonenetzes darstellt und zum anderen die Anschlußfunktion (= TVSt), welche die untere Verbindungsnetzhierarchieebene repräsentiert. Obwohl in der Praxis die Teilnehmeranschlußfunktion oftmals am gleichen Ort wie die Transitvermittlungsstelle untergebracht ist, werden beide Typen von Vermittlungsstellen im WIK-VN-Modell separat betrachtet und die einzelnen TVSt der ihr jeweils räumlich am nächsten liegenden FVSt zugeordnet bzw. mit dieser über Leitungswege verbunden. Hiermit erfolgt eine Abbildung der *logischen* Netzstruktur, welche die Kosten der Verbindungswege zwischen den beiden Netzhierarchieebenen der TVSt und FVSt im Einzelfall – wenn diese sich nämlich an einem Ort befinden – tendenziell zu hoch schätzt. Solange im WIK-VN-Modell (a) anhand *mittlerer* Verbindungen/Entfernungen bzw. deren Kosten zwischen den einzelnen Netzelementen argumentiert wird und (b) hierbei die Fälle der gemeinsamen Unterbringung von TVSt und FVSt in diese Mittelwerte einfließen sowie (c) hieraus auch lediglich mittlere IC-Preise für das nationale Verbindungsnetz ohne eine regionale Differenzierung abgeleitet werden, erscheint diese Vorgehensweise akzeptabel. Falls jedoch das WIK-VN-Modell für die Modellierung von TKV in einzelnen Regionen/Ballungszentren verwendet werden sollte, in denen die Fälle der Zusammenlegung von TVSt und FVSt deutlich vom Mittelwert des nationalen TK-Netzes abweicht, ist hier eine differenziertere Betrachtung angebracht.

Auf der Transitvermittlungsebene werden auf Basis der zuvor im Rahmen der Nachfrageermittlung bestimmten Verkehrsnachfragematrix entsprechend dimensionierte Leitungsverbindungen zwischen allen FVSt und damit ein in der oberen Netzhierarchieebene voll vermaschtes Verbindungsnetz modelliert.[44]

---

[43] Zudem geht das WIK-VN-Modell im Gegensatz zum WIK-ON-Modell durchgängig von der Verwendung der SDH-Technologie aus.

[44] Die aktuelle Topologie des Verbindungsnetzes der DTAG beinhaltet 1999 neben der („untersten") Netzhierarchieebene, die durch die TVSt gebildet wird, noch *zwei* Fernvermittlungsebenen (BVSt und WVSt) von denen jedoch nur die WVSt, welche die „oberste" Ebene darstellen, vollständig miteinander vermascht sind. Vgl. auch Fußnote 7 in Kap. 2 sowie die dort genannte Literatur.

Auch für die untere Verbindungsnetzebene (d.h. die TVSt) wird *zunächst* eine Vollvermaschung untereinander sowie zu allen FVSt angenommen. Diese Direktwege zwischen den TVSt sowie zwischen der jeweiligen TVSt und den mit dieser *nicht* assoziierten FVSt[45] werden mittels eines vorgegebenen Auslastungsschwellenwertes überprüft und, falls der sich aus der Verkehrsnachfragematrix ergebende Auslastungsgrad diesen Grenzwert nicht erreicht, als unwirtschaftlich aus dem Verbindungsnetz eliminiert.

Nach Abschluß dieser Modellschritte liegt eine Abbildung der Verkehrsmengen und -wege im nationalen Verbindungsnetz vor, anhand derer die notwendige Dimensionierung der Leitungswege und Vermittlungseinrichtungen bestimmt und daraus Investitionen abgeleitet werden können. Hierzu ermittelt das WIK-VN-Modell detailliert die Strukturen und Komponenten des physischen Netzes, indem die zur technischen Umsetzung der zuvor bestimmten Verkehrsmengen und Strukturen des logischen Netzes[46] notwendige Zahl und technische Spezifikation der einzelnen Netzelemente sowie deren technische Verbindung untereinander ermittelt werden. Dabei wird unter der Berücksichtigung von Reservekapazitäten die zur Bewältigung der angenommenen Verkehrsmengen kostenminimale Dimensionierung bzw. technische Ausgestaltung der einzelnen Netzelemente modelliert, wobei auch explizit das Signalisierungsnetz einbezogen wird.[47]

6.3.2.2 Modellkritik

Das WIK-VN-Modell war bis Mitte 1999 das einzige öffentlich verfügbare Kostenmodell für die Abbildung eines TK-Backbonenetzes im deutschen TK-Markt.[48]

---

45 Als die mit einer TVSt assoziierte FVSt wird diejenige Vermittlung bezeichnet, der die TVSt aufgrund ihrer räumlichen Nähe direkt zugeordnet wurde.

46 D.h. das WIK-VN-Modell differenziert zwischen dem logischen Netz, das zur Abbildung der verschiedenen von diesem Netz erbrachten TK-/IC-Leistungen herangezogen wird, und dem physischen Netz, das zur Bestimmung der Kosten, für die in diesem Netz tatsächlich realisierten Strukturen verwendet wird.

47 Für eine ausführliche Beschreibung der Vorgehensweise des WIK-VN-Modells zur Bestimmung der Elemente und Strukturen des physischen Netzes s. WIK 1999: 28-53.

48 Zwar legten Arranz und Hackbarth bereits 1996 eine ebenfalls vom WIK veröffentlichte Studie zum Thema „Kosten von vermittelten Leitungen in digitalen Netzen" vor. Sie ist jedoch aufgrund des ausschließlichen Rückgriffs auf die PDH-Technologie *nicht* zur Bestimmung von zukunftsgerichteten Kosten eines *effizienten* TK-Netzes geeignet, bezieht sich insbesondere *nur* auf die Mitte der 90er Jahre bestehende Struktur des Netzes der *DTAG* und stellt insofern kein Bottom-Up-Kosten*modell* dar.

Trotz des vorläufigen Charakters des WIK-VN-Modells sind bereits einige konzeptionelle Stärken und Schwächen des Modells zu erkennen:[49]

- Das Modell ist als Bottom-Up-Modell konzipiert und unterscheidet detailliert die für einzelne NZS-Leistungen in Anspruch genommenen Netzelemente und im Ansatz die für die Kosten dieser Elemente verantwortlichen Kostentreiber. Dieser elementorientierte Ansatz wird als "State of the Art" auch in Großbritannien und den USA akzeptiert. Insofern ist das Modell zur Erfüllung seines erklärten primären Zweckes, nämlich eine Bestimmung der effizienten Bereitstellungskosten für diese NZS-Leistungen, prinzipiell als geeignet einzustufen.

- Allerdings wird im Referenzdokument darauf hingewiesen, daß ggf. die Standorte von Netzelementen so, wie sie im Netz der DTAG tatsächlich implementiert wurden, übernommen werden können,[50] was im Widerspruch zum impliziten Ziel der Modellierung eines *effizienten* Netzes steht.[51]

- Für die Planung/Modellierung der Netzstruktur verfügt das Modell *nicht* über einen globalen Optimierungsalgorithmus. Vielmehr soll die Ermittlung einer möglichst effizienten bzw. näherungsweise optimalen Netzstruktur durch den Vergleich alternativer Szenarien erfolgen, was in Anbetracht der u.a. durch die Vielzahl der Modellparameter/Freiheitsgrade zu vermutenden recht hohen Komplexität eine eher unbefriedigende Lösung ist.

- Im Modell wird explizit zwischen dem logischen und physischen Netz unterschieden und von einer ausschließlichen Nutzung der SDH-Technologie ausgegangen. Damit verfolgt das Modell konsequent einen „Best in Use"- Ansatz hinsichtlich der Netztechnologiebasis.

- Das Modell unterscheidet detailliert die für einzelne NZS-Leistungen in Anspruch genommenen Netzelemente und im Ansatz die für die Kosten dieser Elemente verantwortlichen Kostentreiber. Insofern scheint das Modell zur Erfüllung seines erklärten primären Zweckes, nämlich zur Bestimmung der Kosten für diese IC-Leistungen, in hohem Maße geeignet zu sein.

Eine detailliertere Beurteilung des WIK-VN-Modells wird jedoch erst nach dem Vorliegen einer endgültigen Modellversion auch in Softwareform möglich sein.

---

[49] Für eine ausführliche Diskussion der Stärken und Schwächen des WIK-VN-Modells s. auch: Regulierungsbehörde für Telekommunikation und Post 1999f.

[50] S. WIK 1999: 17.

[51] Vgl. hierzu auch Fußnote 31 in Kap. 6.

Bei einer *gemeinsamen* Betrachtung des WIK-ON- und WIK-VN-Modells fällt zudem auf, daß beide Modelle offensichtlich *nicht* lückenlos ineinander greifen. So beinhaltet das WIK-VN-Modell explizit alle Netzstrukturen und -verbindungen von der Ebene der TVSt „aufwärts" (einschließlich dieser Vermittlungseinrichtungen), jedoch *nicht* die Verbindungen zwischen den TVSt. Das WIK-ON-Modell hingegen bildet alle zur TAL gehörenden Netzelemente – und damit nur die Strecke zwischen HVt und TAE – ab. Die Modellierung der Verbindung (a) zwischen den einzelnen TVSt untereinander und (b) zwischen den TVSt und den Standorten der HVt – soweit diese sich nicht am Ort einer TVSt befinden – wird zwar im Referenzdokument zum WIK-ON-Modell als Ortsnetzbestandteil genannt, jedoch *nicht* im zugehörigen Softwaremodell implementiert. Somit weisen die beiden WIK-Modelle eine logische Lücke im Grenzbereich zwischen Anschluß- und Verbindungsnetz auf, die noch zu schließen ist.

6.4 Ausgewählte Kostenmodelle im US-amerikanischen TK-Markt

Im US-amerikanischen TK-Markt wurden im Laufe der 90er Jahre vor allem folgende *vier* Bottom-Up-Modelle zur Ermittlung der Kosten von TK-Elementen/ Diensten entwickelt und diskutiert:[52]

(1) Das sogenannte *Local Exchange Cost Optimiziation Modell* (*LECOM*) von *Gabel* und *Kennet*, welches in seiner ursprünglichen Version ein eher akademisch/wissenschaftliches Modell darstellt, das (a) in der aktuellen Diskussion seit 1997/98 nur noch eine geringe Rolle spielt und (b) dessen wesentliche Elemente in das neuere Hybrid Cost Proxy-Modell eingeflossen sind.[53]

(2) Das Benchmark Cost-Modell von Sprint und US West und das Cost Proxy-Modell von Pacific Telesis/Pacific Bell, die zunächst zu einem sogenannten *Benchmark Cost Proxy-Modell* zusammengefaßt wurden, das dann wiederum bei Entwicklung des Hybrid Cost Proxy-Modells (s.u.) Berücksichtigung fand.[54]

(3) Das *Hatfield-/HAI-Modell*, das in seiner ursprünglichen Form – im Auftrag von AT&T und MCI – durch *Hatfield* entwickelt wurde.

(4) Das *Hybrid Cost Proxy-Modell* (*HCPM*), das im Auftrag der FCC entwickelt wurde und Elemente aus den drei vorgenannten Modellen aufgreift, um diese

---

[52] Vgl. auch Doll/Wieck 1998a: 281-283; Gasmi et al. 1997: 16-19.

[53] Vgl. für eine Diskussion des LECOM z.B. Gabel/Kennet 1997: 411-422; Gabel/Kennet 1994: 382-396.

[54] S. für eine ausführliche Darstellung des Benchmark Cost Proxy-Modell BellSouth et al. 1998: 21-92.

zu einem möglichst umfassenden Modell mit einem hohen Grad an Variabilität zu verbinden.

In diesem Kapitel werden das Hatfield-/HAI-Modell (vgl. Kap. 6.4.1) und das HCPM (vgl. Kap. 6.4.2) genauer untersucht, da (a) insbesondere auf die Methodik dieser beiden Modelle im Rahmen der aktuellen Entwicklung und Diskussion von Kostenmodellen im deutschen TK-Markt zurückgegriffen wurde und (b) für diese Modelle auch aktuelle Softwareversionen und Modelldokumentationen öffentlich verfügbar sind.

6.4.1 Hatfield-/HAI-Modell

Das ursprüngliche Hatfield/HAI-Modell wurde Anfang bis Mitte der 90er Jahre im Auftrag und mit Unterstützung von AT&T und MCI als „Greenfield"-Modell zur Prognose der Kosten von TK-Diensten in Ortsnetzen – als Bestandteil von Universaldiensten – entwickelt. Bis zur aktuellen Version des Hatfield/HAI-Modells[55] (Release 5.0a)[56] von 1998 wurde das Modell vielfach weiterentwickelt, indem insbesondere der reine Greenfield-Ansatz, bei dem die Zahl/Position aller Netzelemente variabel modelliert wird, durch feste Vorgaben für die Standorte der Netzknoten ersetzt wurde und die Funktionalität von der Bestimmung der Kosten von TK-Diensten auf die Ermittlung der Kosten von einzelnen Netzelementen erweitert wurde.

6.4.1.1 Funktionsprinzip

Das HAI-Modell ist ein Bottom-Up-Modell, dessen primäres Ziel die Bestimmung der Kosten für TK-Netzelemente im Anschlußnetz und hierbei vor allem auch der TAL ist. Die HAI-Modell-Software greift dabei auf konkrete Daten von Anschlußnetzen einzelner US-Bundesstaaten zurück.

Im folgenden wird die Funktionsweise des HAI-Modells kurz skizziert. Dabei sollen die Aspekte angesprochen werden, in denen sich das Modell von der Grundsystematik der Kostenzurechnung und -modellierung (s. Kap. 5.5) und der Vorgehensweise des WIK-ON-Modells (s. Kap. 6.3.1) unterscheidet. Da sich die Mo-

---

[55] Da das Unternehmen, das die Rechte am Hatfield/HAI-Modell besitzt und dieses weiterentwikkelt mit dem Ausscheiden von Dale Hatfield von Hatfield Consulting in HAI Consulting umbenannt wurde, ist für das aktuelle Modell inzwischen nur noch die Bezeichnung HAI-Modell gebräuchlich, die auch im folgenden verwendet wird.

[56] Da zur jeweiligen Version des Hatfield/HAI-Modells auch eine entsprechende Modellsoftware angeboten wird, trägt die jeweilige Modellbezeichnung einen für Softwareprodukte üblichen Zusatz „Release".

dellstruktur in Softwaremodulen widerspiegelt, welche die Modellinhalte umsetzen, werden diese Modellinhalte im folgenden anhand der einzelnen Softwaremodule erläutert. Dabei werden Software-spezfische Funktionalitäten wie z.B. das „User Interface"-Modul nicht berücksichtigt.

Die wesentlichen Module des HAI-Modells sind:[57]

(1) Die *„Input Files"*, welche die Informationen (a) zur Struktur des vom Anschlußnetz zu versorgenden Gebietes und der anzuschließenden Kunden, (b) zu den Standorten der TVSt sowie (c) zu den variabel vorgebbaren Input-Parametern für die weitere Kalkulation bereitstellen.

(2) Die *Anschlußinvestitionsmodule*, welche die Struktur des Anschlußnetz und das Investment in dieses bestimmen. Diese Ermittlung erfolgt separat für

   - den Bereich vom KVz zum Netzabschlußpunkt/TAE im *„Distribution"*-Modul, sowie
   - das Anschlußnetz zwischen der TVSt und dem KVz mittels des *„Feeder"*-Moduls.

(3) Das *„Switching/Interoffice"*-Modul, das die Struktur der und das Invest in die Vermittlungsstellen des jeweiligen Anschlußnetzes sowie der Leitungsverbindungen zwischen diesen Vermittlungen modelliert.

(4) Das *„Expense"*-Modul, das schließlich auf der Basis der in den zuvor genannten Modulen ermittelten Strukturen und Invests die KAV und NBK der einzelnen Netzelemente bestimmt.

Ad (1): „Input Files"

Das HAI-Modell greift im wesentlichen auf *drei* Kategorien von Input-Daten zurück:

(a) *Struktur-Daten*, welche das Gebiet, für das ein Anschlußnetz zu modellieren ist, und die Standorte der anzuschließenden Endkunden in diesem beschreiben bzw. eine Grundlage zu deren Modellierung bilden. Die Bestimmung der Endkunden, die durch das Anschlußnetz zu versorgen sind, und die Kundenzuordnung zu Clustern[58] ist eine der Kernaufgaben des HAI-Modells und wird nachfolgend – im Anschluß an Punkt (c) – genauer dargestellt.

---

57 Vgl. hierzu sowie zu den folgenden Ausführungen in Kap. 6.4.1.1 HAI 1998a: 11-74.

58 Unter einem *Cluster* ist hier eine aufgrund ihrer räumlichen Lage zusammengefaßte Gruppe von Endkunden zu verstehen.

(b) Angaben zu den *Standorten der TVSt* und der Distanz zwischen diesen. Auf diese Informationen wird später im „Switching/Interoffice"-Modul zurückgegriffen.

(c) Über 200 vom Nutzer des Softwaremodells vorgebbaren Parameter, die u.a. Preise, Kapazitäten und Nutzungsfaktoren für Netzelemente (wie z.B. Verzweigungselemente) erfassen, aber auch Besonderheiten des jeweiligen Netzbetreibers bzw. des relevanten Gebiets abbilden können.[59] Diese Parameter, für die zunächst durchgängig Default-Werte von der Software vorgeschlagen werden, erlauben eine sehr genaue Anpassung des Modells an die abzubildende Situation bzw. die Zwecke des Nutzers sowie die Durchführung von umfangreichen (Sensitivitäts)Analysen.

Ermittlung der Zahl und Lage der Endkunden/Anschlußleitungen

Hierzu wird für den Fall der privaten Haushalte zunächst auf die sogenannte „Metromail National Consumer Database" zurückgegriffen, welche die Adressen und die zugehörigen Telefonnummern von nahezu 100 Millionen (und damit über 90% aller) Haushalte der USA enthält. Diese Datenbank basiert auf einer Erhebung von 1995 und wird, unter Rückgriff auf eine Vielzahl von Quellen wie z.B. Telefonregister, Umzugsmeldungen oder Wahlverzeichnisse, ca. 65mal pro Jahr aktualisiert. Die so gewonnenen Informationen über die Standorte der Haushalte und die Zahl der von diesen nachgefragten Anschlußleitungen werden mit anderen Quellen (wie z.B. sogenannte „Census Block"-Daten [CBD])[60] abgeglichen und, soweit die verschiedenen Informationen voneinander abweichen, die Quelle verwandt, welche die höhere Anzahl der Haushalte für eine Region ausweist. Auf Basis der Daten zur Zahl und *Struktur* der Haushalte, die von der „Claritas"-Datenbank bereitgestellt werden, erfolgt eine Ermittlung der Anzahl der Hauptanschlüsse, indem unter Rückgriff auf demographische Daten und regressionsanalytische Verfahren die Zahl der Haushalte, welche über einen bzw. zwei Anschlüsse verfügen, abgeschätzt wird.

Zur Ermittlung der Zahl und Lage der Geschäftskunden(anschlüsse) greift das HAI-Modell vor allem auf eine Datenbank von „Dun & Bradstreet" (D&B) zurück, welche über entsprechende Informationen für mehr als 11 Millionen Ge-

---

59 Vgl. zur Beschreibung dieser Input-Parameter HAI 1998b: 11-82.

60 Die CBD stellen stärker aggregierte Informationen dar, welche die Zahlen der Endkunden summarisch für bestimmte Bereiche/Stadtteile enthalten und mit der im WIK-ON-Modell für Deutschland verwandten Wohnplatzstatistik vergleichbar sind.

schäftskunden in den USA verfügt.[61] Für diese Geschäftskunden wird die Zahl der von Ihnen genutzten Hauptanschlüsse/TK-Leitungen modelliert, indem für die einzelnen Geschäftskundenstandorte die typischerweise von diesen genutzten TK-Anschlüssen (wie z.B. Einzel- vs. Centrex- vs. Primärmultiplexanschluß) abgeschätzt werden. Hierzu wird eine Detailanalyse von D&B, welche ca. 800.000 Geschäftskunden und deren Anschlußtypen genauer bestimmt hat, verwendet. Da neben den von D&B erfaßten 11 Mio. Geschäftskunden noch ca. 1 Mio. nicht erfaßte, meist kleinere Geschäftskunden existieren, werden Standorte dieser Geschäftskunden vom HAI-Modell entsprechend der Verteilung der erfaßten 11 Mio. Geschäftskunden abgeschätzt. Dabei wird angenommen, daß es sich bei diesen zusätzlichen Geschäftskunden um sehr kleine Unternehmen von bis zu 4 Beschäftigten handelt. Die so bestimmte Gesamtzahl der TK-Anschlüsse von Privat- und Geschäftskunden wird nochmals mit der „Automated Reporting Management Information System" (ARMIS) Datenbank abgeglichen, welche von der FCC gesammelte Informationen insbesondere über (a) die Zahl und Struktur der Privatanschlüsse, (b) die Anzahl und Art der Geschäftskundenanschlüsse und (c) die Zahl und Zusammensetzung von diversen Sonderanschlüssen und öffentlichen Anschlüssen (wie z.B. Münz-/Funktelefone) enthält.[62]

Anhand der zuvor skizzierten Vorgehensweise werden so sukzessive die Zahl und Lage der Privat- und Geschäftskunden sowie die von diesen nachgefragten TK-Anschlüsse für jede TVSt/jeden HVt[63] bzw. die von dieser/diesem versorgten Region bestimmt.[64]

---

[61] D&B sammelt und aktualisiert diese Daten neben der Verwendung von öffentlichen Quellen, wie z.B. regionalen Firmen(anmeldungs)registern oder Zeitungs-/TV-Meldungen, insbesondere durch eine Vielzahl von jährlich durchgeführten Managementinterviews.

[62] Allerdings enthält ARMIS-Datenbasis nur Informationen über LEC, welche jährlich Umsätze von mehr als 100 Mio. US$ erzielen, so daß die anderen zuvor genannten Quellen insbesondere für die Informationen über die Anschlüsse kleinerer Carrier *nicht* entbehrlich sind.

[63] Da in US-amerikanischen Anschlußnetzen die Verwendung von HVt, die sich am selben Ort wie abgesetzte Konzentratoren befinden, *nicht* üblich ist, sondern stattdessen die KVz z.T. Konzentrationsfunktionen erfüllen, wird hier der HVt generell am Ort einer TVSt angenommen und im folgenden zur Vereinfachung nur von TVSt gesprochen.

[64] Zur möglichst exakten Bestimmung der Kundenstandorte bedient sich das HAI-Modell des sogenannten „Geocoding", bei dem die Koordinaten der durch das Modell ermittelten Standorte mit tatsächlich physisch vorhandenen Gebäuden abgeglichen werden. Für eine genauere Erläuterung der „Geocoding"-Methodik s. HAI 1998a: 29-30.

Dabei erfolgt *keine* Modellierung/Optimierung der TVSt-Standorte. Vielmehr werden diese so vom HAI-Modell übernommen, wie sie auch tatsächlich im jeweiligen TK-Netz genutzt werden.[65]

Cluster Algorithmus

Zur Vorbereitung der Berechnungen in den folgenden Modulen („Distribution"-Modul, „Feeder"-Modul) erfolgt im HAI-Modell eine Clusterung aller Endkundenstandorte. Der Clusterungsprozeß umfaßt dabei die folgenden Schritte:

(a) Zunächst wird über die relevante (= zu versorgende) Fläche der jeweiligen TVSt ein Raster von quadratischen Zellen mit einer Kantenlänge von 150 Fuß[66] gelegt und alle Kundenstandorte innerhalb einer Zelle zur Vereinfachung als im Mittelpunkt der Zelle gelegen angenommen.

(b) Sodann überprüft der Algorithmus für jede Ausgangszelle deren benachbarte Zellen (d.h. die Zellen, deren Mittelpunkte jeweils einen Abstand von bis zu 150 Fuß vom Mittelpunkt der Ausgangszelle haben) und fügt diese zum Cluster der Ausgangszelle hinzu, wenn diese Nachbarzelle Kundenstandorte enthält und gleichzeitig durch die Zusammenführung der beiden Zellen in *ein* Cluster keine der sogenannten Cluster-Restriktionen des HAI-Modells verletzt wird. Diese Cluster Restriktionen sind:[67]

   - Kein Endkundenstandort innerhalb eines Clusters darf mehr als 18.000 Fuß vom Mittelpunkt des Clusters entfernt sein.
   - Kein Cluster darf mehr als 1.800 Hauptanschlüsse enthalten.
   - Ein Endkundenstandort darf maximal 2 Meilen[68] vom nächstgelegenen Endkundenstandort innerhalb des gleichen Clusters entfernt sein.

(c) Dieser Prozeß wird solange fortgesetzt bis alle Zellen - soweit dies ohne eine Verletzung der Cluster-Restriktionen möglich ist - zu einem Cluster hinzugefügt wurden.

---

[65] Die Informationen bzgl. der TVSt-Standorte und deren Vernetzung untereinander werden von der weiter oben erwähnten ARMIS-Datenbank übernommen.

[66] Die anglo-amerikanische Längeneinheit Fuß entspricht im metrischen System ca. 30,5 cm.

[67] Bei den hier genannten Zahlenmustern handelt es sich vom HAI-Modell vorgeschlagenen Default-Werte, die vom Benutzer verändert werden können.

[68] Eine Meile entspricht 5.280 Fuß und damit ca. 1,61 km.

(d) Der unter (b) beschriebene Prozeß wird wiederholt, wobei diesmal Zellen deren Mittelpunkt bis zu 300 Fuß vom Mittelpunkt der Ausgangszelle entfernt sind, als benachbarte Zellen gelten.

(e) Der „Suchradius" für benachbarte Zellen wird weiter vergrößert bis keine Zellen mehr ohne die Verletzung der o.g. Cluster-Restriktionen zu Clustern zusammengefaßt werden können.

Cluster mit mindestens fünf Kundenstandorten werden als „Main"-Cluster und solche mit bis zu vier Standorten als „Outlier"-Cluster bezeichnet. Diese „Outlier"-Cluster werden zu Ketten zusammengefaßt und einem „Main"-Cluster zugerechnet (vgl. auch Abb. 6-6). Dies erfolgt, indem zunächst jeweils die beiden „Outlier"-Cluster mit der geringsten Entfernung zu einer 2er-Kette zusammengefaßt werden. Daraufhin werden wiederum die Cluster bzw. Ketten von Clustern mit der geringsten Entfernung miteinander verbunden. Dieser Prozeß wird wiederholt bis alle „Outlier"-Cluster einem „Main"-Cluster zugeordnet sind.

Ad (2): Anschlußnetzinvestitionsmodule

In diesen Modulen erfolgt die Modellierung der Struktur des Anschlußnetzes und der sich daraus ergebenden Investitionen. Dabei wird seitens des HAI-Modells angenommen, daß jedes „Main"-Cluster zusammen mit den an diesem angebundenen „Outlier"-Clustern durch genau einen KVz versorgt wird und damit einen Verzweigerbereich bildet. Weiterhin werden die Leitungsverbindungen zwischen der TVSt und deren KVz sowie zwischen dem KVz und dem Endkunden als rechtwinklig miteinander verbundene Geraden angenommen, was die i.d.R. notwendige Kabelführung entlang des näherungsweise rechtwinkligen Straßennetzes widerspiegelt.

Hinsichtlich der Art der Leitungswege differenziert das HAI-Modell zwischen (a) Luftverlegung an Masten („Aerial Structure"), (b) geschützter oberirdischer bzw. oberflächennaher Verlegung z.B. im Straßengraben in Kabelschutzrohren („Buried Structure") sowie (c) unterirdischer Verlegung („Underground Structure"). Die Anteile der verschiedenen Verlegeformen werden vom Modell in Abhängigkeit von der untersuchten Region auf der Basis von Default-Werten automatisch ermittelt.[69] Sie können jedoch auch vom Benutzer – differenziert nach „Distribution"- und „Feeder"-Modul – manuell vorgegeben werden. Darüber hinaus sind

---

69 Dabei wird in urbanen Regionen ein relativ hoher Anteil unterirdischer Verlegung und in ländlichen Regionen entsprechend ein höherer Anteil überirdischer Verlegung angenommen.

im HAI-Modell vom Benutzer veränderbare Default-Werte vorgegeben, welche die Mitbenutzung der Leitungswegeinfrastrukturen (z.B. Kabelrohre und -masten) durch andere Unternehmen wie Kabel-TV-Anbieter oder Energieversorger unterstellen und insofern deren Kosten dem TK-Netzbetreiber nur anteilig zurechnen.

„Distribution"-Modul

Das „Distribution"-Modul modelliert die Strecke vom KVz, der in der Mitte des „Main-Clusters" angenommen wird, zu den einzelnen Endkunden/TAE. Die Standardkonfiguration des „Distribution"-Netzes (= Verzweigerkabelnetz) innerhalb des „Main"-Clusters ist eine „rechtwinklige" Netz-Topologie, bei der ein „Verzweigerhauptkabel" in Nord-Süd-Richtung vom KVz aus durch den Verzweigerbereich verläuft und die „Anschlußkabel" rechtwinklig von diesem in Ost-West-Richtung die einzelnen Endkundenstandorte versorgen.

Zur genaueren Abschätzung der Anschlußkabellängen wird seitens des HAI-Modells überprüft, ob es sich bei einem „Main"-Cluster um einen Hochhausbezirk oder um ein „normal" bebautes Gebiet handelt.[70] Für normal bebaute Gebiete wird eine gleichmäßige Verteilung der Gebäude/Haushalte über die bebaute Fläche angenommen, aus der entsprechend die mittleren Anschlußlängen vom KVz zum Endkunden zu ermitteln sind. Bei Hochhausgebieten werden die einzelnen Hochhäuser bzw. dicht beieinanderliegende Blöcke dieser Hochhäuser jeweils von einem eigenen KVz versorgt,[71] so daß sich entsprechend kurze, weitgehend innerhalb der jeweiligen Gebäude verlaufende Anschlußleitungen vom KVz zum Endkunden ergeben.

Die „Outlier"-Cluster werden mittels rechtwinklig verlaufender „Anschlußlabel" direkt oder indirekt über andere „Outlier"-Cluster an das „Main"-Cluster bzw. den KVz, welchem sie zugeordnet sind, angebunden.[72] Dieser Zusammenhang wird in Abb. 6-6 visualisiert.

---

[70] Ein solcher Hochhausbezirk wird dann angenommen, wenn (a) die Gesamtfläche des „Main"-Cluster *unter* und (b) die Anschlußleitungsdichte *über* bestimmten Grenzwerte liegen. S. HAI 1998a: 42-43.

[71] Entsprechend unterscheidet das HAI-Modell zwischen „normalen" außerhalb von Wohn-/Geschäftsbebäuden installierten KVz und solchen, welche im jeweiligen Gebäude (= Hochhaus) installiert sind. KVz in einem Hochhaus weisen dabei deutlich geringere Investments/Kosten auf, da hierbei i.d.R. nur die reinen Technikkomponenten ohne aufwendigen wetterfeste Schutzeinrichtungen zu installieren sind.

[72] Innerhalb der meist sehr kleinen „Outlier"-Cluster, die per Definition jeweils maximal 4 Kundenstandorte enthalten, erfolgt eine explizite Modellierung der Anschlußleitungen.

Abb. 6-6:Verbindung von „Main"- und „Outlier"-Cluster im HAI-Modell

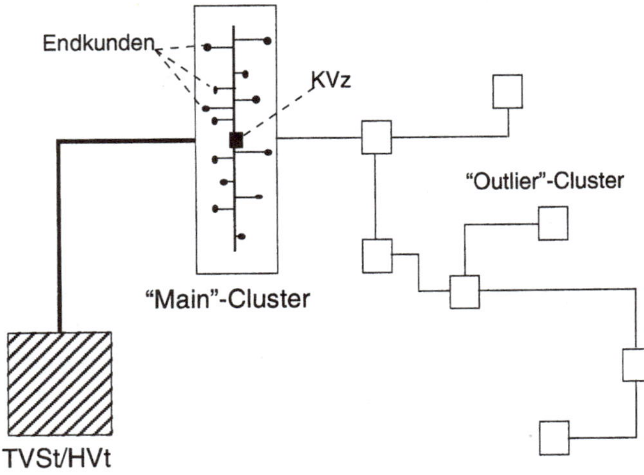

Quelle: HAI 1998a: 37.

Im „Distribution"-Modul erfolgt auch die Festlegung der für die Anbindung der einzelnen KVz an die TVSt im *Hauptkabelnetz* verwendeten Übertragungswegetechnologie. Hierfür wird zunächst die Verwendung von Kupferdoppeladerkabeln angenommen. Allerdings wird dieses Kupferkabel in der Modellierung durch LWL ersetzt,[73] wenn mindestens eine der folgenden Bedingungen erfüllt ist:[74]

(a) Die gesamte Leitungslänge im von der TVSt zum KVz überschreitet einen Grenzwert, für den das HAI-Modell eine Default-Einstellung von 9.000 Fuß vorschlägt.

(b) Die Kosten eines LWL-Übertragungsweges liegen unter denen eines Kupferübertragungsweges.

---

[73] Für die Strecke zwischen KVz und Endkunde im jeweiligen *Verzweigernetz* wird hingegen, soweit vom Modellnutzer die „Wireless"-Option aktiviert ist, alternativ die Nutzung von Kupferkabeln *oder* „Wireless"-Anschlußtechnologien, jedoch grundsätzlich *keine* Verwendung von LWL, angenommen. Ist die „Wireless"-Option nicht eingeschaltet, wird im *Verzweigernetz* generell von der Verwendung von Kupferdoppeladerkabeln ausgegangen. S. auch unten Fußnote 75 in diesem Abschnitt.

[74] Das HAI-Modell unterscheidet in Abhängigkeit von der im Hauptkabelnetz eingesetzten Übertragungstechnologie zwischen zwei Typen von KVz, nämlich (a) sogenannten „Remote Terminals" bei LWL-Anbindung oder (b) sogenannten „Serving Area Interfcaces" im Fall der Anbindung mittels Kupferkabel.

(c) Die Länge der längsten Anschlußleitung von der TVSt bis zum Endkunden überschreitet einen Grenzwert, für den das HAI-Modell als Default-Wert 18.000 Fuß vorschlägt.

(d) Am „Main"-Cluster des jeweiligen KVz ist mindestens ein „Outlier"-Cluster angeschlossen.

(e) Im HAI-Modell ist die sogenannte „Wireless Option" aktiviert und das Modell hat für den betroffenen KVz einen Wireless-Anschluß der Endkunden als kostengünstigste Option ausgewählt.[75]

Schließlich erfolgt im „Distribution"-Modul eine Kalkulation der zum Aufbau der Netzinfrastruktur von KVz bis zum Endkunden notwendigen Investments. Hierbei wird seitens des HAI-Modells in die Kategorie (a) Investments für Übertragungswege zwischen KVz und EVz, (b) Investments für die KVz sowie (c) Investments für den Endanschluß zwischen EVz und TAE unterschieden. Den hinsichtlich der ökonomischen Bedeutung und der Komplexität der Modellierung bei weitem wichtigsten Teil stellen hierbei die Übertragungswege dar.[76]

„Feeder"-Modul

Auf Basis der Ergebnisse des „Distribution"-Moduls erfolgt im „Feeder"-Modul die Kalkulation der Investments in das „Feeder"-Netz (= Hauptkabelnetz), das die einzelnen KVz mit der (jeweiligen) TVSt verbindet. Hierzu wird die von der TVSt versorgte Fläche zunächst in vier Quadranten eingeteilt. In der Mitte jedes Quadranten verläuft der Hauptkabelstamm,[77] von dem die einzelnen „Main"-Cluster bzw. die in diesem lokalisierten KVz durch rechtwinklig zum Hauptkabelstamm abgehende Äste angebunden werden. Diese Vorgehensweise entspricht der des WIK-ON-Modells, so daß an dieser Stelle hierauf nicht genauer eingegangen wird.[78]

---

[75] Im HAI-Modell ist eine vom Benutzter wahlweise zu aktivierende Option implementiert, die den möglichen Einsatz von „Wireless"-Anschlußtechnologien für die Strecke vom KVz zum Endkunden berücksichtigt. Hierzu werden für den jeweiligen KVz bzw. den von diesem versorgten Gebiet alternativ die Kosten für die Wireless-Anbindung mittels (a) einer „Point to Point"- und (b) einer „Point to Multipoint"-Technologie kalkuliert und mit den Kosten des leitungsgebundenen Endkundenanschlusses auf Kupferkabelbasis verglichen. Hieraus wird vom Modell jeweils die kostengünstigste Option ausgewählt.

[76] Diese sind durch eine Vielzahl von Input-Parametern, für welche vom HAI-Modell entsprechende Default-Werte vorgeschlagenen werden, u.a. im Hinblick auf ihre Struktur, Kapazität und Kosten zu spezifizieren. S. hierzu HAI 1998b: 12-36.

[77] Falls sich in einem Quadrant *kein* Main Cluster/KVz befindet, entfällt dieser Hauptkabelstamm jedoch.

[78] Vgl hierzu auch Kap. 6.3.1.1, insbesondere Abb. 6-4.

In Abhängigkeit von der Zahl der an einen KVz angeschlossenen Endkunden wird das Hauptkabel jeweils auf der Basis von LWL oder Kupferdoppeladerkabel realisiert, wobei im HAI-Modell Kupferdoppeladergrößen von 10 bis 4.200 Doppeladern und LWL zwischen 12 und 216 Fasern zur Verfügung stehen. Hierbei werden zudem Reservekapazitäten für mögliche weitere Anschlüsse durch einen sogenannten „Sizing"-Faktor berücksichtigt.[79]

Auf einem Hauptkabelstamm können auch unter gemeinsamer Nutzung der gleichen baulichen Infrastruktur verschiedene Kabelarten und -stärken zum Anschluß unterschiedlicher KVz nebeneinander verlaufen. Ebenso wie im „Distribution"-Netz werden die Anteile für die unterschiedlichen Verlegeformen der Kabelinfrastruktur („Aerial", „Buried" und „Underground") durch entsprechende Faktoren vom HAI-Modell berücksichtigt bzw. vom Nutzer vorgegeben.

Sämtliche Investments für den „Feeder"-Bereich werden pro angebundenem KVz kalkuliert, da zwischen den verschiedenen „Feeder"-Anbindungen große Unterschiede bestehen können.

Ad (3): „Switching/Interoffice"-Modul

In diesem Modul werden die Investments für folgende Kategorien von Anlagegütern bestimmt:

(a) TVSt sowie die zugehörige Infrastruktur (wie z.B. Gebäude oder Energieversorungseinrichtungen);

(b) Signalisierungsnetze;

(c) Übertragungsnetze zwischen den TVSt;

(d) Systeme zur Steuerung und Kontrolle der Übertragungsnetze.

Zunächst verwendet das HAI-Modell *feste* durch die bestehenden Anschlußnetze in den einzelnen Regionen/Staaten vorgegebene Standorte von TVSt. Diese TVSt-Standorte werden als „Wire-Center" bezeichnet, an denen sich jeweils neben mindestens einer TVSt in Abhängigkeit von den Anforderungen des jeweiligen TK-Netzes auch gleichzeitig weitere TVSt und/oder FVSt befinden können.[80]

---

79 Für diesen „Sizing"-Faktor werden vom HAI-Modell Default-Werte zwischen 0,5 und 0,8 vorgeschlagen. Die Dimensionierung des Kabels ergibt sich mittels Division der aktuellen anzuschließenden Endkundenzahl durch den „Sizing"-Faktor und der Auswahl der nächsthöheren verfügbaren Kabelgröße.

80 Außerdem kann der Nutzer des HAI-Modells auch explizit „Stand-Alone"-Lösungen für alle benötigten TVSt und andere Optionen auswählen. Vgl. für eine genauere Diskussion HAI 1998a: 56.

Dabei wird zur Bestimmung der notwendigen TVSt seitens des HAI-Modell als Default-Wert davon ausgegangen , daß eine TVSt maximal 80.000 BE[81] verwalten kann und bei einer höheren von einem „Wire-Center" zu versorgenden Anschlußzahl entsprechend mehrere TVSt zu kalkulieren sind.[82] Zu dem Investment für die TVSt wird die von diesen genutzte Infrastruktur (wie z.B. Gebäude oder Klimatisierung) hinzugerechnet. Diese Zurechnung erfolgt im Falle der gemeinsamen Nutzung mehrerer Vermittlungseinrichtungen (TVSt oder FVSt) innerhalb eines „Wire-Center" entsprechend anteilig.

Weiterhin nimmt das HAI-Modell eine Abschätzung der in jeder TVSt und jedem „Wire-Center" anfallenden TK-Verkehrsmenge und eine Kalkulation (a) der zur Abwicklung dieser Verkehrsmengen notwendigen Leitungswege zwischen den TVSt/"Wire-Center" und (b) der notwendigen Kapazitäten an FVSt vor. Darauf basierend werden die Investitionen für die Übertragungsnetze zwischen den „Wire-Center", die Systeme zur Steuerung dieser Übertragungsnetze sowie die zugehörigen Signalisierungsnetze bestimmt.[83]

Ad (4): „Expense"-Modul

Das „Expense" Modul ermittelt auf Basis der Inputs der zuvor beschriebenen Module (a) die Kosten des Anlagevermögenseinsatzes und (b) die Netzbetriebskosten.

Kosten des Anlagevermögenseinsatzes

Zur Kalkulation der KAV bedient sich das HAI-Modell einer – nicht vollständig transparenten – Kombination aus buchhalterischer Methode und Annuitätenmethode, indem eine lineare Abschreibung der Anlagevermögensgegenstände vorgenommen und jeweils deren Werte zur Jahresmitte (= der Mittelwert der Jahresendbuchwerte des betrachteten und des vorherigen Jahres) als relevante Restwer-

---

[81] Dies entspricht der vom WIK-VN-Modell angenommenen bzw. vorgeschlagenen Kapazität für eine TVSt. S. WIK 1999: 16. Allerdings werden z.B. von Netzinfrastrukturherstellern Kapazitäten von 100.000 bis 220.000 Beschaltungseinheiten angegeben. Vgl. WIK 1999: 16; Nortel Dasa 1998: 5.

[82] Darüber hinaus erfolgen weitere Kapazitätseinschränkungen/-überprüfungen, die z.B. die Zahl der von einer TVSt zur Hauptverkehrsstunde maximal abzuwickelnden Anrufversuche („Busy Hour Call Attempts") betreffen. S. für Details HAI 1998a: 55-56.

[83] Da es sich hierbei größtenteils um TK-Netz-Funktionalitäten handelt, die m.E. dem Verbindungsnetz und nicht dem Anschlußnetz zuzurechnen sind, und gleichzeitig die Funktionsweise/Eignung des HAI-Modells zur Ermittlung der Kosten von BNZ-Leistungen im Anschlußnetz (d.h. namentlich der TAL) im Mittelpunkt des Interesses steht, wird auf diese verbindungsnetzspezifischen Aspekte nicht weiter eingegangen. Für eine genauere Beschreibung der entsprechenden Funktionalitäten des HAI-Modells s. HAI 1998a: 58-63.

te des Netzelemente verwendet werden. Diese Restwerte werden dann mittels der Annuitätenmethode in jährliche KAV gleicher Höhe transformiert.

Als Zeiträume für diese Abschreibungen greift das Modell auf die in Abb. 6-7 dargestellten Nutzungsdauern zurück, die basierend auf Erfahrungswerten der ökonomischen Nutzung zwischen der FCC, Regulierungsinstanzen der US-Bundesstaaten und den LEC abgestimmt wurden.

Das HAI-Modell verwendet als Default-Werte für die Eigenkapitalzinsen (Fremdkapitalzinsen) 11,9% (7,7%) und unterstellt eine Eigenkapitalquote von 55%, ohne diese Werte jedoch analytisch herzuleiten oder zu begründen. Damit ergibt sich ein mittlerer gewichteter Kapitalkostenzinsatz von 10,01%.

Abb. 6-7: Im HAI-Modell berücksichtigte Gegenstände des Anlagevermögens

Nr.	Anlagegüterkategorie	Mittlere Nutzungsdauer (in Jahren)
1	Kraftfahrzeuge	9,28
2	Werkstattausrüstung (für Kraftfahrzeuge)	11,04
3	Werkstattausrüstung (sonstige)	13,47
4	Gebäude	47,82
5	Möbel	17,10
6	Sonstige Büroausstattung	11,58
7	Sonstige Gebäudeausstattung	7,69
8	Computer	6,36
9	Vermittlungseinrichtungen	16,66
10	Managementsysteme/Betriebssysteme/Software	9,33
11	Übertragungstechnik (Leitungsverstärker etc.)	10,07
12	Öffentliche Telefone	8,26
13	Verzweigungselemente (z.B. KVz)	19,29
14	Kabelmasten	15,92
15	Kupferkabel ("Aerial")	16,75
16	Glasfaserkabel ("Aerial")	22,24
17	Kupferkabel ("Underground")	21,14
18	Glasfaserkabel ("Underground")	23,08
19	Kupferkabel ("Buried")	19,90
20	Glasfaserkabel ("Buried")	23,86
21	Kupferkabel (zur Verkabelung im Gebäude)	15,71
22	Glasfaserkabel (zur Verkabelung im Gebäude)	23,62
23	Kabelrohre/-kanäle	50,92

Quelle: HAI 1998a: 67.

Betriebskosten

Das HAI-Modell unterscheidet zwischen Netzbetriebskosten und sonstigen Betriebs- und Overheadkosten. Hierzu werden aus den historischen Betriebskosten der LEC, welche von der FCC veröffentlicht werden,[84] Betriebskostenfaktoren gebildet.[85] Die Netzbetriebskostenfaktoren werden unterschieden in die Kategorien (a) Netzwerk-Support (wie z.B. Fahrzeuge), (b) Vermittlungseinrichtungen, (c) Übertragungswege zwischen Vermittlungseinrichtungen, (d) Anschlußleitungen und (e) Netzwerkbetrieb (wie z.B. Energie).

Auf Basis der beschriebenen KAV und Betriebskosten kalkuliert das „Expense"-Modul Kosten für die folgenden Netzelemente:

- *Netzabschlußelemente,* d.h. TAE (bzw. in der amerikanischen Terminologie „Network Interface Device").
- *Verzweiger- und Endkabel,* d.h. die Verbindung von KVz zum jeweiligen Endkunden.
- *Kabelverzeiger/Konzentrator,* d.h. die Verzweigungs- und/oder Konzentrationsinfrastruktur, welche das Hauptkabelnetz mit dem Verzweigerkabelnetz verbindet.
- *Hauptkabel,* d.h. die Verbindung zwischen der TVSt und dem KVz.
- *TVSt,* einschließlich der zugehörigen Infrastruktur wie Gebäude, Energieversorung etc.
- *Betriebssysteme,* einschließlich deren Bedienung und sonstiger für den laufenden Netzbetrieb relevanter Leistungen.
- *Übertragungswege* zwischen den TVSt.
- *Übertragungswege* zwischen der TVSt und einer „eigenen" FVSt.
- *Übertragungswege* zwischen der TVSt und einer FVSt eines anderen Carriers.
- *FVSt* einschließlich der zugehörigen Infrastruktur.
- *Signalisierungsübertragungswege.*

---

[84] Vgl. FCC 1998: 38-136.

[85] S. hierzu Kap. 5.4.

6.4.1.2 Modellkritik

Das HAI-Modell ist ein sehr variabel gestaltetes Instrument zur Ermittlung der Kosten von TK-Netzelementen und -diensten US-amerikanischer LEC, das (a) zur Bestimmung der Kosten der TAL und (b) von NZS-Leistungen im Anschlußnetz in hohem Maße geeignet ist.

Positiv zu bewerten ist vor allem (a) der Rückgriff auf eine umfangreiche und ständig aktualisierte Datenbasis zur Ermittlung der Standorte der an das jeweilige TK-Netz angeschlossenen Endkunden, (b) die differenzierte Modellmechanik, welche dem Nutzer sehr weitgehende Eingriffe über die einzelnen Input-Parameter erlaubt, sowie (c) die sehr umfassende Modelldokumentation, die insbesondere auch für alle Modellvariablen/-parameter Default-Werte enthält. Allerdings werden diese Default-Werte in der Modelldokumentation nur beschrieben und *nicht* begründet, was die inhaltliche Aussagekraft der mittels dieser Werte ermittelten Modellergebnisse einschränkt. Dennoch geben die Default-Inputwerte dem Modellanwender zumindest einen ersten Hinweis, in welcher Größenordnung realistische Werte für die einzelnen Parameter liegen sollten, was insbesondere im Fall von nicht unmittelbar selbsterklärenden Parametern wie Beilauf-/Mitbenutzungsfaktoren von nicht zu unterschätzender praktischer Bedeutung ist.[86]

Kritisch zu betrachten ist beim HAI-Modell vor allem, daß dieses, wie auch alle anderen in dieser Untersuchung vorgestellten Kostenmodelle, keinen Optimierungsalgorithmus zur Bestimmung der Standorte der TVSt enthält, sondern diese wie vom jeweiligen LEC tatsächlich implementiert übernommen werden. Daneben weist das Modell – im Vergleich zum weiter unten beschriebenen HCPM – eine geringere Variabilität bei der Cluster-Modellierung auf.

Insgesamt kommt dem HAI-Modell bzw. genauer gesagt dem Hatfield-Modell als dessen Vorgängermodell jedoch auch insofern eine hohe Bedeutung zu, als daß es eines der ersten Kostenmodelle darstellt, das (a) eine analytisch fundierte Abbildung von Zugangsnetzen realisierte und gleichzeitig (b) die hierbei getroffenen Annahmen sowie die hierzu verwendete Modellsoftware öffentlich zugänglich machte. Diese Rolle des HAI-/Hatfield-Modell als „Urvater" der neueren Kostenmodelle wird u.a. auch dadurch deutlich, daß andere aktuelle Kostenmodelle

---

[86] Im Gegensatz hierzu erhält beispielsweise der Anwender beim WIK-ON-Modell für den weitaus überwiegenden Teil der variablen Input-Parameter keinerlei Anhaltspunkte für mögliche Eingabewerte/-bandbreiten.

wie das WIK-ON-Modell oder das HCPM sich im Hinblick auf wichtige Module bzw. deren Modellierung an die Systematik des HAI-/Hatfield-Modells anlehnen.

6.4.2 Hybrid Cost Proxy-Modell

Das HCPM in der Ende 1999 aktuellen Version 2.6 wurde von Bush, Kennet, Prisbrey, Sharkey und Gupta im Auftrag der FCC entwickelt und Mitte 1998 veröffentlicht. Vom HCPM werden bewußt Elemente anderer US-amerikanischer Kostenmodelle - namentlich des HAI-Modells - aufgegriffen und weiterentwickelt. Daher werden an dieser Stelle auch nur *kurz* ausgewählte wichtige Aspekte, die (a) das HCPM grundlegend charakterisieren und/oder (b) die dieses Modell von den anderen weiter oben bereits ausführlicher diskutierten Kostenmodellen für das Anschlußnetz unterscheiden, angesprochen.

6.4.2.1 Funktionsprinzip

Die Vorgehensweise der Kostenermittlung des Anschlußnetzes erfolgt in *drei* Schritten:[87]

(1) Zunächst werden im sogenannten *„Customer Location"-Modul* die Standorte der anzuschließenden Endkunden bzw. deren Verteilung bestimmt oder abgeschätzt und diese zu Clustern zusammengefaßt.

(2) Auf Basis dieser räumlichen Verteilung der Endkunden wird dann im sogenannten *„Loop Design"-Modul* die Struktur des Anschlußnetzes getrennt für die Abschnitte *„Distribution Plant"* (= Netz zwischen den KVz und den Endkunden) und *„Feeder Plant"* (= Verbindung von der TVSt zum KVz) ermittelt.[88]

(3) Schließlich werden die Investitionen/Kosten für die zur Verwirklichung der zuvor bestimmten Netzstruktur notwendigen Netzelemente kalkuliert.

Dabei erfolgt jeweils eine Modellierung des Anschlußnetzes für gegebene bzw. vom Nutzer zu bestimmende Standorte von TVSt, d.h. die Ermittlung/Optimierung der Zahl und Position dieser TVSt ist (wie auch im WIK-ON- und HAI-Modell) *nicht* Bestandteil des Modellierungsprozesses.

Da die unter (1) und (2) genannten Schritte den *Kernmodellierungsprozeß* des HCPM darstellen, in dem sich dieses z.T. von den bisher dargestellten Kostenmo-

---

[87] Vgl. hierzu sowie zu den folgenden Ausführungen in Kap. 6.4.2.1 Bush et al. 1998: 5-18.

[88] Damit ähnelt die Vorgehensweise stark der des Hatfield-/HAI-Modells.

dellen unterscheidet bzw. über diese hinausgeht, und der Prozeß der Kostenermittlung (Punkt (3)) im wesentlichen den bereits skizzierten Prinzipien des HAI-Modells folgt, beschränkt sich die nachfolgende Darstellung und Analyse auf die beiden Schritte des *Kernmodellierungsprozesses*.

Ad (1): „Customer Location"-Modul

Im Rahmen dieses Moduls werden zunächst alle Standorte der Endkunden, die an die jeweilige TVSt anzuschließen sind, in Cluster zusammengefaßt, wobei jedes Cluster durch einen KVz versorgt wird und damit einem Verzweigerbereich entspricht. Ziel dieser Cluster-Bildung ist es, eine möglichst optimale (i.S.v. kostenminimale) Anzahl von Verzweigerbereichen zu ermitteln. Hierbei ist jedoch der gegenläufige Einfluß („Trade Off") von zwei Kostentendenzen zu beachten, indem mit der Zahl der Verzweigerbereiche c.p. (a) die Kosten für die KVz und deren Anschluß an die TVSt steigen, jedoch gleichzeitig (b) die durchschnittliche Entfernung zwischen dem Endkunden/Netzabschlußpunkt und dem KVz und damit auch die Kosten für diesen Anschluß sinken. Zudem sind technische Restriktionen wie z.B. die maximale Kapazität eines KVz oder die maximal ohne Zwischenverstärker mögliche Anschlußlänge zwischen einem Endkunden und der TVSt zu beachten. Das Modell ist so konzipiert, daß es zur Clusterung normalerweise auf Daten, welche die geographische Lage jedes einzelnen Endkunden abbilden, zurückgreift. Über die von der TVSt zu versorgende Fläche wird ein Raster mit Planquadraten gelegt, die in der Modell-Standardeinstellung eine Kantenlänge von 500 Fuß haben.[89]

Liegen solche genauen Daten zur Kundenverteilung nicht vor, können auch die oben genannten CBD herangezogen werden. Die Endkunden werden dann als gleichmäßig verteilt über alle Planquadrate des Bereichs, für den jeweils eine aggregierte Kundenzahl angegeben wird, angenommen.

Das HCPM beinhaltet *drei* Cluster-Algorithmen, aus denen der Nutzer einen auswählen kann. Der vom Modell vorgeschlagene Algorithmus ist der sogenannte „Divise"-Algorithmus, der zunächst davon ausgeht, daß alle Endkundenstandorte zu *einem* großen Cluster gehören, das als „Parent"-Cluster bezeichnet wird. Von diesem „Parent"-Cluster wird ein sogenanntes „Child"-Cluster abgespalten, indem der Endkundenstandort, der am weitesten vom Schwerpunkt[90] des „Pa-

---

[89] Diese Standardgröße der Planquadrate kann jedoch in der Modellsoftware verändert werden.
[90] Der Schwerpunkt eines Clusters ergibt sich als der „gewichtete" Mittelpunkt aller Endkundenstandorte.

rent"-Clusters entfernt ist, zunächst das „Child"-Cluster repräsentiert. Diesem neuen Cluster werden dann alle Endkundenstandorte zugeordnet, deren Abstand zum Schwerpunkt dieses „Child"-Clusters geringer ist als die Distanz zum Schwerpunkt des „Parent"-Clusters. Nach jeder Zuordnung werden die Schwerpunkte der beiden Cluster neu kalkuliert. Dieser Prozeß wird solange wiederholt bis (a) kein Standort innerhalb des „Parent"-Clusters eine größere Distanz zum Schwerpunkt des Clusters mehr aufweist als zum Schwerpunkt des „Child"-Clusters oder (b) bis die Endkundenschlüsse im „Child-Cluster" technische Grenzen, wie z.B. maximale Kapazitäten von KVz, erreichen bzw. überschreiten. Von den „Parent-Clustern" werden nun weitere „Child-Cluster" abgespalten, bis die einzelnen Cluster (einschließlich des „Parent-Clusters") Vorgaben zu maximalen Anschlußkapazitäten und Entfernungen innerhalb eines Verzweigerbereichs erfüllen. Damit bestimmt dieser Cluster Algorithmus die *minimale* Anzahl von technisch möglichen Clustern.

Die beiden anderen Cluster-Algorithmen gehen zunächst davon aus, daß *jeder* Endkundenstandort einem eigenen Cluster angehört, und dann schrittweise jeweils die zwei Cluster, welche die geringste Distanz zueinander aufweisen, zu einem neuen Cluster zusammengefaßt werden. Diese beiden sogenannten agglomerativen Algorithmen unterscheiden sich lediglich darin, wie die Distanz zweier Cluster definiert ist. Zum einen kann, wie beim ersten Algorithmus, die Entfernung zwischen den Schwerpunkten der beiden Cluster zugrunde gelegt werden. Zum anderen kann die Distanz zwischen den zwei Endkundenstandorten der beiden Cluster herangezogen werden, die am engsten beieinander liegen. Die letztgenannte Vorgehensweise („Nearest-Neighbor"-Methode) entspricht damit der Systematik wie sie auch ähnlich im HAI-Modell angewendet wird.[91]

Das HCPM-Modell beinhaltet darüber hinaus zwei sogenannte Optimierungsroutinen, deren Anwendung das Ergebnis des zuvor beschriebenen Cluster-Prozesses z.T. deutlich verbessert, indem die mittlere Entfernung der Endkundenstandorte zum Zentrum des jeweiligen Clusters um 10–60% reduziert wird. Bei der sogenannten einfachen Optimierungsroutine wird ein Endkundenstandort dann einem anderen Cluster zugeordnet, wenn seine Entfernung vom Schwerpunkt dieses Clusters geringer ist als die Distanz zum Schwerpunkt seines bisherigen Clusters, wobei die bereits erwähnten technischen Restriktionen berücksichtigt wur-

---

[91] Dieser Algorithmus beinhaltet zudem, wie auch das HAI-Modell, die Nebenbedingung, daß zwei Cluster nur dann zusammengefaßt werden, wenn die Distanz zwischen den beiden „Nearest-Neighbor"-Standorten nicht mehr als zwei Meilen beträgt.

den. Die andere Optimierungsroutine („Full Optimization") analysiert für jeden Endkundenstandort einzeln die Auswirkung, die eine Änderung der Zuordnung dieses Standortes auf die Lage der Schwerpunkte der beiden beteiligten Cluster hat, und führt die Neu-Zuordnung nur dann aus, wenn die kumulierte Entfernung aller beteiligten Endkundenstandorte zum jeweiligen Cluster-Schwerpunkt dadurch reduziert wird.

Da durch beide Optimierungsroutinen sich die Cluster-Zuordnung der Endkunden sowie die Lage der Cluster-Schwerpunkte kontinuierlich ändert, wird vom HCPM zur Erzielung möglichst guter Ergebnisse eine sequentielle Anwendung beider Methoden vorgeschlagen, indem zunächst die einfache Optimierungsmethode, dann die „Full Optimization"-Methode und schließlich nochmals die einfache Optimierungsmethode durchzuführen sind.

Nach Abschluß dieses Clusterungs- und Optimierungspozesses werden schließlich die Standorte der KVz als die Schwerpunkte der einzelnen Cluster bestimmt. Ist aufgrund technischer Kapazitätsrestriktionen des KVz und maximaler Anschlußlängengrenzen zum jeweiligen Endkunden *ein* KVz für ein Cluster nicht ausreichend, so wird das betreffende Cluster mittels des „Diverse Algorithmus" in zwei Cluster geteilt und in den Schwerpunkten der beiden neuen Cluster jeweils ein KVz angenommen. Damit ist der Cluster-Prozeß abgeschlossen.[92]

Ad (2): „Loop Design"-Modul

Auf Basis der vom Cluster-Modul bereitgestellten Daten zur Lage und Anzahl der einzelnen Endkundenanschlüsse wird im Rahmen des „Loop Design"-Modul die Netzinfrastruktur im Verzweiger- und Hauptkabelnetz bestimmt, die zum Anschluß dieser Endkunden an die jeweilige TVSt notwendig ist.

---

[92] Zur Vereinfachung des Modellierungsprozesses bzw. zur Reduzierung der zur Verwendung der Softwareversion des HCPM notwendigen Rechenzeit kann das Modell statt der genauen Endkundenstandorte „mittlere" Endkundenstandorte verwenden, indem alle Endkunden eines „Planquadrates" als im Schwerpunkt dieses Planquadrates lokalisiert angenommen werden.

Verzweigerkabelnetz („Distribution Plant Design")

Zur Ermittlung der Infrastrukturtur des Verzweigerkabelnetzes geht das Modell von einer räumlich gleichmäßigen Verteilung der Endkundenstandorte innerhalb eines Planquadrates aus.[93]

Hierbei wird jedes Planquadrat gemäß der Zahl der anzuschließenden Endkundenstandorte in gleichgroße Rechtecke unterteilt, die diese Standorte repräsentieren. Die Endkundenstandorte, die annahmegemäß im Mittelpunkt dieser Rechtecke liegen, werden zunächst mittels eines Anschlußkabels („Drop Wire") an „Verzweigerkabelzweige" („[Vertical] Branching Cable"), deren Verlauf senkrecht in Nord-Süd-Richtung angenommen wird, herangeführt. Diese „Branching Cable" werden wiederum über „Kabelanschlußpunkte" („Cable Junction Points") an den vom KVz kommenden waagerecht in West-Ost-Richtung verlaufenden „Verzweigerkabelstamm" angeschlossen. Abb. 6-8 veranschaulicht diese Systematik.

Abb. 6-8: Struktur des Verzweigerkabelnetzes innerhalb eines Planquadrates

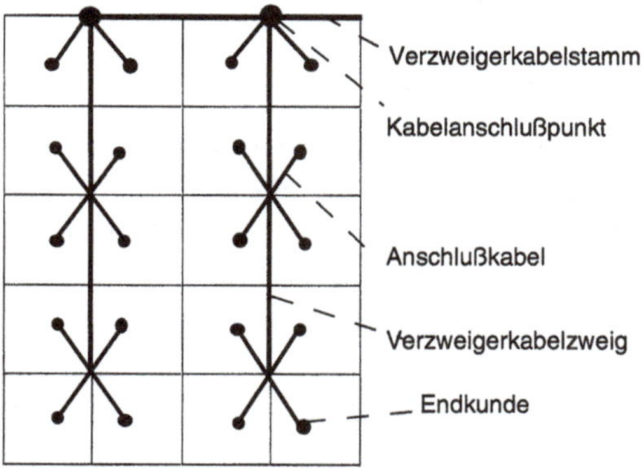

Quelle: In Anlehnung an Bush et al.1998: 10.

[93] Diese Vereinfachung ist notwendig, um den sonst notwendigen Rechenaufwand für die Kalkulation des Anschlusses jedes einzelnen exakte Standortes zu reduzieren. Bei hinreichend kleiner Größe der Mikro-Zellen, wie z.B. der vom Modell vorgeschlagenen Planquadrate von 500 Fuß Kantenlänge erscheint diese Vereinfachung akzeptabel.

Schließlich werden diese waagerecht verlaufenden „Verzweigerkabelstämme", die immer zwei Reihen von Planquadraten versorgen, wie in Abb. 6-9 dargestellt, an den nächstgelegenen KVz angeschlossen.[94]

Abb. 6-9: Anschluß der Planquadrate an den Kabelverzweiger

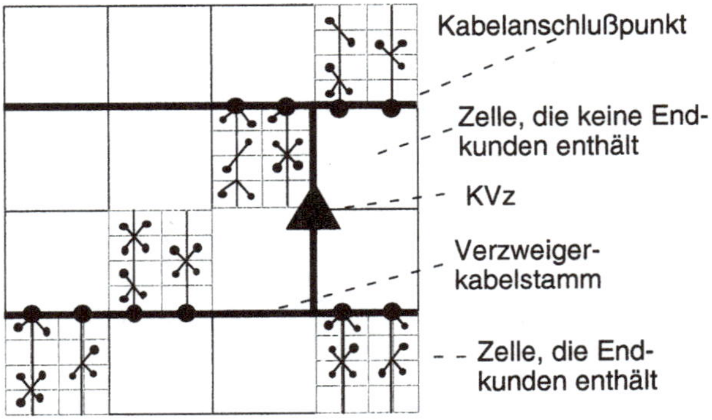

Quelle: In Anlehnung an Bush et al. 1998: 11.

Hauptkabelnetz („Feeder Plant Design")

Gemäß dem HCPM wird jedes der im „Customer Location"-Modul bestimmten Cluster von maximal vier und mindestens einem KVz versorgt. Der KVz, der unmittelbar mit der TVSt verbunden ist, wird dabei als primärer KVz bezeichnet. Für die bis zu drei weiteren KVz innerhalb des Clusters, die über diese primären KVz an die TVSt angeschlossen sind, wird der Begriff sekundäre KVz verwendet.

Das HCPM kalkuliert die Kosten für alle möglichen Standorte/Konfigurationen von KVz für jedes Cluster und wählt hierzu die optimale (= kostenminimale) Kombination aus.

Die Kernaufgabe des „Feeder Plant Design"-Modul ist jedoch die Bestimmung einer optimalen Topologie zum Anschluß der primären KVz an die TVSt. Hierzu bedient sich das HCPM einer modifizierten Version des sogenannten *Prim-Algorithmus*. Das Ziel des ursprünglichen Prim-Algorithmus ist die Verbindung eines Ausgangsknotens (d.h. in diesem Falle der TVSt) mit mehreren anderen Knoten (hier ein primärer KVz) mittels eines Netzwerkes mit der minimal mög-

[94] Dieses Vorgehen stellt den Standard-Algorithmus des HCPM zur Bestimmung des Verzweigerkabelbereiches dar. Alternativ kann in sehr dünn besiedelten Regionen ein alternativer Algorithmus, der dem weiter unten angesprochenen „Prim"-Algorithmus ähnelt, herangezogen werden.

lichen Gesamtlänge. Hierzu verbindet der Algorithmus jeweils den nächstgelegenen, noch nicht mit dem Netzwerk verbundenen Knoten mit diesem, bis alle Knoten an das Netzwerk angeschlossen sind.[95]

6.4.2.2 Modellkritik

Das HCPM ist ein Modell zur Ermittlung optimaler Anschlußnetzstrukturen und zur Bestimmung der Kosten von Netzelementen, die zur Umsetzung dieser Strukturen geeignet sind. Es lehnt sich in hohem Maße an das Hatfield-/HAI-Modell an. So beschränkt sich auch beim HCPM die Optimierung auf die Netzstrukturen innerhalb des von einer *gegebenen* TVSt zu versorgenden Gebietes und beinhaltet nicht die Bestimmung der optimalen Anzahl und Lage dieser TVSt.

Positiv zu bewerten ist, daß das HCPM, im Vergleich zu den anderen zuvor diskutierten Kostenmodellen, vor allem im Bereich der Clusterung von Endkundenstandorten einen hohen Grad an Variabilität aufweist, indem zur Modellierung mehrere Algorithmen simultan verwendet werden bzw. alternativ verwendet werden können. Hierdurch können tendenziell bessere Ergebnisse, im Sinn von kostengünstigeren Anschlußnetzstrukturen, durch den Rückgriff auf das kostenminimale Ergebnis verschiedener Algorithmen erzielt werden als mit weniger flexiblen Modellen.

Allerdings ist die Modelltransparenz deutlich geringer als beim HAI-Modell, da die Erläuterung der HCPM-Modellmechanik sowie die Dokumentation von Default-Werten für die HCPM-Input-Parameter weniger ausführlich und nachvollziehbar ausfällt.

---

[95] Es kann gezeigt werden, daß das hierdurch gebildete Netzwerk die minimal mögliche Gesamtlänge aufweist. S. Prim 1957: 1389-1398. Die vom HCPM verwandte Version des Prim-Algorithmus beinhaltet zwei Modifikationen: (1) Neben dem vom ursprünglichen Prim-Algorithmus vorgesehenen Anschluß eines neuen Knotens an einen *Knoten* des Netzwerkes erlaubt das HCPM den Anschluß an das Netz an beliebigen Anschlußpunkten. (2) Statt wie der ursprüngliche Prim-Algorithmus beim Anschluß eines neuen Knotens an das bestehende Netz den Knoten mit der geringsten Distanz zum Netz auszuwählen, wird durch das HCPM der Knoten gewählt, der zu minimalen Kosten (d.h. zu minimalen durchschnittlichen Anschlußkosten pro Hauptanschluß) mit dem Netz verbunden werden kann. Hierbei ist seitens des Nutzers noch auszuwählen, ob das HCPM mit Luftlinienentfernungen oder rechtwinkligen Distanzen, die sich an der Straßenführung orientieren, arbeiten soll.

6.5 Exemplarische Berechnungsergebnisse von Kostenmodellen für die Teilnehmeranschlußleitung

6.5.1 WIK-Ortsnetzmodell

Bei der *konkreten* Ermittlung von Kosten der TAL mit Hilfe der WIK-ON-Modell-Software sind zwei Hauptschwierigkeiten zu bewältigen:

(1) In der Dokumentation zum WIK-ON-Modell werden die einzelnen Inputparameter nur teilweise erläutert. Hierbei ist zudem in den meisten Fällen auch nicht ersichtlich, in welcher Größenordnung sich realistische Input-Werte bewegen müssen. Im Fall von Preisen für Netzelemente kann zwar ersatzweise auf Marktpreise bzw. einschlägige Veröffentlichungen zurückgegriffen werden. Bei diversen Beilauf- oder Sharing-Faktoren ist der Modellnutzer jedoch weitgehend auf eigene Schätzungen angewiesen.

(2) In der Software zum WIK-ON-Modell sind die Daten für achtzig Ortsnetze hinterlegt. Diese sind jedoch insofern anonymisiert, als daß nicht ersichtlich ist, um die Ortsnetze welcher deutschen Städte/Gemeinden es sich hierbei handelt, da diese einzelnen Netze nur durch Nummern gekennzeichnet sind.

Vor dem Hintergrund dieser Schwierigkeiten wurde bei der Festlegung der Input-Parameter des WIK-ON-Modells für die nachfolgend dargestellten und in Kap. 6.5.3 diskutierten exemplarischen Berechnungen der TAL-Kosten größtenteils auf eine Veröffentlichung von *Keller* zurückgegriffen.[96] In ihr werden für 32 der 45 vom Modellnutzer einzugebenden Input-Parameter des WIK-ON-Modells mittlere Ausprägungen genannt, die auf Basis von 35 tatsächlich gebauten TK-Ortsnetzen ermittelt wurden.[97] Weitere Parameter wurden anhand von Marktpreisen bestimmt oder geschätzt. Die für die Berechnungen verwandten Input-Parameter werden in Abb. 6-10 dargestellt.

---

[96] S. Keller 1999: 3-10. Keller war zum Zeitpunkt der Erstellung dieser Arbeit Mitarbeiter des TK-Ausrüsters Bosch Telecom.

[97] Neben diesen 45 Input-Parametern gibt es weitere Parameter (wie z.B. Geschäftskundenanteil im jeweiligen Ortsnetz), für die das WIK-ON-Modell jedoch Werte bereitstellt. Darüber hinaus können für die drei im WIK-ON-Modell unterschiedenen Verzweigerbereichstypen (s. Kap. 6.3.1.1, insbesondere Abb. 6-5) differenzierte Parameter eingestellt werden (vgl. auch Fußnote 33 in Kap. 6). Bei den hier vorgenommenen exemplarischen Berechnungen wurde jedoch in Anlehnung an *Keller* für die einzelnen Input-Parameter jeweils *ein* mittlerer Wert für alle drei Verzweigerbereichstypen zugrunde gelegt.

Abb. 6-10: Input-Werte für exemplarische TAL-Berechnungen mit dem WIK-Ortsnetzmodell

Preise/Investitionen (in DM) [a]		Strukturparameter	
Hauptkabelnetz		**Hauptkabelnetz**	
Bau Kabelschacht	46.036,00	Anteil Kabalkanaltrassen	0,90
Bau KKA [b] pro m	646,42	Kabel je Trassenmeter im Stamm	1,50
Bau EKI [c] pro m	108,86	Kabel je Trassenmeter im Ast	1,00
Kabelfixkosten pro m	2,35	Abstand zw. Kabelschächten [m]	150,00
Preis pro DA [d] (0,4 mm)	0,07	Ökonom. Reservefaktor für DA	1,10
Preis pro DA (0,6 mm)	0,09	Sharingfaktor (Kanal)	0,50
Preis pro DA (0,8 mm)	0,10	Sharingfaktor (Endkabel)	0,50
		Beilauffaktor (andere Produkte)	0,50
Verzweigernetz		**Verzweigernetz**	
Bau Kabelschacht	46.036,00	Anteil Kabalkanaltrassen	0,50
Bau KKA pro m	122,60	Kabel je Trassenmeter	1,33
Bau EKI pro m	108,86	Abstand zw. Kabelschächten [m]	100,0
Kabelfixkosten pro m	0,83	Anzahl DA pro Anschluß im EK [e]	1,72
Preis pro DA (0,4 mm)	0,07	EVz pro Anschluß	0,21
Preis pro DA (0,6 mm)	0,09	Graben pro Anschluß	0,14
Preis pro DA (0,8 mm)	0,10	Anschlußlänge [km]	0,40
Endstellenkabel	109,00	Trassenlänge [km]	2,00
		Hauszuführungslänge [m]	20,00
Allgemein		Ökonom. Reservefaktor für DA	1,50
HVt (fix)	69.3000,00	Sharingfaktor (Kanal)	0,50
HVt (pro DA)	6,84	Sharingfaktor (Erdkabel)	0,50
KVz	3.887,14	Sharingfaktor (Endkabel)	0,50
Montagestelle	84,24	Beilauffaktor (andere Produkte)	0,50
EVz	135,00	Verlegefaktor (doppelseitig)	0,50
TAE	5,00	**Allgemein**	
		Technischer Reservefaktor für DA	1,09

a) Alle Preise sind Netto-Preisangaben exklusive Mehrwertsteuer.
b) KKA = Kabelkanalanlage.
c) EKI = Erdkabelinstallation.
d) DA = Doppelader.
e) EK = Endkabel.

Quelle: Keller 1999: 7-10; eigene Schätzungen.

Im Hinblick auf die Auswahl der hier näher betrachteten Ortsnetze wurden je ein Ortsnetz mit hoher Anschlußdichte (= Ortsnetz Nr. 12), ein Ortsnetz mit mittlerer Anschlußdichte (= Ortsnetz Nr. 59) sowie zwei Ortsnetze mit relativ geringen jedoch untereinander deutlich verschiedenen Anschlußdichten (= Ortsnetze Nr. 2 und 61) ausgewählt, um die Unterschiede der TAL-Kosten in Abhängigkeit von der Anschlußdichte zu verdeutlichen.

Abb. 6-11: Ergebnisse von monatlichen TAL-Kostenberechnungen mit dem WIK-Ortsnetzmodell für ausgewählte deutsche Anschlußnetze

	Ortsnetz-Nummer			
Anschlußbereichs-merkmal	**2**	**12**	**59**	**61**
• **Zahl der Anschluß-leitungen in Tsd.**	2,3	316,7	11,7	8,8
• **Anschlußleitungen pro km²**	28	1.116	169	80
Netzelement	**Netzelementkosten pro Monat (in DM)**			
• **Netzabschluß**	0,75 (1%) [a]	0,75 (1%)	0,75 (1%)	0,75 (1%)
• **Verzweigernetz**	23,36 (40%)	3,29 (54%)	5,55 (40%)	46,11 (87%)
• **KVz**	0,43 (1%)	0,06 (1%)	0,10 (1%)	0,09 (0%)
• **Hauptkabelnetz**	33,73 (58%)	1,91 (31%)	7,26 (53%)	6,16 (12%)
• **HVt-Anschluß**	0,25 (0%)	0,10 (2%)	0,09 (1%)	0,16 (0%)
• **TAL (gesamt)**	**58,52**	**6,11**	**13,75**	**53,27**

a) Zahlenangaben in Klammern = Anteil der Kosten an den gesamten Kosten der TAL.

Die Berechnungen basieren neben der Modellmechanik des WIK-ON-Modells auf einer Annualisierung der Investitionen mittels Wiedergewinnungsfaktoren, wobei für die Netzelemente eine Nutzungsdauer von 30 Jahren und ein Kapitalkostenzinssatz von 7% zugrunde gelegt wurde.[98] Die Ergebnisse der exemplarischen Berechnungen sind in Abb. 6-11 dargestellt. Sie werden im Kap. 6.5.3 auf Basis eines Vergleiches mit Ergebnissen des HAI-Modells diskutiert.

6.5.2 HAI-Modell

Im Gegensatz zum WIK-ON-Modell liegen für das HAI-Modell für alle Input-Parameter Default-Werte vor. Zwar wird deren Höhe in der HAI-Modell-Dokumentation nicht begründet. Da jedoch eine Herleitung von Werten für diese Parameter bzw. die Analyse der Default-Werte den Rahmen der vorliegenden Untersuchung bei weitem überschreiten würde, erscheint die Verwendung dieser Default-Werte, von denen einzelne bereits in Kap. 6.4.1.1 genannt wurden, für die folgenden exemplarischen Berechnungen der TAL-Kosten in ausgewählten Anschlußnetzen/US-Staaten zweckmäßig.[99] Lediglich im Falle des Kapitalkostenzinssatzes wird zur besseren Vergleichbarkeit der Berechnungsergebnisse des HAI-Modells mit denen des WIK-Modells ebenfalls ein Zinssatz von 7% zugrunde gelegt.[100] Zur exemplarischen TAL-Kostenbestimmung wurden die US-Bundesstaaten Delaware, District of Columbia, Hawaii und Rhode Island ausgewählt.[101] Diese Auswahl liegt darin begründet, daß es nur in diesen Bundesstaaten lediglich einen LEC (je genanntem Staat) gibt. Damit sind die Kosten dieser LEC, trotz aller prinzipiellen Einschränkungen bezüglich der internationalen Übertragbarkeit von Ergebnissen,[102] m.E. am besten als Referenzpunkte für den deutschen Markt geeignet, da dort die DTAG i.d.R. ebenfalls der einzige Betreiber eines flächendeckenden Anschlußnetzes ist. Abb. 6-12 visualisiert die exemplarischen Resultate des HAI-Modells im Überblick.

---

98 S. zur Begründung dieser Werte Kap. 5.3.4 bis 5.3.6.

99 S. für eine umfassende Darstellung dieser über 200 Input-Parameter, die z.T. noch aus vielen Unter-/Einzelparametern bestehen, so daß sich insgesamt über 1.000 einzelne Input-Werte ergeben HAI 1998b: 11-82.

100 Zudem wird der im HAI-Modell vorgeschlagene Steuer-Faktor nicht verwendet, da wie in Kap. 5.3.5.5 erläutert wurde, im Rahmen der vorliegenden Arbeit steuerliche Effekte nicht berücksichtigt werden sowie dieser Faktor nationale Besonderheiten des US-amerikanischen Steuerrechtes abbildet.

101 Auf die Einbeziehung Alaskas als weiteren Staat mit nur einem LEC wurde bewußt verzichtet, da die dort vorliegende Anschlußdichte von ca. 0,1 Hauptanschlüssen je Quadratkilometer wenig aussagekräftige bzw. auf Deutschland schlecht übertragbare Ergebnisse versprochen hätte.

102 Vgl. hierzu Fußnote 148 in Kap. 5 und die dort genannte Literatur sowie Kap. 3.3.2.

Abb. 6-12: Ergebnisse von monatlichen TAL-Kostenberechnungen mit dem HAI-Modell für Anschlußnetze ausgewählter US-Bundesstaaten

	US-Bundesstaat			
Anschlußbereichsmerkmal	**Delaware**	**District of Columbia (= Stadt Washington)**	**Hawaii**	**Rhode Island**
• Zahl der Anschlußleitungen in Tsd.	550	1.079	746	673
• Anschlußleitungen pro km ^{2}	85	6.006	26	168
Netzelement	**Netzelementkosten pro Monat (in DM)** [a]			
• Netzabschluß	0,58 (3%) [b]	0,53 (5%)	0,62 (4%)	0,60 (4%)
• Verzweigernetz	9,83 (54%)	3,73 (39%)	8,40 (51%)	8,87 (55%)
• KVz	3,85 (21%)	1,43 (15%)	2,55 (16%)	3,37 (21%)
• Hauptkabelnetz	2,71 (15%)	3,05 (32%)	3,27 (20%)	2,02 (13%)
• HVt-Anschluß	1,19 (7%)	0,86 (9%)	1,54 (9%)	1,16 (7%)
• **TAL (gesamt)**	**18,16**	**9,60**	**16,38**	**16,02**

a) Umrechnungskurs: US$ 1,00 = DM 1,80 (Stand: 15.10.1999).

b) Zahlenangaben in Klammern = Anteil der Kosten an den gesamten Kosten der TAL.

6.5.3 Ergebnisdiskussion

Die anhand des *WIK-ON-Modells* bestimmten monatlichen Kosten der TAL liegen zwischen DM 6,11 und DM 58,52 und weisen damit eine sehr hohe Varianz auf. So sind insbesondere bei kleinen Ortsnetzen mit geringen Anschlußdichten von unter etwa 100 Anschlüssen pro Quadratkilometer (As/km^2) (s. Ortsnetze Nr. 12 und 59 in Abb. 6-11), welche i.d.R. in stark ländlich geprägten Gemeinden vorliegen, im Vergleich zu Ortsnetzen mit hohen Anschlußdichten von über ca. 150 As/km^2 (s. Ortsnetze Nr. 2 und 61 in Abb. 6-11) überproportional hohe Kosten für die TAL zu beobachten. Allerdings nehmen die TAL-Kosten unterhalb des genannten Grenzwertes für die Anschlußdichte (von ca. 100 As/ As/km^2) mit abnehmender Anschlußdichte nur noch deutlich unterproportional zu. Vergleicht man z.B. die Ergebnisse für die Ortsnetze Nr. 2 und 61 (in Abb. 6-11) miteinander, fällt auf, daß, obwohl das Ortsnetz Nr. 2 mit 28 As/km^2 eine um 65% geringere Anschlußdichte als das Ortsnetz Nr. 61 mit 80 As/km^2 aufweist, sich diese Anschlußdichte jedoch in nur knapp 10% höheren TAL-Kosten niederschlägt. Allerdings deuten die in Abb. 6-11 dargestellten Ergebnisse auch darauf hin, daß die Strukturen der Ortsnetze Nr. 2 und 61 sich insofern grundlegend unterscheiden, als daß beim Ortsnetz Nr. 61 das Verzweigernetz mit DM 46,11 pro Monat (= 87%) den weitaus größten Teil der TAL-Kosten darstellt, wogegen im Fall des Ortsnetzes Nr. 2 das Hauptkabelnetz mit monatlich DM 33,73 (= 58%) den größten Kostenblock repräsentiert. Daraus läßt sich ableiten, daß beim Ortsnetz 61 die einzelnen Verzweigerbereiche relativ dicht zusammen liegen und somit über das Hauptkabelnetz vom HVt vergleichsweise günstig angebunden werden können, jedoch *innerhalb* der einzelnen Verzeigerbereiche sehr geringe Kundendichten vorliegen, die entsprechend hohe Investitionen pro Anschluß in das Verzweigernetz erfordern. Umgekehrt liegen die von einem HVt versorgten Verzweigerbereiche im Ortsnetz Nr. 2 offensichtlich relativ weit auseinander, so daß hier sehr hohe Investitionen pro Anschluß in das Hauptkabelnetz notwendig sind.

Insgesamt zeigen die exemplarischen TAL-Kostenberechnungen durch das WIK-ON-Modell, daß die Kosten der TAL in hohem Maß von der Anschlußdichte des jeweiligen Ortsnetzes abhängen und größtenteils äußerst sensitiv auf Änderungen der Dichte und Struktur der Kundenanschlüsse reagieren. Vor diesem Hintergrund ist aus *ökonomischer* Perspektive in Hinblick auf die Bestimmung der TAL-Kosten und -Preise in Deutschland eine *räumliche Preisdifferenzierung* zu fordern, die mindestens zwei – besser jedoch drei bis vier – Anschlußdichteklassen von Ortsnetzen unterscheidet und für diese unterschiedliche TAL-Preise vorsieht.

Da jedoch regional differenzierte TAL-Preise Ende 1999 in Deutschland politisch nicht konsensfähig sind, sind zur Bestimmung der mittleren TAL-Kosten m.E. am ehesten Ortsnetze mit Anschlußdichten von ca. 150 bis 250 As/km^2 heranzuziehen. Für die Verwendung dieser Dichtewerte spricht, daß sich für die mittlere Anschlußdichte für Deutschland unter der Annahme, daß der durch Wald bedeckte Anteil der Staatsfläche von knapp 30% nicht zu berücksichtigen ist, ein Wert von ca. 210 As/km^2 ergibt. Damit können in erster Näherung und unter *Be-*

rücksichtigung der Ungenauigkeit der verwendeten Input-Parameter die für das Ortsnetz Nr. 59 ermittelten Kosten in Höhe von DM 13,75 pro Monat als Richtgröße für die TAL-Kosten im deutschen TK-Markt angesehen werden. Vergleicht man diesen ersten Richtwert mit dem Ende 1999 in Deutschland gültigen Mietpreis für die TAL in Höhe von DM 25,40, so ist festzustellen, daß dieser deutlich *über* den Kosten einer mittleren TAL zu liegen scheint.

Die mit Hilfe des HAI-Modells ermittelten Kosten für die TAL unterscheiden sich von den Ergebnissen des WIK-Modells primär in dreierlei Hinsicht:

(1) Die TAL-Kosten der ausgewählten Anschlußnetze/US-Bundesstaaten weisen mit Werten zwischen DM 9,60 und 18,16 pro Monat eine deutlich geringere Varianz auf.

(2) Vergleicht man bei den Ergebnissen beider Kostenmodelle jeweils Anschlußnetze ähnlicher Dichte, fällt auf, daß bei sehr geringen Anschlußdichten von 26 bis 28 As/km^2 (d.h. Hawaii vs. Ortsnetz Nr. 2) sowie bei geringen bis mittleren Dichten von 80 bis 85 As/km^2 (d.h. Delaware vs. Ortsnetz Nr. 61), die mittels des WIK-ON-Modell ermittelten TAL-Kosten um 193% bis 257% über den entsprechenden durch das HAI-Modell bestimmten Kosten liegen. Bei Anschlußnetzen mit einer mittleren Dichte von 168 bis 169 As/km^2 (d.h. Rhode Island vs. Ortsnetz Nr. 59) sowie sehr hohen Dichten von deutlich über 1.000 As/km^2 (d.h. Washington D.C. vs. Ortsnetz Nr. 12),[103] liegen hingegen die TAL-Kosten der US-amerikanischen über den Kosten der deutschen Anschlußnetze, wobei die Abweichungen mit 17% bis 57% vergleichsweise gering ausfallen.

(3) Die durch das HAI-Modell bestimmten Kosten liegen für den Anschluß am HVt und die Nutzung des KVz durchweg über den entsprechenden im WIK-Modell ermittelten Werten, für den Netzabschluß beim Endkunden jedoch unter diesen.

Die unter (1) genannten Abweichungen sind m.E. primär darin begründet, daß durch das WIK-ON-Modell singuläre Anschlußnetze, welche als Inseln tatsächlich nur einen Ort bzw. eine Stadt versorgen, abgebildet werden. Beim HAI-Modell erfolgt hingegen die Modellierung aller Anschlußnetze eines Bundesstaates und insofern (mit der Ausnahme von Washington D.C.) implizit eine Durch-

---

[103] Im WIK-ON-Modell sind keine Anschlußnetze mit ähnlich hohen Anschlußdichten wie sie in Washington D.C. zu beobachten sind, hinterlegt, so daß mit dem Ortsnetz Nr. 12 nur ein Anschlußnetz mit einer relativ hohen Dichte verwendet werden konnte.

schnittsbildung über zumindest einige regionale Anschlußnetze, die in einem großen gemeinsamen Anschlußnetz zusammen dargestellt werden.[104]

Auch die unter (2) genannten im WIK-ON-Modell vergleichsweise hohen TAL-Kosten für Bereiche geringerer Anschlußdichte lassen sich auf diesen Effekt zurückführen. Eine geringe Anschlußdichte innerhalb eines US-Bundesstaates dürfte sich nämlich i.d.R. als Mittelwert einiger Orte/Anschlußnetze mit mindestens mittlerer Anschlußdichte und fast unbewohnten Gebieten ergeben. Im Fall eines Ortes mit sehr geringer Anschlußdichte im WIK-ON-Modell handelt es sich hingegen um ein *einzelnes* Anschlußnetz, das weit verstreute Endkunden in diesem Ort versorgen muß.

Die unter (3) angesprochenen Unterschiede der Kosten einzelner Netzelemente in deutschen und US-amerikanischen Ortsnetzen sind m.E. in regionalen Besonderheiten der Netzstrukturen begründet:

- Da im HAI-Modell das Hauptkabelnetz vielfach auch auf LWL-Technik basiert[105] und in diesem Fall die KVz entsprechend als „Remote Terminals" realisiert werden, deren Kosten deutlich über den Kosten „normaler" KVz („Serving Area Interfaces") liegen, wie sie im WIK-ON-Modell angenommen werden, ergeben sich für KVz in den US-amerikanischen Anschlußnetzen im Mittel deutlich höhere Kosten.[106]

- Ebenso liegen die Kosten für den Anschluß am HVt bedingt durch diesen partiellen LWL-Einsatz im Hauptkabelnetz beim HAI-Model höher als beim WIK-ON-Modell.

- Die geringeren Kosten des Netzabschlusses in US-amerikanische Netzen sind schließlich dadurch bedingt, daß dort die Endkunden i.d.R. in hohem Maße die Verkabelung vom EVz zur TAE selbst übernehmen.

Trotz aller Besonderheiten bzw. Unterschiede der US-amerikanischen Anschlußnetze gegenüber den deutschen Anschlußnetzen können die mittels des HAI-Modells bestimmten Kosten für die TAL m.E. durchaus als Vergleichsmaßstab für

---

[104] Insofern liegt auch die Zahl der Anschlußleitungen einzelner dargestellter US-amerikanischer Anschlußnetze mit 550.000 bis 1.079 .000 durchweg über den entsprechenden Werten der deutschen Anschlußnetze, deren Maximum 316.700 Anschlußleitungen beträgt. Dabei wurde mit dem entsprechenden Ortsnetz Nr. 12 bewußt das größte aller 80 im WIK-Modell hinterlegten Anschlußnetze ausgewählt.

[105] Vgl. für eine Darstellung, in welchen Fällen hier auf LWL-Technik zurückgegriffen wird Kap. 6.4.1.1.

[106] S. zu den Begriffen „Remote Terminal" und „Serving Area Interface" Fußnote 74 in Kap. 6.

den deutschen Markt herangezogen werden. Dies gilt in besonderem Maße für einen Vergleich mit mittleren TAL-Kosten, da die Werte des HAI-Modells implizit ja gerade solche Mittelwerte innerhalb des jeweiligen Bundesstaates bestimmen. Als Referenzpunkt für den deutschen Markt bietet sich insbesondere der Mittelwert der TAL-Kosten der Staaten Rhode Island und Delaware an, da die mittlere Anschlußdichte in Deutschland mit ca. 127 As/km^2 gerade dem Durchschnitt der Anschlußdichten dieser beiden Staaten entspricht.[107] Die entsprechenden mittleren monatlichen TAL-Kosten ergeben sich zu DM 17,09. Auch diese Berechnung stützt wiederum die These, daß der in Deutschland Ende 1999 gültige monatliche Netto-Preis für die Nutzung der TAL in Höhe von DM 25,40 deutlich *über* den Kosten dieser TAL liegt.

6.6 Vergleichende Bewertung der untersuchten Kostenmodelle

Bei den zuvor diskutierten Kostenmodellen handelt es sich durchweg um Bottom-Up-Modelle, die sich vor allem (a) hinsichtlich des Teilnetzes, welches sie analysieren, sowie (b) im Hinblick auf den nationalen TK-Markt, dessen Netzstrukturen sie primär abbilden, unterscheiden. Damit sind insgesamt vier Gruppen von Kostenmodellen, die in Abb. 6-13 visualisiert werden, zu differenzieren. Hierbei fällt auf, daß für den US-amerikanischen TK-Markt keine Kostenmodelle für das nationale Fernverbindungsnetz in die Analyse einbezogen wurden. Dies ist darin begründet, daß es keine solchen *aktuellen* Kostenmodelle gibt, da der Fernverkehrsmarkt in den USA schon seit über 15 Jahren liberalisiert ist und dort ein bis Ende 1999 noch funktionsfähiger Wettbewerb zwischen mehreren „Long-Distance-Carriern" entstanden ist, so daß die Bestimmung entsprechender Preise in erster Linie durch die Marktmechanismen erfolgt.[108]

---

[107] Dieser Wert ergibt sich als Quotient aller Hauptanschlüsse und der Fläche Deutschlands. Es erfolgt im Gegensatz zu der weiter oben für Deutschland genannten Anschlußdichte von ca. 210 As/km^2 *keine* Korrektur um Waldflächen, da die entsprechenden zum Vergleich herangezogenen Anschlußdichten der US-amerikanischen Bundesstaaten ebenfalls auf Basis der *Gesamtfläche* des jeweiligen Staates ermittelt wurden.

[108] S. hierzu auch oben Kap. 5.6.1.

Abb. 6-13: Systematisierung der untersuchten Kostenmodelle

Nationaler TK-Markt, für den das Kostenmodell primär gilt		Durch das Kostenmodell analysiertes (Teil)Netz: Anschlußnetz	Verbindungsnetz
	Deutschland	• WIK-ON-Modell	• WIK-VN-Modell
	USA	• HAI-Modell • HCPM	

Unter anderem aufgrund der Anwendungszweckabweichungen der betrachteten Kostenmodelle verfügen diese über unterschiedliche Eigenschaften sowie entsprechende Stärken und Schwächen:

- Das HAI-Modell und das HCPM stellen hierbei die Modelle dar, welche den höchsten Grad an Genauigkeit und Vollständigkeit bei der Modellierung der Realität erreichen. Dabei weist das HCPM im Hinblick auf die Bildung der Kundencluster Genauigkeitsvorteile auf, indem für diese Clusterung mehrere verschiedene Algorithmen zur Verfügung stehen, deren Ergebnisqualität durch Optimierungsroutinen noch erhöht wird. Das HAI-Modell verfügt hingegen im Bereich der Anschlußnetzinvestitionsmodule über eine höhere Variabilität und damit über Präzisionsvorteile, da hier z.B. neben terrestrischen Endkundenanschlüssen auch Funktechnologien berücksichtigt werden können.

- Für das HAI-Modell liegt die von allen untersuchten Modellen umfangreichste und am besten verständliche Modelldokumentation vor, so daß hier die Modellstruktur am leichtesten nachvollziehbar ist. Zudem können in der HAI-Modellsoftware die Programmierschritte der Modellierung größtenteils eingesehen werden, was die Modelltransparenz noch erhöht. Das HAI-Modell benötigt zur Erreichung des zuvor genannten Detaillierungsgrades zwar eine große Zahl von Input-Parametern, jedoch gibt es für diese durchweg gut dokumentierte Default-Werte, die allerdings *nicht* begründet oder analytisch abgeleitet werden.

- Auch im Hinblick auf die Eignung zur Bestimmung von Kosten von Leistungen des BNZ übertrifft das HAI-Modell die anderen untersuchten Modelle. So ist das WIK-ON-Modell bzw. dessen Softwareumsetzung lediglich zur Ermittlung der Kosten der TAL konzipiert, so daß der Modellnutzer zur Bestimmung von NZS-Kosten, die sich auf das Anschlußnetz beziehen, auf der Basis der Modellergebnisse eigene Kalkulationen anstellen muß. Ziel des WIK-VN-Modells ist hingegen ausschließlich die Kostenberechnung für NZS-Leistungen im Verbindungsnetz. Das HAI-Modell liefert dagegen detaillierte Ergebnisse für die Kosten der TAL *und* für die Nutzung der Netzelemente des Anschlußnetzes zur Erbringung von NZS-Leistungen.[109]
- Die drei untersuchten Modelle für Anschlußnetze ermöglichen durchweg die Einbeziehung der Daten konkreter Ortsnetze. Allerdings werden nur im HAI-Modell und HCPM diese Ortsnetze namentlich genannt, wogegen diese im WIK-ON-Modell mittels Nummern anonymisiert sind.
- Die Ermittlung von Betriebskosten bzw. deren Dokumentation stellt einen erheblichen Schwachpunkt aller analysierten Modelle dar. So ist die Betriebskostenbestimmung nur im HAI-Modell halbwegs nachvollziehbar implementiert. Insbesondere im WIK-ON-Modell ist weder im Referenzdokument noch in der Modellsoftware ersichtlich, ob bzw. in welcher Form, die Betriebskosten berücksichtigt wurden.

In Abb. 6-14 wird die vergleichende Bewertung der TK-Kostenmodelle im Überblick dargestellt.

Zusammenfassend ist festzustellen, daß das HAI-Modell im Hinblick auf die meisten Kriterien zur Beurteilung von TK-Kostenmodellen überzeugt und somit zurecht als „State of the Art"-Referenz bei der Entwicklung anderer Kostenmodelle Berücksichtigung fand.

---

[109] Darüber hinaus ermittelt das HAI-Modell auch noch Nutzungskosten für die mit den TVSt assoziierten FVSt.

Abb. 6-14: Vergleichende Bewertung der untersuchten Kostenmodelle

Eigenschaft/Beurteilungskriterium	WIK-ON-Modell	WIK-VN-Modell[a]	HAI-Modell	HCPM
• Abbildung der Wirklichkeit (Detailierungsgrad)				
– Kundenstandortmodule	◑	–	◕	●
– Anschlußinvestitionsmodule	◕	◕	●	◕
• Berücksichtigung/ Ermittlung von Betriebskosten	○	◔	◑	◔
• Logik/Nachvollziehbarkeit der Modellstruktur	◑	◑	◕	◑
• Möglichkeit der Einbeziehung von genauen Daten einzelner (Orts)Netze	◕[b]	–	●	●
• Modellkomplexität/Zahl der Input-Parameter	◕	◑	●	◕
• Vorliegen von Default-Werten für Input-Parameter	○	–	●	◑
• Umfang/Verständlichkeit der Modelldokumentation	◑	◑	●	◔
• Bedienungs-/Nutzungsfreundlichkeit der Software	◕	–	◕	–[c]
• Eignung zur Ermittlung von Kosten/Entgelten für BNZ-Leistungen				
– TAL	●	○	●	●
– NZS-Leistungen	◔[d]	●	●[d]	–[e]

Legende

- ● trifft völlig zu/ist in sehr hohem Maße geeignet
- ◕ trifft weitgehend zu/ist in hohem Maße geeignet
- ◑ trifft teilweise zu/ist zum Teil geeignet
- ◔ trifft kaum zu/ist weitgehend ungeeignet
- ○ trifft nicht zu/ist ungeeignet

a) Beim WIK-VN-Modell erfolgt die Bewertung vorläufig anhand des Ende 1999 vorliegenden Referenzdokumentes, *ohne* daß eine Softwareversion vorliegt.

b) Einbeziehung von konkreten Ortsnetzen nur in anonymisierter Form möglich (vgl. auch Fußnote 27 in Kap. 6).

c) Für das HCPM lag keine lauffähige Modellsoftware vor.

d) Bezieht sich auf NZS-Leistungen bzw. die hierfür genutzten Netzelemente von TK-Anschlußnetzen.

e) Eignung aus der vorliegenden Modelldokumentation nicht ersichtlich.

7. Fazit und Ausblick

Die vorliegende Untersuchung sollte insbesondere einen Beitrag zur (a) Systematisierung *betriebswirtschaftlicher* Aspekte des Zugangs zu TK-Netzen von Incumbents sowie (b) Analyse von Methoden der Preisfindung für diese Leistungen unter besonderer Berücksichtigung kostenorientierter Ansätze leisten. Die wichtigsten Systematisierungs- und Analyseergebnisse werden im folgenden kurz zusammengefaßt (Kap. 7.1) und um Praxisimplikationen für junge TK-Netzbetreiber (Kap. 7.2) sowie einen Ausblick auf den weiteren Forschungsbedarf (Kap. 7.3) ergänzt.

7.1 Zusammenfassung

Unter dem Oberbegriff *besonderer Netzzugang* bzw. *Interconnection* werden zwei Grundvarianten von TK-Leistungen verstanden:

(1) der *entbündelte Netzzugang*, d.h. die weitgehend exklusive Nutzung von Teilen des IC-Geber-Netzes, indem diese Netzteile vollständig und meist längerfristig an den jeweiligen IC-Nehmer vermietet werden. Hierbei kommt der Nutzung der *TAL* die weitaus größte praktische Bedeutung zu, weshalb in dieser Untersuchung auch nur auf diese Variante des entbündelten Netzzugangs genauer eingegangen wurde.

(2) die Nutzung des IC-Geber-Netzes in Form der *NZS*, bei der die Nutzung durch den IC-Nehmer *fallweise* erfolgt, indem dieser zum Aufbau einzelner TK-Verbindungen auch auf das Netz des IC-Gebers zurückgreift. Bei dieser Form des BNZ werden somit auf Minutenbasis Teilkapazitäten von Netzelementen kurzfristig dem IC-Nehmer zur Verfügung gestellt. Konkret sind dabei vor allem die NZS-Varianten TK-Zustellung („Call Termination") und TK-Annahme („Call Origination") zu unterscheiden.

Hierbei kommt den Preisen für *beide* Grundvarianten des BNZ sowohl aus Sicht der AC als auch aus der Perspektive des jeweiligen Incumbent eine sehr hohe betriebswirtschaftliche Bedeutung zu. Für die AC ist der BNZ, der einen Bottleneckinputfaktor darstellt, eine unabdingbare Voraussetzung für die Erbringung der meisten TK-Dienste.[1] Zudem stellen die Kosten für Leistungen des BNZ mit ca.

[1] Dabei ist die NZS i.d.R. für *alle* neuen Netzbetreiber zum Angebot von TK-Diensten eine notwendige Grundvoraussetzung. Die Nutzung der TAL ist dagegen vor allem für Anschlußnetzbetreiber eine dringend benötigte Leistung. Für *reine* Verbindungsnetzbetreiber spielt jedoch im Normalfall der Netzzugang zur TAL keine Rolle.

40% bis 60% der Gesamtkosten in den ersten Jahren nach Markteintritt für AC den größten Kostenblock dar. Für den Incumbent entsteht einerseits durch die Bereitstellung von BNZ-Leistungen ein neues Geschäftsfeld. Andererseits kann der Incumbent durch die Struktur[2] der BNZ-Preise z.T. auch die Preisstrategien seiner direkten Wettbewerber beeinflussen.

Incumbents haben i.d.R. kein großes Interesse, ihre TK-Netzinfrastruktur mittels BNZ Wettbewerbern zur Verfügung zu stellen, so daß die Verpflichtung zum Angebot eines Netzzuganges für TK-Netzbetreiber mit „besonderer Marktmacht" in den liberalisierten TK-Märkten westlicher Industriestaaten durchweg gesetzlich vorgegeben wird.

Diese Konstellation (a) der stark entgegengesetzen Interessenlage und (b) der deutlich asymmetrischen Verhandlungsmacht hinsichtlich der Höhe der BNZ-Entgelte zwischen Incumbent und AC bei gleichzeitig großer wirtschaftlicher Bedeutung dieser Entgelte für alle Carrier macht die Bestimmung von IC-Preisen zu einem zentralen Regulierungsproblem bei der Liberalisierung von TK-Märkten. Hierbei wird sowohl von (a) der ökonomischen Theorie als auch (b) der TK-Regulierungspraxis eine an den Kosten der effizienten Leistungserstellung orientierte Bestimmung von BNZ-Entgelten gefordert.

Die Analyse von wohlfahrtsorientierten, marktorientierten und kostenorientierten Ansätzen zur Ermittlung von IC-Preisen ergibt vier Schlußfolgerungen:

- *Wohlfahrtsorientierte* Preisfindungsansätze sind als inhaltlich wenig überzeugende und praktisch nur schwer umsetzbare Methoden kaum für eine Bestimmung von IC-Preisen geeignet.
- *Marktorientierte* Ansätze zur Bestimmung von IC-Preisen stellen keine eigenständigen *inhaltlichen* Methoden bereit, sondern sind lediglich als „Hilfsinstrumente" zu klassifizieren, welche mangels des Vorliegens von besseren Kosteninformationen durch Simulation „marktnaher" Unternehmensstrukturen oder durch Verwendung internationaler Preise als Referenzgröße eine kurzfristige Abschätzung von IC-Preisen ermöglichen sollen, die den Kosten

---

[2] Die *Höhe* der BNZ-Preise, wird i.d.R. durch den jeweiligen Regulierer bestimmt oder zumindest kontrolliert.

der effizienten Leistungserstellung nahekommen. Insofern kommt diesen Ansätzen eine nicht zu unterschätzende praktische Bedeutung zu.[3]

- Letztlich ist jedoch auch aufgrund der inhaltlichen und/oder praktisch-methodischen Schwächen der vorgenannten Alternativ-Ansätze eine eingehende betriebswirtschaftliche Analyse der *Kosten* von IC-Leistungen als Basis für deren Preisfindung unverzichtbar.
- Als kostenorientierte Preisfindungsansätze sind (a) Grenzkosten-, (b) Zusatzkosten- und (c) Vollkostenpreise zu differenzieren. Die vergleichende Analyse dieser Methoden zeigt, daß hierbei Zusatzkosten am besten zur Bestimmung von IC-Preisen geeignet sind, da diese einen guten Kompromiß zwischen ökonomischen Anreizen im Sinne einer effizienten Ressourcenallokation und der praktischen Handhabarkeit der Preisbestimmung darstellen.[4]

In Abb. 7-1 werden die Vor-/Nachteile kosten- und wohlfahrtsorientierter Preisfindungsansätze zusammenfassend dargestellt.[5]

Die Analyse der Probleme bei der kostenorientierten Bestimmung von BNZ-Preisen ergibt, daß von den durch die Bereitstellung und Inanspruchnahme von IC-Leistungen entstehenden Kosten insbesondere den als Gemeinkosten des TK-Netzes auftretenden KAV und NBK aufgrund ihres großen Anteils an den BNZ-Kosten sowie der Komplexität ihrer Bestimmung und Zurechnung auf einzelne BNZ-Leistungen *die* entscheidende Bedeutung zukommt.

Im Rahmen der Quantifizierung der KAV von TK-Netzen stellen die Nutzungsdauer der einzelnen Netzelemente sowie die (Opportunitäts)Kosten der Kapitalbindung durch Netzelemente die entscheidenden Kostentreiber dar. Daneben sind auch die für die Netzelemente ausgewählten Techniken und der zeitliche Bezug für deren Wertansatz von hoher Bedeutung.

Auf Basis der durchgeführten Analysen wird die Verwendung der „Best in use" Techniken empfohlen, wobei im Sinn der Bestimmung von „Forward-Looking"-Kosten soweit möglich, entsprechende zukünftige Preise bzw. ermittelte Ände-

---

3 Beispielsweise erfolgte die erstmalige Festsetzung der Preise für die BNZ-Leistungen der Netzzusammenschaltung im deutschen TK-Markt (im Herbst 1997) auf Basis einer internationalen Vergleichsstudie.

4 Daher sind auch in einer Vielzahl von TK-Märkten (z.B. Deutschland, USA, Großbritannien) in den einschlägigen staatlichen Regelwerken auf Zusatzkosten basierende Preise für BNZ-Leistungen vorgesehen.

5 Auf eine entsprechende Bewertung der marktorientierten Ansätze wird an dieser Stelle verzichtet, da diese wie erwähnt keine eigenständige konzeptionellen Methoden sind und für eine große Zahl der genannten Kriterien eine Anwendung auf marktorientierte Ansätze nicht möglich ist.

rungen der aktuellen Preise für die Netzelemente zu berücksichtigen sind. Für die Ermittlung der Nutzungsdauer liefern internationale Vergleiche der von Netzbetreibern angesetzten Zeiten einen zwar theoretisch wenig eleganten, aber praktisch brauchbaren ersten Anhaltspunkt.

Abb. 7-1: Stärken und Schwächen von Preisfindungsansätzen für Leistungen des besonderen Netzzugangs

Bewertungskriterien	Wohlfahrtsorientierte Ansätze			Kostenorientierte Ansätze		
	RB [a]	ECPR [b]	GPCP [c]	GK [d]	ZK [e]	VK [f]
• Datenverfügbarkeit	○	◔	◔	◔	◑	◕
• Gute Handhabbarkeit/geringe Komplexität	○	◔	◑	◔	◑	◕
• Abbildung der Realität	○	◔	◑	◔	●	◕
• Effiziente Ressourcenallokation	●	◑	◑	●	◕	◔
• Anreize für IC-Geber zur Effizienzerhöhung	◔	○	◕	●	●	◔
• Anreize für IC-Nehmer zur Effizienzerhöhung	◑	◕	◑	○	◕	●

Legende

- ● trifft völlig zu/ist in sehr hohem Maße geeignet
- ◕ trifft weitgehend zu/ist in hohem Maße geeignet
- ◑ trifft teilweise zu/ist zum Teil geeignet
- ◔ trifft kaum zu/ist weitgehend ungeeignet
- ○ trifft nicht zu/ist ungeeignet

a) RB = Ramsey-Boiteux-Preisbildung.
b) ECPR = Efficient Component Pricing Rule.
c) GPCP = Global Price Cap Policy.
d) GK = Grenzkosten-Preisbildung.
e) ZK = Zusatzkosten-Preisbildung.
f) VK = Vollkosten-Preisbildung.

Zur Bestimmung von *Eigenkapitalzinssätzen* wird der Rückgriff auf das CAPM als in Praxis *und* Wissenschaft überwiegend akzeptiertem Modell empfohlen. Für die CAPM-Inputwerte - Marktrendite, risikoloser Zinssatz und systematisches Risiko des Unternehmens - sollte auf der Basis von aktuellen bzw. historischen Daten die zukünftige Entwicklung dieser Parameter prognostiziert werden. Hierbei bietet sich für die *Marktrendite* die Verwendung der langfristigen mittleren Aktienrendite des für die Eigenkapitalgeber relevanten Kapitalmarktes bzw. des diesen Kapitalmarkt repräsentierenden Aktienindexes an. Der *risikolose Zinssatz* wird am besten durch die Rendite von öffentlichen Anleihen, welche von Staaten mit hoher Bonität emittiert wurden, abgebildet. Das systematische Risiko des Unternehmens, das durch den β-Faktor ausgedrückt wird, kann für die Vergangenheit durch die Verwendung regressionsanalytischer Verfahren bestimmt werden. Als Basis für eine Zukunftsprognose bietet sich hierbei ein Zeitraum an, der einerseits möglichst lang sein sollte, jedoch anderseits, insbesondere im Hinblick auf das im Betrachtungszeitraum relevante Regulierungsumfeld und damit auch die Wettbewerbsintensität sowie das sich hieraus ergebende unternehmerische Risiko des jeweiligen TK-Netzbetreibers, mit den aktuellen bzw. zukünftigen Rahmenbedingungen eine hinreichende Übereinstimmung aufweisen sollte.

Im Hinblick auf die Bestimmung von *Fremdkapitalzinssätzen* und der Eigen-/ Fremdkapitalquote kommen markt- und buchwertorientierte Methoden in Betracht. Für die Ermittlung der Eigen-/Fremdkapitalrelation und der Fremdkapitalwerte auf der Basis von Buchwerten spricht, daß sich diese mittels der aktuellen Geschäftsberichte des jeweilige TK-Netzbetreibers relativ problemlos bestimmen lassen, wogegen die Ermittlung der Marktwerte von Fremdkapitalpositionen weitere Probleme wie z.B. die Berechnung von nicht börsennotierten Fremdkapitaltiteln oder die Auswahl eines geeigneten Stichtages implizieren, so daß für die Praxis die Verwendung von Buchwerten kaum umgänglich ist.[6]

Die Anwendung der zuvor erläuterten Prinzipien auf den Incumbent im deutschen TK-Markt (die DTAG) ergibt für diesen einen Gesamtkapitalzinssatz von ca. 7,35%. Hierbei ist zu beachten, daß der ß-Faktor des Gesamtunternehmens DTAG verwendet wurde, daß aber das entsprechende Risiko (= ß-Wert) und damit auch der Kapitalzinssatz für den Betrieb von TK-Anschlußnetzen, welche für die Bereitstellung der verschiedenen BNZ-Leistungsvarianten entweder im Fall der

---

6 Damit wird auch gleichzeitig die Frage, ob eine zukünftige Zielkapitalstruktur anzunehmen ist, beantwortet. Gegen die Verwendung einer solchen Zielstruktur spricht zudem ihre einseitige Beeinflußbarkeit durch den jeweils betrachteten Netzbetreiber.

TAL ausschließlich oder aber im Fall der NZS zu einem hohen relativen Anteil genutzt werden, tendenziell unter diesem Gesamtunternehmensrisiko liegen dürfte.

Die Quantifizierung der laufenden Netzbetriebskosten kann alternativ oder gleichzeitig (a) durch eine Bottom-Up-Analyse der einzelnen Netzbetriebsprozesse oder (b) durch eine Top-Down-Ermittlung von Betriebskostenfaktoren erfolgen. Aus analytisch-konzeptioneller Perspektive ist die Bottom-Up-Ermittlung aufgrund ihrer wesentlich höheren Genauigkeit hier vorzuziehen. Allerdings scheitert die Durchführung entsprechender Analysen i.d.R. an den nicht verfügbaren und/oder nur mit sehr hohem zeitlichem und personellem Einsatz zu ermittelnden entsprechenden Inputdaten. Damit überwiegt die Top-Down-Analyse in der *Praxis* der Netzbetriebskostenbestimmung für BNZ-Leistungen, obwohl der Ansatz theoretisch nicht überzeugt.

Für die Zurechnung der so ermittelten Kosten der TK-Netzelemente auf einzelne IC-Leistungen ist eine elementorientierte Methode anzuwenden. Hierbei sind die periodisierten Kosten der einzelnen Netzelemente des IC-Geber-Netzes (wie z.B. Vermittlungseinrichtungen oder Übertragungswege) zu bestimmen und auf die von dem jeweiligen Netzelement erbrachten Leistungseinheiten (z.B. Anschlußleitungsports oder vermittelte Minuten) zu verteilen. Auf der Basis der so ermittelten Stückkostensätze können dann, unter Berücksichtigung des Umfangs der Nutzung der TK-Netzelemente durch die einzelne BNZ-Leistung, die TK-Netzkosten anteilig dieser Leistung zugerechnet werden.

Diese elementorientierte Zurechnung der TK-Netzkosten zu BNZ-Leistungen ist in Großbritannien und den USA bereits gängige Regulierungspraxis. In Deutschland wurde diese Methode bei der Bestimmung der Kosten/Entgelte für die TAL z.T. bei der RegTP-Entscheidung vom Februar 1999 neben anderen Aspekten beachtet. Die Ermittlung von neuen Preisen für NZS-Leistungen im deutschen TK-Markt wird voraussichtlich ab dem 01.04.2001 auf Basis einer elementorientierten Kostenzurechnung erfolgen.

Auch Kostenmodelle, welche in verschiedenen TK-Märkten (z.B. USA, Großbritannien, Deutschland) vom jeweiligen Regulierer und/oder von AC zur Abschätzung der Kosten von TK-Netzen und -Diensten des Incumbent genutzt werden, bedienen sich der elementorientierten Kostenzurechnungsmethode. Da vom Incumbent i.d.R. kaum Informationen über die Kosten seines Netzes veröffentlicht werden, stellen solche Kostenmodelle z.Zt. das beste praktische Instrument zur Ermittlung von Kosten und Preisen für BNZ-Leistungen dar.

Der Vergleich von vier ausgewählten Kostenmodellen aus den USA und Deutschland führt zu folgenden Ergebnissen:

- Das US-amerikanische *HAI-Modell* ist als „State of the Art" der Kostenmodelle zu bewerten, da es (a) die Wirklichkeit sehr detailliert abbildet, (b) eine logische und weitgehend transparent beschriebene bzw. in der Modellsoftware einsehbare Struktur hat, (c) die Möglichkeit bietet, eine Vielzahl konkreter Anschlußnetze zu modellieren, sowie (d) zur Ermittlung der Kosten von NZS-Leistungen *und* der TAL geeignet ist. Darüber hinaus werden im HAI-Modell für alle Input-Parameter Default-Werte vorgeschlagen. Da diese Werte jedoch nicht analytisch hergeleitet oder begründet werden, ist dies lediglich aus praktischer „Software-Anwendungssicht", aber nicht aus wissenschaftlicher Perspektive als Vorteil zu bewerten.

- Das ebenfalls in den USA entwickelte *HCPM*, welches sich eng an das HAI-Modell anlehnt, ist im Hinblick auf die Kriterien „Abbildung der Wirklichkeit" sowie „Möglichkeit zur Einbeziehung von konkreten Anschlußnetzen" ähnlich wie das HAI-Modell einzustufen. Allerdings weist das HCPM insbesondere im Hinblick auf die Modellstruktur, -logik und -transparenz Schwächen auf.

- Das deutsche *WIK-ON-Modell* ist den beiden US-amerikanischen Modellen insofern tendenziell unterlegen, als daß es hinsichtlich des Detaillierungsgrades und hierbei insbesondere bei der Bestimmung der anzuschließenden Endkundenstandorte die Realität weniger genau abbildet. Auch ist die Modellstruktur beim WIK-ON-Modell nur ansatzweise nachzuvollziehen, da (a) in der zugehörigen Modellsoftware die verwendeten Verknüpfungen/Formeln nicht offen einsehbar sind und (b) auch die Modellbeschreibung keine hinreichend genauen Angaben liefert.

- Zweck des *WIK-VN-Modells* ist die Modellierung des nationalen TK-Verbindungsnetzes in Deutschland und die Bestimmung der Kosten von NZS-Leistungen, wogegen die drei zuvor genannten Modelle alle Anschlußnetze abbilden und insofern – mit Ausnahme des HAI-Modells – auch primär die Kosten der TAL bestimmen. Die untersuchte Vorversion dieses Modells zeichnet sich durch eine gute Abbildung der Realität aus. Im Hinblick auf die Logik/Transparenz der Modellstruktur sind aber – auch bedingt dadurch, daß noch keine Modellsoftware veröffentlicht wurde – noch deutliche Schwächen zu konstatieren.

Die Bestimmung der NBK ist ein genereller Schwachpunkt aller Modelle, da diese NBK-Ermittlung lediglich im HAI-Modell einigermaßen nachvollziehbar implementiert ist.

Exemplarische Berechnungen von Kosten für die TAL in ausgewählten deutschen und US-amerikanischen Anschlußnetzen mit dem WIK-ON- und dem HAI-Modell führten zu folgenden Erkenntnissen:

(1) Die mittleren Kosten der TAL in einem Anschlußnetz hängen in hohem Maße von der Dichte der TK-Anschlüsse in diesem Netz ab. Insbesondere sind bei sehr geringen Anschlußdichten im Vergleich zu Orten/Regionen mit mittleren bis hohen Dichten überproportional hohe TAL-Kosten zu beobachten. Damit sind mittlere TAL-Preise für eine große Gruppe von Anschlußnetzen mit stark unterschiedlichen Anschlußdichten aus ökonomischer Perspektive abzulehnen. Vielmehr sind nach Anschlußdichte differenzierte TAL-Preise zu fordern.

(2) Die anhand des WIK-ON-Modells für Anschlußnetze in Deutschland bestimmten monatlichen TAL-Kosten weisen eine sehr hohe Varianz auf. Für das untersuchte Anschlußnetz, das mit 169 As/km^2 die mittlere Anschlußdichte in Deutschland am besten abbildet, ergeben sich monatliche TAL-Kosten von DM 13,75. Die mittels des HAI-Modells für ausgewählte US-amerikanische Anschlußnetze ermittelten TAL-Kosten betragen DM 9,60 bis 18,16 pro Monat. Diese Ergebnisse deuten darauf hin, daß der im deutschen TK-Markt im Februar 1999 festgelegte und bis März 2001 gültige Preis für die TAL-Nutzung von DM 25,40 pro Monat deutlich *über* den Kosten der effizienten Leistungsbereitstellung liegt.

7.2 Praxisimplikationen für junge TK-Netzbetreiber

Die Preisbestimmung für die BNZ-Leistungen ist sowohl für den Incumbent als auch für AC von hoher betriebswirtschaftlicher Relevanz. Allerdings ist die Bedeutung des BNZ für AC vergleichsweise höher, da es für diese Unternehmen i.d.R. um einen für ihre Geschäftsfähigkeit unabdingbaren Inputfaktor geht. Für junge TK-Netzbetreiber in ihrer Rolle als IC-Nehmer – und hierbei insbesondere für solche im deutschen TK-Markt – lassen sich aus der vorliegenden Untersuchung zwei *übergeordnete* Implikationen ableiten, die im folgenden weiter differenziert und präzisiert werden:

(1) AC sollten versuchen, bei der Preisfindung von BNZ-Entgelten durch den jeweiligen Regulierer frühzeitig, d.h. im Vorfeld des Entscheidungsprozesses, ihre Interessen zu vertreten.

(2) Junge TK-Netzbetreiber sollten ihre Netzaufbau- bzw. -erweiterungsplanung frühzeitig an das aktuell gültige bzw. das sich abzeichnende BNZ-Regulierungsregime anpassen.

Ad (1): Da die IC-Entgelte in fast allen TK-Märkten letztendlich vom jeweiligen Regulierer festgelegt oder zumindest von dessen entsprechenden Vorgaben nachhaltig beeinflußt werden, kommt den internen Entscheidungsprozessen des Regulierers eine überaus hohe betriebswirtschaftliche Relevanz zu. Allerdings ermöglicht der Regulierer oftmals den Marktteilnehmern durch (a) das Vorlegen eigener Kosteninformationen und -analysen und/oder (b) durch die Kommentierung von veröffentlichen Zwischenergebnissen der im Auftrag des Regulierers durchgeführten Analysen, sich an diesem Entscheidungsprozeß zu beteiligen. So wurden beispielsweise im deutschen TK-Markt beim WIK-Ortsnetz- und -Verbindungsnetzmodell die Marktteilnehmer jeweils zu Stellungnahmen in Form von Kommentaren, Kosteninformationen und/oder Verbesserungsvorschlägen aufgefordert.

Daher ist den AC sowie allen anderen Marktteilnehmern zu empfehlen, sich mit eigenen Beiträgen/Analysen an dem Prozeß der Bestimmung von IC-Preisen durch den jeweiligen Regulierer zu beteiligen. In den TK-Märkten, in denen dies nicht unmittelbar möglich ist, da z.B. vom zuständigen Regulierer eine öffentliche Unterstützung der eigenen Entscheidungsfindung nicht gefördert wird, sollte z.B. durch die Veröffentlichung eigener Kostenanalysen ein öffentlicher Diskurs angestoßen werden. Eine entsprechende proaktive Informationspolitik zur Vertretung der eigenen Position ist vor allem auch vor dem Hintergrund wichtig, daß Entscheidungen der nationalen Regulierer zu BNZ-Preisen trotz gesetzlicher Vorgaben und aller Bemühungen um eine sachlich angemessene Kostenorientierung immer auch durch übergeordnete wirtschaftspolitische Rahmenbedingungen beeinflußt werden.

Konkret sind jungen TK-Netzbetreibern folgende Maßnahmen zu empfehlen:

(a) Sie sollten *eigene* Kostenmodelle entwickeln, welche die gesamte Netztopologie auf Basis der effizientesten verfügbaren Netztechnik im Sinn eines „Greenfield"-Ansatzes neu modellieren und damit das zur Versorgung der jeweiligen Regionen kostenminimale TK-Netze abbilden.

(b) AC sollten sich, soweit ihnen die Entwicklung *eigener* Kostenmodelle nicht möglich ist, aktiv an der Entwicklung und Ausgestaltung von anderen TK-Kostenmodellen (z.B. des Regulierers) beteiligen. Hierbei können sie m.E. insbesondere bei der Festlegung geeigneter Input-Werte ihre Marktexpertise einbringen und damit sicherstellen, daß für die einzelnen TK-Netzelemente keine Preise oder Auslastungsannahmen zugrunde gelegt werden, die nicht den aktuellen Marktpreisen bzw. dem neuesten Stand der Technik entsprechen. Auch im Hinblick auf die in diesen Modellen verwendeten Beilauf- oder Sharingfaktoren, welche ausdrücken, inwieweit die von TK-Netzen genutzten Infrastrukturen (wie z.B. Gräben oder Kabelkanalanlagen) auch von anderen Infrastrukturunternehmen mitbenutzt werden, sollten die AC durch eigene bzw. Expertenanalysen sicherstellen, daß hier der Realität entsprechende Werte verwendet werden. Hierdurch kann verhindert werden, daß Kosten, die anteilig auch von anderen Unternehmen (wie z.B. Kabel-TV-Anbietern) zu tragen wären, vollständig den TK-Netzelementen des Incumbent zugerechnet werden.

(c) Neue Netzbetreiber sollten versuchen, die Ermittlung der NBK durch den Regulierer insofern zu beeinflussen, daß dieser *nicht* Top-Down ermittelte und auf historischen Kosten des Incumbents beruhende NBK-Faktoren zur BNZ-Kosten-/Preisbestimmung verwendet. Vielmehr sollten AC durch eigene Bottom-Up-Analysen der für den effizienten Betrieb von TK-Netzen notwendigen Prozesse dem Regulierer ausreichend fundiertes Material zur Festlegung von Betriebskostenfaktoren liefern, die keine Ineffizienzen/„Altlasten" des Incumbents enthalten.

(d) Sie sollten im Hinblick auf die im deutschen TK-Markt ab April 2001 zu erwartende Orientierung der NZS-Entgelte an den für eine NZS-Leistung genutzten Netzelementen *frühzeitig* und *proaktiv* eigene Vorschläge entwikkeln, welche Klassen von Netzelementen hierfür zusammenzufassen sind und wie realistische Nutzungsfaktoren dieser Elemente durch einzelne NZS-Leistungen zu bestimmen sind. Hier sollten sich die AC auch auf die im britischen Markt verwandten NZS-Leistungsdefinitionen und -Nutzungsfaktoren stützen. Wenn nämlich die britische Methode ganz oder teilweise für die deutsche NZS-Preisregulierung übernommen würde, wären *tendenziell* im Vergleich zu den Ende 1999 in Deutschland geltenden NZS-Preisen geringere durchschnittliche Entgelte zu erwarten, da die NZS-Preise in Großbritannien im Mittel deutlich unter den entsprechenden deutschen Preisen liegen.

(e) Da sich die Interessenlage der Betreiber von Anschlußnetzen grundlegend von den Interessen der Verbindungsnetzbetreiber unterscheidet, sollten beide Gruppen von AC zumindest teilweise eine getrennte Interessenvertretung im Regulierungsprozeß anstreben. Dabei müssen sich Verbindungsnetzbetreiber darauf fokussieren, möglichst geringe Preise für die *lokale* und ggf. auch für die *regionale NZS* durchzusetzen, da sie insbesondere auf diese BNZ-Leistungen angewiesen sind. Anschlußnetzbetreiber, die nicht bzw. kaum über Fernverbindungsleitungen verfügen (= City- oder Regional-Carrier), sollten hingegen ihre Bemühungen darauf konzentrieren, daß für die *TAL* und für die *überregionale NZS* möglichst niedrige Entgelte festgesetzt werden. Sie benötigen nämlich vor allem diese beiden BNZ-Leistungsvarianten und profitieren von relativ hohen Preisen für die *lokale* und ggf. auch für die *regionale NZS*.

Ad (2): Die Systematik von IC-Preisen sowie die Höhe dieser Entgelte für einzelne Leistungsvarianten beeinflussen in hohem Maß, mit welchen Netzstrukturen jungen TK-Netzbetreibern ein wirtschaftlich erfolgreicher Markttauftritt möglich ist. So förderten z.B. die in Deutschland zum 01.01.1998 in Kraft getretenen und Ende 1999 gültigen NZS-Entgelte zunächst die Entwicklung von AC, die durch eine aggressive Preispolitik und das „Call-by-call"-Verfahren bei nur *sehr wenigen* eigenen Vermittlungseinrichtung bzw. *sehr wenigen* POI zum Netz der DTAG relativ große TK-Verkehrsmengen erzielen konnten.

Im Hinblick auf das neue, voraussichtlich ab 01.04.2001 im deutschen TK-Markt gültige NZS-Regime, welches den Umfang der Nutzung einzelner TK-Netzelemente durch die jeweilige NZS-Leistung berücksichtigen wird, sollten sich AC darauf einstellen, daß sich NZS-Leistungen, die über relativ kurze Strecken die Übertragungswege der DTAG beanspruchen und dabei nur eine DTAG-Vermittlungsstelle nutzen, durch die elementorientierte NZS-Preisbestimmung tendenziell begünstigt werden. Im Gegensatz hierzu dürften NZS-Leistungen, die über längere Strecken das Netz der DTAG nutzen und dabei über mehrere Vermittlungseinrichtungen laufen, durch die neue Kostenzurechnungs- und Preisbestimmungssystematik eher teurer werden. Insofern sollten vor allem AC, die als Verbindungsnetzbetreiber langfristig im Markt bestehen wollen, soweit dies noch nicht erfolgt ist, rechtzeitig in eigene Netzinfrastrukturen investieren, um auch nach dem 01.04.2001 wettbewerbsfähig zu bleiben.

7.3 Offene Forschungsfragen

Aufgrund des hohen Komplexitätsgrades des bearbeiteten Themenfeldes konnten nicht alle relevanten Facetten analysiert oder im Detail untersucht werden. Hieraus ergibt sich eine Vielzahl offener Forschungsfragen, von denen nachfolgend acht Fragen kurz skizziert werden:

(1) *Genauere Analyse der wohlfahrtsorientierten Ansätze zur Bestimmung von IC-Preisen:*

In der eigenen Arbeit wurden wohlfahrtsorientierte Preisfindungsansätze und deren Implikationen nur sehr knapp analysiert. Hier sollten in zukünftigen Studien (a) die praktischen Erfahrungen bei der Anwendung dieser Ansätze – auch auf anderen Märkten mit Bottleneck-Inputfaktoren (z.B. Strommärkten) – systematisch aufgearbeitet und (b) ausgewählte wohlfahrtsorientierte Methoden (z.B. durch entsprechende Softwaremodelle) stärker operationalisiert werden, so daß Ergebnissimulationen solcher Ansätze erstellt werden können.

(2) *Vertiefende Analyse der Methodik und Bedeutung marktorientierter Preisfindungsansätze:*

Diese Ansätze wurden hier nur in ihrer Rolle als ersatzweise anzuwendendes Hilfsinstrument der Preisbestimmung diskutiert. Hierbei ist noch genauer zu untersuchen, inwieweit der Rückgriff auf die einzelnen Instrumente tatsächlich Preise abbildet, welche näherungsweise den Kosten der effizienten Leistungserstellung entsprechen, sowie warum und in welchem Ausmaß mit Abweichungen von diesen zu rechnen ist.

(3) *Empirische Untersuchungen zu Auswirkungen der Höhe und Struktur von BNZ-Entgelten des marktbeherrschenden Anbieters auf den Unternehmenserfolg neuer TK-Netzbetreiber*

Die hohe Bedeutung von BNZ-Preisen aufgrund ihrer unmittelbaren Auswirkung auf den Unternehmenserfolg wurde hier zwar postuliert, aber nicht empirisch belegt. Für einen auf breiter empirischer Basis fundierten Nachweis dieser Zusammenhänge sind (a) umfangreiche Analysen von Jahresabschlüssen/Geschäftsberichten von neuen Netzbetreibern und, da diese AC die entsprechenden Informationen z.gr.T. nicht in eigenständigen Geschäftsberichen transparent machen, (b) entsprechende empirische Untersuchungen in Form einer systematischen Befragung einer größeren Zahl von AC notwendig.

(4) *Empirische Untersuchungen zu den von etablierten und neuen TK-Netzbetreibern verwendeten Kostenrechnungsprinzipien und -systemen*

In der vorliegenden Studie wurden mögliche Kostenrechnungsansätze zur Ermittlung der Kosten von TK-Netzen und deren Zuordnung zu einzelnen IC-Leistungen vorgestellt und bewertet. Allerdings erfolgte *keine* Bestandsaufnahme und/oder Analyse von *in der Praxis* bei TK-Netzbetreibern eingesetzten Kostenrechnungssystemen, da hierzu bisher fast keine veröffentlichten Informationen vorliegen.[7] Vor diesem Hintergrund ist die genaue Analyse solcher Kostenrechnungssysteme ausgewählter TK-Netzbetreiber eine weitere Forschungsaufgabe.

(5) *Präzise und differenzierte Analyse der Kapitalkosten von TK-Netzbetreibern*

In Kap. 5 dieser Arbeit wurde die Bestimmung der Kapitalkosten von TK-Netzbetreibern weitgehend auf prinzipieller/konzeptioneller Ebene behandelt und nur für den Fall der DTAG konkretisiert. Zudem wurden einige vereinfachende Annahmen (z.B. hinsichtlich der Berücksichtigung von Steuern) getroffen. Daraus ergeben sich zumindest drei weitere Forschungsthemen. Zum einen ist die empirische Ermittlung der Kapitalkosten für eine größere Stichprobe von Netzbetreibern mit unterschiedlichen Methoden und für verschiedene Zeitfenster sinnvoll, um Hinweise auf die Höhe und Methodenstabilität von Kapitalkostenschätzungen zu erhalten. Zweitens ist die Präzisierung der Kapitalkostenbestimmung durch eine genauere Betrachtung von Steuereffekten erforderlich. Drittens ist die wissenschaftliche Kritik am CAPM aufzugreifen,[8] indem alternative neuere Ansätze zur Schätzung der Kapitalzinssätze (wie z.B. die „Arbitrage Pricing Theory") auch für TK-Netzbetreiber herangezogen werden.

(6) *Durchführung von detallierten Prozeßanalysen zur Ermittlung der Betriebskosten von TK-Netzbetreibern*

Bei der Quantifizierung von Netzbetriebskosten wurde in dieser Untersuchung das Vorgehen bei einer Bottom-Up-Prozeßanalyse kurz prinzipiell skizziert und durch ein Beispiel veranschaulicht. Eine präzisere betriebswirtschaftliche Analyse, welche systematisch einen großen Teil der – im Idealfall jedoch *alle* – Netzbetriebsprozesse sowie deren Kostentreiber erfaßt und mit

---

[7] Allerdings diskutieren Albach et al. aus *theoretischer* Perspektive das Kostenrechnungssystem der DTAG und dessen mögliche Weiterentwicklung. S. Albach et al. 1997: 30-31.

[8] S. etwa Ballwieser 1998: 83; Fama/French 1992: 432-452.

Kosten bewertet, kann zur Beseitigung der z.Zt. in Wissenschaft *und* Praxis festzustellenden hohen Unsicherheit hinsichtlich der Bestimmung und Höhe dieser Kostenart einen wertvollen Beitrag leisten. Hierzu ist eine umfangreiche betriebswirtschaftlich-empirische Pionierarbeit zu leisten, indem diese Netzbetriebsprozesse in Projekten mit einer hinreichend großen Zahl von TK-Netzbetreibern im Hinblick auf ihren Bedarf an Zeit und sonstigen Ressourcen quantifiziert und daraus differenzierte Netzbetriebskosten für einzelne Prozesse ermittelt werden.

(7) *Anwendung produktionsökonomischer Verfahren zur Auswahl effizienter TK-Netzbetreiber zum Rückgriff auf deren Betriebskosten als Effizienzbenchmark*

Beim Rückgriff auf Betriebskostenfaktoren, welche „Top-Down" auf Basis von TK-Unternehmen aus TK-Märkten anderer Staaten bestimmt wurden, stellt sich insbesondere die Frage, ob die zum Vergleich herangezogenen Carrier und damit deren Betriebskosten als effizient einzustufen sind. Zur Untersuchung der Effizienz von Unternehmen generell und von TK-Netzbetreibern im besonderen wird in der betriebswirtschaftlichen Literatur vor allem die DEA diskutiert.[9] Die DEA ist ein produktionsökonomisches *nicht parametrisches* Verfahren und hat damit den Vorteil, daß *keine* Annahmen über die Produktionsfunktionen der untersuchten Unternehmen getroffen werden müssen. Somit erscheint die DEA auch zur Quantifizierung des Effizienzniveaus von (Incumbent-)Netzbetreibern geeignet zu sein, da für diese i.d.R. ja gerade keine genauen Angaben zu deren Produktionsfunktionen vorliegen. Auf Basis der Quantifizierung des Effizienzniveaus verschiedener Carrier können dann Netzbetreiber mit hohem Effizienzniveau als Referenzunternehmen zur Betriebskostenbestimmung ausgewählt werden.

(8) *Detaillierte Analyse der Funktionweise von TK-Kostenmodellen*

In der vorliegenden Arbeit wurden mit den beiden WIK-Modellen, dem HAI-Modell und dem HCPM *ausgewählte* TK-Kostenmodelle vorgestellt sowie diese hinsichtlich der ihnen zugrundeliegenden Systematik zur Ermittlung der Kosten und Preise von BNZ-Leistungen analysiert. Zudem wurden mittels des WIK-ON-Modells und des HAI-Modells exemplarisch die Kosten der

---

[9] Vgl. zur DEA die in Kap. 5 in der Fußnote 149 genannte Literatur.

TAL in ausgewählten TK-Anschlußnetzen in Deutschland und den USA bestimmt und gegenübergestellt.

Hier besteht m.E. noch weitergehender Forschungsbedarf dahingehend, daß (a) weitere TK-Kostenmodelle – wie z.B. die im britischen Markt angewandten Modelle – in eine breiter angelegte Untersuchung einzubeziehen sind und (b) eine solche Arbeit, deren *Kern*thema die *Modellierung* von TK-Netzkosten ist, in einem interdisziplinären betriebswirtschaftlich-informationswissenschaftlichen Forschungsansatz noch deutlich detaillierter auf die unterschiedliche *Funktionsweise* verschiedener TK-Kostenmodelle sowie deren Eignung zur Abbildung der betriebswirtschaftlichen Realität eingehen sollte. Hierzu sind z.B. neben anderen Betrachtungen auch Sensitivitätsanalysen mittels der verschiedenen Kostenmodelle durchzuführen, aus denen sich Schlußfolgerungen im Hinblick auf die Wirkungsweise einzelner Input-Parameter sowie die Plausibilität des jeweiligen Kostenmodells ergeben könnten.

Insgesamt stellt die vorliegende Arbeit sicherlich erst einen Anfang im Hinblick auf die wissenschaftliche Analyse von *betriebswirtschaftlichen* Aspekten dar, die sich im Zusammenhang mit dem Zugang zu Netzen marktbeherrschender TK-Netzbetreiber ergeben. Ich hoffe, daß sie dem Leser zu diesem Themenfeld erste Erkenntnisse vermitteln sowie als Anreiz und Ausgangspunkt für weiterführende Untersuchungen dienen kann.

Literaturverzeichnis

Adam, D. (1997): Philosophie der Kostenrechnung. Stuttgart: Schäffer-Poeschel.

Albach, H./Knieps, G. (1997): Kosten und Preise in wettbewerblichen Ortsnetzen. Gutachten im Auftrag der Deutschen Telekom (hektographiertes Manuskript, XIII + 119 S.).

Albach, H./Knieps, G./Panzar, J.C. (1997): Kosten und Preise in wettbewerblichen Ortsnetzen: Zusammenfassende Stellungnahme. Gutachten im Auftrag der Deutschen Telekom (hektographiertes Manuskript, 33 S.).

Albon, R. (1994): Interconnection pricing: An analysis of the efficient component pricing rule. In: Telecommunications Policy, 18: 414-420.

Albon, R./Hardin, A./Dee, P. (1997): Telecommunications Economics and Policy Issues. Canberra: Commonwealth Information Services Australia.

Altmann, F.W./Klesse, A. (1995): Spezifische Investitionen, Quasirenten und Sunk Costs. Volkswirtschaftlicher Diskussionsbeitrag Nr. 211. Westfälische Wilhelms-Universität Münster (hektographiertes Manuskript, 13 S.).

Arbeitskreis Finanzierung der Schmalenbach Gesellschaft Deutsche Gesellschaft für Betriebswirtschaft (1996): Wertorientierte Unternehmenssteuerung mit differenzierten Kapitalkosten. In: Schmalenbachs Zeitschrift für betriebswirtschaftliche Forschung, 48: 543-578.

Armstrong, M. (1996): Network interconnection. Discussion Paper in Economics and Econometrics No. 9625. Department of Economics, University of Southampton (hektographiertes Manuskript, 26 S.).

Armstrong, M. (1997): Competition in telecommunications. In: Oxford Review of Economic Policy, 13: 64-82.

Armstrong, M. (1998): Network interconnection in telecommunications. In: Economic Journal, 108: 545-564.

Armstrong, M./Cowan, S./Vickers, J. (1994): Regulatory Reform – Economic Analysis and British Experience. Cambridge: MIT Press.

Armstrong, M./Doyle, C./Vickers, J. (1996): The access pricing problem: A synthesis. In: Journal of Industrial Economics, 44: 131-150.

Aron, D./Wildman, S.S. (1996): The pricing of customer access in telecommunications. In: Industrial & Corporate Change, 5: 1029-1047.

Arranz, M.G./Hackbarth, K.D. (1996): Kosten von vermittelten Leitungen in digitalen Netzen, Wissenschaftliches Institut für Kommunikationsdienste (WIK), Diskussionsbeitrag Nr. 169. Bad Honnef (hektographiertes Manuskript, VIII + 48 S.).

Arthur Andersen (1994) (Hrsg.): Study prepared for the Commission of the European Communities, DG XIII. Brüssel (hektographiertes Manuskript, 213 S. + 66 S. Anhänge).

Australian Competition & Consumer Commission (1997) (Hrsg.): Access Pricing Principles – Telecommunications. Canberra: Australian Competition & Consumer Commission.

Bärwald, W. (1996): Interconnection: Notwendigkeit - Vision - Realität. In: Ingenieur der Kommunikationstechnik, 46(5): 28-32.

Bärwald, W. (1997): Powerline im Zugangsnetz. In: Ingenieur der Kommunikationstechnik, 47(4): 30-32.

Ballwieser, W. (1998): Unternehmensbewertung mit Discounted Cash Flow-Verfahren. In: Die Wirtschaftsprüfung, 51(3): 81-92.

Baumol, W.J./Panzar, J.C./Willig, R.D. (1982): Contestable Markets and the Theory of Industry Structure. New York: Harcourt Brace Jovanovich.

Baumol, W.J./Sidak, J.G. (1994a): Toward Competition in Local Telephony. Cambridge: MIT Press.

Baumol, W.J./Sidak, J.G. (1994b): The pricing of inputs sold to competitors. In: Yale Journal on Regulation, 11: 171-202.

Bechtold, R. (1993): Kartellgesetz: Gesetz gegen Wettbewerbsbeschränkungen, Kommentar. München: Beck.

Beck, E.M. (1997): Segmentierung des Marktes für private Telekommunikationsdienste. Frankfurt: Lang.

Becker, D. (1996): Die technische Realisierung von Interkonnektivität. In: Kubicek, H. et al. (Hrsg.): Jahrbuch Telekommunikation und Gesellschaft 1996. Heidelberg: Decker: 151-161.

Beesley, M.E./Laidlaw, B. (1992): The British Telecom/Mercury interconnect determination. In: Beesley, M.E. (Hrsg.): Privatization, Regulation and Deregulation. London: Routledge: 290-318.

BellSouth/INDETEC International/Sprint/US WEST (1998) (Hrsg.): Benchmark Cost Proxy Model Release 3.1: Model Methodology (hektographiertes Manuskript, 140 S.).

Bimberg, L.H. (1991): Langfristige Renditeberechnung zur Ermittlung von Risikoprämien. Frankfurt: Lang.

Blum, U. (1994): Volkswirtschaftslehre, 2. Aufl. München: Oldenbourg.

Blum, U./Mönius, J. (1998): Versunkene Kosten und Wirtschaftspolitik. In: Wirtschaftswissenschaftliches Studium, 27: 7-14.

Bös, D. (1981): Economic Theory of Public Enterprise. Berlin: Springer.

Braeutigam, R.R. (1980): An analysis of fully distributed cost pricing in regulated industries. In: Bell Journal, 11: 182-196.

Braeutigam, R.R./Panzar, J.C. (1993): Effects of the change from rate of return to price cap regulation. In: American Economic Review, 83: 191-198.

Brealey, R.A./Myers, S.C. (1996): Principles of Corporate Finance, 5. Aufl. New York: McGraw-Hill.

Brealey, R.A./Myers, S.C./Marcus, A.J. (1999): Fundamentals of Corporate Finance, 2. Aufl. Boston: Irwin McGraw-Hill.

Brock, G.W. (1994): Telecommunication Policy for the Information Age. Cambridge: Harvard University Press.

Brock, G.W. (1995): Price structure issues in interconnection fees. Paper prepared for Teleport Communications Group. Internet-Adresse v. 23.06.1997: http://www.tcg.com/tcg/regulate/whitePaper/EconOfInterconnect.html.

Brombach, K./Walter, W. (1998): Einführung in die moderne Kostenrechnung. Wiesbaden: Gabler.

Bush, C.A./Kennet, D.M./Prisbrey, J./Sharkey, W.W./Gupta, V. (1998): The Hybrid Cost Proxy Model: Customer Location and Loop Design Modules (hektographiertes Manuskript, 32 S.).

Busse von Colbe, W. (1995): Wandel der Rechtssprechung zur Bemessung der kalkulatorischen Zinsen für die Berechnung von Entwässerungsgebühren nach § 6 KAG NW. In: Nordrhein-Westfälische Verwaltungsblätter, 9: 161-165.

Butler, J. (1997): Interconnection in the UK. Vortragsdokumentation, EURO-FORUM-Konferenz „Telecommunications Carrier Forum", 27.02.1997, Düsseldorf (hektographiertes Manuskript, 8 S.).

Camp, R.C. (1998) (Hrsg): Global Cases in Benchmarking: Best Practices from Organizations Around the World. Milwaukee: American Society for Quality Press.

Canis, J.E./Soriano, E.C. (1996): The Telecommunications Act of 1996: A global analysis. In: Journal of Communications Law and Policy, 4: 147-162.

Carter, M./Wright, J. (1996): Interconnection in Network Industries. Discussion Paper in Economics and Econometrics No. 9067. Department of Economics, University of Canterbury (hektographiertes Manuskript, 33 S.).

Cave, M. (1997): From cost plus determination to a network price cap. In: Information Economics and Policy, 9: 151-160.

Cave, M./Doyle, C. (1994): Access pricing in network utilities in theory and practice. In: Utilities Policy, 4: 181-190.

Cave, M./Lever, K./Mills, R./Trotter, S. (1990): Cost allocation and regulatory pricing in telecommunications. In: Telecommunications Policy, 14: 505-520.

Cave, M./Martin, I. (1994): The costs and benefits of accounting separation: The Australian and British debates. In: Telecommunications Policy, 18: 12-20.

Charnes, A./Cooper, W.W./Lewin, A.Y./Seiford, L.M. (1994): Data Envelopment Analysis: Theory, Methodology, and Application. Boston: Kluwer.

Codling, S. (1998): Benchmarking. Brookfield: Gower.

Copeland, T.E./Koller, T./Murrin, J. (1993): Unternehmenswert: Methoden und Strategien für eine wertorientierte Unternehmensführung. Frankfurt: Campus.

Copeland, T.E./Weston, J.F. (1993): Financial Theory and Corporate Policy, 3. Aufl. Reading: Addison-Wesley.

Cornell, N.W. (1996): The use of economics in the public policy debate in telecommunications. In: Quarterly Review of Economics and Finance, 36: 73-84.

Coudert Brothers (1995) (Hrsg.): Competition Aspects of Interconnection Agreements in the Telecommunications Sector. Report to the European Commission. Brüssel (hektographiertes Manuskript, 238 S.).

Costa, A./Solimene, L. (1996): Liberalisation, universal service and interconnection. In: Bianchi, A./Richeri, G. (Hrsg.): Telecommunication: New Dynamics and Driving Forces. Amsterdam: IOS: 55-70.

Cronin, F.J./Colleran, E./Miller, M./Raczkowski, R. (1997): Local exchange competition, rate restructuring and universal service. In: Telecommunications Policy, 21: 251-264.

Curien, N./Jullien, B./Rey, P. (1998): Pricing regulation under bypass competition. In: RAND Journal of Economics, 29: 259-279.

Curwen, P. (1997): Restructuring Telecommunications: A Study of Europe in a Global Context. London: MacMillan.

Cuthbertson, B. (1995): Interconnection Pricing Principles: A Review of the Economics Literature, Bureau of Transport and Communications Economics (BTCE), Working Paper 17. Canberra (hektographiertes Manuskript, X + 59 S.).

Däumler, K.-D./Grabe, J. (1996): Kostenrechnung 1: Grundlagen, 7. Aufl. Herne: Verlag Neue Wirtschafts-Briefe.

Dellmann, K. (1998): Kosten- und Leistungsrechnung. In: Bitz, M./Dellmann, K./Domsch, M./Wagner, F.W. (Hrsg.): Vahlens Kompendium der Betriebswirtschaftslehre, Band I, 4. Aufl. München: Vahlen: 587-676.

Deutsche Telekom AG (1999a) (Hrsg.): Geschäftsbericht 1998, Bonn: Deutsche Telekom AG.

Deutsche Telekom AG (1999b): Statistische Daten zur T-Aktie. Internet-Adresse v. 13.09.1999: http://www.dtag.de/untern/inv_relations/info/statistik/index.htm.

Dietrich, M. (1994): Transaction Cost Economics and Beyond. London: Routledge.

Dinc, M./Haynes, K.E./Stough, R.R./Yilmaz, S. (1998): Regional universal telecommunications service provisions in the US. In: Telecommunications Policy, 22: 541-553.

Djanani, C./Schöb, O. (1997): Grundlagen der Kosten- und Erlösrechnung. Stuttgart: Kohlhammer.

Dobbs, I.M./Richards, P. (1994): Entry and component pricing in regulated markets. In: International Journal of the Economics of Business, 1: 355-376.

Doll, R./Wieck, R. (1998a): Analytische Kostenmodelle als Grundlage für Entgeltregulierungsentscheidungen. In: Multimedia und Recht, 1: 280-287.

Doll, R./Wieck, R. (1998b): Eingeschränkte Aussagekraft von analytischen Kostenmodellen – Eine Replik. In: Multimedia und Recht, 1: 659-662.

Dresdner Kleinwort Benson (1997): Telekommarkt Deutschland. Frankfurt: Kleinwort Benson Research und Dresdner Bank (hektographiertes Manuskript, 60. S.).

Duda, H.J./Hönel, D. (1999): Aufbau und Betrieb von LWL-Netzen. In: Funkschau, 72(10): 62-64.

Duesterberg, T.J./Gordon, K. (1997): Competition and Deregulation in Telecommunications. Indianapolis: Hudson.

Eberspächer, J. (1998): Kopplung von Netzen (Interconnection). In: Jung, V./Warnecke, H.-J. (Hrsg.): Handbuch für die Telekommunikation. Berlin: Springer: 1-151 - 1-168.

Economides, N. (1998): U.S. Telecommunications Today. In: Business Economics, 33: 7-13.

Economides, N./Lopomo, G./Woroch, G. (1996): Regulatory pricing rules to neutralize network dominance. In: Industrial and Corporate Change, 5: 1013-1028.

Economides, N./White, L.J. (1995): Access and interconnection pricing: How efficient is the efficient component pricing rule? In: Antitrust Bulletin, 40: 557-579.

Economides, N./White, L.J. (1998): One-way networks, two-way networks, compatibility, and public policy. In: Gabel, D./Weiman, D.F. (Hrsg.): Opening Networks to Competition: The Regulation and Pricing of Access. Boston: Kluwer: 9-29.

Ehrmann, H. (1997): Kostenrechnung, 2. Aufl. München: Oldenbourg.

Ehrmann, T./Mellewigt, T. (1997): Die Kostenrechnung des marktbeherrschenden Anbieters als Kernproblem einer effizienten Regulierung im Telekommunikationssektor. In: Schmalenbachs Zeitschrift für betriebswirtschaftliche Forschung, 49: 255-264.

Einhorn, M.A. (1991): Introduction. In: Einhorn, M.A. (Hrsg.): Price Caps and Incentive Regulation in Telecommunications. Boston: Kluwer: 1-14.

Eisele, W. (1993): Technik des betrieblichen Rechnungswesens, 5. Aufl. München: Vahlen.

Engel, C./Knieps, G. (1998): Die Vorschriften des Telekommunikationsgesetzes über den Zugang zu wesentlichen Leistungen. Baden-Baden: Nomos.

Fama, E.F./French, K.R. (1992): The cross-section of expected stock returns. In: Journal of Finance, 47: 427-465.

Faulhaber, G.R. (1975): Cross-subsidization: Pricing in public enterprises. In: American Economic Review, 65: 966-977.

FCC (1996): First Report and Order – In the Matter of: Implementation of the Local Competition Provisions in the Telecommunications Act of 1996 and Interconnection between Local Exchange Carriers and Commercial Mobile Radio Service Providers. Washington: FCC (hektographiertes Manuskript, 705 S.).

FCC (1998): Statistics of Common Carriers. Washington: FCC (hektographiertes Manuskript, XIII + 340 S.).

FCC (1999): Trends in Telephone Service: FCC (hektographiertes Manuskript, IV+ 141 S.).

Feess, E./Tibitanzl, F. (1997): Kompaktstudium Wirtschaftswissenschaften: Mikroökonomie. München: Vahlen.

Fischer, M. (1993): Make-or-Buy-Entscheidungen im Marketing. Wiesbaden. Gabler.

Fisher, I. (1932): Die Zinstheorie. Jena: Fischer.

Fuhr, K.-M./Kerkhoff, B. (1998): Entbündelter Zugang – Vereinbarkeit mit der Eigentumsgarantie des Art. 14 GG? In: Multimedia und Recht, 1: 6-11.

Furse, M. (1995): The 'Essential Facilities' doctrine in community law. In: European Competition Law Review, 15: 469-473.

Gabel, D. (1995): Pricing voice telephony services. In: Telecommunications Policy, 19: 453-464.

Gabel, D./Kennet, M.D. (1993): Pricing of telecommunications services. In: Review of Industrial Organization, 9: 1-14.

Gabel, D./Kennet, M.D. (1994): Economies of scope in the local telephone exchange market. In: Journal of Regulatory Economics, 6: 381-398.

Gabel, D./Kennet, M.D. (1997): The effect of cellular service on the cost structure of a land-based telephone network. In: Telecommunications Policy, 21: 411-422.

Gabrisch, C. (1996): Universaldienst in Deutschland. Wiesbaden: Gabler.

Galbi, D.A. (1998): Distinctive arrangements for international interconnection. In: Telecommunications Policy, 22: 945-951.

Gartner Group (1999): Liberalisation Milestones, Issue 2. London (hektographiertes Manuskript, 45 S.).

Gasmi, F./Laffont, J.J./Sharkey, W.W. (1997): Empirical Evaluation of Regulatory Regimes in Local Telecommunications Markets. Konferenzbeitrag, PURC-IDEI-CIRANO Konferenz der University of Florida, Gainesville, März 1997 (hektographiertes Manuskript, 45 S.).

Gayer, S. (1998): Verursachungsgerechte Kostenrechnung bei der Deutschen Telekom. Vortragsdokumentation, I.I.R.-Konferenz „Costing and Pricing im TK-Markt", 11.-13.05.1998, München (hektographiertes Manuskript, 24 S.).

Gebhardt, H.-U./Vartian, C. (1999): Rechtliche Regelungen und Liberalisierung des österreichischen Telekommunikationsmarktes. In: Multimedia und Recht, 2: 153-156.

Geron, S. (1999): The implementation of LRIC in France. Vortragsdokumentation, „Vision In Business"-Konferenz „LRIC & Cost Allocation for Interconnect Pricing", 19./20.04.1999, Brüssel (hektographiertes Manuskript, 16 S.).

Gerpott, T.J. (1994): Intelligentes Benchmarking als Mittel zur Neuausrichtung an Wettbewerb und Markt. In: Booz•Allen & Hamilton (Hrsg.): Gewinnen im Wettbewerb. Stuttgart: Schäffer-Poeschel: 57-77.

Gerpott, T.J. (1996): Strategische Repositionierung von neuen Festnetzbetreibern und Dienstehändlern im deutschen Telekommunikationsmarkt. In: Information Management, 11(4): 40-51.

Gerpott, T.J. (1997): Interconnection und Erfolg alternativer Netzbetreiber. Vortragsdokumentation, NetCologne-Interconnection Workshop, 31.01.1997, Köln (hektographiertes Manuskript, 20 S.).

Gerpott, T.J. (1998a): Wettbewerbsstrategien im Telekommunikationsmarkt, 3. Aufl. Stuttgart: Schäffer Poeschel.

Gerpott, T.J. (1998b): Regeln für den Netzzugang. In: Gateway, o.Jg. (1): 38-41.

Gerpott, T.J. (1998c): Reregulierung der Telekommunikation in Deutschland? In: Trend, o.Jg. (77): 24-30.

Gerpott, T.J./Meissner, P. (1997): Wirtschaftlichkeit von funkgestützten Anschlußplattformen für alternative Carrier. In: Telekom Praxis, 74(9): 18-31.

Gerpott, T.J./Walter, A. (1998): Folgen des Wettbewerbs: Preisveränderungen bei Standard-Festverbindungen der Deutschen Telekom. In: NET, 52(10): 34-38.

Gerpott, T.J./Walter, A./Gemmel, D. (1998): Preisvergleiche für Standard-Festverbindungen. In: Zeitschrift für Betriebswirtschaft, 68: 1273-1302.

Gillick, D. (1997): Network interconnection arrangements. Vortragsdokumentation, International Institute of Communications-Konferenz, 20.01.1997, London (hektographiertes Manuskript, 7 S.).

Glad, E./Becker, H. (1995): Activity-Based Costing and Management. Chichester: Wiley.

Göttinger, W. (1998): Intercarrier-Abrechnung – erste Erfahrungen eines Citycarriers. Vortragsdokumentation, I.I.R.-Konferenz „Billing und Fraud in der Telekommunikation", 25./26.05.1998, München (hektographiertes Manuskript, 21 S.).

Gowland, D./Paterson, A. (1993): Microeconomic Analysis. New York: Harvester Wheatsheaf.

Graack, C. (1997): Telekommunikationswirtschaft in der Europäischen Union. Heidelberg: Physica.

Gramlich, L. (1997): Rechtsfragen bei Zusammenschaltungsvereinbarungen. In: Computer und Recht, 13: 65-73.

Groebel, A. (1999): The German NRA´s Plans for the Implementation of LRIC. Vortragsdokumentation, „Vision In Business"-Konferenz „LRIC & Cost Allocation for Interconnect Pricing", 19./20.04.1999, Brüssel (hektographiertes Manuskript, 22 S.).

Großkopf, V./Ritgen, K. (1998): Entgeltgenehmigung nach dem Telekommunikationsgesetz. In: Computer und Recht, 14: 86-96.

Grothe, T. (1999): Deutsche Telekom´s Plan for Moving from Fully Allocated Costing to Incremental Costing: The INTRA Cost Calculation Method. Vortragsdokumentation, „Vision In Business"-Konferenz „LRIC & Cost Allocation for Interconnect Pricing", 19./20.04.1999, Brüssel (hektographiertes Manuskript, 22 S.).

Haar, B. (1996): Offener Netzzugang in der Telekommunikation. In: Computer und Recht, 12: 713-718.

Haberstock, L. (1998): Kostenrechnung I, 10. Aufl., bearbeitet von V. Breithecker. Hamburg: Steuer- und Wirtschaftsverlag.

Haberstock, L./Breithecker, V. (1998): Einführung in die Betriebswirtschaftliche Steuerlehre, 10. Aufl. Berlin: Schmidt.

HAI (1998a): HAI Model Release 5.0a, Model Description. Boulder (hektographiertes Manuskript, IV + 74 S.).

HAI (1998b): HAI Model Release 5.0a, Appendix B: Inputs, Assumptions and Default Values (hektographiertes Manuskript, 87 S.).

Hanna, N./Dodge, H.R. (1995): Pricing: Policies and Procedures. Houndmills: Macmillan.

Hardt, M. (1995): Rejoinder: The non-equivalence of accounting separation and structural separation as regulatory devices. In: Telecommunications Policy, 19: 69-72.

Hart, T. (1998): A dynamic universal service for a heterogenous European Union. In: Telecommunications Policy, 22: 839-852.

Harten, P.A./Ruhle, E.-O. (1997): Entbündelung vs. Interconnection: Technisch-wirtschaftliche Aspekte und regulatorische Voraussetzung, Vortragsdokumentation, I.I.R-Konferenz „Entbündelung und Interconnection", 25.-27.11.1997, Köln (hektographiertes Manuskript, 23 S.).

Hartley, N. /Culham, P. (1988): Telecommunications prices under monopoly and competition. In: Oxford Review of Economic Policy, 4(2): 1-19.

Hax, H. (1998): Finanzierung. In: Bitz, M./Dellmann, K./Domsch, M./Wagner, F.W. (Hrsg.): Vahlens Kompendium der Betriebswirtschaftslehre, Band I, 4. Aufl. München: Vahlen: 175-233.

Hefekäuser, H.-W./Dreier, C. (1997): Der gesetzliche Rahmen für Netzzugang und Netzzusammenschaltungen. In: Computer und Recht, 13: 110-113.

Henderson, J.M./Quandt, R.E. (1983): Mikroökonomische Theorie: Eine mathematische Darstellung, 5. Aufl., übersetzt von W. Meißner. München: Vahlen.

Hennemann, G. (1997): Kurssturz der Telekom-Aktie nach Entscheidung über Durchleitungspreis. In: Süddeutsche Zeitung, Nr. 211 v. 13.09.1997: 25.

Herter, R.N. (1994): Unternehmenswertorientiertes Management. München: Vahlen.

Hiltl, C./Großmann, K. (1996): Grundfragen des neuen deutschen Telekommunikationsrechts. In: Betriebsberater, 51: 169-176.

Hoenig, C./Kresbach, G./Jacob, A. (1998): Das neue österreichische Telekommunikationsgesetz. In: Kommunikation und Recht, 1: 187-196.

Hohenadel, W. (1999): INTRA: Kostenstudie zur Teilnehmeranschlußleitung (TAsL), I.I.R.-Konferenz „Unbundled Access", 26.05.1999, Düsseldorf (hektographiertes Manuskript, 30 S.).

Hoitsch, H.-J. (1997): Kosten- und Erlösrechnung, 2. Aufl. Berlin: Springer.

Homburg, C. (1991): Modellgestützte Unternehmensplanung. Wiesbaden: Gabler.

Horváth, P. (1998): Controlling, 7. Aufl. München: Vahlen.

Horváth, P./Kieninger, M./Mayer, R./Schimank, C. (1993): Prozeßkostenrechnung – oder wie die Praxis die Theorie überholt. In: Die Betriebswirtschaft, 53: 609-628.

Hungenberg, H./Hutzschenreuter, T. (1998): Postreform: Umgestaltung des Post- und Telekommunikationssektors in Deutschland. In: Die Betriebswirtschaft, 58: 7-21.

Huston, G. (1998): ISP Survival Guide: Strategies for Running a Competitive ISP. New York: Wiley.

Ickenroth, B. (1996): Ökonomische und regulatorische Aspekte von Interconnection. In: Kubicek, H. et al. (Hrsg.): Jahrbuch Telekommunikation und Gesellschaft 1996. Heidelberg: Decker: 162-170.

Jäger, B./Strawe, O. (1995): Eigenbetriebene Corporate Networks und Carrier-Networks im Leistungsvergleich. Bonn (hektographiertes Manuskript, 5 S.).

Jamison, M.A. (1996): General conditions for subsidy-free prices. In: Journal of Economics and Business, 48: 371-385.

Joro, T./Korhunen, P./Wallenius, J. (1998): Structural comparison of data envelopment analysis and multiple objective linear programming. In: Management Science, 44: 962-970.

Kahn, A.E. (1988): The Economics of Regulation. Cambridge: MIT Press.

Kahn, A.E. (1998): Letting Go: Deregulating the Process of Deregulation. East Lansing: Michigan State University.

Kahn, A.E./Taylor, W.E. (1994): The pricing of inputs sold to competitors: A comment. In: Yale Journal on Regulation, 11: 225-240.

Kaserman, D.L./Mayo, J.W. (1998): Telecommunications policy and the persistence of the local exchange monopoly. In: Business Economics, 33: 14-19.

Katz, M.L. (1997): Ongoing reform of U.S. telecommunications policy. In: European Economic Review, 41: 681-690.

Katz, M./Rosston, G./Anspacher, J. (1995): Interconnecting interoperable systems. In: Information Infrastructure and Policy, 4: 327-342.

Keller, C.-P. (1999): Untersuchungen zur Richtigkeit des WIK-Modells zur Bestimmung der Baukosten für eine Teilnehmeranschlußleitung, I.I.R-Konferenz „Unbundled Access", 26.-27.05.1999, Düsseldorf (hektographiertes Manuskript, 18 S.).

Kempf, S./Siebert, G. (1998): Benchmarking: Leitfaden für die Praxis. München: Hanser.

Kilger, W. (1993): Flexible Plankostenrechnung und Deckungsbeitragsrechnung. 10. Aufl., bearbeitet durch K. Vikas. Wiesbaden: Gabler.

Klodt, H./Laaser, C.-F./Lorz, J.O./Maurer, R. (1995): Wettbewerb und Regulierung in der Telekommunikation. Tübingen: Mohr.

Knieps, G. (1996): Preisbildung und Kostenallokation auf wettbewerblichen Telekommunikationsmärkten. Diskussionsbeitrag Nr. 29. Albert-Ludwigs-Universität Freiburg (hektographiertes Manuskript, 28 S.).

Knieps, G. (1997a): Phasing out sector-specific regulation in competitive telecommunications. In: Kyklos, 50: 325-339.

Knieps, G. (1997b): Costing and Pricing of Interconnection Services in a Liberalized European Telecommunications Market. Vortragsdokumentation, Workshop: „Telecommunications Reform in Germany: Lessons and Priorities" des American Institute for Contemporary German Studies, 20.11.1997, Bonn (hektographiertes Manuskript, 10 S.).

Knieps, G. (1998a): Zugang zu Netzen: Verselbständigung, Nutzung, Vergütung, Eigentumsschutz. In: Multimedia und Recht, 1: 275-280.

Knieps, G. (1998b): Der Irrweg analytischer Kostenmodelle als regulatorische Schattenrechnungen. In: Multimedia und Recht, 1: 598-602.

Krahnen, J.P. (1991): Sunk Costs und Unternehmensfinanzierung. Wiesbaden: Gabler.

Kress, C.B. (1997): The 1996 Telekommunikationsgesetz and the Telecommunications Act of 1996: Toward more competitive markets in telecommunications in Germany and the United States. In: Federal Communications Law Journal, 49: 551-619.

Kruschwitz, L. (1995): Investitionsrechnung, 6. Aufl. Berlin: De Gruyter.

Kruschwitz, L. (1999): Finanzierung und Investition, 2. Aufl. München: Oldenbourg.

Kühnapfel, J.B. (1995): Telekommunikations-Marketing. Wiesbaden: Gabler.

Laffont, J.-J./Rey, P./Tirole, J. (1997a): Competition between telecommunications operators. In: European Economic Review 41: 701-711.

Laffont, J.-J./Rey, P./Tirole, J. (1997b): Network Competition. Working Paper 65. University of Toulouse (hektographiertes Manuskript, 102 S.).

Laffont, J.-J./Rey, P./Tirole, J. (1998): Network competition: I. Overview and nondiscriminatory pricing. In: RAND Journal of Economics, 29: 1-37.

Laffont, J.-J./Tirole, J. (1990): Optimal bypass and cream skimming. In: American Economic Review, 80: 1042-1061.

Laffont, J.-J./Tirole, J. (1993): A Theory of Incentives in Procurement and Regulation. Cambridge: MIT Press.

Laffont, J.-J./Tirole, J. (1994): Access pricing and competition. In: European Economic Review, 38: 1673-1710.

Laffont, J.-J./Tirole, J. (1996): Creating competition through interconnection: Theory and practice. In: Journal of Regulatory Economics, 10: 227-256.

Lammerskitten, M./Langenbach, W./Wertz, B. (1997): Operationalisierungsprobleme des Shareholder Value-Ansatzes. In: Zeitschrift für Planung, 8: 221-242.

Lang, G. (1995): Price-Cap-Regulierung: Ein Fortschritt in der Tarifpolitik? In: Wirtschaftsdienst, 75: 273-277.

Lapuerta, C./Tye, W.B. (1999): Promoting effective competition through interconnection policy. In: Telecommunications Policy, 23: 129-145.

Lawton, R.W. (1995): Network utilization principles and pricing strategies for network realiability. In: Lehr, W. (Hrsg.): Quality and Reliability of Telecommunications Infrastructure. Mahwah: Lawrence Erlbaum: 135-154.

Leighton-Young, A. (1999): The practical challenges of transitioning from FDC to LRAIC based interconnect charges. Vortragsdokumentation, „Vision In Business"-Konferenz „LRIC & Cost Allocation for Interconnect Pricing", 19./20.04.1999, Brüssel (hektographiertes Manuskript, 17 S.).

Lewin, D./Kitchen, M. (1994): Interconnect: The Key to Effective Competition. London: Ovum.

Lewin, D./Matthews, J. (1998): Access Networks and Regulatory Measures: A Final Report for DG XIII. London: Ovum.

Lewis, R.J. (1995): Activity-Based Models for Cost Management Systems. Westport: Quorum.

Lintner, J. (1965): The valuation of risk assets and the selection of risk investments in stock portfolios and capital budgets. In: Review of Economics and Statistics, 47: 13-37.

Liston, C. (1993): Price-cap versus rate-of-return regulation. In: Journal of Regulatory Economics, 5: 25-48.

Macpherson, A. (1997): Incremental Costing: A Tool for Extracting Competitive Advantage. Vortragsdokumentation, I.I.R.-Konferenz „Costing und Pricing im TK-Markt", 04./05.11.1997, Köln (hektographiertes Manuskript, 48 S.).

Macpherson, A. (1999): Towards a Realistic Model for Calculation of Top Down Long Run Incremental Costing of Network Services. Vortragsdokumentation, „Vision in Business"-Konferenz „LRIC & Cost Allocation for Interconnect Pricing", 19./20.04.1999, Brüssel (hektographiertes Manuskript, 36 S.).

Madden, G./Savage, S.J. (1998): Interconnection in international telecommunications. In: Telecommunications Policy, 22: 953-961.

Männel, W. (1998): Zinsen im innerbetrieblichen Rechnungswesen. In: Kostenrechnungspraxis, 42: 83-97.

Märkl, P.N. (1998): Netzzusammenschaltung in der Telekommunikation. Baden-Baden: Nomos.

Majumdar, S.K. (1997): Incentive regulation and productive efficiency in the U.S. telecommunications industry. In: Journal of Business, 70: 547-576.

Majumdar, S.K. (1998): On the utilization of resources: Perspectives from the U.S. telecommunications industry. In: Strategic Management Journal, 19: 809-831.

Markowitz, H. (1952): Portfolio selection. In: Journal of Finance, 7: 77-91.

Mellewigt, T./Theissen, B. (1998): Bottom-up-Kostenmodelle als Kerninstrument für zukünftige Entgeltregulierungsentscheidungen. In: Multimedia und Recht, 1: 589-594.

Melody, W.H. (1997a): Interconnection: Cornerstone of competition. In: Melody, W.H. (Hrsg.): Telecom Reform: Principles, Policies, and Regulatory Practices. Scantryk: Stougaard Jensen: 53-65.

Melody, W.H. (1997b): Network cost analysis: Concepts and methods. In: Melody, W.H. (Hrsg.): Telecom Reform: Principles, Policies, and Regulatory Practices. Scantryk: Stougaard Jensen: 215-246.

Mennicke, P. (1996): „Magill" – Von der Unterscheidung zwischen Bestand und Ausübung von Immaterialgüterrechten zur „essential facilities"-Doktrin in der Rechtsprechung des Europäischen Gerichtshofes? In: Zeitschrift für das gesamte Handelsrecht und Wirtschaftsrecht, 160: 626-659.

Merkt, J. (1997): A note on unbundling requirements for telecommunications networks. Vortragsdokumentation, IST European Regional Conference, August 1997, Leuven (hektographiertes Manuskript, 15 S.).

Michel, R./Torspecken, H.D./Jandt, J. (1998): Neuere Formen der Kostenrechnung mit Prozeßkostenrechnung, 4. Aufl. München: Hanser.

Michie, J. (1998): Competition aspects of pricing access to networks. In: Telecommunications Policy, 22: 467-470.

Milne, C. (1998): Stages of universal service policy. In: Telecommunications Policy, 22: 775-780.

Mitchell, B.M. (1990): Incremental Capital Costs of Telephone Access and Local Use. Santa Monica: RAND.

Mitchell, B.M./Vogelsang, I. (1991): Telecommunications Pricing: Theory and Practice. Cambridge: Cambridge University Press.

Mitchell, B.M./Vogelsang, I. (1998): Markup pricing for interconnection: A conceptual framework. In: Gabel, D./Weiman, D.F. (Hrsg.): Opening Networks to Competition: The Regulation and Pricing of Access. Boston: Kluwer: 31-47.

Möschel, W. (1992): Kommentar zu § 22 des GWB. In: Immenga, U./Mestmäcker, E.-J. (Hrsg.): GWB-Kommentar. München: Beck: 726-858.

Moritz, H.-W. (1998): Schwächen der TK-Liberalisierung. In: Computer und Recht, 14: 13-21.

Moritz, H.-W./Neus, H.R. (1997): Telekommunikationsgesetz und US Telecommunications Act. In: Computer und Recht, 13: 239-245.

Mossin, J. (1966): Equilibrium in a capital asset market. In: Econometrica, 34: 768-783.

Müller, P. (1995): Telekommunikation in der Europäischen Union. Freiburg: Haufe.

Mueller, M.L. (1997): Universal Service: Competition, Interconnection, and Monopoly in the Making of the American Telephone System. Cambridge: MIT Press.

Mussnig, W. (1996): Von der Kostenrechnung zum Management Accounting. Wiesbaden: Gabler.

Myers, G. (1997): Interconnection and Unbundling: Long Run Incremental Costs and the Regulation of Interconnection Charges in the UK. Vortragsdokumentation, Workshop: „Telecommunications Reform in Germany: Lessons and Priorities" des American Institute for Contemporary German Studies, 20.11.1997, Bonn (hektographiertes Manuskript, 17 S.).

Nachbar, J.H./Petersen, B.C./Hwang, I. (1998): Sunk costs, accommodation, and the welfare effects of entry. In: Journal of Industrial Economics, 46: 317-332.

Nagle, T.T./Holden, R.K./Larsen, G.M. (1998): Pricing: Praxis der optimalen Preisfindung. Berlin: Springer.

Nett, L./Neu, W. (1996): Effiziente Telefontarife der Deutschen Telekom im Rahmen einer Price-Cap-Restriktion, Wissenschaftliches Institut für Kommunikationsdienste (WIK), Diskussionsbeitrag Nr. 159. Bad Honnef (hektographiertes Manuskript, IV + 57 S.).

Neu, W./Neumann, K.-H. (1993): Interconnection Agreements in Telecommunications, Wissenschaftliches Institut für Kommunikationsdienste (WIK), Diskussionsbeitrag Nr. 106. Bad Honnef (hektographiertes Manuskript, VIII + 103 S.).

Neubauer, C. (1993): Strategisch orientierte Kostenrechnung. München: Kirsch.

Neumann, K.-H. (1997): Wie können wirtschaftlich sinnvolle Interconnection-Vereinbarungen erzielt werden? Vortragsdokumentation, EUROFORUM-Konferenz „Telecommunications Carrier Forum", 27.02.1997, Düsseldorf (hektographiertes Manuskript, 4 S.).

Nippel, P. (1996): Alternative Sichtweisen der Marktbewertung im CAPM. In: Wirtschaftswissenschaftliches Studium, 25: 106-111.

Nitsche, D. (1994): Unternehmensstrategien im deregulierten britischen Telekommunikationsmarkt. Frankfurt: Lang.

Noam, E.M. (1992): Telecommunications in Europe. Oxford: Oxford University Press.

Noll, A.M. (1998): The costs of competition: FCC telecommunication orders of 1997. In: Telecommunications Policy, 22: 47-56.

Nolte, N. (1996): Das Recht auf Netzzugang nach dem Telekommunikationsgesetz. In: Betriebsberater, 51: 2629-2636.

Nortel Dasa (1998): Stellungnahme zum WIK-Kostenmodell für das Ortsnetz. In: Regulierungsbehörde für Telekommunikation und Post (Hrsg.): Ein analytisches Kostenmodell für das Ortsnetz. Stellungnahmen. Bonn: Regulierungsbehörde für Telekommunikation und Post (hektographiertes Manuskript, 283 S.).

OECD (1995) (Hrsg.): Universal Service Obligations in a Competitive Telecommunications Environment. Paris: OECD.

OECD (1999) (Hrsg.): Communications Outlook. Paris: OECD.

OFTEL (1992) (Hrsg.): BT's Cost of Capital, Consultative Document. London: Office of Telecommunications.

OFTEL (1993) (Hrsg.): Determination of Terms and Conditions for the Purpose of an Agreement on the Interconnection of the British Telecommunications Telephone System and the Mercury Communications Ltd. System under Condition 13 of the License Granted to British Telecommunications under Section 7 of the Telecommunications Act 1984, Interconnection Charges and Explanatory Document. London: Office of Telecommunications.

OFTEL (1996a) (Hrsg.): Reconciliation of the Top Down and Bottom Up Incremental Costs Models, NERA Report. London: Office of Telecommunications.

OFTEL (1996b) (Hrsg.): The Methodology to Calculate Long Run Incremental Costs, NERA Report. London: Office of Telecommunications.

OFTEL (1997a) (Hrsg.): Interconnection and Interoperability, Statement. London: Office of Telecommunications.

OFTEL (1997b) (Hrsg.): Network Charges from 1997, Consultative Document. London: Office of Telecommunications.

OFTEL (1997c) (Hrsg.): Network Charges from 1997, Statement. London: Office of Telecommunications.

OFTEL (1997d) (Hrsg.): An Assessment of the 1995/96 Top-Down Model, NERA Report. London: Office of Telecommunications.

OFTEL (1997e) (Hrsg.): An Assessment of the 1996/97 Top-Down Model. London: Office of Telecommunications.

OFTEL (1997f) (Hrsg.): Network Charges from 1997, Annexes to the Statement. London: Office of Telecommunications.

OFTEL (1998) (Hrsg.): Access to Bandwith: Bringing Higher Bandwith Services to the Consumer, Consultative Document. London: Office of Telecommunications. Internet-Adresse v. 09.10.1999: http://www.oftel.gov.uk/competition/IIu1298.htm.

OFTEL (1999a) (Hrsg.): Market Information: Update August 1999. London: Office of Telecommunications.

OFTEL (1999b) (Hrsg.): Market Information 1993/94 to 1997/98. London: Office of Telecommunications.

OFTEL (1999c) (Hrsg.): Access to Bandwidth: Proposals for Action, Consultative Document. London: Office of Telecommunications. Internet-Adresse v. 09.10.1999: http://www.oftel.gov.uk/competition/IIu0799.htm.

OFTEL (1999d) (Hrsg.): Determination of Final Charges for BT´s Standard Services from 1 April to 30 September 1997. London: Office of Telecommunications.

OFTEL (1999e) (Hrsg.): Price Control Review: Future Developments in the Competitiveness of UK Telecommunications Markets, Consultative Document. London: Office of Telecommunications. Internet-Adresse v. 09.10.1999: http://www.oftel.gov.uk/pricing/pric799.htm.

Onvural, R.O./Nilsson, A. (1993): Local Area Network Interconnection. New York: Plenum.

O.V. (1999): Interconnection wird billiger. In: Süddeutsche Zeitung Nr. 218 v. 21.09.1999: 28.

Papandrea, F./Street, J. (1997): Interconnection Pricing Principles: The Choice of Pricing Principles for Standard Access Obligations in the Proposed Telecommunications Access Regime in Australia, Bureau of Transport and Communications Economics (BTCE), Working Paper 30. Canberra (hektographiertes Manuskript, IX + 63 S.).

Peard, C. (1999): Lessons from Oftel's Role in Regulating Interconnection. Vortragsdokumentation, I.I.R.-Konferenz „Interconnection 99", 22-25.03.1999, London (hektographiertes Manuskript, 26 S.).

Perridon, L./Steiner, M. (1997): Finanzwirtschaft der Unternehmung, 9. Aufl. München: Vahlen.

Pfaffmann, E. (1997): Die vertragstheoretische Perspektive in der Neuen Institutionenökonomik. In: Wirtschaftswissenschaftliches Studium, 26: 41-43.

Pickford, M. (1996): Pricing access to essential facilities. In: Agenda, 3: 165-176.

Picot, A./Burr, W. (1996): Regulierung der Deregulierung im Telekommunikationssektor. In: Schmalenbachs Zeitschrift für betriebswirtschaftliche Forschung, 48: 173-200.

Picot, A./Burr, W. (1997): Zur Leistungsfähigkeit von Regulierungsinstanzen. In: Schmalenbachs Zeitschrift für betriebswirtschaftliche Forschung, 49: 264-272.

Prieger, J. (1998): Universal service and the Telecommunications Act of 1996. In: Telecommunications Policy, 22: 57-71.

Prim, R.C. (1957): Shortest connection networks and some generalizations. In: Bell System Technical Journal, 36: 1389-1401.

Quander, P. (1997): Telecommunications Reform in Germany: Lessons and Priorities. Vortragsdokumentation, Workshop: „Telecommunications Reform in Germany: Lessons and Priorities" des American Institute for Contemporary German Studies, 20.11.1997, Bonn (hektographiertes Manuskript, 17 S.).

Rabe, U. (1989): Verbundproduktion von Telekommunikationsdiensten und das Problem der Kostenzurechnung. In: Archiv für das Post- und Fernmeldewesen, 41: 147-162.

Radcliffe, R.C. (1990): Investment: Concepts, Analysis and Strategy. Glenview: Scott.

Raffalski, A. (1997): Interconnection und Entbündelung: Definition, Ausgestaltung und strategische Implikationen. Vortragsdokumentation, I.I.R.-Konferenz „Entbündelung und Interconnection", 25.-27.11.1997, Köln (hektographiertes Manuskript, 17 S.).

Ramsey, F.P. (1927): A contribution to the theory of taxation. In: Economic Journal, 37: 47-61.

Rau, H. (1996): Mit Benchmarking an die Spitze: Von den Besten lernen. Wiesbaden: Gabler.

Regulierungsbehörde für Telekommunikation und Post (1998) (Hrsg.): Ein Analytisches Kostenmodell für das Ortsnetz: Stellungnahmen. Bonn (hektographiertes Manuskript, 283 S.).

Regulierungsbehörde für Telekommunikation und Post (1999a): Lizenzklasse 4: Lizenznehmer und Lizenzgebiete (Stand: 14.10.1999). Internet-Adresse v. 16.10.1999: http://www.regtp.de/Fachinfo/Lizenzen/teldiens.htm.

Regulierungsbehörde für Telekommunikation und Post (1999b): Interconnection-Grundangebot: Veröffentlichung nach § 6 Abs. 5 NZV (Stand: 24.09.1999). Internet-Adresse v. 25.10.1999: http://www.regtp.de/Aktuelles/interconnection/start.htm.

Regulierungsbehörde für Telekommunikation und Post (1999c): Amtsblatt 10, v. 16.06.1999. Bonn: 1665-1747.

Regulierungsbehörde für Telekommunikation und Post (1999d): Amtsblatt 11, v. 30.06.1999. Bonn: 1749-1898.

Regulierungsbehörde für Telekommunikation und Post (1999e): Amtsblatt 3, v. 24.02.1999. Bonn: 501-724.

Regulierungsbehörde für Telekommunikation und Post (1999f) (Hrsg.): Ein Analytisches Kostenmodell für das nationale Verbindungsnetz: Stellungnahmen. Bonn (hektographiertes Manuskript, 328 S.).

Reichmann, T. (1997): Controlling mit Kennzahlen und Managementberichten, 5. Aufl. München: Vahlen.

Remer, D. (1997): Einführen der Prozeßkostenrechnung. Stuttgart: Schäffer-Poeschel.

Richter, F./Simon-Keuenhof, K. (1996): Bestimmung durchschnittlicher Kapitalkostensätze deutscher Industrieunternehmen. In: Betriebswirtschaftliche Forschung und Praxis, 48: 698-708.

Riehmer, K.W. (1998): Konfliktlösung bei Netzzugang und Zusammenschaltung in der Telekommunikation. In: Multimedia und Recht, 1: 59-64.

Rogy, M./Feißt, U./Hoffmann, P. (1997): Internationaler Vergleich von Interconnection-Preisen: Methodik und Ergebnisse für 1997. Studie im Auftrag der Deutschen Telekom. Ratingen: Eutelis Consult, (hektographiertes Manuskript, 47 S.).

Sach, A. (1995): Kapitalkosten der Unternehmung und ihre Einflußfaktoren. Aachen: Shaker.

Samuelson, P.A./Nordhaus, W.D. (1989): Microeconomics. New York: McGraw-Hill.

Schechter, P.B. (1996): Customer ownership of the local loop. In: Telecommunications Policy, 20: 573-584.

Schefczyk, M./Gerpott, T.J. (1995): Ein produktionwirtschaftlicher Benchmarking-Ansatz: Data Envelopment Analysis. In: Journal für Betriebswirtschaft, 45: 335-346.

Scherer, T. (1994): Markt und Preis. Wiesbaden: Gabler.

Scherrer, G. (1991): Kostenrechnung, 2. Aufl. Stuttgart: Fischer.

Scheurle, K.-D./Lehr, G./Mayen, T. (1997): Einführung. In: Scheurle, K.-D. (Hrsg.): Telekommunikationsrecht. München: Beck: 1-9.

Schmalenbach, E. (1963): Kostenrechnung und Preispolitik, 8. Aufl., bearbeitet von R. Bauer. Köln: Westdeutscher Verlag.

Schmidt, A. (1996): Kostenrechnung. Stuttgart: Kohlhammer.

Schmitz, R.H. (1995): Emissionsgeschäft der Kreditinstitute. In: Gerke, W./Steiner, M. (Hrsg.): Handwörterbuch des Bank- und Finanzwesens. Stuttgart: Schäffer-Poeschel: 511-521.

Schotter, A. (1994): Microeconomics: A Modern Approach. New York: Harper Collins.

Schulze, S. (1994): Berechnung von Kapitalkosten: Ein Konzept für nationale und internationale Unternehmen. Wiesbaden: Gabler.

Schuster, F./Stürmer, S. (1997): Kommentar zu den §§ 24-31 des TKG. In: Büchner, W. et al. (Hrsg.): Beck'scher TKG-Kommentar. München: Beck: 294-403.

Schwandt, F. (1996): Internationale Telekommunikation. Berlin: Springer.

Schweitzer, M./Küpper, H.-U. (1998): Systeme der Kosten- und Erlösrechnung, 7. Aufl. München: Vahlen.

Schwetzler, B. (1998): Die Kapitalkosten von Rückstellungen – zur Anwendung des Shareholder Value-Konzeptes in Deutschland. In: Schmalenbachs Zeitschrift für betriebswirtschaftliche Forschung, 50: 678-702.

Sharpe, W.F. (1964): Capital asset prices: A theory of market equilibrium under conditions of risk. In: Journal of Finance, 19: 425-442.

Sharpe, W.F. (1991): Capital, asset prices with and without negative holdings. In: Finanzmarkt und Portfolio Management, 5: 212-226.

Shaw, J. (1998): Telecommunications Deregulation. Boston: Artech House.

Sheehan, M. (1991): Why Ramsey pricing is wrong: The case of telecommunications regulation. In: Journal of Economic Issues, 25: 21-32.

Shepherd, W.G. (1993): Long-distance telephone service: Dominance in decline? In: Duetsch, L.L. (Hrsg.): Industry Studies. Englewood Cliffs: Prentice Hall: 342-363.

Shepherd, W.G. (1998): Problems in creating effective competition. In: Gabel, D./Weiman, D.F. (Hrsg.): Opening Networks to Competition: The Regulation and Pricing of Access. Boston: Kluwer: 49-71.

Sidak, J.G./Spulber, D.F. (1998): Deregulation and managed competition in network industries. In: Yale Journal on Regulation, 15: 117-147.

Siegmund, G. (1999): Technik der Netze, 4. Aufl. Heidelberg: Hüthig.

Siemens (1998a) (Hrsg): Nachrichtenkabel mit Lichtwellenleitern, Preisliste Inland. München: Siemens (hektographiertes Manuskript, 36 S.).

Siemens (1998b) (Hrsg): Nachrichtenkabel mit Kupferleitern, Preisliste. München: Siemens (hektographiertes Manuskript, 26 S.).

Sietmann, R. (1997): Gewagte Interconnection. In: Funkschau, 70(25): 32-41.

Sondhof, H./Hofmann, R. (1999): Unternehmenswert und Regulierung: Shareholder Value-Szenarien für die Deutsche Telekom AG. In: Schmalenbachs Zeitschrift für betriebswirtschaftliche Forschung, 51: 148-164.

Späth, G.-M. (1995): Preisstrategien für innovative Telekommunikationsleistungen. Wiesbaden: Gabler.

Spendolini, M.J. (1994): The Benchmarking Book. New York: AMACOM.

Spulber, D.F. (1989): Regulation and Markets. Cambridge: MIT Press.

Stahl, U./Stürz, H. (1996): Technische Aspekte der Netzzusammenschaltung. In: Ingenieur der Kommunikationstechnik, 46(5): 26-29.

Statistisches Bundesamt (1999): Löhne und Gehälter. Internet-Adresse v. 23.06.1999: http://www.statistik-bund.de/basis/d/logh/loghtab1.htm.

Steele, R./Bartlett, S. (1998): Understanding Cost Accounting Methods for Setting Interconnect Charges. Vortragsdokumentation, I.I.R.-Konferenz „Interconnection 98", 20.01.1998, London (hektographiertes Manuskript, 95 S.).

Stehle, R. (1997): Der Size-Effekt am deutschen Aktienmarkt. In: Zeitschrift für Bankrecht und Bankwirtschaft, 9: 237-260.

Stehle, R./Hartmond, A. (1991): Durchschnittsrenditen deutscher Aktien 1954-1988. In: Kredit und Kapital, 24: 371-411.

Steiner, M./Kleeberg, J. (1991): Zum Problem der Indexauswahl im Rahmen der wissenschaftlich-empirischen Anwendung des Capital Asset Pricing Model. In: Die Betriebswirtschaft, 51: 171-182.

Stoetzer, M.-W./Wein, T. (1997): Das neue Telekommunikationsgesetz. In: Wirtschaftswissenschaftliches Studium, 26: 299-301.

Stürmer, S. (1997): Netzzugang und Eigentumsrechte in der Telekommunikation. Baden-Baden: Nomos.

Sutton, J. (1991): Sunk Costs and Market Structure. Cambridge: MIT Press.

Swoboda, P. (1996): Zur Anschaffungswertorientierung administrierter Preise (speziell in der Elektrizitätswirtschaft). In: Betriebswirtschaftliche Forschung und Praxis, 48: 364-381.

Taylor, W.E. (1993): Efficient pricing of telecommunications services: The state of the debate. In: Review of Industrial Organization, 8: 21-37.

Telecommunications Council (1996) (Hrsg.): Basic Rules for Interconnection. Tokyo: Telecommunications Council (hektographiertes Manuskript, 50 S.).

Telia (1997) (Hrsg.): Interconnect with Telia. Informations- und Preisdokumentation. Stockholm: Telia (hektographiertes Manuskript, 10 S.).

Thelen, K. (1998): Kostentransparenz und ganzheitliches Kostenmanagement durch Activity Based Costing. Vortragsdokumentation I.I.R.-Konferenz „Costing and Pricing im TK-Markt“, 11.-13.05.1998, München (hektographiertes Manuskript, 26 S.).

Tobin, J. (1958): Liquidity preference as behavior towards risk. In: Review of Economic Studies, 26: 65-86.

Töpfer, A. (1997): Benchmarking: Der Weg zu Best Practice. Berlin: Springer.

Train, K.E. (1991): Optimal Regulation: The Economic Theory of Natural Monopoly. Cambridge: MIT Press.

Trehin, R./Vivier, F. (1997): Practical Strategies for Negotiating Interconnect Agreements in France. Vortragsdokumentation, Konferenz „Telecoms Liberalisation and Competition in France and Germany“, 08./09.09.1997, London (hektographiertes Manuskript, 16 S.).

Tye, W.B. (1991): The Transition to Deregulation. New York: Quorum.

Tye, W.B. (1994): The pricing of inputs sold to competitors: A response. In: Yale Journal on Regulation, 11: 203-224.

US WEST Communications (1996): Regulations, Rates and Charges. Leistungsbeschreibung und Preisliste für „Interconnection and Unbundled Elements“ (hektographiertes Manuskript, 126 S.).

Valetti, T. (1998): Two-part access pricing and imperfect competition. In: Information Economics and Policy, 10: 305-323.

Voeth, M. (1996): Entmonopolisierung von Märkten. Baden-Baden: Nomos.

Vogelsang, I. (1995): Interconnection of Telecommunications Networks in the UK, Wissenschaftliches Institut für Kommunikationsdienste (WIK), Diskussionsbeitrag Nr. 140. Bad Honnef (hektographiertes Manuskript, III + 81 S.).

Vogelsang, I. (1996a): Kosten des Ortsnetzes. Hürth: Verband der Telekommunikationsnetz- und Mehrwertdiensteanbieter (hektographiertes Manuskript, XI + 117 S.).

Vogelsang, I. (1996b): Preisregulierung und Wettbewerb in der Telekommunikation. In: Witte, E. (Hrsg.): Regulierung und Wettbewerb in der Telekommunikation. Heidelberg: Decker: 121-141.

Vogelsang, I. (1998): Analytische Kostenmodelle – ein notwendiges Übel. In: Multimedia und Recht, 1: 594-598.

Vogelsang, I./Mitchell, B.M. (1997): Telecommunications Competition. Cambridge: MIT Press.

Wacker, G. (1998): Billing in der Multi-Carrier-Landschaft. Vortragsdokumentation, I.I.R.-Konferenz „Billing und Fraud in der Telekommunikation", 25./26.05.1998, München, (hektographiertes Manuskript, 24 S.).

Walker, D./Solomon, J. (1993): The interconnection imperative: E pluribus unum. In: Telecommunications Policy, 17: 257-280.

Wallenberg, G. (1997): Kartellrecht unter Berücksichtigung des europäischen Rechts. Neuwied: Luchterhand.

Watson, G.H. (1993): Strategic Benchmarking. New York: Wiley.

Weber, J.C. (1995): Einführung in das Rechnungswesen: Kostenrechnung. Stuttgart: Schäffer-Poeschel.

Weißhaar, V./Koenig, M. (1998): Anspruch auf Netzzugang und -zusammenschaltung im Lichte des EU-Rechts. In: Multimedia und Recht, 1: 475-478.

WIK (1998) (Wissenschaftliches Institut für Kommunikationsdienste): Ein analytisches Kostenmodell für das Ortsnetz, Referenzdokument. Bad Honnef (hektographiertes Manuskript, X + 80 S.).

WIK (1999) (Wissenschaftliches Institut für Kommunikationsdienste): Ein analytisches Kostenmodell für das nationale Verbindungsnetz, Referenzdokument. Bad Honnef (hektographiertes Manuskript, V + 63 S.).

WIK/EAC (1994) (Wissenschaftliches Institut für Kommunikationsdienste/European-American Center for Political Analysis) (Hrsg.): Network Interconnection in the Domain of ONP, Study for DG XIII of the European Commission, Final Report. Bad Honnef (hektographiertes Manuskript, VII + 303 S.).

Williams, N. (1998): Understanding Customer and Product Profitability to Ensure Effective Interconnect Tariffing. Vortragsdokumentation, I.I.R.-Konferenz „Interconnection 98", 20.01.1998, London (hektographiertes Manuskript, 71 S.).

Windthorst, K. (1998): Regulierungsansätze im deutschen und US-amerikanischen Telekommunikationsrecht (II). In: Computer und Recht, 14: 340-345.

Witte, E. (1998): Regulierungspolitik. In: Jung, V./Warnecke, H.-J. (Hrsg.): Handbuch für die Telekommunikation. Berlin: Springer: 6-35 - 1-47.

Wöhe, G. (1996): Einführung in die allgemeine Betriebswirtschaftslehre, 19. Aufl. München: Vahlen.

Xavier, P. (1997a): Australia's post-July 1997 telecommunications regulation in international context. In: Telecommunications Policy, 21: 533-551.

Xavier, P. (1997b): Price setting and regulation for telecommunications in the absence of reliable and detailed cost information. In: Telecommunications Policy, 21: 213-233.

Ypsilanti, D./Xavier, P. (1998): Towards next generation regulation. In: Telecommunications Policy, 22: 643-659.

Zairi, M. (1998): Benchmarking for Best Practice: Continuos Learning Through Sustainable Innovation. Oxford: Butterworth Heinemann.

Zimmermann, P. (1997): Schätzung und Prognose von Betawerten: Eine Untersuchung am deutschen Aktienmarkt. Bad Soden: Uhlenbruch.

Offizielle Dokumente der Europäischen Union

Empfehlung 98/195/EG der Kommission v. 08.01.1998 zur Zusammenschaltung in einem liberalisierten Telekommunikationsmarkt. Teil 1 – Zusammenschaltungsentgelte. In: Amtsblatt der Europäischen Gemeinschaften, L 73 v. 12.03.1998: 42-51.

Empfehlung 98/322/EG der Kommission v. 08.04.1998 zur Zusammenschaltung in einem liberalisierten Telekommunikationsmarkt. Teil 2 – Getrennte Buchführung und Kostenrechnung. In: Amtsblatt der Europäischen Gemeinschaften, L 141 v. 13.05.1998: 6-35.

Empfehlung 98/511/EG der Kommission v. 29.07.1998 zur Änderung der Empfehlung 98/195/EG zur Zusammenschaltung in einem liberalisierten Telekommunikationsmarkt. Teil 1 – Zusammenschaltungsentgelte. In: Amtsblatt der Europäischen Gemeinschaften, L 228 v. 15.08.1998: 30-34.

EU-Grünbuch COM (94) 682 der Kommission der Europäischen Gemeinschaft v. 12.12.1994 über die Liberalisierung der Telekommunikationsinfrastruktur und der Kabelfernsehnetze. Teil II.

Mitteilung 98/C 84/03 der Kommission über Zusammenschaltungsentgelte in einem liberalisierten Telekommunikationsmarkt. In: Amtsblatt der Europäischen Gemeinschaften, C 84 v. 19.03.1998: 3-11.

Mitteilung 98/C 265/02 der Kommission über die Anwendung der Wettbewerbsregeln auf Zugangsvereinbarungen im Telekommunikationsbereich. In: Amtsblatt der Europäischen Gemeinschaften, C 265 v. 22.08.1998: 2-28.

Mitteilung 1999/C 112/02: Veröffentlichung von und Zugang zu Informationen über die Zusammenschaltung in der Telekommunikation in den Mitgliedsstaaten. In: Amtsblatt der Europäischen Gemeinschaften, C 112 v. 23.04.1999: 2-33.

Richtlinie 90/387/EWG des Rates v. 28.06.1990 zur Verwirklichung des Binnenmarktes für Telekommunikationsdienste durch Einführung eines offenen Netzzugangs (Open Network Provision – ONP). In: Amtsblatt der Europäischen Gemeinschaften, L 192 v. 24.07.1990: 1-9.

Richtlinie 90/388/EWG der Kommission v. 28.06.1990 über den Wettbewerb auf dem Markt für Telekommunikationsdienste. In: Amtsblatt der Europäischen Gemeinschaften, L 192 v. 24.07.1990: 10-16.

Richtlinie 92/44/EWG des Rates v. 05.06.1992 zur Einführung des offenen Netzzugangs bei Mietleitungen. In: Amtsblatt der Europäischen Gemeinschaften, L 165 v. 24.07.1990: 27-36.

Richtlinie 95/62/EG des Europäischen Parlaments und des Rates v. 13.12.1996 zur Einführung des offenen Netzzugangs (ONP) beim Sprachtelefondienst. In: Amtsblatt der Europäischen Gemeinschaften, L 321 v. 30.12.1995: 6-24.

Richtlinie 96/19/EG der Kommission v. 13.03.1996 zur Änderung der Richtlinie 90/388/EWG hinsichtlich der Einführung des vollständigen Wettbewerbs auf den Telekommunikationsmärkten. In: Amtsblatt der Europäischen Gemeinschaften, L 74 v. 22.03.1996: 13-24.

Richtlinie 97/33/EG des Europäischen Parlaments und des Rates v. 30.06.1997 über die Zusammenschaltung in der Telekommunikation im Hinblick auf die Sicherstellung eines Universaldienstes und der Interoperabilität durch Anwendung der Grundsätze für einen offenen Netzzugang (ONP). In: Amtsblatt der Europäischen Gemeinschaften, L 199 v. 26.07.1997: 32-52.

Gesetzes- und Verordnungstexte der Bundesrepublik Deutschland

Gesetz gegen Wettbewerbsbeschränkungen [GWB] (1990) v. 20.02.1990, veröffentlicht in: Bundesgesetzblatt v. 28.02.90, Teil I, Nr. 7, S. 235.

Telekommunikations-Entgeltregulierungsverordnung [TEntgV] (1996) v. 01.10.1996, veröffentlicht in: Bundesgesetzblatt v. 09.10.1996, Teil I, Nr. 49, S. 1492.

Telekommunikationsgesetz [TKG] (1996) v. 25.07.1996, veröffentlicht in: Bundesgesetzblatt v. 31.07.1996, Teil I, Nr. 39, S. 1120.

Telekommunikations-Kundenschutzverordnung (1997) v. 11.12.1997, veröffentlicht in: Bundesgesetzblatt v. 18.12.1997, Teil I, Nr. 83, S. 2910.

Verordnung über besondere Netzzugänge/Netzzugangsverordnung [NZV] (1996) v. 23.10.1996, veröffentlicht in: Bundesgesetzblatt v. 31.10.1996, Teil I, Nr. 53, S. 1568.

Verordnung über den Datenschutz für Unternehmen, die Telekommunikationsdienstleistungen erbringen (Telekommunikationsdiensteunternehmen-Datenschutzverordnung) [TDSV] (1996) v. 12.07.1996, veröffentlicht in: Bundesgesetzblatt v. 18.07.1996, Teil I, Nr. 34, S. 982.

Gesetzes- und Verordnungstexte anderer Staaten

Fernmeldegesetz der Schweiz [FMG] (1997) v. 30.04.1997, veröffentlicht in: Systematische Rechtssammlung (SR) 784.10; Amtliche Sammlung (AS) 1997, S. 2187.

Telecommunications Act Republic of France [TCA-F] (1996) v. 26.07.1996 veröffentlicht in: Journal Officiel de la Republique Française v. 27.07.1996, S. 1384.

Telekommunikationsgesetz der Republik Österreich [TKG-Ö] (1997) veröffentlicht in: Bundesgesetzblatt v. 19.08.1997. Teil I, S. 1133.

Verordnung über Fernmeldedienste der Schweiz [FDV] (1997) v. 06.10.1997, veröffentlicht in: Systematische Rechtssammlung (SR) 784.101; Amtliche Sammlung (AS) 1997, S. 2833.

Stichwortverzeichnis